2011 中国连锁经营年鉴

China Chain Store Almanac **2011**

中国连锁经营协会　编

中国商业出版社

图书在版编目（CIP）数据

2011 中国连锁经营年鉴/中国连锁经营协会编．—北京：中国商业出版社，2011.7

ISBN 978 - 7 - 5044 - 7332 - 5

Ⅰ.①2… Ⅱ.①中… Ⅲ.①连锁商店—商业经营—中国—2011—年鉴 Ⅳ.①F721.7 - 54

中国版本图书馆 CIP 数据核字（2011）第 105878 号

责任编辑：唐伟荣 张超美

中国商业出版社出版发行
010 - 63180647 www.c - cbook.com
（100053 北京广安门内报国寺 1 号）
新华书店总店北京发行所经销
北京明月印务有限责任公司印刷
*
787 × 1092 毫米 16 开 27 印张 630 千字
2011 年 7 月第 1 版 2011 年 7 月第 1 次印刷
定价：360.00 元
* * * *
（如有印装质量问题可更换）

编辑委员会名单

李远志　黑龙江省连锁经营协会　秘书长

李秀珍　北京市连锁经营协会　会长　秘书长

张慧玉　河南省商业行业协会　会长

杨建英　福建省连锁经营协会　秘书长

孟福平　山西省连锁经营协会　秘书长

简丽娜　广州市连锁经营协会　秘书长

孔杨林　湖南省连锁经营协会　秘书长

王　杰　天津市连锁商业协会　秘书长

田甲男　沈阳市连锁经营协会　秘书长

刘　睿　长沙市连锁经营协会　秘书长

朱　平　东莞市零售行业协会　秘书长

汤　娟　广东省连锁经营协会　秘书长

花　涛　深圳市零售商业行业协会　会长　秘书长

何家信　安徽省连锁经营协会　秘书长

张云鸿　昆明市连锁经营协会　秘书长

赵　顺　大连市连锁企业协会　秘书长

胡文章　上海市连锁商业协会　秘书长

顾国建　上海商学院　教授

徐圣雄　重庆市连锁经营协会　会长　秘书长

徐晓芳　国泰君安证券研究所　研究员

总　　编：裴　亮

执行总编：李建中

编辑人员：杨青松　彭建真　王文华　苏　霜　楚　东　王洪涛

前　言

2010年，是我国落实“十一五”规划的收官之年。中国连锁零售业经过20年的发展，规模已今非昔比，而“十一五”期间，连锁零售业结构发展逐步加快，现代管理水准不断提升，电子商务兴旺蓬勃，物流配送体系更加完善，行业贡献度稳步提高，是行业发展最快的时期之一。回顾2010年，伴随我国经济环境和态势的稳步向好，连锁零售业已从整体上摆脱了国际金融危机的影响，步入平稳增长的轨道。其中，中国连锁经营协会零售会员企业的销售规模达到近2万亿元人民币，占全国社会消费品零售总额的13%。

据中国连锁经营协会统计，2010年中国连锁百强企业销售规模达到1.66万亿元，同比增长21.2%，增幅较上年大幅提高，并高出社会消费品零售总额增幅2.8个百分点，其中大部分是区域型连锁企业；百强企业销售规模占社会消费品零售总额的11%，与2009年基本持平。百强企业门店总数达到15万个，同比增长9.8%，增幅较上年明显回落。伴随开店增速的大幅下降，销售规模却明显上升，显示出连锁百强企业营运质量显著提升。从业态情况看，2010年百货企业占据百强席位的三分之一，其销售额和店铺数量年均增幅分别为23.2%和18.5%，明显高于超市连锁企业，其中并购成为百货企业扩张的重要方式；以超市为代表的快消品百强企业销售增长13.8%，增幅高于上年，而门店增长4.5%，实际增幅低于2009年，显示出快消品企业经营质量的改善。就内外资企业比较看，2010年外资百强企业主要经营大型超市业态，在该领域逐渐占据主导地位；外资百强企业开店增幅明显高于内资，并总体保持较快发展速度，且新增店铺与销售额增幅基本保持同步；而内资企业的开店速度和销售增长普遍低于外资企业。从营销模式看，2010年连锁百强企业中有34家开展了网络零售业务，实现销售规模约30亿元，网上零售已初具规模；此外，百强企业积极参与农村流通体系建设，农村市场和社区商业已逐渐成为零售发展的重要市场。但是，2010年百强企业也面临经营成本大幅上涨，员工流失率高，招聘、培训等业务压力与投入明显加大等方面的巨大困难，使企业有限的经营利润被租金、薪酬等刚性费用所蚕食。

2010年，中国特许经营总体发展呈现平稳较快态势。其中，特许企业总店铺数的增长高于上年，增速较快的行业/业态包括经济型酒店、商务服务、农资连锁、健康休闲，而专业零售的增速普遍较低；同时，销售增幅普遍低于店铺增幅。与2009年相比，家装、农资和专业零售等行业/业态的销售增幅明显提升，而综合零售、餐饮、经济型酒店、洗衣、教育培训等行业/业态的销售增幅出现下滑。截至2010年年底，中国特许体系已超过4500个，比上年增长12.5%，继续保持特许体系数量世界领先；加盟店总数40万个以上，比上年增长21%，特许体系平均拥有加盟店83个，覆盖的行业/业态超过70个；特许企业直接创造的就业岗位超过500万个。

据中国连锁经营协会对45个行业/业态进行的2011年中国特许加盟行业投资景气调查显示，被特许总部和加盟商普遍关注的行业/业态包括：儿童教育培训、网上购物、汽车养护美容、经济型酒店、速递/物流、便利店、家政服务、中式快餐、汽车租赁、婴幼儿用品零售等。总体来看，2011 年特许企业新开店铺数量将大幅增长，特别是加盟店的扩张将成为主体；从区域看，大多数特许总部更愿在东部发达地区开店，而更多的加盟商倾向于在中西部欠发达地区开店，这其中，二、三线城市将是特许经营发展的热点地区，而商业区和社区将是开店选址的更好选择；从资本市场看，大部分企业有上市意愿，而国内资本市场更被看好，其中实力较强的优秀品牌特许企业更加快了海外市场的开店步伐；从运营看，特许企业加大新产品开发是带动特许市场繁荣与增长的关键要素，特许企业开展多品牌策略将成为促进市场增长的主要力量，而生产企业导入特许经营自建通路和网店落地将对特许体系的增长起到明显的促进作用。

2011 年，是国家“十二五”规划的开局之年。虽然宏观经济形势还存在很多风险和不确定性，实体经济的发展环境还有待改善，连锁业也面临着诸多的压力、困难和挑战，然而经济大环境将持续向好，转变经济发展方式，营造和谐共赢环境，增强可持续发展能力将是贯穿“十二五”时期的一条主线。其中，加快城市化进程、积极改善民生、完善社会保障机制、持续扩大内需、强化供应链管理水平、增强零售创新能力、鼓励绿色循环发展、满足消费能力持续提升和适应消费者不断变化的购物习惯等一系列政策的出台和相应措施的实施，使零售业的地位居于前所未有的历史高位，必将进一步带动消费市场的繁荣，也为全行业的发展带来历史性的良机。因此，2011 年我国连锁经营的预期发展目标将高于上年，连锁百强企业的销售增长也将高于 2010 年。同时，从连锁业未来发展态势看，在相当长的时期内，多元将是连锁发展的一种常态、一种主流的发展方式。已经经历金融危机的冲击和一系列创新及模式变革的连锁企业应做好充分的准备：要基于核心业务、围绕核心业务，并根据自身资源优势和实际发展状况开展多元经营；要对未来的发展更加从容和自信，要以创新精神挖掘多元零售新价值，鼎力实现行业和企业的可持续发展。

随着中国连锁经营规模的不断扩大，相关数据资料已成为业内人士进行科学决策和分析的重要依据。《2011 中国连锁经营年鉴》力求通过严谨的内容、翔实的数据、直观的图表，客观反映 2010 年中国连锁经营市场的发展状况，详尽描述行业的运行环境，为业内人士经营、管理和决策提供参考和帮助。在此，向参加本书编写的专家、学者、业内人士和编委会工作人员表示衷心的感谢！

中国连锁经营协会理事会主席　　　　**中国连锁经营协会会长**

目　录

第一部分　行业综合篇

第二部分　行业调查篇

第三部分　专题篇

第四部分　政策法规篇

第五部分　附　录

附录一

第一部分　行业综合篇

“十二五”时期发展连锁经营的总体思路

一、“十一五”期间我国连锁经营取得迅速发展

连锁经营作为新型流通方式和组织形式，“十一五”期间，在零售业、餐饮业和生活服务业等多个行业得到快速发展，呈现以下几个特点：

1. 连锁企业规模不断壮大。“十一五”期间，我国连锁经营管理现代化水平不断提升，以现代信息技术为主的各种先进经营管理技术在连锁行业内开始得到应用，连锁企业规模不断壮大。2009 年，我国限额以上连锁零售企业门店总数 17. 6 万个（175677 个），比 2005 年增长 66. 23%；营业面积 1. 18 亿平方米，比 2005 年（8687. 5 万平方米）增长 35. 9%；商品销售额 2. 22 万亿元（22240 亿元），比 2005 年的 1. 26 万亿元（12587. 8 亿元）增长 76. 68%，占社会零售商品总额比重为 16. 8%，比 2005 年（18. 7%）下降 1. 9 个百分点。零售额 1. 58 万亿元，比 2005 年的 8569. 5 亿元增长 85. 1%；占社会消费品零售总额的比重为 11. 9%，比 2005 年的 12. 7% 下降 0. 8 个百分点。从业人员达 210. 9 万人，比 2005 年（160. 1 万人）增长 31. 7%。

2. 特许经营发展势头尤为强劲。据中国连锁经营协会统计：截至 2010 年年底，全国共有特许经营体系 4500 多个，我国已连续多年成为世界上特许体系最多的国家，加盟店铺总数在 40 万以上，提供的就业岗位超过 500 万，覆盖的行业业态超过 70 个。

3. 形成多元化发展格局。随着我国经济体制改革的持续深入，连锁经营主体多元化特征明显，多种经济成分和各种所有制主体相互竞争、共同发展。一批国内知名连锁企业迅速成长，外资连锁经营企业进入中国市场的速度也在加快，经营品牌化、竞争国际化、管理专业化的趋势日趋明显。

4. 对经济增长的贡献日益增强。“十一五”期间，连锁经营作为搞活流通，扩大消费的重要手段，有效地降低了流通成本，提高了流通效率和效益，推动了传统流通向现代流通的转变，为消费者提供了多样化、个性化的服务，同时在吸纳就业、拉动内需、抵御金融危机冲击、吸引国内外投资等方面都做出了重要贡献。

连锁经营的出现和发展，是零售业的又一次革命，促进了零售企业的现代化、规范化经营，提高了零售业的产业集中度和市场影响力。发展连锁经营对于搞活流通、扩大消费具有重要意义。连锁经营通过统一采购、统一配送、统一标识、统一经营模式、统一销售价格，带来经营成本的大幅度降低，为消费者提供质优价廉的商品和方便快捷的服务，引导和促进消费，培育和扩大内需，甚至在某种程度上影响和改变了人们的消费习惯和生活

方式。我们有理由相信，在新一轮第三产业发展和扩大内需过程中，连锁经营必将凸显更为重要的地位并发挥更为重要的作用；同时，第三产业的大力发展和内需的持续扩大，也为连锁经营提供了更为广阔的发展空间。

二、“十二五”期间连锁经营面临难得的发展机遇

未来五年，随着我国城镇化进程的不断加快，居民收入水平的不断提高，收入分配体制改革的深化、社会保障体系的逐步完善，我国将逐步从生产大国向消费大国转型，进入消费市场快速发展和转型的关键时期。居民消费能力和消费意愿显著增强，消费供给结构趋于合理，消费环境不断改善，进一步扩大消费的空间广阔，为“十二五”期间连锁经营的发展提供了良好机遇。

（一）坚持扩大内需战略为连锁业提供发展空间

“十二五”规划建议提出：坚持扩大内需战略，建立扩大消费需求的长效机制。随着“十二五”规划有序展开，城镇化进程不断推进，收入分配制度不断改善，基本公共服务体系得到健全，居民消费潜力将有效转化为现实消费需求。服务于广大人民群众的流通业引导生产、满足消费的作用将得到进一步发挥，连锁业的发展空间广阔。根据2009年的数据，居民消费率每提高一个百分点，就意味着释放出3353亿元的消费需求。按照平均8%的增速测算，预计到2015年，我国人均GDP将超过5000美元，消费对经济的拉动作用进一步增强，开始进入消费主导型的经济发展模式。这势必给我国商贸服务领域连锁经营发展注入持续、强大的动力，也提出新的挑战。

（二）经济发展方式转变为连锁业发展提供机遇

巩固和扩大应对国际金融危机冲击成果是“十二五”时期的重要任务。后金融危机时代，一方面随着内外需求结构变化和制造业的优化升级，使得包括连锁企业在内的流通业发展面临前所未有的机遇。另一方面从高投入高能耗向资源节约转变的经济发展方式则要求流通业加快节能减排，向绿色化、节约化方向发展。据调查，我国大型零售企业的水电费是仅次于人力资源和房租的第三大成本，占总支出费用的10%～30%，比发达国家同类商场高出2～3倍。因此，推进节能减排不仅直接减少企业成本、增加利润，而且从长远看有利于转变发展方式，提升企业市场竞争力。

（三）消费结构升级为连锁业创造广阔市场

随着居民生活水平的提高和居民消费结构的变化，连锁企业从提供商品服务向提供消费服务的转变趋势日益明显。2009年，我国城镇化率为46.6%，预计到“十二五”末将突破50%，有半数以上人口居住在城市，如果加上城镇流动人口，城镇将成为我国消费者聚居的主要场所。“80、90”后和“银发族”将成为新兴消费群体（据测算，我国1980年以后出生的人口约为4.2亿，占31.4%；2009年65岁以上人口为1.13亿，占8.5%，2015年将达10%）。此外服务消费、汽车消费、电子信息消费、网络购物、刷卡消费、个性化定制消费等成为消费热点和风潮。这将促进连锁企业不断完善网点和渠道建

设，为城镇居民提供更多的消费便利，满足不同层次的消费需求。

三、转变连锁经营发展方式，服务“十二五”经济大局

2011 年是“十二五”规划开局之年，也是关键的一年，落实科学发展观、转变发展方式、优化升级经济结构，构建社会主义和谐社会成为各项工作的核心。要实现这样一系列目标，不仅要求连锁经营快速发展，而且更要求科学发展、和谐发展，坚持以人为本，转变发展观念，创新发展模式，提高发展质量。

（一）连锁企业要为新农村建设服务

十七届五中全会提出，要加快社会主义新农村建设，加强农村基础设施建设和公共服务，拓宽农民增收渠道，完善农村发展体制机制，建设农民幸福生活的美好家园。

近年来，尽管农村流通体系建设步伐不断推进，但是农村流通方式落后，流通网络不发达的情况仍然存在。要从根本上解决这个问题，促进农民增收和生活质量的提高，就必须通过发展连锁经营、现代物流等现代流通方式来实现。

商务部多年来致力于农村市场体系建设，发展现代连锁经营，改善农村消费环境，开拓农村市场，扩大农民消费，疏通农产品流通渠道，促进农业产业化。“十二五”期间，广大连锁企业应继续积极参与商务部推动的“万村千乡”市场工程、“双百市场”工程、“农超对接”、“家电下乡”、“农机下乡”和“汽车摩托车下乡”等工作，进一步扩大农民消费。发挥自身能动性，以点带面，加大对农产品、农业生产资料、农村消费品的流通基础设施投入，积极参与建设农村市场流通渠道，通过连锁经营等现代流通提高农产品流通效率，有效降低流通成本，更好地促进农民增收，更好地扩大农村消费。

（二）连锁企业要为扩大城市居民消费服务

“十二五”规划建议提出，要把扩大消费需求作为内需战略重点，进一步释放城乡居民消费潜力，积极稳妥推进城镇化，大力发展服务业和中小企业。

“十二五”期间，商务部将继续实施“网点进社区、服务进家庭”的“双进工程”；进一步开展“家电、汽车以旧换新”工作，积极发展社区商业，继续推动服务平台建设、旧货及废旧物资回收网络建设、居民早餐及城市主食加工配送中心、标准化菜市场建设等工作，加强扶持资金和政策支持。同时，高度重视并研究、出台支持电子商务、网络购物发展的相关政策。广大零售、餐饮、生活服务等连锁企业应深入社区，在社区发展理发、洗染、菜场、废旧物资回收等服务网络，拓展服务功能，创新服务方式，拓展服务项目，就地就近方便群众，扩大社区居民消费。

（三）连锁企业要为转变流通发展方式服务

我国的零售企业特别是连锁企业，经历了十几年的高速增长。但也应认识到，连锁企业销售额的增长主要来自店铺数量的增加，重规模轻质量、发展结构失衡、零供关系紧

张、同业竞争不规范等问题已成为限制行业发展的“天花板”①。一些发展模式不科学、管理体系不精细、经营模式僵化的企业难以为继。在这种情况下，党的十七届五中全会和“十二五”规划建议提出，要坚持把经济结构战略性调整作为加快转变经济发展方式的主攻方向，恰好为连锁企业提供了由粗放管理向精细化管理转变，由外延式发展向内涵式发展转变的历史机遇。“十二五”期间，连锁企业在快速发展的同时，要进一步针对当前的市场环境，不断推进管理的创新、经营的创新和服务的创新，确保行业和企业活力，培育核心竞争力，实现可持续发展。

一是深化自有品牌开发。在培育自身服务品牌的同时，积极探索与出口导向型企业合作，发展自有商品品牌。以系列化、专业化经营形成明显的差异化经营特色，形成企业核心竞争力，提升企业的知名度和美誉度。

二是注重经营理念创新。认真研究行业和消费的发展趋势，吸取和采纳发达国家和外资连锁企业的先进理念，做好市场细分和顾客定位，把握消费需求的变化趋势，从追求规模转向精细管理；同时树立科学发展、和谐发展和互利共赢的观念，处理好与供应商、消费者和业内同行的关系，加强沟通合作，共同创造良好的发展环境。

三是转变经营管理方式。一方面推进大型连锁企业兼并重组，实现强强联合，提高流通业集中度。坚持引进来与走出去相结合，有条件的连锁企业逐步构建海外营销网络。另一方面鼓励中小企业发展加盟连锁和自由连锁，营造适合中小企业发展的融资环境，支持通过共同采购、特约经销等先进经营方式，扩大经营规模，降低运行成本，逐步发展壮大。

（四）连锁企业以科技创新为突破点，促进可持续发展

连锁不是简单的复制，连锁经营的发展，离不开科技的创新。十七届五中全会提出，要坚持把科技进步和创新作为加快转变经济发展方式的重要支撑，在科学与信息技术迅猛发展的今天，作为新兴流通方式和组织形式的连锁经营，理应成为科技含量最高的行业之一。

一是提高连锁企业信息化水平。信息化既是流通现代化的重要内容，也是连锁企业发展的必由之路。连锁企业一方面要不断优化内部业务流程和交易方式，提高管理效益；另一方面要积极探索建立网上销售平台，要把实体销售的网络渠道、物流优势与电子商务的灵活便捷优势相结合，实现门店销售和网络销售的协调发展。

目前，中国连锁百强中，有接近一半的企业已经开展了电子商务，在“十二五”期间，电子商务在连锁企业中更加普及，将成为推动连锁经营发展的主要动力。

二是提高物流配送科技水平。连锁经营的规模效益是建立在完善高效的物流配送体系上的，目前，我国连锁行业的配送率较低、信息化水平不高。“十二五”期间，要进一步合理有序规划和建设物流配送基础设施，加快公共物流配送中心和物流服务电子信息平台建设，引导物流企业提高信息化、智能化管理水平，减少流通环节，降低流通费用，提高

① “天花板”：天花板效应原是用来比喻一种无形的、人为设置的困难，用以阻碍某些有资格的人（特别是女性）在组织中只能上升到所设定的职位。在此用来形容行业中潜在的、掣肘行业和企业发展的不良因素已达到较高程度。

流通效率。发展绿色物流、低碳物流，以科技水平来促进物流环节的节能降耗。

三是以科技手段提高消费安全保障。食品安全关系到广大人民群众的身体健康和生命安全，关系到经济健康发展和社会稳定，同时也是保持连锁企业自身经营安全、品牌形象和生命力的需要。2010 年 10 月，商务部在上海等十个城市开展了肉菜可追溯体系试点工作。主要的目的是提高生产经营者的责任意识和保障能力；改善消费者预期，促进放心消费。广大连锁企业作为与人民群众生活息息相关的行业，应以此为契机，积极响应政府号召，坚持以人为本观念，发挥自身网络优势，从建立健全制度、严格执行法律法规和标准、定期检查监督、配套相应设施及条件等方面保障食品安全，切实保障人民群众的消费安全和生活质量。

商务部商贸服务司作为连锁经营的主管部门，一直高度重视和支持连锁经营的发展。今后，将进一步增强政府服务功能，认真执行“十二五”发展规划；继续完善流通领域法律法规和标准化建设；改善消费环境，创新管理手段，努力建立统一、开放、竞争、有序的市场体系。根据十七届五中全会精神和“十二五”规划要求，继续协调相关部门，争取建立完善的政策体系，解决制约连锁企业做大做强的政策性、体制性障碍，为连锁企业的发展创造优良的外部环境，推动连锁企业不断壮大发展。

中国连锁经营协会作为我国连锁经营领域惟一的全国性行业组织，应更好地加强协会建设，积极为企业排忧解难、创造商机；积极引导企业加强行业自律，实现同步发展；积极推动企业与政府、企业与企业之间的沟通和交流，为推动“十二五”期间中国连锁经营的发展做出更大的贡献。

（根据商务部商贸服务司副司长王选庆在第十二届中国连锁业会议上的讲话改编）

挖掘多元零售时代新价值源

何谓"多元"零售，其实，它既包括业态结构的多元，也包括业务方向的多元，如商业地产、类金融业务、生鲜基地建设、自有品牌开发等。而下面论述的是"探寻多元零售时代的新价值源"。

一、传统零售以大量买进、分散卖出、赚取差价为主要利润来源，而多元零售时代的经营模式和利润来源则呈现为多样化

1. 多业态、多品牌，向细分市场渗透

多业态并存，已成为零售企业普遍的现实。在连锁百强企业中，仅有 16 家企业为单一业态经营，其他均为多业态。多业态经营可以适应和满足不同商圈的消费特点，提高了企业的市场渗透力和占有率。

多品牌是多业态的延伸。不同的业态以不同的品牌进行经营，相同的业态用不同的品牌进行区隔，有助于业态的清晰化和品牌定位的差异化。前者如沃尔玛"惠选"、大商"新玛特"、华润"OLE"，后者如王府井"HQ 尚客"、物美"圣熙 8 号"等。

2. 优化物流与采购，向供应链要效益

自建物流配送中心是近几年零售业的发展热点。截至 2009 年年底，中国连锁百强企业中有 90 多家建立了自己的独立配送中心。在社会物流不能满足企业需求的情况下，自建物流对零售企业保持网点快速扩张意义重大：包括稳定商品供应、灵活调配、节约成本、提升生鲜经营水平等。

在物流配送中心建设中，很多企业把加工中心的建设作为重要组成部分，以强化生鲜、熟食、主食的加工能力，拓宽利润空间。苏果、家家悦、永辉等企业成为这方面的典范。

在商品采购方面，零售企业的农超对接和直采直营等措施，减少了环节，缩短了流程，加快了周转，降低了损耗，提高了毛利。

"农超对接"是零售企业改善生鲜经营的有效模式，但在操作过程中，很多企业碰到基地规模小、产量和质量不稳定、农户或合作社诚信不足等问题，这是农业小生产和连锁大流通之间矛盾的集中体现。为解决这一矛盾，一些企业尝试自建基地，即自己投资或与当地相关机构合资，作为基地的经营主体。一些企业组建专业队伍，对农民进行生产指导，提供种子化肥，培育长期稳定的货源基地。步步高、武汉中百、城市超市等企业都建立了具有一定规模的农业基地。

对于全国性快销品生产企业产品分销的多层代理、区域分割，企业通过尝试买断式采购，正逐步摆脱生产企业分销模式对零售企业跨区域开店形成的制约。

3. 关注自有品牌，开发新的价值空间

开发自有品牌有利于提升零售企业的利润空间，有利于保证商品质量和稳定货源供应，有利于增强与供应商谈判的能力，有利于实现零售品牌的差异化。

最新数据显示，欧洲零售企业自有品牌的销售额平均占到企业总销售额的30%以上。其中，位列前三名的分别是瑞士47%、英国43%和德国37%。美国前三名食品零售商（沃尔玛、克罗格和塞夫韦）自有品牌的销量均超过企业销售额的20%，自有品牌单品数在5000个左右。日本零售企业自有品牌的比例也达到6%。

与发达国家相比，我国连锁企业自有品牌的开发还处于起步期，目前的销售规模仅占企业总销售的1%～2%，并且以外资企业为主。同时我们也看到，本土企业的自有品牌开发速度正在加快，也在摆脱一些认识和实践上的误区，包括片面追求低价、忽视品质等，力图树立消费者对自有品牌商品的信赖感。

除了开发自有品牌，在产品定制和品牌授权代理方面，零售企业也有很多实践和探索。家电专业店是较早开展产品定制的业态。品牌授权代理也受到零售商青睐。最近，大润发拿到美国时尚服饰品牌“巧乐奇”在中国区品牌生产和销售的独家授权，产品由美国公司设计，大润发自行生产销售，大润发藉此掌握了商品的定价权和毛利的控制权。

4. 开发商业地产，获取资产增值和租金收入

在人工、水电和房租零售业三大固定成本中，租金所占比重最大，上升压力也最大，目前已占到销售额的4%左右。租金的高低，在一定程度上决定着企业盈利水平的高低。2010年度125名金牌店长所管理的门店，自有物业门店的净利润率比非自有店铺高19%。

零售企业开发和持有商业地产，除了控制经营成本，还可以获得地产增值带来的回报。欧美、日本的零售商一直有开发商业地产的传统。特易购TESCO全球购地自建店与租赁物业店铺的比例为8：2，该公司负责中国地产的人员明确提出，发展“乐都汇”等商业地产将成为公司在中国市场的又一主业。麦德龙坚持在中国自己买地建店，已获得丰厚溢价。

近几年，国内零售商纷纷进军商业地产。随着城市化进程的推进，以社区购物中心和城市综合体为代表的商业形态将逐步居于主流地位，这为包括零售企业在内的开发商提供了巨大的机会和空间。

5. 涉足网上零售，为零售新价值投资

网上零售为消费者带来新价值，为传统零售业多渠道营销带来新价值。尽管网络零售和传统零售在消费者订购、产品展示、营销手段等方面有所不同，但都离不开传统零售的基本环节和因素，如采购、物流、售后服务等，因此传统零售企业开展网络零售业务更具有优势。

欧美零售企业有很多成功的经验，如美国沃尔玛的零售网站是全美仅次于亚马逊的电子商务网站，英国TESCO的网站和目录销售都在全英国排名前列。

便利店分布密集、贴近社区和消费者，具有“物流站点”的功能优势。东莞美宜佳的“生活馆”是一个基于网络平台的“购物广场”，它既利用了便利店的实体网络优势，又弥补了便利店商品不足的劣势，是一个典型的鼠标加水泥的创新案例。

苏宁易购、王府井百货劲购网、利群商城在以电子商务为主的多渠道营销方面进行了有益的尝试。协会调查显示，目前，连锁百强中已有 31 家开展了网络零售业务。

二、多元零售不是中国零售业特有的现象，但中国特有的文化、社会经济发展进程、企业发展阶段等为多元零售注入了新元素和新动力

1. 多元零售是消费多元化的结果

当前消费的三个主要变化是消费升级、个性化和消费信息充分分享。消费者的高、中、低分化越来越明显，个性化需求越来越强烈。每一个细分群体都蕴含着巨大的市场机会，使零售企业在终端横向扩张成为可能。

2. 多元零售是区域企业应对竞争的结果

单一业态或单一模式的竞争，区域企业与大型企业相比没有优势，只有对所在区域的经营资源进行整合，形成合力，才有可能占有一席之地。因此，多元是现阶段区域零售商较为适合的发展模式。

3. 多元零售是企业发展阶段、社会经济文化进程等因素综合作用的结果

例如，社会专业化程度低，物流、加工等领域缺乏专业机构，零售企业只能依靠自己，进而形成供应链上的纵向扩张。最近十余年，本土零售企业发展速度快，管理的专业化水平和人才队伍一直处于紧缺状态，跨区域扩张的管控能力不足，立足区域更符合企业实际。有的企业由国有体制转型而来，继承了原有企业网点多、业务面宽等特点。

另外，购物中心的快速发展也为零售商的多元发展搭建了一个平台，而招商资源又相对不足，迫使很多企业涉足多业态发展。

三、多元市场是现实的环境，多元价值是企业实践的成果

多元市场是现实的环境，多元价值是企业实践的成果。同时，多元经营也是广受争论的话题。因此，多元零售应重点关注三个方面的问题：

1. 共享资源，协同放大效应

我们所说的多元是围绕主业开展的多元经营，终端渠道是零售企业的主业和最重要的资源，零售做不好，多元只是空谈。没有基础核心业务的效益，商业地产开发、自有品牌等就没有发展基础。应该注意到，有的区域零售商开展多元经营，总体状况良好，有时会掩盖主业技术、管理上的不足。

应立足于零售这一平台，将关联的业务和资源进行整合，搭建多元的企业管理架构，共享现有资源，实现效率和效益最大化。

2. 借力资本，抵御市场风险

资本是企业发展的杠杆，在多元零售时代，资本的作用更加重要。例如，自建物业或持有更多的商业地产，对资金流的要求很高。引入资本后建立起的公司治理结构，将使决策更加严谨；成为公众公司的企业，也能更好地抵御风险。

当然，从近期的案例中也看到引入资本的两面性影响。成功的引入，可以改善企业的

治理结构，快速提高企业的规模和市场份额，并带来财富的增值效应；失败的合作，不仅影响企业的控制权，甚至阻碍企业的长期发展。

3. 培育人才，员工与企业共成长

多元战略的执行，需要相应的人才队伍。零售企业也需形成具有凝聚力和执行力的文化，这在零售业高人员流失率的背景下尤其重要。

在管理层面，应采取自我培养为主、引进为辅的策略，打造专业管理团队，形成职业经理人队伍；在执行层面，满意的员工造就满意的顾客，因此员工的满意度对企业发展至关重要。协会2010年推出的“中国零售业员工最喜爱的公司”就是在倡导和推动建立具有凝聚力和执行力的企业文化。

在相当长时期内，多元将是零售发展的一种常态，是一种主流的发展方式。企业应根据自身资源和实际情况开展多元经营，所有延伸都应围绕核心业务，基于核心业务，进而相互促进。

十七届五中全会《关于制定“十二五”规划的建议》中提出，下一步需要认真抓好十个方面的工作，其中，扩大内需排在首要位置，并且第一次在五年规划中独立成篇。这预示着零售业巨大的发展潜力，也酝酿着下一轮的高速增长。

我们要做充足的准备，挖掘多元零售新价值，实现行业和企业的可持续发展！

（根据中国连锁经营协会会长郭戈平在第十二届中国连锁业会议上的讲话改编）

2009－2010 年度中国连锁零售行业发展总体情况

一、行业发展概况

国家统计局公告显示，2009 年全年社会消费品零售总额为 12.53 万亿元，同比增长 15.5%①。扣除价格因素后，实际增速为 16.9%，较 2008 年上升 2.1 个百分点。总体上来看，虽然受金融危机影响，社会消费品零售总额的名义增速较上年有了一定幅度的回落，但是受价格下滑影响，实际增速明显加快。

2009 年 20 类商品零售均实现较大幅度增长，其中服装、鞋帽、针纺织品类增长 18.8%，家具类增长 35.5%，汽车类增长 32.3%。受家电下乡、以旧换新等扩大内需政策的刺激，增速仍能达到 25.2%。

中国的连锁零售业经过十多年的发展，规模已今非昔比。2009 年年底，中国连锁经营协会零售会员的销售额占全国社会消费品零售总额的 12.5%，吸纳就业 500 万人。

（一）行业发展的主要贡献

国家经济增长正处于转型期，投资、出口、消费三驾马车中消费已占有越来越重要的份额。对零售业，来自于消费者、资本市场和政府部门的关注，比以往任何时候都要强烈。社会舆论认为零售行业可以得到更大的发展，发挥出更大的作用，这也成为社会的广泛共识。

1. 拉动国内消费的重要渠道

2009 年，仅连锁百强企业的销售额就已占到社会消费品零售总额的 11.2%。连锁企业不仅提供了必要的消费场所和商品，还通过平日以及节假日的促销活动，拉动了消费。连锁零售企业也是“社区商业”、“万村千乡”、“家电下乡”等拉动内需工程的重要承担者。

同时，连锁零售企业还通过“以节兴市”、“信用消费”、创新经营业态、改善购物环境、多渠道营销等手段创造出新的消费需求，进一步拉动了消费。

2. 生活必需品应急供应的主要通道

无论发生的是地震、水灾，还是冰雪灾害，凡在重大自然灾害时，连锁零售企业，特别是国内大型连锁零售企业，都充分发挥其网点覆盖广、货源渠道稳定等优势，在组织货源、物流运输、物品投放等方面起到了重要的作用，保障了生活必需品的市场供应，维护了消费市场的平稳运行。在近几年发生的重特大自然灾害中，连锁零售企业的这些突出作用都已得到很好的体现。

① 国家统计局，2010 年 1 月 27 日。

3. “农超对接”、“万村千乡”的主要承担者

实践证明，“农超对接”和“农家店”有利于扩大农民增收，有利于减少损耗，有利于提高流通效率。目前，在各地区开展比较好的“农超对接”中，终端的承担者基本都是连锁零售企业。他们深入农村，以开展直营店、建设加盟店、建设物流中心等各种方式在源头建立基地，打造农村流通网络和体系，有效地促进了当地经济的发展，改善了农村物质生活水平。

目前，分散在农村广大区域的近30万家“农家店”大多是加盟某一连锁品牌或由连锁企业直接开办的。

4. 为环保节能做出突出贡献

2009年下半年，中国连锁经营协会对实施“限塑”一年多以来全国超市使用塑料袋情况进行了统计：塑料袋使用率平均下降66%，减少塑料袋消耗近400亿个，相当于节约石油160万吨，减少了大量的碳排放。另外，近一两年来，越来越多的企业大规模采用了节能灯，在不降低亮度的情况下减少电费的支出。另外，在冷藏方面也增加了一些简单易行的设施，比如冰箱加盖儿、立柜加门帘等，这些措施都实实在在地收到了节能的效果。

中国连锁经营协会进行的行业调查数据显示，2010年连锁企业对现有门店进行节能改造投资金额在100万元以下的企业占54.1%，节能效益平均为16.5万元；投资金额在100~500万元之间的企业占27.1%，节能效益平均为87.8万元；投资金额在500万元以上的企业占18.8%，节能效益平均为271.7万元。

未来，零售业节能减排市场潜力十分巨大。创建低碳超市、零碳超市，建立能更有效地降低采购成本和流通费用水平的绿色物流中心等措施将成为零售业节能减排的未来发展趋势。

除了自身的环保节能行动，作为面向消费者的终端窗口，连锁零售业在落实国家环保政策方面具有很强的社会示范和带动作用。

（二）行业发展的主要问题

1. 政策环境有待进一步改善

尽管连锁零售企业成为拉动内需的重要力量，国家也出台了一些临时性的促进消费、拉动内需的政策，但总体上看，目前连锁零售企业所处的政策环境与其拉动内需的地位还不相符合。

有些政策环境并不利于连锁企业的快速发展，如用电成本高、银行贷款难、上市融资难、税收（特别是农产品的增值税抵扣）负担重，一些政策不利于连锁企业的跨区域发展（如税收的属地化管理），同一事项在不同部门和不同区域制度不一（如标签的格式要求）等。

2. 农村连锁渠道和网络仍未有效形成

近两年来，连锁经营企业已经成为“农超对接”、“万村千乡”的主要载体，但它们对促进农村经济发展的作用，以及在拉动农村消费方面所占的市场份额，仍然十分有限。与广大农村宽阔地域相比，连锁零售网络仍然处于相对初始的发展状态，对农村消费的拉动手段依然不足。

政策上对于连锁企业一事一议的补贴办法，并没能充分调动企业深入农村开展经营的积极性。只有进一步提高和完善商业基础设施、交通等条件，农村连锁渠道和网络才能有真正发展的坚实基础。

3. 新商业形态的发展有一定的盲目性

近一两年，一些新的商业形态发展很快，如购物中心、商业街、城市综合体等，它们的出现和发展为城市商业做出重要贡献。但同时，由于规划、投资等方面的原因，在一些地方存在重复建设或过度投资问题，个别项目后期不能正常运转还带来一定的社会稳定问题（如租金过高，致使租户无法收回投资，引发个别过激行为）。

4. 连锁发展的科技支撑没有得到足够重视

与物流配送相比，信息化等科技手段对连锁经营的发展更加重要。因为，如缺少物流配送，连锁企业仍能较好地运营。但连锁企业缺少了信息化，就构不成连锁企业。信息化的投入具有基础性、系统性和项目金额大等特点，并且“电子商务”等新的营销手段主要是依靠信息技术的支撑才能完成。但目前，物流配送方面已得到国家的重视和支持，而在商业科技方面国家尚缺少支持政策。

（三）行业发展的热点与趋势

1. 连锁零售业向多业态延伸

这是零售企业应对竞争的重要战略战术。突出表现在一些区域优势企业，它们在区域市场中，有很多较好的市场机会，所以在经营大型超市、超市的基础上，又向便利店、购物中心等业态延伸，这也较好地避免了单一业态形成的竞争风险。典型企业包括家家悦、步步高、嘉荣等。

一些跨国零售商前期大多以经营大型超市为主，近年也开始向其他业态延伸，如区域性购物中心、社区店、便利店等，典型企业如乐购 TESCO、沃尔玛等。而传统零售商向无店铺业态，特别是网络零售延伸，也是目前零售业发展的一个重要趋势，并将成为较长时间的一个热点。

多业态发展的前提是企业发展到一定规模，主营业态模式相对稳定，运营管理比较健全，才有能力来做好另一种业态。

2. 以生鲜经营为突破口，提升核心竞争力

生鲜商品是连锁超市的活力体现，是其核心竞争力。连锁经营发展十几年，生鲜商品的经营也经历了多次演变，主要有三个时期：

（1）以出租或联营为主的经营方式。这种形式在零售业发展的早期普遍采用，它的好处是有专业人员进行管理、超市企业有固定的租金收入、运营管理相对简单，弊端是商品质量难以控制，商品质量、顾客投拆等问题多发。另外，虽然获得了稳定的租金，同时企业也失去了获取更高收益的机会。

（2）以自营为主，分散采购的经营方式。随着连锁经营规模的逐步扩大，企业的采购优势得到体现，2005 年前后，越来越多的超市企业将生鲜商品的经营收归自营。但由于采购渠道的限制，大多数采取了分散采购的方式，采购渠道主要包括批发市场、周边农贸市场、个别产地等，其中以批发市场为主。分散采购的主要弊端是商品品种不全、损耗大、质量不稳定、缺货现象较多。

（3）以自营为主，直接采购的经营方式。近一两年，生鲜直采成为亮点，这与零售企业采购量的提高、产地规模化的增强、物流配送水平的提升等都有直接关系。在一些大型连锁超市企业，直接采购已经是主要的采购方式。直接采购又分为多种形式，包括年度固定协议采购、长期（多于一年）固定协议采购、自建或合建基地作为长期供应等。

直接采购的优势表现在：由于环节少，大大降低了商品损耗，也提高了零售企业的经营毛利；在一定程度上解决了部分生鲜产品卖难的问题，提高了农民的收入；商品质量得到提高，更好地满足了消费者的需求。

3. 加强物流建设，提高上游能力

近几年，连锁零售企业的物流配送中心项目增加了很多，这同样是企业发展到一定规模，并具有一定实力后的必然趋势。连锁经营的一个突出特点是网点多、分散广，支持力强的物流配送体系对提高企业效率具有关键性的作用。

目前企业的物流建设主要有以下几个特点：

一是规模大，起点高。大多数在建的物流都是具有较高现代化程度的物流中心，手持PDA、高层货架、叉车、堆垛机、分拣流水线等应用很普遍。

二是注重综合物流建设。主要包括干货和生鲜两个部分，特别是大多数物流带有生鲜加工中心，目的是提高生鲜产品的附加值，获得更高的毛利水平。

三是注重冷链物流建设。从低温冷库到冷藏车到店内冷藏设备，正在形成一个严谨的封闭的链条。

四是注重物流和供应链的技术应用。仓储管理系统、物流配送管理系统、数据分析与挖掘工具等应用普遍，通过这些技术的应用，企业的库存水平得到合理控制，而周转率则有一定提高。

4. 零售技术得到广泛的重视和应用

零售业发展初期，很多人简单的认为这是一个劳动密集型的行业。随着企业规模的扩大，店铺数量的扩张，以及管理复杂程度的增加，行业普遍认为，连锁零售业也是一个技术密集型的行业。

零售技术不仅包括传统意义上的IT技术，也包括商品管理（新品引进、旧品淘汰、销售排行等）、营销技术（陈列方式、货架布局、通道安排、促销手段与周期等）、选址技术（商圈分析、客流分析、竞争者分析等）、人力资源管理（培训、排班、激励与约束）等。

目前，针对企业运营管理的各个方面，都有相对应的专业技术或手段，连锁企业也在不断加强学习，并提出很多创新性的做法，如京客隆“零钱包解决方案”、物美的“丰富多彩的换购方案”、快客便利店的“Q+E模式”等。

5. 人才激励制度得到空前关注

目前，大多数连锁零售企业都有十年左右的发展历史，这段时间主要是由企业的创始人和核心团队进行运营管理。随着管理复杂度的增加，以及人员的年龄变化，大多数企业到了迫切需要改善企业治理结构，规范企业运行的阶段。好的治理结构，是企业保持可持续发展的组织保障。连锁企业发展历史不长，而且大多为民营企业，在改善治理结构方面都有很多工作要做。同时，连锁企业第一代领导人艰苦创业十几年，第二代领导人的培养也已提上日程。

在对中高端人才的激励方面，由于连锁零售业经营的复杂性，如何留住人才（特别是一些专业人才，如计算机应用、财务管理、商品运营管理等方面）成为每个企业的重要课题，企业普遍在此方面做了大量的工作，包括通过高薪、股份、事业、感情等不同方式，留住有用人才。

6. 网络零售业务是发展热点

相关数据显示，2009 年中国网络购物市场交易规模达 2483.5 亿元，占社会消费品零售总额 1.98%，同比增长 93.7%，预计 2013 年网购交易规模将突破 1 万亿元。

快速增长的动力主要源于三个方面：一是单纯网络零售企业持续发力。经过十年左右的发展，已经出现了一批具有一定知名度的 B2C 企业，例如京东商城、当当、卓越亚马逊、红孩子、1 号店等。它们有的奋斗了十几年，也有的是近几年才崭露头角，但其共同的特点是不断地增加投入以提升销售额。二是传统零售商纷纷触网。根据中国连锁经营协会的统计，在 2009 年中国连锁百强企业中，共有 31 家企业（截至 2010 年 5 月底）开展了网络零售业务。31 家企业中，近一半的企业为近两年上线，有一些还处于实验性阶段。31 家企业中，百强前 50 名企业有 18 家，后 50 名企业中有 13 家。第三是上游生产厂家不断加入，如中粮集团的“我买网”（http：//www.womai.com）、蒙牛集团的“蒙牛商城”（http：//www.emengniu.com）、海尔集团的“海尔商场”（http://www.ehaier.com）、李宁商城（http：//www.e-lining.com）等，于近两年开始构建企业自己的电子购物平台。

网络零售与传统零售相比，在消费者订货方式、产品展示形式、营销手段、物流形式等方面都有所不同，但从根本上说都是一种零售方式，都离不开传统零售的一些基本环节和传统因素，如采购、物流、售后服务等，这些基本环节决定了企业的生存发展。

因此，传统零售开展网络零售的主要优势体现在：有稳定的进货渠道、较为完善的物流体系、强大的品牌影响；在消费者层面，提供丰富的购物体验和健全的售后服务；在监管层面，传统零售企业相对规范的管理为开展网络零售业务奠定了较好的基础，在其经营中对税收、商品质量、消费者权益保障等方面会更加注重。

（四）促进行业发展的政策建议

1. 加强政策扶持

连锁行业是人力密集型行业，也是资本和技术密集型行业。技术投入大，并且具有基础性的作用，而单个企业的承担能力有限。国家可以对零售业发展具有基础性作用的科技手段进行支持，主要方向包括物流建设、环保节能、技术引进、人才培训等企业投入大的几个方面。

比如在人才培训方面，可以面向高端和基础两个层面。高端层面上，在设立一定标准的基础上组织高端人才的培训，包括到海外进行考察和培训活动。基础层面上，企业面临的突出问题是基层工作人员流失过快的问题。新员工进入一个企业后，要进行必要的业务培训，但培训上岗后有些员工很快就离开了公司，使企业流失了很多的培训成本。如果由政府部门来组织基础培训，人员凭证书直接上岗，将会大大降低企业的培训成本。在此方面，也可考虑建立零售业科技发展专项基金。

另外，也可由政府投入进行共性标准和技术的研究，如第三方供应链建设。目前大部分零售企业建立了供应链系统，分别要求各个零售商使用并付费，既浪费了社会资源，又降低了流通效率。如果能够以政府出资方式，建设共同的第三方供应链，将会节约大量社会成本。

投入方式应坚持公共性原则，即减少对单个企业的个别支持形式，转为采取对整个行业的支持。可通过委托开展基础研究、政府进行专项培训、按项目给予补贴等方式进行，加快国内零售企业的科技进步，缩小中外零售商的差距。同时推动对国际领先零售技术的研究和引进。

2. 为企业减负

一般地，零售企业要缴纳5%的营业税、17%的增值税，以及城市维护建设税、教育费附加、印花税等，总体税赋较重。特别是农副产品的增值税，据估计，国家每年在扣除农副产品增值税等抵扣后仅有不到50亿的税收收入，但对相关产业却产生较大不利影响。一方面，由于税率高，即使按13%的优惠税率，仍然会造成超市商品价格偏高，形成与农贸市场的不公平竞争；另一方面，抵扣手续复杂，且各地政策不一，使农民不愿费力配合办理，对跨区域采购造成阻力，对“农超对接”形成阻碍。三是农民和居民没有得到实惠。

建议取消农产品流通环节的增值税，这对促进农产品流通，让利消费者，创造公平的经营环境都将起到非常积极的作用。在全球很多国家和地区，对农副产品是采取免税政策的。

另外，在影响零售企业经营成本的“农产品税抵扣”、“商业用电价格”等问题上，尽管已引起了关注和部分解决，但解决全部问题仍然需要较长的时间。

3. 强化自律，防范风险

目前，在有些环节上，政策对企业的约束力不够。如在很多地区，外资开店受到政策优待。一些地方政府在招商引资中明确提出（只能）“世界500强企业参与”或其他人为限制方式，使很多国内企业在招商初期就被限制在外。

一些零售企业的发卡行为也应引起关注。有个别企业销售规模不大，但发卡量却十分可观，发卡的销售额甚至占到企业销售总额的40%。由于发卡是预付在先，存在一定的资金风险。

近年来，网络零售越来越普遍，有网络购物经验的人越来越多，但服务却是个大问题，主要包括物流、售后、维修等服务方面，还有一些网站出售走私商品、假冒伪劣商品，存在不提供发票服务、偷逃税等行为，以及较多的监管漏洞。

另外，新的购物中心、商业街或城市综合体的建设近年也呈现规模越来越大的趋势，政府部门应适时关注，并防范存在的风险。

4. 正确的舆论引导

零售业是具有一定公益性的行业，但消费者对其地位并不认可，这与目前的舆论导向有直接关系。

例如，生鲜价格方面，有的媒体认为是超市的原因才导致价格过高。实际上，超市是所有商品价格的平抑者，特别是在自然灾害等特殊时期，作用更为明显。对于不合格商品销售责任问题，媒体也多采取对超市曝光的做法，但超市在采购环节的职责主要是索证索票，合格的商品即可进入，应曝光的是发证部门或相应监管部门，因为有合格的证件并满足相应条件，超市没有理由将其拒之门外。

另外，在零供关系中，零售商长期受到诟病，但媒体并不了解也有很多强势供应商提出了不合理要求。

近一两年来，国家出台了很多有利于连锁零售业发展的政策措施，相信在未来发展中，连锁零售业将继续保持快速、健康的态势。

（中国连锁经营协会）

2010 年中国特许经营总体发展状况

2010 年，中国特许经营持续健康稳健发展，特许体系数量继续保持世界领先，特许店铺扩张持续强劲，特许企业销售规模平稳增长，特许经营对扩大内需、拉动经济增长的动力更加强劲。但受国家宏观经济形势及相关发展政策影响，中国特许经营的发展环境、现状及趋势呈现出新的特点和变化。

一、特许经营对我国经济发展的贡献

2010 年，中国特许经营市场更加规范，行业影响力持续增强，特许企业更加关注民生和社会责任，特别在拉动民间投资、扩大就业等方面做出了更大的贡献。

1. 特许企业规模提升，向更多行业、业态延伸，特许经营影响力进一步扩大

根据中国连锁经营协会（简称协会）2010 年度特许经营连锁企业发展状况调查，截至 2010 年年底，全国特许经营体系已超过 4500 个，继续位居世界拥有特许体系数量国家之首，加盟店总数 40 万以上，分别比上年增长 12.5% 和 21.2%。覆盖的行业、业态超过 70 个，特许企业直接创造的就业岗位超过 500 万个。以特许经营连锁百强为例，2010 年特许百强销售规模达到 3387 亿元，拥有门店 13.1 万家，提供就业岗位 110 万个，分别比上年提升 8.9%、12.5 和 33.3%，特许百强平均拥有店铺数量和覆盖的行业、业态进一步扩大。

表 1　**2010 年中国特许经营连锁 120 强企业店铺变化情况**

行业/业态	店铺总数年增长率（%）	加盟店年增长率（%）	销售额年增长率（%）	成本年增长率（%）	销售净利润率（%）
综合零售	4.5 ↓	10.2 ↑	8.6 ↓	11.9 ↑	2.8 ↓
专业零售	10.3 ↓	13.4 ↓	23.5 ↑	30.6 ↑	11.2 ↓
服装专卖	16.7 ↑	14.2 ↑	8.6 ↑	20.9 ↑	10.8 ↑
农资连锁	32.5 ↑	34.4 ↑	27.0 ↑	5.3 ↑	5.4 ↓
餐饮业	14.4 ↑	12.0 ↓	10.6 ↓	25.0 ↑	14.6 ↑
连锁酒店	45.6 ↑	61.8 ↓	13.0 ↓	28.1 ↑	11.2 ↑
教育培训	23.3 ↓	21.1 ↓	4.6 ↓	21.6 ↑	26.7 ↑
健康休闲	25.6 ↑	25.4 ↑	20.8 ↓	18.4 ↑	20.1 ↓
家　装	14.0 ↑	11.5 ↑	23.9 ↑	29.3 ↑	12.5 ↑
汽车后市场	11.9 ↓	11.8 ↓	20.9 ↑	52.2 ↑	28.9 ↓
洗衣/护理	10.8 ↑	10.0 ↑	15.8 ↓	19.7 ↑	25.0 ↓
商务服务	34.3 ↑	32.7 ↑	52.4 ↑	21.9 ↑	1.5 ↓

2. 加盟商利益保障机制不断完善，特许市场运营更趋规范

截至 2010 年 9 月底，获准特许经营备案的特许企业已达 1430 家，占特许企业总数的 35.8%，比 2008 年年底新增近 500 家，越来越多的特许企业能够了解并按照《商业特许经营管理条例》（简称《条例》）的要求主动申请备案。同时，按照《条例》规定进行信息披露、规范加盟招募的企业明显增加，已经有部分企业制作了信息披露格式文本，以提高透明度，警示风险。

3. 特许企业积极践行社会责任，推进人才队伍建设，帮助大学生、农民工实现就业

培养适应市场经济需要的流通业人才是实现流通现代化的首要条件。特许经营在人才培养方面具有得天独厚的优势。每个特许总部就像一所培训学院，每位加盟商及加盟店的员工进入一个特许体系后，都会得到总部持续不断的经营管理与专业技能的培训，同时得到诚实守信、合作分享等特许经营文化的熏陶。从每年评选出的特许经营优秀加盟商身上，就可以感受到特许经营在塑造企业家和商业精英方面的重要作用。

同时，特许企业的发展面临人才供应不足、专业人才缺乏、一线员工流失率高、培训计划无法正常开展、服务质量难以保证等一系列问题，而近年来院校及就业机构一直苦于大学生就业难的顽疾。为此，自 2009 年 9 月协会先后在上海、广州和西安三个高校密集的城市举办了“助创业带就业”大学生就业公益辅导活动，近百家特许企业积极响应和参与后，“世好吉祥”推出了大学生加盟无风险承诺，吸引和鼓励大学生投身传统餐饮行业；“金虎”与山西省团委合作，由政府提供贷款，“金虎”担保，招募大学生组建团队，并形成由大学生管理的 5 个经营状况良好的店铺。2010 年，协会加大工作力度，与商务部、教育部、劳动与社会保障部以及协会优秀特许品牌企业沟通协调，探索通过定制班、冠名班等校企合作办学模式，争取政策指导与支持，为企业培养输送高素质人才，目前已与 20 多所高职院校达成合作意向，其中中国人民大学还积极参与协会组织的“大学与社会：走进连锁商业世界”大学生公益巡讲活动，让大学生了解连锁经营的发展前景与机会，动员更多的院校与就业机构积极投身连锁事业，鼓励更多的优秀人才投身连锁行业，以提升行业地位与人才竞争力。

农民工的培训与就业也是当前社会经济可持续发展的重要一环。特许企业出色的培训系统、数量众多的低门槛就业岗位，应该而且能够大显身手。“小拇指”在发展加盟店过程中，着力于农民工的培训，已有 2600 多名农民工成为 QSRS 技工，输送给加盟店。

4. 改善食品与消费安全，促进社区服务与农村流通升级

通过提高流通规模化和组织化程度，解决食品安全与消费安全，是流通“十二五”规划的重要内容。特许经营以企业总部为依托，以规模采购、专业化管理为基础，对众多的网络终端进行配送、督导、支持与管理，从整体上提高了产品与服务的规范化、安全性和可追溯，是解决目前零售、餐饮与服务市场“散、小、差”的有效途径。如“阿瓦山寨”在其加盟体系中推行 ISO 和 HACCP 认证并取得实效，就是很好的例证。

在“十二五”规划中，对通过引进连锁进社区提升社区服务的功能和品质提出指导性要求。随着城市化和城镇化进程的加快，社区服务市场为连锁企业提供了巨大的发展空间，连锁经营也将成为提升社区服务质量的中坚力量。协会向行业推出的“社区服务连锁 100 品牌”、“购物中心 100 品牌”等就是鼓励连锁企业关注社区、进驻社区，帮助零售、餐饮与服务业的优秀连锁品牌与各地方的商业地产开发商、地方相关政府机构对接、

合作，为企业争取更有利的进驻条件，为不同行业的发展提供支持。

同时，在“万村千乡”工程和农资连锁快速发展的带动下，农村消费市场和生产资料流通正步入发展新阶段，而“万村千乡”和农资连锁的发展，主要得益于特许加盟方式的应用。实践证明，推广特许经营方式有助于农村消费品和生产资料流通体系建设，具有巨大的发展潜力和空间。

5. 引导外贸与生产企业内销渠道建设，助力服务贸易企业“走出去”战略的实施

外贸与生产企业在拓展内销市场过程中，除了利用超市、百货等流通渠道外，采取加盟方式建立自己的连锁销售网点，已被证明是一条切实可行的手段和方式。特别对于那些不了解国内分销特点的外贸生产企业，可以发挥特许经营投资少、扩张迅速的特点，实现较短时间快速覆盖市场，扩大销售与品牌知名度。

与其相对应，以特许经营方式输出品牌和专有技术，进而带动产品出口，扩大服务贸易规模，已经成为发达国家服务贸易的重要方式。据了解，20 世纪末，美国有 374 家特许企业在国外开设了 3.5 万个以上的特许网点，即大约有 20% 的美国特许品牌拥有海外的特许网点。特许经营的国际化为美国服务贸易做出重要贡献。目前，我国特许企业的国际化步伐刚刚起步，少数走出去的企业已经取得较理想的业绩。相信在不远的将来，特许经营将在我国“走出去”战略中占有一席之地。

二、特许经营所处的环境及其影响

参与调研的特许企业中，八成以上的企业认为本年度企业经营状况好于上年。从整体经济环境看，2010 年国家加快城镇化和产业结构调整的进程，宏观经济调控政策向消费领域倾斜，消费者信心指数攀升，构成特许经营的积极因素。但是，厂房租金、员工薪酬、原材料价格的上涨，导致特许经营成本持续攀升，销售增长滞后，形成特许经营企业最主要的不利因素。

（一）消费环境向好，政策惠及特许企业

2010 年，国家出台的一系列扩大内需、刺激消费的政策继续发挥积极作用，在政府实施积极财政政策和稳定外需的同时，更加注重扩大内需，尤其是把刺激居民消费需求放在更加突出的位置。

1. 消费继续保持高速增长

2010 年，全国社会消费品零售总额累计 15.46 万亿元，同比增长 18.4%，累计值继续创出新高，同比增速维持在高位。

2. 消费升级明显，消费信心乐观

2010 年，带有消费升级概念的金银珠宝、家具、汽车、家电和音像等商品的消费同比分别增长 46.0%、37.2%、34.8% 和 27.7%，是社会消费增速的主要拉动者。另外，数据显示，文化体育娱乐用品的销售增幅也达到较高水平，并明显高于金融危机时期的水平。

2010 年 1－4 季度，消费者信心指数分别为 108、109、104 和 100。数据显示，1～2 季度，消费者信心指数已恢复并超过金融危机前的水平，三季度也处于乐观区间，而四季度消费者信心指数回落，主要是源于消费者通胀预期的上升，尤其是对食品价格快速上涨

的担忧以及居高不下的房价、利率的持续上调，但大多数消费者对收入和就业的预期仍保持乐观。

3. 政策集中，备受关注

为扶持中小企业发展，2010 年国家出台了一系列扶持政策。

税收方面。国家决定自 2010 年 1 月 1 日至 2010 年 12 月 31 日，对年应纳税所得额低于 3 万元（含 3 万元）的小型微利企业，其所得减按 50% 计入应纳税所得额，按 20% 的税率缴纳企业所得税。

融资方面。2010 年国家全面落实支持中小企业发展的金融政策，重点完善小企业金融服务，积极引导银行业金融机构创新体制与机制，创新金融产品、服务和贷款抵押质押方式，积极发展中小金融机构，扩大对小企业的贷款规模和比重。此外，还继续实施了中小企业信用机构营业税减免等政策。对于中小企业知识产权质押融资方式，2010 年 8 月，财政部、工信部、银监会、国家知识产权局、国家工商总局、国家版权局联合发布了《关于加强知识产权质押融资与评估管理支持中小企业发展的通知》，提出建立协同推进机制，改善目前知识产权质押融资发展缓慢的现状，进一步拓展中小企业融资渠道，对以知识产权为核心的特许经营企业具有重大意义。

2010 年 5 月，国务院发布《国务院关于鼓励和引导民间投资健康发展的若干意见》，随后各地方配套实施细则相继推出。广东出台了《关于促进民营经济发展上水平的意见》，明确提出两个“45%”，即到 2012 年，民营经济增加值占全省生产总值的比重达到 45%，对全省生产总值增长的贡献率超过 45%；遴选并重点扶持 100 家民营企业及 500 家高成长性民营企业；并力争培育 15 家以上年销售额超百亿元、4 家以上年销售额超 500 亿元的民营企业等。

备受中小企业关注的“十二五”发展规划中提出，在中国经济转型的大前提下，系统规划实施中小企业成长工程，从 8 个层面推进中小企业加快转变发展方式，进一步在中小企业融资和减负方面着力。相关政策将对中小企业融资和上市形成利好，使特许企业可以充分利用资本市场，进行商业模式创新，实现企业的高速成长。

（二）销售增长滞后，成本上涨加快，投资意愿减弱，加大利润提升与加盟商维护难度

2010 年，中国特许企业销售增幅普遍低于店铺增幅，除汽车后市场、商务服务和家装行业的销售增长超过店铺增长，其他行业、业态的销售增长均低于店铺增长。与 2009 年相比，很多业态的销售增幅有较明显的下滑，其中综合零售、餐饮、经济型酒店、洗衣、教育培训的销售增幅下降明显，增长率分别从 2009 年的 24.0%、21.3%、62.7%、45.7% 和 26.8% 降为 2010 年的 8.6%、10.6%、13.0%、15.8% 和 4.6%。比 2009 年有明显改观的是家装、农资和专业零售，销售增幅分别从 -14.5%、3.4% 和 9.3% 提升到 23.9%、27.0% 和 23.5%。

受人工、房租上涨等因素影响，2010 年特许企业的经营成本平均增幅由 2009 年的 16.6% 上涨至 2010 年的 21.4%。增幅最高的是汽车后市场、专业零售、经济型酒店。面对持续上涨的成本压力，特许企业通过创新管理、优化营运有效提升了经营利润。总体而言，平均净利润率从 2009 年的 14.2% 增至 2010 年的 15.1%，其中餐饮、经济型酒店、

教育培训、家装和服装专卖等行业净利润率的增长高于平均增长率。

同时，2010 年中国特许企业面临的主要问题与 2009 年相比，在排序上也有明显变化。2010 年排在前 3 位的“加盟费收取困难”、“投资人加盟意愿减弱”和“与加盟商关系维护难度加大”，替代了 2009 年排在前 3 位的“标准化和规范化管理亟待提高”，“消费市场下滑导致盈利水平下降”和“选址难，租金偏高”。从排序变化看出，2009 年以来特许经营市场环境发生很大的变化，特别是经营成本的持续上升，给加盟店的经营造成巨大压力，同时特许总部强化管理和发展直营的力度明显加大。在规范经营与提高盈利的双重压力下，总部与加盟商之间的关系发生变化，这种变化在未来一段时间还会持续甚至加剧。

（三）电子商务快速发展为特许企业带来机遇与挑战

据协会 2010 年 7 月发布的《传统零售企业开展网络零售业务研究报告》显示，2009 年中国网络购物市场交易规模达 2483.5 亿元，占社会消费品零售总额的 1.98%，同比增长 93.7%。预计到 2013 年网购交易规模有望突破 1 万亿元。而中国传统零售企业正根据自身的优势与劣势，已经或即将开发符合其发展需要的网络销售。

另据中国电子商务研究中心发布的《2010 年（上）电子商务市场数据监测报告》显示，截至 2010 年 6 月，个人网店的数量已达 1200 万家，到 2010 年年底将达到 1300 万家，增长速度迅猛。目前，我国的 B2C 商户和商品数量正以每年 30% 的速度递增，2010 年 B2C 企业的新增数量约达 1 万家。

从网购交易数据看，正望咨询公司发布的《中国网上购物消费者调查报告 2010》显示，2009 年度我国网上购物继续高速发展，全国网购规模达到 2670 亿元，网购人数达到 1.3 亿人。该报告称，2010 年我国网购市场规模达 4900 亿元。

电子商务与网购消费的高速发展，加速了特许企业上“网”进程。本年度调研发现，无论是零售类特许企业，还是餐饮、服务类企业，都已将网上商店作为企业新的拓展空间，也有将其定位为多渠道营销的组成部分。连锁企业拥有大量的实体网络，在“鼠标＋水泥”的模式中，相比以电子商务起家的（IT 类）企业更具优势。但从目前的发展情势看，企业仍有一些问题亟待解决，如实体店与网店的利润分配、网上打假等。

（四）房地产政策调控对房屋中介等相关特许企业的影响

2010 年 4 月中旬起，以“10 号文”为代表，房地产业宏观调控措施频频出台。9 月末，国家推出了新一轮调控措施，进一步细化了“10 号文”的内容。具体措施包括全面暂停第三套房贷、首套房贷款比例升至 30% 及以上、加快推进房产税改革试点、购首套普通住房契税下调等，由此形成即使是房屋销售的“金九银十”的购房“金银”档期，楼市交易也趋清淡，购房者普遍持币观望。

中国房地产调控措施对中国经济及各行业都有不同程度的影响。从特许领域看，首当其冲的是以二手房交易佣金为主要收入的房产中介行业。数据显示，2010 年重点城市住宅成交面积同比普遍下降。其中北京、上海、广州等城市交易量跌幅接近 50%，杭州、深圳、南京等二线城市的跌幅甚至超过 50%。政策调控导致市场竞争更为激烈，房屋中介公司进退明显，行业布局面临机遇调整。

相比冷清的房屋交易市场，租房市场持续火热，各地房租接连上涨。国家住建部报告显示，北京、上海、深圳、广州等多个城市的房租持续上扬，平均涨幅都超过10%。

由此，与房屋买卖相关的行业也受到不同程度影响，如家装修饰业。

（五）“世博”刺激上海及华东市场消费活跃

2010年，上海世博会的举办对中国华东地区的消费市场拉动成绩显著，酒店住宿业受惠最大，其次为零售、餐饮及交通等行业。“世博”期间，上海及周边地区的酒店业租房率跳升至爆满。“世博”客流让上海及周边地区的经济型酒店的接待能力达到饱和，“如家”、“锦江之星”等经济型连锁酒店上海地区的入住率基本达到100%，暑期、中秋与国庆假期更高。

（六）资本市场更加关注特许连锁企业

特许加盟企业与资本市场的合作正在不断深化。2009年下半年起，参与调查的“7天”连锁酒店、“探路者”、“罗莱家纺”、“吉峰农机”、“谭木匠”、“富安娜”床具、“21世纪不动产”、“汇银电器”、“汉庭”连锁酒店等特许企业先后上市（见图1及表2）。

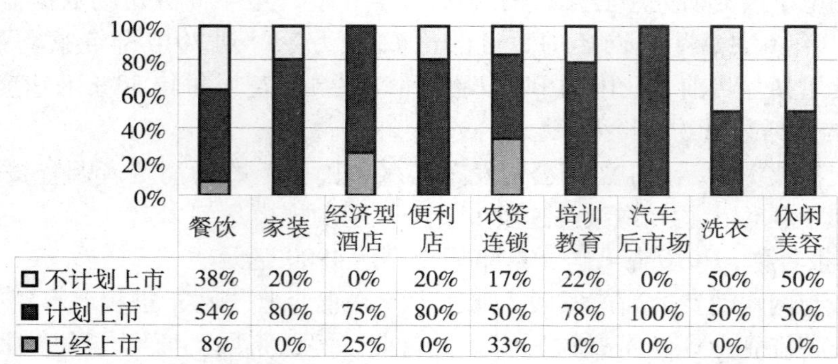

	餐饮	家装	经济型酒店	便利店	农资连锁	培训教育	汽车后市场	洗衣	休闲美容
□不计划上市	38%	20%	0%	20%	17%	22%	0%	50%	50%
■计划上市	54%	80%	75%	80%	50%	78%	100%	50%	50%
▨已经上市	8%	0%	25%	0%	33%	0%	0%	0%	0%

图1 2009年特许企业部分业态资本运作之上市情况

表2　　2009—2010年部分特许企业IPO情况

企业	上市时间	上市地点	业态
罗莱	2009.9.10	深交所	纺织品
探路者	2009.10.30	深圳创业板	户外用品
吉峰农机	2009.10.30	深圳创业板	农业机械
7天	2009.11.20	纽交所	经济型酒店
谭木匠	2009.12.29	港交所	礼品零售
富安娜	2009.12.30	深交所	纺织品
21世纪不动产	2010.1.28	纽交所	房屋中介
汇银电器	2010.3.25	港交所	电器销售
汉庭	2010.3.26	纳斯达克	经济型酒店
嘉事堂	2010.8	深交所	医药店
博士蛙	2010.9	港交所	儿童品零售

除了成功实现IPO的企业，还有更多的企业进行了私募股权融资，对于连锁企业接轨资本市场，其必要性和积极作用，已为业内普遍认可。

为了更好地利用资本市场发展特许企业，应重点处理好几个方面的关系：一是处理好发展速度和发展质量的关系，防止为满足资本需求而违背连锁发展规律，盲目扩张，降低质量，增大风险；二是处理好创业团队与“空降兵”的关系，做好融资中的利益安排，确保团队稳定；三是处理好直营和加盟的关系，发挥直营的管控优势，同时兼顾加盟的创新和快速扩张优势。

三、特许企业发展的特点与趋势

为适应市场变化，突破发展瓶颈，实现可持续发展和稳定增长目标，2010 年特许企业在提升门店盈利与深化市场布局上又有进一步的提升。

（一）经营管理的创新与优化

1. 大力推进产品与服务创新，优化加盟体系赢利模式

特许总部通过产品与服务创新，提高门店的销售业绩和赢利能力，是特许体系可持续发展的根本。例如：

“天盟农资”面对农资市场受宏观经济影响，经营难度加大，采取整合上游资源，与大型钾肥生产企业合作，增加农资连锁店的经营品种等措施，同时为连锁店引入电信、邮政等服务项目，辅导农民加盟商开展“公司＋协会＋农户”的三位一体式定单生产，增强了加盟店的盈利能力。

“雷力”以“低碳减排施肥模式”，通过绿色、无公害等新型肥料，减少和替代化学肥料和高毒高残留农药的应用，不仅改善了农业土壤生态环境，提高了农产品产量和品质，而且降低了碳排放，促进了农民增收节支，从而提高了加盟店的产品销量。

“晨光文具”一改生产型企业加盟店只销售自身单一产品的传统加盟店销售模式，投入 3 亿元整合上游商品资源，利用品类管理方法，为加盟店供应适销对路的其他商品，提高了加盟店的赢利能力。

“阿瓦山寨”为增强加盟店持续创新能力，成立了由优秀加盟商组成的经营委员会，共同研发新菜式，每年分两季推出主题新品上市计划。同时加大自有品牌产品开发力度，推出的酒、茶、果汁等系列自有品牌系列，提高了连锁店的创新能力和特色经营，店铺效益和加盟商满意度不断提高。

更多的创新与优化包括：“肯德基”为深耕本土化推出的中西优势复合的自创产品“培根蘑菇鸡肉饭”、“巧手麻婆鸡肉饭”；“麦当劳”餐厅新开辟的咖啡休闲区、免费无线上网等超值产品与服务；“联华快客”从满足消费者需求、降低成本、减少风险出发而开发的店内金融服务、时段性食品，与便当经营商或房屋产权方联合经营等；“迪信通”与保险公司合作推出的内地第一款移动电话保险；“名庄传奇”的“一店一酒”、餐饮进店；“谭木匠”的区域特色商品开发等，都是特许企业在统一管理加盟网络的基础上，充分适应不同地区、不同市场的消费特点，充分发挥加盟店的创新能力，从而提高特许体系整体盈利能力的有益探索。

2. 更加重视人才培养和激励，采取各种方式确保人才供给

人才缺乏是特许连锁企业发展中的最大瓶颈之一。对人员技能依赖度高或采取托管方式的企业，更多集中在餐饮、住宿、培训、家装等行业。这些企业在人才培养方面都倾注了很大的人力、财力和物力，部分企业还设立了企业“大学”。例如：2010 年年初，“麦当劳”在上海成立了中国汉堡大学，为培养本土领导人才以支持麦当劳在中国业务的增长计划提供了坚实后盾；“肯德基”在沈阳通过签订集体合同，对 66 家肯德基连锁餐厅的员工，按合同制职工的最低工资标准，将月薪由 700 元提高到 900 元，工资年均增长幅度设定为 5%，确保企业和职工互利互惠。

还有越来越多的企业通过股权激励来稳定团队，激发效率。调查结果显示，特许企业在员工培训方面的支出明显提高（见图 2）。

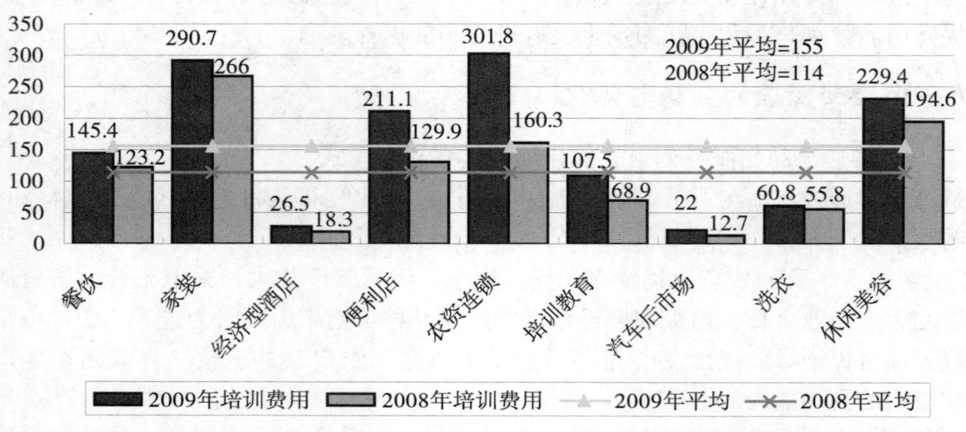

图 2　2009 年特许企业部分业态的培训费用支出

3. 利用网络科技与现代管理工具，创新特许体系的管理模式

用互联网改善总部对加盟商的沟通和管理方式，提高时效性和透明度，支撑加盟网络更好更快发展。例如，“美宜佳”对分布在广东省 10 个地区的 2380 家加盟店，依托互联网开通“门店服务在线”，为加盟商（很多是没有管理经验的外来打工人员）提供实时信息，包括每日咨询、学习园地、商品导航等 54 项服务功能，通过一年多的推广和应用实践，各门店普遍感受到“门店服务在线”的帮手作用和经营价值。

根据协会特许经营委员会 2010 年对 20 多家委员企业的调研数据看，100% 的特许企业至少使用两种及以上的现代管理工具，其中 89% 的企业使用了 KPI（关键绩效指标）、79% 的企业使用了 SOP（标准作业流程），使用 ISO、ERP（企业资源规划）和 BSC（平衡计分卡）的企业分别占到 59%、56% 和 47%。另外，有 24% 和 20% 的企业计划使用全面质量管理和五常法（见图 3）。

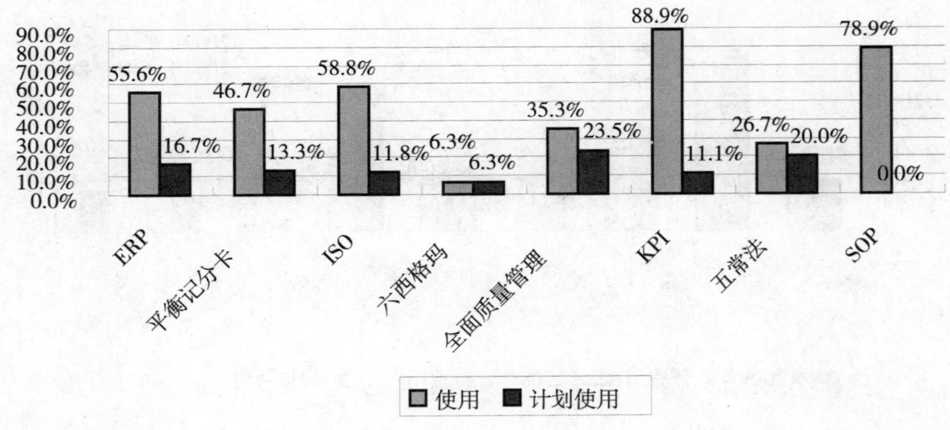

图 3　CCFA 特许经营委员会委员企业管理工具使用情况

4. 通过品牌合作提升客流，分摊成本

房租的持续上涨，使提高坪效成为企业化解成本的必由之路。目前采取的主要对策是增加不同时段的服务项目，提高店铺的客流与营收。随着连锁品牌涵盖内容的细分以及连锁化的普及，将会有越来越多的特许企业寻求具有互补性功能的品牌间的合作，如快餐与休闲饮品、汽车维修与汽车用品销售、加油站和便利店、儿童娱乐与儿童用品销售等。

5. 导入“鼠标＋水泥”两网并行模式，开展电子商务和多渠道营销

积极导入“鼠标＋水泥”的两网并行模式，适应新消费，增加新盈利，用互联网提高市场覆盖，为加盟店网络提供更多的销售机会。例如：

2010 年“端午节”期间，“全聚德”的粽子礼盒在淘宝网商城和北京老字号网店都能方便买到；“五芳斋”在淘宝商城的“秒杀”活动，仅数小时内 3000 盒产品便一抢而空。整个节日期间淘宝商城销量突破 300 万元。

“美宜佳”在其 2600 多个实体门店基础上打造了虚实结合的“生活馆”模式，旨在提供“实体店＋会员网站＋商品目录＋呼叫中心”四位一体的全方位服务模式。

但是，特许企业在发展“鼠标＋水泥”的过程中，需重点解决好两个问题：

一是为企业网店运行制定合理的利润分配机制。例如，有的企业把网上形成的销售分配给购买者所在区域加盟店，由加盟店负责货物交割和相关服务，让网店为加盟商锦上添花，让加盟商为网店保驾护航，真正发挥了实体网络的价值和优势。

二是打击假冒网店。一些特许企业商品销售系统存在漏洞，被人恶意利用，给总部和加盟商造成损失。与 B2C 网络平台合作取缔非法网站是一个方面，更重要的是完善商品配销系统，堵塞漏洞。

品牌营销是加盟商最关注的总部支持项目之一。调研发现，总部不断加大品牌营销力度，其中网络宣传成为新增的主要方式。

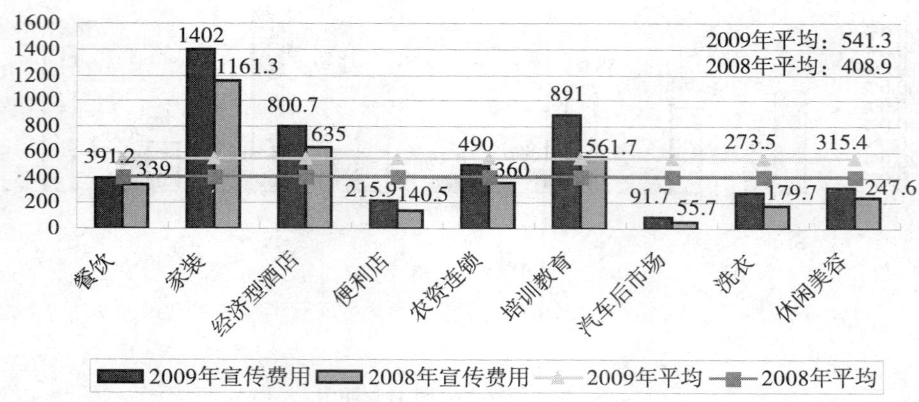

图 4　2009 年特许企业部分业态宣传费用支出（万元）

另据了解，美国网上零售 500 强中，连锁企业开设网店的占 30%，达到 152 家，销售额 450 亿美元，年增长率近 12%。2008 年，开设网店的前 50 家连锁企业中，网上销售增长、实体店销售下降的达到 41 家，说明网上零售对实体店的经营已造成实质影响。积极探索网上零售，开展多渠道营销将成为我国特许企业的有机组成部分。

6. 实施多品牌策略，挖掘平台价值

多品牌策略的实施，一是来自加盟商的驱动，他们在取得加盟投资收益后，会表现出新的投资意愿，希望总部提供新的加盟机会；二是主力产品的生命周期与市场需求变化的影响，发展新品牌分散风险；三是特许企业对平台价值的认识和利用。这个平台包括团队、体系（包括培训、督导、配送）、手册以及现有的加盟商网络。一个成熟的平台可以容纳若干个店铺/品牌系统。目前，企业开发新品牌的方式包括自行研发商业模式、收购有潜力的小企业再改造包装、在原有店铺基础上以新品牌增加新的服务项目等。个别企业开始尝试从海外市场购买品牌。参与本次调查的企业，已开展多品牌特许经营的占到近 38%。

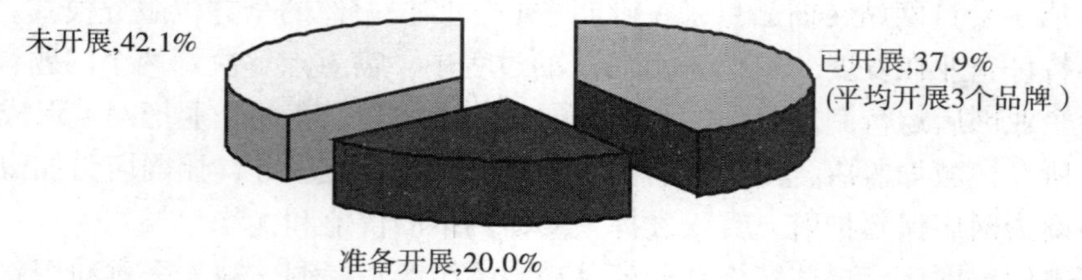

图 5　开展多品牌经营情况（145 家企业填写）

（二）直营、加盟并举，多元市场渗透

1. 直营与加盟协调发展，保持网络稳健扩张

随着中国特许企业经营规模的扩大与实力的增强，加之资本市场对拟上市企业资产规模和利润额的要求，特许企业加大了直营店的开发力度，有的企业已把发展重点转到直营

店。而原先以直营为主的企业，为了快速布点，降低投资风险，逐渐导入加盟店的开发。也有一些企业在加盟合同中植入回购条款，当加盟店取得稳定收入后，溢价回购加盟店，并把这种方式作为拓展市场的途径之一。还有一些企业尝试把直营转为加盟，以发挥加盟主的主动性和责任感，并回笼一部分资金。从成熟市场的发展经验看，连锁店保持一个合理的直营与加盟的比例，是很多成功企业的共同选择。

例如，2010 年年初，麦当劳对媒体公布开放国内的特许加盟权；仙踪林旗下的快乐柠檬，已有 110 家直营店，2010 年首次开放加盟店及区域代理；一直秉承自购物业经营方式的法国宜必思酒店 2010 年也在中国大规模发展加盟。

又如，美国的麦当劳、塔可钟等特许体系都有通过回购加盟店或大力开发直营店做大业绩的经历。

另外，在直营与加盟的发展区域选择上，特许企业也会有不同安排。如小肥羊在一线城市以直营店为主，二、三线城市主要发展加盟店。中心城市、中心地区发展直营，周边发展加盟也是目前特许企业较普遍的做法。

图 6、图 7 分别为被调查企业按行业分类，统计其采用特许经营模式与收取特许权益金的情况。

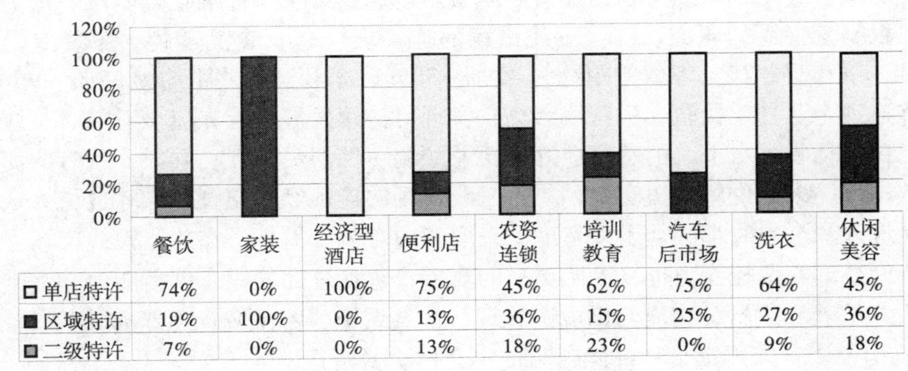

	餐饮	家装	经济型酒店	便利店	农资连锁	培训教育	汽车后市场	洗衣	休闲美容
□单店特许	74%	0%	100%	75%	45%	62%	75%	64%	45%
■区域特许	19%	100%	0%	13%	36%	15%	25%	27%	36%
■二级特许	7%	0%	0%	13%	18%	23%	0%	9%	18%

图 6　2009 年特许企业发展采用加盟模式情况

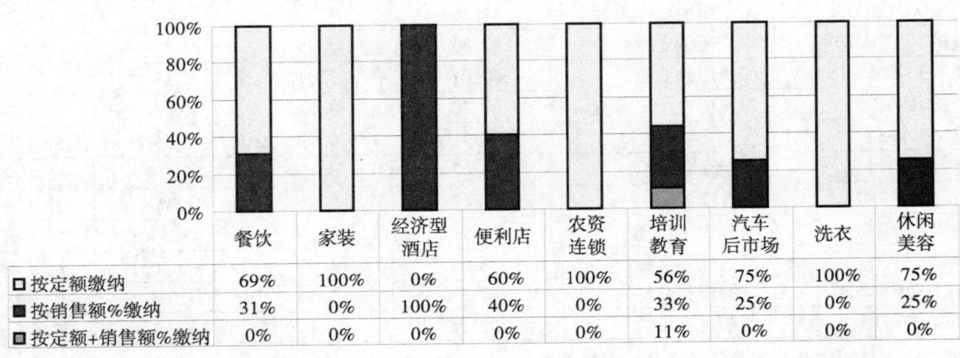

	餐饮	家装	经济型酒店	便利店	农资连锁	培训教育	汽车后市场	洗衣	休闲美容
□按定额缴纳	69%	100%	0%	60%	100%	56%	75%	100%	75%
■按销售额%缴纳	31%	0%	100%	40%	0%	33%	25%	0%	25%
■按定额+销售额%缴纳	0%	0%	0%	0%	0%	11%	0%	0%	0%

图 7　2009 年特许企业部分业态特许权使用费用的缴纳方式

2. 二、三线城市成为发展热点

一线城市市场趋于饱和，竞争加剧，成本上升，企业把目光转向二、三线市场。二、三线市场本身也逐渐成熟，成为特许企业扩张的新领地。调研显示，很多新特许企业在发展初期即开始定位于二、三线市场。

有些特许企业在深耕二、三线市场方面有着成功的经验。如2010年，百胜餐饮集团提出在中国要将新店开到六线城市；“小拇指”要在全国百强县发展汽车后市场服务店；高星级酒店品牌万豪、索菲特（Sofitel）、美爵（Mercure）等也将2010年的开店目标包含了较小的三、四线城市。还有“福奈特”、“北大青鸟”、“百圆裤业”等企业在深耕二、三线市场方面成效显著。

二、三线城市成为特许企业发展热点主要基于如下几个因素：

一是，一线市场的发展已进入新的阶段。某些业态趋于饱和或竞争激烈（如洗衣、便利、房屋中介、服装专卖、儿童教育、酒店等）；一线市场成本、特别是房租成本和人工成本持续上涨；不同业态的特许企业在一线市场的开发中侧重开设直营店。

二是，很多企业在二、三线市场的拓展遭遇瓶颈。特许企业在二、三线市场的持续经营和持续渗透能力遇到挑战，有的企业（如餐饮企业）在二、三线市场的店铺数量增长停滞甚至缩减，或二、三线市场的加盟店质量难以达到要求，标准化复制难、加盟店盈利能力弱。根据麦肯锡的研究，二、三线市场的连锁店（包括食品零售、服装专卖、家电零售）和一线市场相比，坪效差距约为45% ~80%，净利润率差距约为55% ~90%。

特许连锁企业真正接轨二、三线市场，实现可持续发展，首先应该对二、三线市场做充分研究：包括收入水平、消费习惯等，要兼顾统一性与灵活性；同时，现有的商品分销体系分散，统一采购供应无法实施，二、三线市场的连锁经营与管理人才也更为缺乏，这些因素在进入和渗透时都必须予以考虑并采取相应对策。另外，在二、三线市场立足和发展，对特许总部的调控能力也将提出更高的要求，包括总部的业态创新能力、基础管控能力（如人才培养和供给、物流与供应链管理、信息系统、跨区域管理能力）等。

3. 机构投资青睐连锁，特许经营与资本合作更紧密

表 3　　部分上市特许企业基本情况

证券名称	资本市场	市盈率	每股净资产	净资产收益率	市值（亿元）
全聚德（002186）	深交所中小企业板	51.15	5.58	11.1%	43
吉峰农机（300022）	深交所创业板	87.56	3.75	9.7%	26
探路者（300005）	深交所创业板	60.01	7.07	8.1%	17
罗莱家纺（002293）	深交所中小企业板	58.22	9.51	10.6%	22
小肥羊（00968）	香港交易所	60.91	0.99	7.8%	51（港币）
谭木匠（00837）	香港交易所	14.07	0.12	23.8%	11（港币）
汇银家电（01280）	香港交易所	27.42	0.95	7.4%	21（港币）
如家快捷（HMIN）	纳斯达克市场	26.52	9.86	14.3%	15（美元）
7天连锁（SVN）	纽约证券交易所	NA	4.03	-7.2%	11（美元）
21世纪不动产（CTC）	纽约证券交易所	107.94	2.68	1.7%	3（美元）
环球雅思（GEDU）	纳斯达克市场	122.31	0.86	8.7%	9（美元）

说明：1. 国外上市公司相关信息以及比率数据来自 http：//www.imeigu.com，2010年1月18日。

2. 由于7天连锁酒店集团净利润为负，因此市盈率无法计算。其每股收益为 -2.9元。

资本市场对特许经营的影响，主要表现为直营店力度的加大和扩张速度的加快。资本进入企业后，企业的团队优化、后台建设等都将得以加强，此外，也会引发品牌间的并购与重组。总体上看，随着特许企业规模的扩大，将有更多的投资机构进入这个领域。目前，我国 IPO 的特许企业不到 20 家，而美国本土特许企业 IPO 数量接近 100 家，因此，资本与特许的合作还有很大的空间与潜力。

4. 试身海外市场

2010 年以及 2011 年中国特许景气调查结果均显示，五成左右的被调查企业表示近几年有意愿到海外发展加盟业务。其中，餐饮企业到海外发展的意愿最强烈，如已经在美国、台湾、澳门等地开店的小肥羊 2010 年宣布全线开放国际市场特许加盟业务；锦江之星经济型酒店也宣布开启全球扩张计划。

2010 年 8 月，澳门政府邀请协会参加当地的特许加盟展，国内翰皇皮革清洗、若石足道、华夏中青家政、福奈特干洗、锦江之星、7 天等更多带有民族特色的特许品牌积极参与其中。

国内特许品牌到海外发展尤如海外品牌来中国发展，需要解决好品质的一致性与本土化的协调发展。另外，在当前环境下，中国原材料出口、人才输出等问题都有待解决。目前，一些企业只能通过发展加盟店的方式来解决这些问题。

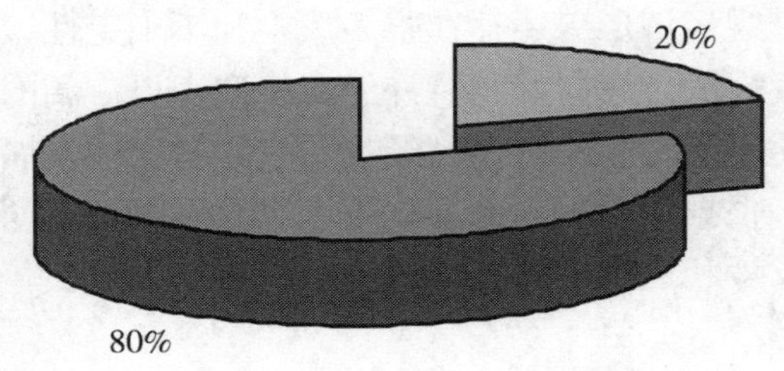

注：139 家企业参与调查。

图 8　特许企业在海外市场开店情况

5. 社区商业提供新的发展平台

中国城市化进程给社区商业的发展带来新机遇，社区商业的提升又是中国政府关注民生的一项重要工程。在这个大背景下，特许企业开始将注意力转向社区市场，一些企业也在积极尝试。

（三）新兴市场与行业引入特许经营

从参与年度特许经营百强调查的企业，以及“中国特许展”（北京站、上海站）的特许品牌所属行业看，新的市场环境下催生出特许经营新的行业与业态。

一类是利用新技术开创新行业。如，天路行网络购物吧是建立在社区的网络销售服务终端实体店，其背后连接的是庞大的天路在线供货体系，销售的商品包括日用品、化妆品、保健品、家居用品、家电、珠宝、飞机票、保险、代缴水电费等，尽可能全面地满足社区居民的购物需求。网络购物具有很高的成长性、零库存、免费补货等，使之与传统商业模式相比，经营风险大大降低。北京寺库寄卖有限公司是一家从事物联网应用平台业务的连锁加盟企业，主要业务是寄卖，寄卖就是委托销售，是一种信托服务。据官方数据，我国每年社会闲置物资总额以数万亿元计，且以每年 5% 的比例递增，这是个庞大的市场。因此，寺库定位要成为一家加速资源流通的信息化高科技企业。

另一类是新兴服务业的兴起。美好世家私人管家会所是中国首家提供中国式私人管家服务的会员制连锁性服务机构，采取与国际接轨的管理模式，将瑞士酒店管理学院等世界一流的星级酒店管理经验与会所的经营模式融为一体。私人管家与酒店贴身管家的区别在于后者的服务对象通常是一些流动性比较强的客户，属于一种短期行为，而前者实际是“365 天的不间断式服务”，属于长期服务。还有一些针对商务服务的特许品牌正在加速发展，如特许百强中的广告器材连锁服务等。

还有一类是由以生产加工为主的生产企业转型而来。有的因为出口受阻、有的面临渠道商的压力，因此开始自建品牌、自组渠道，这样催生出一批有实力的以零售专卖为主的特许企业。

从上述两个国内最重要的特许加盟展“中国特许展”（北京站、上海站）参展品牌看，2010 年海外品牌参展较之以前更为踊跃，有来自韩国、美国、意大利、日本、瑞典、俄罗斯以及台湾等海外多个品牌。非食品专卖店，包括儿童用品专卖、体育用品专卖、香水专卖、化妆品专卖、时装专卖等将是海外品牌进入的热点行业。同时，海外品牌的进入也带动了其外围服务供应商如商务咨询、法律服务、公关服务、IT 服务等服务商的进入。

总体而言，当前的宏观经济形势还存在很多风险和不确定性，实体经济的发展环境还有待改善，但随着经济发展的持续向好，特许经营将迎来更广阔的发展空间。特别是特许企业的发展规模与专业化水平持续提升，已经具备较为坚实的发展基础，只要秉持特许经营合作双赢的核心理念，根据消费需求的变化不断创新，特许经营必将实现更大的发展，特许经营对社会经济的发展和进步所具有的价值也将更加彰显。

（中国连锁经营协会）

第二部分　行业调查篇

2010年中国连锁百强企业经营状况调查分析

2011年3月28日，中国连锁经营协会发布“2010中国连锁百强”，这是协会自2001年首次发布“年度中国连锁百强”以来连续第11年发布的行业发展状况。同期，由协会组织的“2010年度行业发展状况调查”顺利完成。

调查显示，2010年，连锁百强销售规模达到1.66万亿元，同比增长21.2%，增幅高出社会消费品零售总额2.8个百分点。百强企业门店总数达到15万个，同比增长9.8%。百强企业销售额占社会消费品零售总额的11%，与上年基本持平。

苏宁电器集团以1562亿元的销售规模继续位居中国连锁百强榜首，国美电器、百联集团有限公司、大商集团有限公司、华润万家有限公司分别以1549亿元、1037亿元、862亿元、718亿元的销售业绩排名第二至第五位。百强最后一名的销售额为22亿元，比上年提高37%。

2010年中国连锁百强企业发展状况具有以下几个特点：

一、销售规模快速增长

2010年，百强企业销售规模呈现较大幅度增长，达到21.2%，分别比2009年的13.5%和2008年的18.4%高出7.7和2.8个百分点。有18家企业销售增幅超过30%，其中大部分是区域型连锁企业。

2010年，百强企业店铺数量增幅9.8%，是2006年以来增幅最低的一年（2006年至2009年，百强企业开店数量同比增幅分别为26%、17%、24%和19%，总体呈下降趋势）。有18家企业的店铺数量增幅为零或负增长（2008年和2009年分别为7家和16家）。

虽然开店数量增幅下降，但销售规模上升明显，显示出百强企业营运质量的提升。统计显示，百强企业可比店铺2010年销售额平均增长10%左右，扣除物价上涨因素，依然有小幅增长。

二、外资平均增速高于本土企业

百强中的外资企业主要经营大型超市业态，在该领域逐渐占据主导地位。2010年，5家主要的外资大型超市新增店铺140家，新开店数比上年增加了22%。

外资企业总体保持较快的发展速度，且新开店铺数和销售额增幅基本保持同步。2010年，店铺数增幅超过20%的外资企业达到6家（2009年为2家）。

总体而言，内资企业的开店速度和销售增长普遍低于外资。但部分企业在2010年发展速度抢眼，销售或开店增幅超过40%。

三、百货店发展速度高于超市

2010 年，以经营百货业态为主的连锁企业占据连锁百强席位的三分之一。35 家主营百货的连锁企业的销售额和店铺数量平均增幅分别为 23.2% 和 18.5%，明显高于超市连锁企业。

2010 年，为数不少的百货企业进行了并购，并购也成为百货企业扩张的重要方式。

2010 年，以超市为代表的快消品百强的销售规模和门店数量分别增长了 13.8% 和 4.5%（剔除个别特殊情况），店铺增幅低于 2009 年，但销售增幅高于 2009 年（2009 年分别为 10.2% 和 9.5%），显示出经营质量的改善。

四、网上零售初具规模

统计显示，2010 年，百强企业中有 34 家开展了网络零售业务，实现销售规模约 30 亿元。访问量和销售额较大的网店主要集中在家电和百货企业所营运的网上平台。

此外，农村市场和社区商业逐渐成为零售发展的重要市场。百强企业积极参与农村流通体系建设，新增门店很多是纳入“万村千乡市场工程”的农村店。一些社区超市和便利店通过增设服务设施，延长营业时间，增加服务功能，取得了较好的效果。百货店也在强化其社区渗透能力，开发社区型购物中心。

五、经营成本大幅上涨

2010 年，百强企业面临的最大困难是经营成本的提高，包括租金成本和人工成本。

对优质网点资源的竞争、房地产价格飙升带来房租的大幅度上涨，企业租金成本明显提高，有限的利润被租金吞食，也造成企业新开门店数量的减缓。统计显示，2010 年，连锁企业续约房租成本平均上涨约 30%。

人工成本上升的直接体现是员工工资和福利的增长。对百强企业的抽样统计显示，2010 年企业人工成本平均上涨 15%。此外，人员流失率高以及因此造成的招聘、培训等方面的投入也明显增加。

2010 年，尽管连锁企业遭受了诸多的压力和挑战，但也迎来历史性的发展机遇，包括城市化进程的加快、消费市场的持续增长。

在新的一年，整体经济环境将进一步带动消费市场的繁荣，包括工资水平的提高和社会保障机制的改善等。同时，拉动内需、促进消费的政策导向将促使更多流通业扶持政策的出台，包括新出台的“内贸‘十二五’发展规划”中涉及的各项政策措施，将有力推动连锁经营的稳步发展。

2009－2010年度大型超市、超市行业经营状况分析报告

一、大型超市和超市企业总体情况

根据《中国连锁零售企业经营状况分析报告（2009－2010）》，2009－2010年大型超市行业继续保持高速发展，且已成外资零售企业重点发展的业态，但其也面临新的发展问题，即消费者分化、客户质量下降、周边发展环境变差、经营成本日益提高，其倡导的“一站式购齐”已不具强势吸引力。而超市行业因其不及大型超市和便利店的特殊优势，形成“突破夹缝求发展”的行业特点，即探索创新和差异化发展、追求区域竞争优势、贴近社区并服务社区、强化精细管理以提高效率创造效益。

（一）大型超市业态发展的主要特点

1. 发展速度快

近几年的连锁百强统计结果都显示，大型超市是各个连锁经营业态中发展速度较快的一类。从发展区域看，一、二线城市的大型超市迅速趋于饱和，正在向三、四线城市延伸；从所有制看，不同所有制的零售企业都把大型超市作为重点业态来发展，其中外资企业发展速度更快；从时间看，近几年大型超市门店的增长呈现加速发展的趋势。

2. 外资零售企业重点发展的业态

进入国内的外资企业，大多数在经营大型超市业态①。从外资零售企业的扩张策略看，大多数采取“直接开店＋并购”的方式。

近年来，由于大型超市在一线城市迅速出现饱和或趋于饱和的状态，外资大型超市在二、三线城市甚至县级市开店的数量越来越多，对当地零售市场产生了较大的冲击。

外资企业专注于大型超市业态，主要原因包括：

第一，《城市商业网点规划管理条例》迟迟不能出台，外资利用政策管理的空白，能够很容易地进入或抢占到城市中心商业区。

第二，中国绝大多数消费者对价格仍然十分敏感，认为大型超市能够提供便宜的价格，并且可以一站式购齐。

第三，在供应链和物流水平不健全的情况下，大型超市对商品的大量需求容易得到供应商的支持，供应商更愿意提供物流等服务。

第四，中国正处于城市化的进程中，快速扩大的城市数量和规模给大型超市带来巨大的市场空间。

① 详见本书第五部分附录三“2009年中国连锁百强名单”。

此外，目前一些外资大型超市在发展大店的同时，也在向中小型店铺扩张，如沃尔玛和乐购 TESCO 都开出了便利店业态。

同时，外资零售企业在发展大型超市方面具有很多国内零售企业不可比拟的优势，主要体现在以下几个方面：

（1）外资企业发展速度快于平均速度，并且近年来一直在加速增长。以 2009 年 5 家经营大型超市的外资零售企业为例，2009 年其新开店共 115 家，而 2008 年同期新开店只有 68 家。

（2）外资企业占大型超市市场的总体份额较大。无论从店铺数量看，还是从销售额看，外资零售企业占大型超市的市场份额均在 70% 左右。

（3）单店效益较高。根据几家典型企业的平均效益看，外资大型超市单店平均销售额约为 2. 75 亿元人民币，而内资大型超市单店平均销售额约为 2 亿元，相差比较悬殊。并且，在经营管理水平、创利能力等方面，两者也有着较大的差距。

3. 大型超市发展面临的问题

首先是消费者分化。五年前，进入大型超市消费的主体是中产阶级或白领，但随着大型超市低价形象的树立，以及城市农贸市场的减少，越来越多的低端消费者涌入大型超市。而那些追求高品质、看重服务的高端消费者则转移了购物场所。

其次是客户质量下降。由于过度追求低价形象，大型超市的低端消费者不断增加。直观的现象是店内客流量很大，但客单价却下降很多。

第三，周边发展环境变差。目前大中型城市的交通、停车等已经是普遍性的问题，而大型超市一般位于商业区或交通要道附近，即使平日也经常出现拥堵现象，在节假日期间，周边环境更加恶化，直接影响其销售和服务质量。

第四，经营成本日益提高，其中影响较大的是租金费用和人工成本。随着商业地产的不断升温，商业租金水平逐年大幅提高，大型超市一般体量较大（大多在 10000 平方米以上），租金的压力可想而知。而人工成本也在不断攀升，这些都对劳动密集型的大型超市形成不可小视的影响。

综合而言，大型超市所倡导的“一站式购齐”已不再是具有吸引力的口号。

（二）超市业态发展的主要特点

概括起来，超市目前面临的发展特点是“突破夹缝求生存”，即在大型超市和便利店的两端夹击中生存发展，这也是超市发展的主要困境。一方面，大型超市大多建在城市商业区或交通要道附近，并以“数量大”、“品种多”、“价格低”等特点抢占了本不属于它的市场；另一方面，便利店又以其便利性抢夺超市的市场资源。而与大型超市相比，由于超市的单店没有规模物流优势，供应商一般不愿提供直送服务，致使超市只能建立自己的物流中心，需要较大的资金投入。因此，总体上看超市的供应链效率是不高的。

为谋求生存和发展，近年来各地的标准超市都在努力探索适合自身业态发展的战略和策略。主要可以概括为以下几个方面：

一是探索创新和差异化发展。目前一些具有区域性优势的超市企业已探索出不同的适合企业自身发展的道路，如强化生鲜经营特色（典型企业有：永辉超市、家家悦、苏果等）；开辟高端路线（典型企业有：华润万家、上海联华超市、城市超市等）。

二是追求区域优势。一些区域本土零售商已具有明显的区域优势，它们的共同特点是，做大并占有当地重要市场份额；以超市、大型超市为基础多业态发展，包括购物中心、商业街、便利店等业态和模式。在打造区域优势方面，步步高、家家悦、联华超市等开展了有益的实践。

三是贴近社区、服务社区。一些超市以社区店为主要定位，在承担商品销售功能的同时，也提供家政服务、订票等综合社区服务功能。在提升综合社区服务能力方面，北京超市发的亲情促销、天津津工的综合性社区服务都做出了值得借鉴的特色。

四是强化精细管理。通过强化管理提高效率、创造效益，这是超市企业近年来的突出变化。在开店速度明显下降的情况下，超市企业的发展重点已经转向内部挖潜增效。在精细化管理方面，其最重要的前提是对零售技术的广泛重视和应用，目前零售 IT 技术得到了前所未有的重视，企业的投入水平和应用能力得到了很大提升。IT 技术在提高营销水平、改善经营效率、降低营运成本等方面发挥了重要的作用。

（三）大型超市和超市企业的经营状况

在本年度被调查的零售企业中，经营超市和大型超市业态的连锁企业共有 103 家，共经营有 4.38 万家超市和大型超市门店（比 2009 年增加了 3158 家）。这些企业中绝大部分为多业态经营，即同时经营有大型超市、超市、便利店等不同业态；从这些企业所有制属性看，内资零售企业的经营业态更加多元化，而外资零售企业业态相对简单。

1. 企业规模情况

表 1　　　　样本企业平均规模情况

项目	销售额（亿元）	门店数量	营业面积（万平方米）	员工人数
2009 年	80.1	438	42.9	8385
2008 年	72.6	403	37.4	7580
增幅（%）	10	9	14	10

总体上看，大部分样本企业为 2009 年中国连锁百强企业或快速消费品百强企业，因此平均规模都较大。

企业的门店增幅、员工数量增幅、销售额增幅基本保持相近的比例，说明企业处于比较良性的发展状态。

从增速来看，10% 左右也是近年来增幅最低的一年。

2. 人效和坪效

表 2　　　　样本企业人效和坪效情况

项目	人效（万元/人·年）	坪效（万元/平方米·年）
2009 年	95.5	1.9
2008 年	95.8	1.9
增幅（%）	0	0

从调查数据看，2009 年的人效和坪效均与 2008 年基本持平。在企业总体经营状况分析中，调查数据比较宽泛（包括不同业态、不同规模、不同区域的连锁企业），而在后面大型超市和超市具体门店的人效和坪效分析中，两组数据将更能说明问题。

在各个业态中，大型超市的人效是较高的。

3. 单店规模

表 3　　样本企业平均单店规模

项目	单店销售额（万元）	单店面积（平方米）
2009 年	1828. 8	979
2008 年	1801. 5	928
增幅（%）	1. 5	5. 5

数据显示，2009 年平均单店面积有所提高，说明企业新开门店的平均规模比上年店铺规模有所增加。同时，单店销售额也有所增加。

二、大型超市店铺经营基本情况

（一）样本概述

本次调查数据中，完整有效且营业一年以上（最早为 1995 年开业，最晚为 2008 年年底开业）的大型超市门店共 43 家，并以此为样本进行分析。

43 家样本门店主要位于东部省份，只有 11 家店位于中西部省份。

43 家门店平均单店营业面积 1. 1 万平方米（从 6000 平方米到 23000 平方米不等），最高销售额 17 亿元（某外资大型会员店，面积为 21400 平方米），最低销售额 3500 万元（面积为 7000 平方米）。

（二）平均规模

样本店均为各个企业中销售规模大、经营业绩好的店铺，代表了行业中的领先水平。

2009 年，可比样本店的单店增长为 4%，这与 2008 年受金融危机影响，基数较低有一定关系。

表 4　　大型超市样本店铺的平均规模

项目	销售额（万元）	营业面积（平方米）	员工数量（正式合同工）	经营单品数量（个）
2009 年	25730	11466	229	28693
2008 年	24728	11466	234	27636
增幅（%）	4	0	－2. 1	3. 8

在销售额增加的同时，正式员工数量有所减少，单店平均减少 5 人，降幅为 2. 1%，

这是近一两年来企业在人工成本增加的压力下，不断提高劳动效率的直接表现。在下面的分析中，也可看到，企业人效相应提高。而经营单品数量增加了近1000种，增幅为3.8%。

另外，样本店平均拥有收银机35.1台，最高为64台（店铺面积1.5万平方米），最低为8台（店铺面积6000平方米），平均每台收银机每年收银额为733万元。

（三）坪效和人效

从店铺具体业态看，大型超市的坪效和人效是较高的，排在家电专业店（9.8万元/平方米和157.5万元/平方米）、百货店（3.4万元/平方米和175.3万元/平方米）之后，高于其他零售业态。

2009年的坪效和人效较2008年都有一定增长。

表5　　大型超市样本店铺坪效和人效

项目	坪效（万元/平方米）	人效（万元/人）	单品销售额（元）
2009年	2.2	112	8967
2008年	2.1	105	8947
增幅（%）	4.8	6.7	0.2

（四）交易次数和客单价

与坪效和人效相似，在各业态中，大型超市的客单价排在家电专业店（2737元）、百货店（397元）之后。交易次数是各个业态中最多的。

表6　　大型超市样本店铺的交易次数和客单价

项目	日均交易次数（次/日）	日均客单价（元/日）
2009年	9061	77.8
2008年	9021	75.1
增幅（%）	0.4	3.6

（五）费用情况

房租是连锁企业最重要的成本支出，并且近几年一直持续上涨。由于2008年以来金融危机的影响，近一两年租金成本上升与前几年相比幅度不大。

样本企业中有部分门店为企业自有物业，因此拉低了房租的平均数值。如果是采用出租方式经营的门店，房租成本与工资总额的数值应差距更大。

样本企业平均每平方米月租金为35元，最高为每平方米月租金120元（北京某大型连锁企业所属大型超市）。

工资总额略有上升，但考虑到正式员工数量有所下降，个人平均用工成本略有下降。设备折旧的增加与近几年开店数量较多、原有门店设备更新等因素有关。

表 7　大型超市样本店铺的四项成本费用

项目	房租（万元）	工资总额（万元）	水电总额（万元）	设备折旧（万元）	四项成本费用总额（万元）	四项成本费用率（%）
2009 年	506	502	285	156	1449	5.6
2008 年	498	496	288	149	1431	5.8
增幅（%）	1.6	1.2	-1	4.7	1.3	-3.4

2009 年，样本店铺四项成本费用总计为 1449 万元，占总成本费用的 5.6%，比 2008 年有所下降。

（六）毛利率

样本店的毛利率相差较大，最高为 21.5%（某外资门店），最低仅为 8.5%。如果以样本店平均 2.5 亿元的销售额计算，仅毛利额相比，2 家店就相差 3250 万元，可见商品管理能力和营运能力对店铺盈利的影响程度。

样本店的平均毛利率为 12.2%，与 2008 年持平。

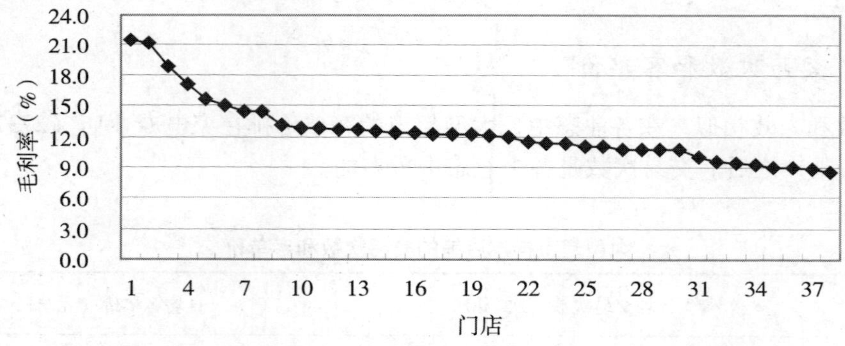

图 1　大型超市样本店铺毛利率分布

（七）物流配送与周转情况

样本店的统一配送率平均为 63%。

库存周转平均为 30.4 天。

（八）不同面积大型超市

为便于有针对性地比较，本次调研从样本店中分别选取三组不同规模范围的店铺进行比较，分别为 6000～9999m^2、10000～14999m^2 和 15000m^2 以上。在 15000m^2 以上分组中，考虑到销售额最高的店铺 17 亿元（某外资大型会员店，面积为 21400m^2）的特殊情况，没有加入到统计中。

1. 平均规模比较

表 8　大型超市三组样本店铺平均规模

类别（平方米）		6000～9999	10000～14999	15000 以上
销售额（万元）	2009 年	16419	23335	37535
	2008 年	16335	22159	36123
增幅（%）		0.5	5.3	3.9

2. 坪效比较

表 9　大型超市三组样本店铺的坪效

类别（平方米）	6000～9999	10000～14999	15000 以上
平均面积（平方米）	7600	12426	18970
坪效（万元/平方米）	2.2	1.8	2

3. 劳效比较

表 10　大型超市三组样本店铺的劳效

类别（平方米）	6000～9999	10000～14999	15000 以上
平均正式工数量（人）	155	248	311
劳效（万元/人·年）	105.9	94.1	120.7

4. 客单价比较

表 11　大型超市三组样本店铺的客单价

类别（平方米）			6000～9999	10000～14999	15000 以上
客单价（元/人·天）	2008 年	53.9	68	176	51.9
	2009 年	52.3	63	171	49.3
增幅（%）			3.2	7.9	2.9

5. 来客数比较

表 12　　大型超市样本店铺的来客数

类别（平方米）			6000 ~ 9999	10000 ~ 14999
来客数（人/天）	2008 年	8334	9402	9290
	2009 年	8559	9636	9062
增幅（%）			−2.6	2.4

6. 平均毛利率比较

三组样本店铺的毛利率分别为 11.7%、12.8%、13.2%，面积较大的店铺经营更多的百货类商品，因此毛利一般高于面积小的店铺。

但各组中店铺间差别很大，最高和最低差别都在 5% 左右。

三、超市店铺经营基本情况

（一）样本概述

本次调查数据中，完整有效且营业一年以上的超市门店共 31 家（最早为 1992 年 2 月开业，属国内最早一批的超市，最晚为 2008 年 10 月开业），并以此为样本进行分析。

31 家样本门店中有 19 家位于沿海省份，其余门店位于中西部省份。

31 家门店平均营业面积为 2194 平方米（从 226 平方米到 5775 平方米不等），年销售额最高为 3.4 亿元（面积为 4800 平方米，考虑到其偏离正常值较大，报告的具体分析中，没有将其作为分析样本），年销售额最低为 712 万元（面积为 226 平方米）。

（二）平均规模

超市样本店均为各企业中销售规模大、经营业绩好的店铺，代表了行业中的领先水平。特别是有的店铺，因位置好、管理成熟，销售额大大高于同面积其他店铺，也拉高了平均值。

2009 年，可比样本店的单店规模略有增长。

正式合同工数量略有减少，平均每店减少一人。

经营单品数量增加了近 200 种，增幅为 1.3%。

样本店平均拥有收银机 12.5 台，平均每台收银机每年收银额为 434 万元（大型超市为 733 万元）。

表 13　　超市样本店铺的平均规模

项目	销售额（万元）	营业面积（平方米）	员工数量（正式合同工）	经营单品数量（个）
2009 年	5430	2107	69	13141
2008 年	5462	2107	70	12967
增幅（%）	−0.6	0	−1.4	1.3

（三）坪效和人效

坪效、人效和单品销售额大致持平，其中人效与大型超市相差较大，但坪效高于大型超市的2.2万元/平方米。

表14　　超市样本店铺的坪效和人效

项目	坪效（万元/平方米）	人效（万元/人）	单品销售额（元）
2009年	2.6	78.7	4132
2008年	2.6	78	4212
增幅（%）	0	0.9	-1.9

（四）交易次数和客单价

样本店铺的交易次数和客单价呈反向同比增长，在吸引客流能力上，由于超市经营的单品少，竞争力与大型超市相比不高。但通过调整商品结构，加强生鲜经营，客单价有所提高。

表15　　超市样本店铺的交易次数和客单价

项目	日均交易次数（次/日）	日均客单价（元/日）
2009年	1912	78
2008年	1993	75
增幅（%）	-4	4

（五）费用情况

四项成本费用总额占总成本费用率的比例为6.1%，与大型超市店铺的比例相差不大。

表16　　超市样本店铺的四项成本费用

项目	房租（万元）	工资总额（万元）	水电总额（万元）	设备折旧（万元）	四项成本费用总额（万元）	四项成本费用率（%）
2009年	114	169	74	28	385	6.1
2008年	108	160	69	26	363	5.8
增幅（%）	5.6	5.6	7.2	7.7	6.1	5.2

（六）毛利率

样本店的毛利率相差较大，最高为23.9%（某外资门店），最低为8.8%，平均值为

13.7%，高于大型超市12.2%的平均毛利率。

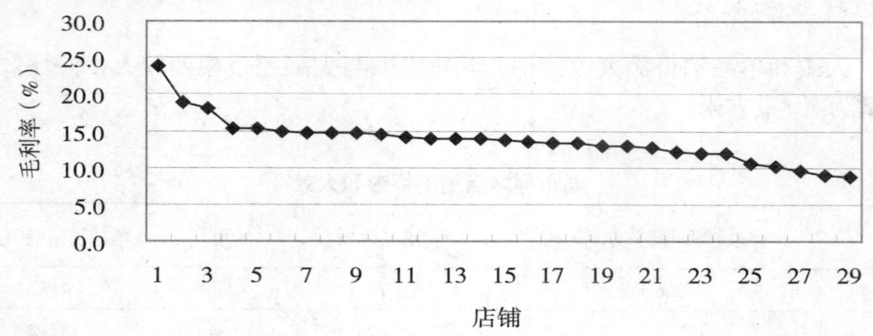

图 2 超市样本店铺毛利率分布

（七）物流配送情况

样本店的统一配送率平均为78%（大型超市为63%）。

库存周转平均为27.5天（大型超市为30.4天），比上年略有增加。

（八）不同面积超市

为便于有针对性地比较，本次调研从样本店中分别选取三组不同规模范围的店铺进行比较，分别为200～999m^2、1000～2999m^2和3000～5999m^2。

1. 平均规模比较

表 17 超市三组样本店铺的平均规模

类别（平方米）		200～999	1000～2999	3000～5999
销售额（万元）	2009年	840	5401	11732
	2008年	801	5005	11850
增幅（%）		4.9	7.9	-1

2. 坪效比较

表 18 超市三组样本店铺的坪效

类别（平方米）	200～999	1000～2999	3000～5999
平均面积（平方米）	387	1734	4147
平效（万元/平方米）	2.2	3.1	2.8

3. 劳效比较

表 19 超市三组样本店铺的劳效

类别（平方米）	200～999	1000～2999	3000～5999
平均正式工数量（人）	15	72	106
劳效（万元/人·年）	56	75	111

4. 客单价比较

表 20 超市三组样本店铺的客单价

类别（平方米）		200～999	1000～2999	3000～5999
客单价（元/人·天）	2009 年	22.4	39.7	51.9
	2008 年	21	37.3	49.3
增幅（%）		6.7	6.4	5.3

5. 来客数比较

表 21 超市三组样本店铺的来客数

类别（平方米）		200～999	1000～2999	3000～5999
客单价（人/天）	2009 年	1027	3727	6193
	2008 年	1045	3676	6585
增幅（%）		-1.7	1.4	-6

6. 平均毛利率的比较

三组样本店铺的毛利率分别为 11.7%、12.8%、13.2%，面积较大的店铺经营更多的百货类商品，因此毛利一般高于面积小的店铺。

但各组中店铺间差别很大，最高和最低差别都在 5% 左右。

2009－2010 年度百货店行业经营状况分析报告

一、百货店企业总体情况

根据《中国连锁零售企业经营状况分析报告（2009－2010）》，随着城市化进程加快、中产阶层扩大、消费需求升级，以及企业经营战略和管理水平的提升，2009－2010 年百货店行业呈现利润增长创出新高、创收来源更加多样、差异化经营更趋明晰、业态拓展更益于竞争的特点。但其也面临新的挑战，即源自购物中心、商业街的竞争压力，与大卖场向社区性购物中心业态延伸的碰撞，与供应链上品牌商品分销代理商的博弈，以及促销加剧利润摊薄的痛苦。

（一）百货店企业总体特点

1. 利润增长创新高

呈现这一特点的主要原因包括外在和内在两个方面。

从外在因素看，首先是城市化进程的加快，使百货企业能够从一、二线城市向三、四线城市延伸，从城市中心区向郊区延伸。其次是消费升级促进了百货企业的发展，而消费升级在商品类别上的主要表现是，穿和用的商品消费额持续提高，其中受益最大的是百货。第三是中产阶层队伍不断壮大，越来越多的人追求更好的生活品质、更好的服务和质量以及更高档的商品，百货店能够在某些方面满足这些需求。

从内在因素看，首先是新开店铺速度降低，而已开店铺进入创收期，大规模的直接费用投入减少。其次是近年来百货企业进行了较大规模的商品结构调整，与家电、家居等大型专业店形成错位，成为时尚消费的场所。第三，打折、返卷等多种促销活动对提升销售具有一定作用。第四，百货企业在拓宽多种收入渠道方面具有优势，收入来源包括物业收入、托管收入、广告收入等诸多方面。另外，很多百货企业扩大了自采自营的比例，在一定程度上提高了商品的毛利水平。

2. 创收来源多样化

在收入来源多样化方面，可以在香港上市、主要业务在内地的百盛集团（03368）为例进行说明。

表 1　　百盛集团 2009 年、2008 年及 2005 年收入来源变化情况

收入来源	2009 年	2008 年	2005 年
直接销售收入（万元）	125314	119013	44120
特许专柜销售佣金（万元）	202206	178155	57750
咨询管理服务费（万元）	2725	2987	4770
租金收入（万元）	15882	13586	6550
其他经营收益（信用卡手续费、广告费等）（万元）	44737	39952	3550

资料来源：百盛公司年报

从表 1 看到，特许专柜销售佣金是各项收入中最高的，但直接销售收入也有较快的增长。

表 2　　百盛集团 2009 年、2008 年其他经营收益细分

收入来源	2009 年	2008 年
促销收入（万元）	6636	8099
信用卡手续费（万元）	16794	13345
设备租赁收入（万元）	2202	1618
展销场地租金（万元）	1085	1239
行政费用（万元）	4126	5258
服务费用（万元）	2753	2347
政府补助（万元）	1264	941
补偿收入（万元）	890	–
其他收入（万元）	8987	7104
合计（万元）	44737	39952

资料来源：百盛公司年报

注：补偿收入指根据有关合约及中国国际贸易仲裁委员会于 2009 年 5 月作出裁决，百盛有权就杭州市某业主因违反相关租赁协议条款而向其收取总金额为 890 万元人民币的赔偿。

上述表格也是零售企业典型的收入项目表，而超市企业、家电企业和百货企业相比，在某些项目的额度占比上有所不同。

3. 差异化水平提高

随着消费环境的改变和竞争的加剧，各地百货企业都在努力向差异化发展，形成了针对不同服务目标群体的百货细分业态。

目前，从总体情况看，主要有三类，即高档百货、时尚百货和大众百货。从三类百货细分业态看，其基本特点有明显区分。

表 3　　三类百货店的基本特点

业态	基本特点						
	选址	商圈与目标顾客	规模/经营面积	商品（经营）结构	商品售卖方式	服务功能	信息管理系统
高档百货店	市、区级商业中心、历史形成的商业集聚地	以追求高档商品和品位的目标顾客为主	一般在 $6000m^2$ ~ $20000m^2$	高档百货商品	采取柜台销售和开架面售相结合方式	注重服务，设餐饮、娱乐等服务项目和设施	程度较高
时尚百货店	市、区级商业中心、历史形成的商业集聚地	以追求时尚商品和品位的流动顾客为主	一般在 $6000m^2$ ~ $20000m^2$	时尚百货商品	采取柜台销售和开架面售相结合方式	注重服务，设餐饮、娱乐等服务项目和设施	程度较高
大众百货店	市、区级商业中心、历史形成的商业集聚地	以追求大众商品的顾客为主	一般在 $6000m^2$ ~ $20000m^2$	大众百货商品	采取柜台销售和开架面售相结合方式	注重服务，设餐饮、娱乐等服务项目和设施	程度较高

注：三类百货店分类依据《零售业态》修订版（讨论稿）。

4. 业态不断延伸

为了提高自身的竞争能力，除了强化百货店自身业务外，百货店企业也逐步向其他业态延伸。具体包括：

自营超市。典型企业如北京华联，其旗下的 BHG 超市已经在高端超市市场占有重要地位，也成为其吸引客流的重要方面。

开发购物中心。如百联集团、武商集团等都各自开发购物中心，且大多成为当地最大的购物中心。

开发 OUTLET。如燕莎奥特莱斯购物中心、纯美式的赛特奥莱等。

也有更多的百货店在扩大规模和经营范围，如增加餐饮、娱乐等服务，甚至扩大经营面积成为购物中心或商业综合体。

（二）面临的挑战

主要来源于四个方面：

1. 购物中心、商业街的竞争压力。购物中心、商业街、商业综合体目前是二、三线城市商业发展的一大热点，由于其规模体量大、经营品种全，在一定程度上挤占了百货店的市场份额。

2. 大卖场向社区性购物中心发展。目前在全国遍地开花的大卖场业态正在向社区性购物中心发展。一般是以较大的面积用于一些中低端品牌的招租，包括餐饮、服装、鞋帽等，形成与百货店的竞争。

3. 品牌商品的供应链整合迫在眉睫。由于大部分品牌商品采取了严格的分销代理方式，使连锁百货企业无法获得规模优势，百货店自营商品比例相对较低，因此品牌商品方面的供应链整合亟待突破。

4. 过度促销造成成本提升和竞争加剧。大幅度的促销是零售企业的双刃剑，尽管其能带来销售额的提高，但同时也增加了企业的经营成本，降低了毛利率水平，加剧了竞争。

（三）发展前景和趋势

从百货行业整体发展看，其发展趋势主要有以下几个方面：

1. 自采自营比例逐渐提高。这是大部分百货企业都在深入研究的问题，但由于资金能力、品牌商品供应链现状、自身商品管理水平等方面的制约，现在总体进展不大。

2. 并购案例增多。随着行业的快速发展，新建网点资源越来越稀缺，因此并购将成为企业扩张的重要手段，特别是具有国有资产背景的企业间，并购案例将会增加。

3. 连锁化得到加强。近几年的实践表明，连锁经营有助于百货业态的发展，一些成功的百货企业基本上都是采用连锁经营的方式。所以，百货连锁经营方式将会得到进一步的扩展。更多的企业通过直接开店、特许加盟、管理输出等形式进行连锁经营。

4. 差异化更加明显。差异化是百货企业取得竞争优势的关键因素之一，差异化经营体现在商品结构、卖场布局、服务水平等多个方面。

（四）百货店企业的经营状况

本次调查表中，经营百货店业态的连锁企业为 32 家，这些企业中绝大部分为多业态经营，即同时经营有大型超市、超市等不同业态。因此，企业的总体比较性不强。

1. 企业规模情况

样本企业各项指标都有较高的增幅。其中，门店数量中，包括有其他业态（如超市）的门店，销售额、营业面积和员工数量也是综合性数值。

表 4　　百货店样本企业平均规模情况

项目	销售额（亿元）	门店数量	营业面积（平方米）	员工数量
2009 年	109	97	42.8	5624
2008 年	97	90	36.7	5230
增幅（%）	12.4	7.8	16.6	7.5

2. 单店规模

表 5　　百货店样本企业单店规模

项目	单店销售额（万元）	单店面积（平方米）	单店员工数量
2009 年	11237	4412.4	58
2008 年	10778	4077.8	58
增幅（%）	4.3	8.2	0

3. 人效和坪效

表 6　百货店样本企业的人效和坪效

项目	人效（万元/人·年）	坪效（万元/平方米·年）
2009 年	193.8	2.5
2008 年	185.5	2.6
增幅（%）	4.5	-3.8

表 6 同样是综合性数据的比较，而在随后的百货店铺经营基本情况的分析中，人效和坪效等数据分析更具参考。

4. 毛利率

样本企业的平均毛利率为 18.2%。

二、百货店店铺经营基本情况

（一）样本概述

本次调查数据中，完整有效且营业一年以上（最早为 1998 年 9 月开业，最晚为 2008 年 7 月开业）的百货店共 38 家，并以此为样本进行分析。

38 家样本门店主要位于东部省份，只有 12 家店位于中西部省份。

38 家门店平均营业面积为 2.9 万平方米（从 7900 平方米到 6.2 万平方米不等），最高销售额为 28 亿元（面积为 2.4 万平方米），最低销售额为 1.7 亿元（面积为 7900 平方米）。

样本店基本为各个企业的旗舰店，销售规模大，经营业绩好。

（二）平均规模

样本店营业面积略有增长（百货店规模一般较大，随着经营结构的调整，每年的营业面积都会有所变化）。销售额同比增长 4.1%。

样本百货店平均每店正式合同工 576 人，比上年减少了 33 人，这与其他业态情况基本一致。

另外，样本店平均拥有收银机 56 台，每台收银机平均每年收银额为 1784 万元（超市为 434 万元，大型超市为 733 万元），平均日收银 4.8 万元。

表 7　百货店样本店铺的平均规模

项目	销售额（万元）	营业面积（平方米）	员工数量（正式合同工）	经营单品数量（个）
2009 年	100991	29890	576	67238
2008 年	96973	29695	609	63429
增幅（%）	4.1	0.7	-5.4	6

（三）坪效和人效

坪效略有增长。但因员工数量的减少，人效增长较快，达10.1%。单品销售额持平。

表8　　百货店样本店铺的坪效和人效

项目	坪效（万元/平方米）	人效（万元/人）	单品销售额（万元）
2009年	3.4	175	1.5
2008年	3.2	159	1.5
增幅（%）	3.4	10.1	0

（四）交易次数和客单价

交易次数下降近一成，但客单价有明显的提高。在各业态都有类似情况，这与社会经济环境的变化、消费者的购买习惯等都有一定的关系。

表9　　百货店样本店铺的交易次数和客单价

项目	平均日交易次数（次）	日客单价（元）
2009年	6969	397
2008年	7723	344
增幅（%）	-9.8	15.4

（五）费用情况

在样本百货店中，有些店铺是自有物业，因此租金水平平均较低。工资总额中，除了正式合同工的工资外，还包括了其他临时用工等人员的工资，因此总额较大。

表10　　百货店样本店铺的四项成本费用

项目	房租（万元）	工资总额（万元）	水电总额（万元）	设备折旧（万元）	四项成本费用总额（万元）	四项成本费用率（%）
2009年	934	1550	794	393	3671	3.6
2008年	888	1463	846	359	3556	3.6
增幅（%）	5.2	5.9	-6.1	9.5	3.2	-0.8

（六）毛利率

百货店的经营大多采取流水倒扣（根据商品的不同，倒扣比例一般在20%～40%之间）或出租物业的方式，毛利率是其自营部分的比例。对于企业总体来说，毛利率一般是综合性盈利能力的体现。

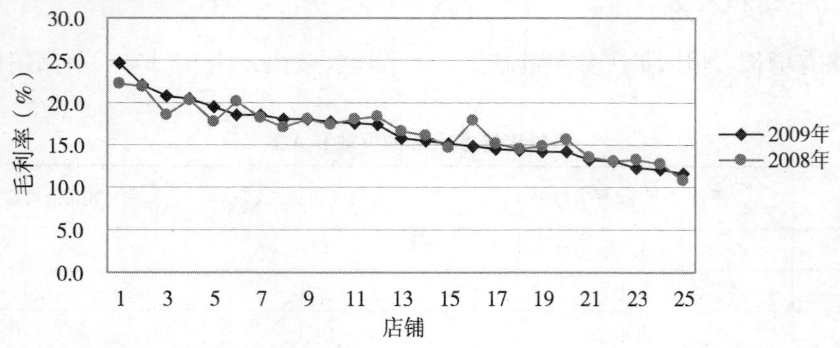

图 1　百货店样本店铺毛利率分布

样本店的毛利率相差较大，最高为24.7%（某外资门店），最低为11.6%，平均值为16.6%（上年为16.7%）。

（七）不同面积的百货店

为便于有针对性地比较，本次调研分别从样本店中选取三组不同面积范围的店铺进行比较，分别为7000～15000平方米、20000～30000平方米和31000～43000平方米。

1. 平均规模比较

表 11　　百货店三组样本店铺的平均规模

类别（平方米）		7000～15000	20000～30000	31000～43000
销售额（万元）	2009 年	51892	104814	98195
	2008 年	46973	96937	93352
增幅（%）		10.5	8.1	5.2

2. 坪效比较

表 12　　百货店三组样本店铺的坪效

类别（平方米）	7000～15000	20000～30000	31000～43000
平均面积（平方米）	12110	24320	37133
坪效（万元/平方米）	4.3	4.3	2.6

3. 劳效比较

表 13　　百货店三组样本店铺的劳效

类别（平方米）	7000～15000	20000～30000	31000～43000
平均正式工数量	361	430	672
劳效（万元/人·年）	143.7	243.7	146.1

4. 客单价比较

表 14　　百货店三组样本店铺的客单价

类别（平方米）		7000～15000	20000～30000	31000～43000
客单价（元/人·天）	2009 年	89	398	463
	2008 年	81	383	408
增幅（%）		9.9	3.9	13.5

5. 来客数比较

表 15　　百货店三组样本店铺的来客数

类别（平方米）		7000～15000	20000～30000	31000～43000
客单价（人/天）	2009 年	15974	7215	5811
	2008 年	15888	6934	6269
增幅（%）		0.5	4.1	-7.3

2009－2010 年度便利店行业经营状况分析报告

一、便利店企业总体情况

根据《中国连锁零售企业经营状况分析报告（2009－2010）》，2009－2010 年便利店行业继续保持理性较快发展态势，便利店店铺规模总体发展速度快于连锁企业店铺数增长平均水平。但就其整体经营状况而言，大部分便利店企业出现亏损，经营面临不少困难，外资企业发展便利店业态不仅慎重且速度较慢。

（一）便利店业态发展主要特点

与其他零售业态发展类似，本年度便利店业态继续保持理性发展，主要有以下几个特点：

1. 保持较快发展速度

由本年度行业调查可知，便利店样本企业的门店数量增长 22%，高于连锁经营企业平均增长幅度。在一些城市（如广州、东莞、深圳等）便利店继续快速发展，但速度有所减缓；在上海等个别经济发展相对成熟的城市，便利店发展速度低于全国平均水平。

2. 经营状况不乐观

从全国情况看，大部分便利店企业亏损，经营面临一定的困难。外资企业对发展便利店业态非常慎重，所占市场份额也不高。如 7－11 便利店近些年一直以较慢的速度发展；而原由日本企业控股的罗森便利店，日方资金现已退出。

另外，便利店特许加盟比例虽然较高，但对加盟店的管控却比较松散。

调查显示，便利店企业经营状况不乐观的主要原因包括：

一是经营同质化。主要体现在便利店的商品结构与超市差别不大，是一个缩小的超市版本，缺少增值的商品或服务（如即食商品、社区服务功能等），因此毛利空间小，经营缺少特色。

二是缺乏物流优势。由于空间小，没有多余的商品储存设施，同时又要陈列尽可能多的商品品种（一般在 3000 种左右），因此便利店的发展对物流的依赖性很大。日本的便利店平均一天能够配送 2～3 次，而国内便利店大多不能满足一天一次配送的需求。

三是运营成本过高。便利店对选址要求较高，一般要求在街角或紧临街道的位置，这些地域的租金大多较高。而且在选址上，快餐店、理发店、专业店等都与便利店的选址要求近似，形成实质性竞争，但在这些经营业态中，便利店的毛利是最低的。

四是与生活方式不相符。便利店商业模式的盈利是消费者为获得便利服务所付出的更多的成本。但目前国内的现状是，大多数消费者不愿意为获得方便而多支出成本，而愿意得到方便并增加支付的80后、90后群体的消费能力又很有限。

（二）便利店企业的经营状况

本次调查中，经营便利店业态的连锁企业为57家，共经营有18000家便利店。这些企业中绝大部分为多业态经营，即同时经营有大型超市、超市等不同业态，只经营便利店单一业态的企业为8家。

1. 企业规模情况

从总体上看，便利店门店数量增幅、营业面积增幅、企业的销售额增幅基本持平，说明企业处于较平稳的发展阶段，并且新开店铺的销售增长均较高。

由于企业人工效率的提高，员工数量的增幅并没有与销售额增幅保持同步，而是处于一个较低的增长水平。

表1　　便利店样本企业的平均规模

项目	销售额（亿元）	门店数量（个）	营业面积（平方米）	员工数量（人）
2009年	10.2	920	62732	4029
2008年	8.8	789	53728	3774
增幅（%）	16	17	17	7

2. 人效和坪效

由于企业总体用工数量增幅较低，企业平均人效有较大提高，但坪效基本持平。

便利店的人效和坪效在各个业态中是较低的。

表2　　便利店样本企业的人效和坪效

项目	人效（万元/人·年）	坪效（万元/平方米·年）
2009年	25.2	1.6
2008年	23.2	1.6
增幅（%）	9	0

3. 单店规模

便利店企业的单店平均规模见表3。

调查显示，平均人工数量有所降低。但如果考察持续经营一年以上的店铺同比销售情况，样本企业的同店铺销售同比增长为4%。

表 3　　便利店样本企业的单店规模

项目	单店销售额（万元）	单店面积（平方米）	单店员工数量（人）
2009 年	110.4	68	4.4
2008 年	111.1	68	4.8
增幅（%）	-1	0	-8

4. 加盟店情况

特许加盟是便利店发展的重要模式。本次调查中，便利店样本企业的店铺数量中，加盟店占有较大的比例。

表 4　　便利店样本企业的加盟店情况

项目	加盟店占比（%）	单店销售额（万元）
2009 年	86	82
2008 年	85	80
增幅（%）	2	3

本年度，便利店的加盟店比例达到86%，但加盟店的单店销售额（82 万元）明显小于直营店的平均单店销售额（110 万元），这与加盟店的规模、管理水平等多方面因素相关。

另外，便利店的直营店平均折合日均销售 3024 元，而加盟店平均折合日均销售 2356 元。从区域看，东部城市便利店经营状况明显高于这一平均数值，而中部地区则还要略低于此。

5. 成本费用情况

便利店的成本包括：员工工资、房租、水电费和折旧费等。

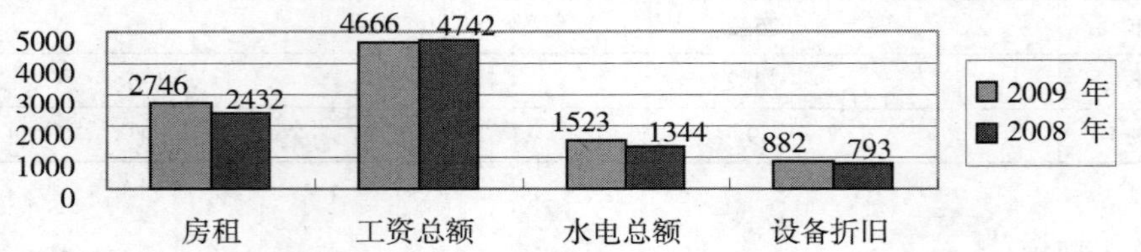

图 1　便利店样本企业主要成本费用分布（万元）

表 5　　便利店样本企业的四项成本费用总额及占比

项目	（四项）成本费用总额（万元）	（四项）成本费用率（%）
2009 年	9816	9.6
2008 年	9311	9.1
增幅（%）	5.4	5.5

6. 毛利率

样本企业商品毛利率平均为18.6%，最高为23.9%。如果考虑后台收到的一定数额的通道费用，综合毛利率应在25%左右，仍然低于日本便利店30%~40%的毛利水平。

二、便利店店铺经营基本情况

（一）样本概述

调查数据中，完整有效且营业一年以上（最早为1997年9月开业，最晚为2008年年底开业）的便利店共16家，并以此为样本进行分析。

16家样本门店主要位于东部省份，只有4家店位于中西部省份。

16家门店平均营业面积150平方米（从60平方米到195平方米），最高销售额为484万元（上海一家便利店，面积为83平方米），销售额最低为90万元（面积为60平方米）。

（二）平均规模

因便利店样本店都为各企业中经营较好的店铺或旗舰店，因此单店销售额均较高。16家样本店铺的平均规模如表6。

表6　　便利店样本店的平均规模

项目	销售额（万元）	营业面积（平方米）
2009年	309	150
2008年	290	150
增幅（%）	6.5	0

单店平均日销售额为8500元，16家店的销售同比增长6.5%，这与2008年受金融危机影响业绩不佳有直接关系。

从员工数量看，由于劳动效率的提高，以及合理的排班安排，平均单店用工为7.3人，比2008年的7.8人降低了6.4%。

从经营单品数量看，从2008年的平均2636个增加到2742个，增加了106个单品。

表7　　便利店样本店的员工数量和单品数量

项目	员工数量（正式合同工）	经营单品数量（个）
2009年	7.3	2742
2008年	7.8	2636
增幅（%）	-6.4	4

（三）坪效和人效

16 家店的坪效及人效均有一定的提高，特别是人效，因为用工数量的减少，人效增长了 13.7%。单品销售额两年均为 1100 元/单品·年。

表 8　　便利店样本店的坪效和人效

项目	坪效（万元/平方米）	人效（万元/人）	单品销售额（万元）
2009 年	2.1	42.3	0.1
2008 年	1.9	37.2	0.1
增幅（%）	10.5	13.7	0

（四）交易次数和客单价

样本门店的平均交易次数基本没有变化，但客单价增加了 1 元，增长了 7.3%。

表 9　　便利店样本店的交易次数和客单价

项目	平均日交易次数（次）	日均客单价（元）
2009 年	582	14.6
2008 年	583	13.6
增幅（%）	-0.2	7.3

（五）费用情况

在便利店的各项费用中，租金是占比最高的一项，这与其他各个业态类同。其次为人工成本、工资和租金。

表 10　　便利店样本店的四项成本费用

项目	房租（万元）	工资总额（万元）	水电总额（万元）	设备折旧（万元）	四项成本费用总额（万元）	四项成本费用率（%）
2009 年	14.1	15.2	4	5.3	38.47	12.5
2008 年	13.6	13.5	4	4.9	35.85	12.4
增幅（%）	3.7	12.6	0.6	8.2	7.3	0.8

租金平均为 2.6 元/平方米·天，最高为一家上海便利店，为 9.1 元/平方米·天，最低为一家三线城市便利店，为 0.8 元/平方米·天。工资总额中，包括与员工相关的所有支出，所以平均数较大。

从四项总体成本费用看，总额有一定的提高（7.3%），但成本费用率相对变化不大，不到1%。

（六）配送水平

16家样本门店，平均配送率为91%，比上年提高了5个百分点；有7家店铺实现了100%的统一配送；最低配送率为70%。说明，总体指标比前几年有明显的提高。

配送率的提高说明便利店在发展过程中，物流水平有了较大的改善，但在物流的频率、物流方式的选择、不同温度商品的物流模式等方面，依然受到较大的制约。

（七）毛利率

16家样本店的平均毛利率为18.2%，比上年的17.7%有明显提高。其中最高为24.2%，最低为12.8%。

整体毛利水平比三年前便利店门店的情况有较大的提高。

（八）不同面积的便利店

为便于有针对性地比较，本次调研分别从16家样本店中选取两组不同面积范围的店铺进行比较，分别为70～100平方米的小店组和110～190平方米的大店组。

1. 平均规模

表11　　便利店两组样本店的平均规模

类别（平方米）		70～100	110～190
销售额（万元）	2009年	272	338
	2008年	260	313
增幅（%）		4.6	8

2. 客单价

大店组平均客单价比小店组约高一元，两组增幅变化不大。

表12　　便利店两组样本店的客单价

类别（平方米）		70～100	110～190
客单价（元/人·天）	2009年	12.9	13.7
	2008年	12.8	13.5
增幅（%）		0.8	1.5

3. 来客数

表 13　　便利店两组样本店的来客数

类别（平方米）		70～100	110～190
来客数（人/天）	2009 年	577.7	675.9
	2008 年	556.5	635.2
增幅（%）		3.8	6.4

大店组平均每日来客数比小店一组多近 100 人，并且增幅快于小店组。

4. 平均毛利率

大店组毛利率略高于小店组。

（九）加盟店与直营店的比较

调研中，分别从加盟店和直营店各选三家面积相近的店铺进行比较。尽管二者平均面积相近，但销售额有很大差距。

表 14　　加盟店与直营店经营规模比较

项目	销售额（万元）		营业面积（平方米）	
	直营店	加盟店	直营店	加盟店
2009 年	316	177	90	93
2008 年	278	165	90	93
增幅（%）	13.7	7.3	0	0

从用工数量看，直营店平均为 6 人，比上年减少 1 人；而加盟店一般用工较少，平均为 4.7 人。

表 15　　加盟店与直营店员工数量比较

项目	员工数量（正式合同工）	
	直营店	加盟店
2009 年	6	4.7
2008 年	7	4.7
增幅（%）	-14.3	0

从坪效和人效看，二者有很大差距。

表 16　　加盟店与直营店坪效和人效

项目	坪效（万元/平方米）		人效（万元/人）	
	直营店	加盟店	直营店	加盟店
2009 年	3.5	1.9	52.7	37.7
2008 年	3.1	1.8	39.7	35.1
增幅（%）	13.7	7.3	32.6	7.3

交易次数和客单价同样有很大差距。

表 17　　加盟店与直营店交易次数和客单价

项目	平均日交易次数（次）		日客单价（元）	
	直营店	加盟店	直营店	加盟店
2009 年	500	344	17.3	14.1
2008 年	435	330	17.5	13.7
增幅（%）	14.9	4.2	-1.1	2.9

2009 - 2010 年度家电行业经营状况分析报告

一、家电连锁企业总体情况

根据《中国连锁零售企业经营状况分析报告（2009 - 2010）》，2009 - 2010 年苏宁电器集团位列“中国连锁百强”榜首，一举成为中国最大的商业零售企业。相比前几年曾经是中国商业零售“老大”的国美电器于 2009 年净减少 300 多家门店的不同，苏宁电器继续扩张步伐，在同期新开店 100 多家。但从当期中国家电市场总量约 11760 亿元分布情况看，苏宁、国美、五星销售之和约占 3000 亿元，余下的 7000 亿 ~ 8000 亿元被区域性代理商与零售商所瓜分。其中，区域性代理商与零售商依托区域和政策等优势，以其独特的、适合于各级特别是三、四级家电市场发展的商业模式，与家电巨头们抢食区域家电的丰厚利润。同时，拥有电子商务 B2C 业务的企业更是在“高速公路”上快速发展。

（一）家电连锁发展主要特点

本年度，苏宁电器集团、国美电器集团和百联集团继续名列“中国连锁百强”榜前三甲，其中苏宁电器位列榜首。进而，在 2010 年初，苏宁电器高调宣布收购香港电器连锁三甲的镭射电器，预示其毫未放缓的扩张开店步伐。根据苏宁电器发布的 2010 年上半年的业绩快报，2010 年 1 ~ 6 月，苏宁电器净增门店 134 家，门店总数已达 1075 家，而其销售收入达 360. 54 亿元，同比增长 31. 9%；净利润更是增长 56. 08%，达到 19. 74 亿元。同期，国美电器的半年报显示，上半年收入为 248. 73 亿元，同比增加 21. 6%。

相对于 2009 年净减少 300 多家门店的国美电器，苏宁电器在同期新开门店 100 多家，并实现销售收入 583 亿元，比国美电器同期年报销售收入高出近 160 亿元。这期间，国美电器内部的各种纷争，似乎对企业经营和管理产生不小的影响，尽管其也在积极地提升单店盈利水平。

据国家商务部统计，2009 年中国家电市场总量约 11760 亿元，其中国美、苏宁、五星销售之和约 3000 亿元，其余 7000 亿 ~ 8000 亿元被区域性代理商与零售商所瓜分。同时，商务部家电下乡信息管理系统发布的数据显示：2009 年，家电下乡登记销售额达到 692 亿元，但在三、四级市场拥有 600 多家门店的苏宁电器、国美电器的销售占比不足 5%。说明，凭借“家电下乡”政策将渠道延伸到三、四级市场的苏宁、国美，正受到区域家电流通企业的强力狙击。如汇银家电，就将自己的市场定位于国内的三、四级城市，并以“自营与加盟店连锁、发展品牌代理、售后服务连锁、精准营销和网络营销的五轮驱动模式”，形成其独特的，更适合于三、四级家电市场发展的商业模式，占据区域家电市场的主力位置。

而在电子商务 B2C 业务发展的高速公路上，京东网上商城（简称京东）一直在自己的行业里保持着领先位置。从 2004 年正式上线至今，京东连续五年平均发展速度超过 200%，近 6 年的销售数据分别是 1000 万元、3000 万元、8000 万元、3.6 亿元、13.2 亿元、近 40 亿元。到 2009 年京东拥有超过 600 万注册用户，并以 46.7% 的 3C 网购份额成为现今中国最大的 B2C 电子商务公司。

（二）家电企业的经营状况

本次调查中，家电连锁企业为 12 家，共经营有 4462 家门店。这些企业中，有 2 家是以特许经营模式发展的，其特许加盟的门店数为 223 家。

1. 企业规模情况

总体上看，企业的销售额增长而门店数量减少，说明企业重视单店盈利能力，通过关闭经营不良的门店来提高整体单店盈利能力。

由于企业人工效率的提高，员工数量的增幅并没有与销售额增幅保持同步，而是处于负增长状况。

表 1　家电样本企业的平均规模情况

项目	销售额（亿元）	门店数量（个）	营业面积（万平方米）	正式员工数（人）
2009 年	254	372	162	34987
2008 年	238.6	383	157	36741
增幅（%）	6.5	-3	3	-4.8

2. 人效和坪效

由于企业总体用工数量有所减少，企业平均人效的增幅高于坪效的增幅。

表 2　家电样本企业的人效和坪效

项目	人效（万元/人·年）	坪效（万元/平方米·年）
2009 年	72.6	1.6
2008 年	64.9	1.5
增幅（%）	11.9	6.7

3. 单店规模

家电连锁企业的单店平均情况，单店销售和平均面积有所增加，平均员工数量减少。

表 3　　家电样本企业的单店规模

项目	单店销售额（万元）	单店面积（平方米）	单店员工数量（人）
2009 年	6830.8	4370	94
2008 年	6220.3	4099	96
增幅（%）	9.8	6.6	-2.1

4. 加盟店情况

特许加盟不是家电连锁发展的主要模式，在家电样本企业的店铺中，加盟店只占很少的比例。本年度，加盟店占比略有增加，但单店销售额没有明显变化。同期，家电连锁的直营店平均折合日均销售 18.7 万元，而加盟店平均折合日均销售 2.6 万元。

表 4　　家电样本企业中的加盟店情况

项目	加盟店占比（%）	单店销售额（万元）
2009 年	30	932.8
2008 年	27	931.4
增幅（%）	11.1	0.2

5. 成本费用情况

家电连锁的第一成本为房租成本，其次为员工工资，再次为水电费用和折旧费用。

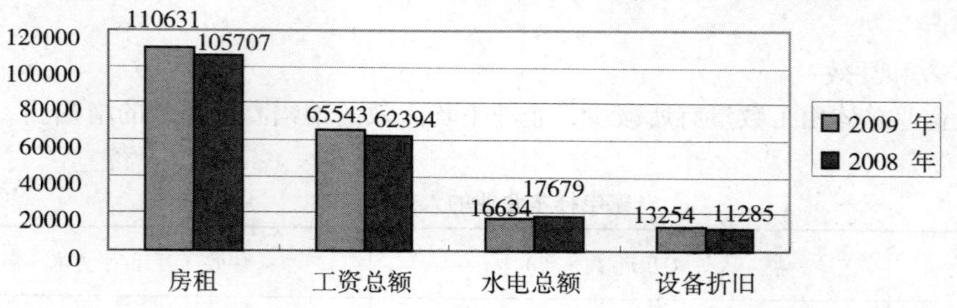

图 1　家电样本企业主要成本费用分布情况（单位：万元）

表 5　　样本企业的四项成本费用

项目	四项成本费用总额（亿元）	四项成本费用率（%）
2009 年	20.6	0.7
2008 年	19.7	0.8
增幅（%）	4.6	-12.5

6. 毛利率

样本企业商品毛利率平均为 13.4%，最高为 15.6%。

二、家电连锁店铺经营基本情况

（一）样本概述

本次调查数据中，以完整有效且营业一年以上（最早为1999年12月开业，最晚为2004年10月开业）的店铺为样本进行分析。

样本店铺平均营业面积为5571平方米（从3000平方米到10000平方米不等）。

（二）平均规模

因样本店都为各企业中经营较好的店铺或旗舰店，单店面积大，单店销售额均较高。

表6　　家电样本店的平均规模、员工数量和单品数量

项目	销售额（万元）	营业面积（平方米）	员工数量（正式合同工）	经营单品数量（个）
2009年	54575	5571	148	8868
2008年	54705	5461	166	8690
增幅（%）	-0.2	2	-10.7	2.1

尽管有家电“以旧换新”政策的扶持，但在金融危机的影响下，单店日均销售额同比还是略有下降。

从员工数量看，平均单店用工数量也减少近11%。从经营单品数量看，从2008年的8690个增加到8868个，增加了178个单品。

（三）坪效和人效

样本店的坪效和单品销售额略有下降，人效提升。

表7　　家电样本店的坪效和人效

项目	坪效（万元/平方米）	人效（万元/人）	单品销售额（万元）
2009年	9.8	157.5	6.2
2008年	10	139.8	6.3
增幅（%）	-2.2	12.6	-1.6

（四）交易次数和客单价

样本门店的平均交易次数减少了5%，但客单价增长了5%，所以销售总额基本持平。

表 8　家电样本店铺的交易次数和客单价

项目	平均日交易次数（次）	日均客单价（元）
2009 年	546.3	2736.8
2008 年	575.4	2604.9
增幅（%）	-5	5

（五）费用情况

在样本店铺的各项费用中，房租为占比最高的一项，其次为员工工资和水电总额。

表 9　家电样本店铺的四项成本费用

项目	房租（万元）	工资总额（万元）	水电总额（万元）	设备折旧（万元）	四项成本费用总额（万元）	四项成本费用率（%）
2009 年	871.7	397.7	153.9	87.3	1511	0.6
2008 年	832.7	385.2	162	94.6	1475	0.6
增幅（%）	4.7	3.2	-5	-7.7	2.5	0

从四项成本费用总体看，总额有一定提高（2.5%），四项成本费用率没有变化。

（六）毛利率

样本店铺的平均毛利率为 13.9%，同比持平，其中最高为 18%。

2009－2010 年度医药连锁零售行业经营状况分析报告

一、医药连锁企业总体情况

根据《中国连锁零售企业经营状况分析报告（2009－2010）》，2009－2010 年医药连锁行业出现新的特征，即随着新医改方案的出台，零售药店纳入医改范围，“以药养医”的旧有医疗框架将逐渐被“医药分开”所取代。但就行业总体发展而言，医药连锁企业以 15% 左右的增幅继续较快成长，而部分相对成熟的企业，已开始加快特许加盟的业务拓展，这同时也将带来对加盟店管控与指导等诸多方面的挑战。

（一）医药连锁发展主要特点

2009 年 4 月，一直被广为关注的新医改方案出台，其集中体现了政府改变公立医院“以药养医”的决心。广泛吸纳民众意见的新医改方案确定了“有效减轻居民就医费用负担，切实缓解‘看病难、看病贵’”的近期目标，以及“建立健全覆盖城乡居民的基本医疗卫生制度，为群众提供安全、有效、方便、价廉的医疗卫生服务”的长远目标。同时，零售药店纳入医改，为探索（以公立性医疗机构为主的）医院门诊药房改制为零售药店等“医药分开”的新体制奠定了政策基础。而药店连锁零售网络将以其规模、渠道和管理等优势获取更佳的发展。

调查显示，医药连锁企业的增长快于连锁行业平均水平，并保持 15% 左右的增长。另外，部分企业开始加大特许加盟比例，但对加盟店的管理、指导与把控则相对松散。

（二）医药连锁企业经营状况

本次调查中，医药连锁企业为 9 家，共经营有 7548 家门店。这些企业中有 4 家是发展特许经营的企业，特许加盟的门店数为 1276 家。

1. 企业规模情况

总体上看，企业销售增幅高于门店数量和营业面积增幅，说明企业单店盈利能力增强。

表 1　　9 家医药连锁样本企业平均规模情况

项目	销售额（亿元）	门店数量（个）	营业面积（万平方米）	正式员工数（人）
2009 年	12.7	839	10.2	5846
2008 年	11.1	760	9.3	5242
增幅（%）	14.4	10.4	9.7	11.5

2. 人效和坪效

企业总体人效增幅低于坪效的增幅。

表 2　　医药连锁样本企业的人效和坪效

项目	人效（万元/人·年）	坪效（万元/平方米·年）
2009 年	21.7	1.3
2008 年	21.2	1.2
增幅（%）	2.6	8.3

3. 单店规模

单店销售和单店员工平均人数略有提高，单店平均面积略有减少。见表 3。

表 3　　医药连锁样本企业的单店规模

项目	单店销售额（万元）	单店面积（平方米）	单店员工数量（人）
2009 年	151.4	121.4	34.3
2008 年	146	121.9	32.8
增幅（%）	3.6	-0.4	4.5

4. 加盟店情况

特许加盟是医药连锁发展的一种模式，在样本企业的店铺数量中，加盟店都占有一定的比例。

本年度，样本企业的加盟店占比略有提升，达到 16%，但加盟店的单店销售增幅仅为 2%，这与加盟店的规模、管理水平等多方面原因相关。

同期，医药连锁的直营店平均折合日均销售 4147 元，而加盟店平均折合日均销售 2929 元。

表 4　　医药连锁样本企业的加盟店情况

项目	加盟店占比（%）	单店销售额（万元）
2009 年	38	106.9
2008 年	32.8	104.7
增幅（%）	16	2

5. 成本费用情况

医药连锁企业的第一成本为员工工资，其次为房租，再次为水电费和折旧费用。

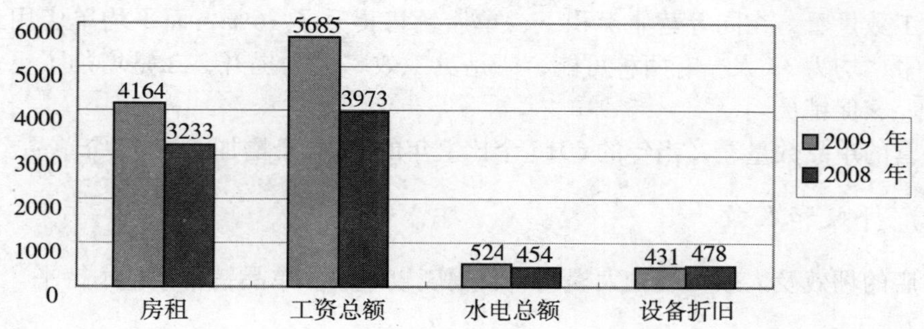

图 1　医药连锁样本企业主要成本费用分布（单位：万元）

表 5　医药连锁样本企业的四项成本费用

项目	四项成本费用总额（万元）	四项成本费用率（%）
2009 年	10804	0.9
2008 年	8138	0.8
增幅（%）	33	15.6

6. 毛利率

样本企业商品毛利率平均为 21.3%，最高为 34.4%。

二、医药连锁店铺经营基本情况

（一）样本概述

本次调查数据中，以完整有效且营业一年以上（最早为 1999 年 6 月开业，最晚为 2008 年 5 月开业）的店铺为样本进行分析。

样本店铺平均营业面积为 821 平方米（从 400 平方米到 2000 平方米不等）。

（二）平均规模

样本店铺都为各企业中经营较好的店铺或旗舰店，单店的销售额均较高，在行业中处于较好水平。

表 6　医药连锁样本店铺规模情况

项目	销售额（万元）	营业面积（平方米）	员工数量（正式合同工）	经营单品数量（个）
2009 年	3341	1025	32	6013
2008 年	2879	1025	32	4930
增幅（%）	16	0	0	22

单店日均销售额为 91534 元，销售同比增长了 16%。

从员工数量看，在同等营业面积下，单店销售提升了16%，而平均单店用工数量却与上年持平，均为32人。有两种可能，一是员工效率大为提升，二是增加了更多的计时员工或是厂家促销员。

从经营的单品数量看，当年的6013个比上年的4930个增加了1083个单品。

（三）坪效和人效

样本店的坪效及人效均有较大提高，且幅度较一致。单品销售额基本持平。

表7　　医药连锁样本店铺的坪效和人效

项目	坪效（万元/平方米）	人效（万元/人）	单品销售额（万元）
2009年	3.3	84.6	0.6
2008年	2.8	72.4	0.6
增幅（%）	17.9	16.9	0

（四）交易次数和客单价

样本门店的平均交易次数略有增加，而客单价增幅较大，达13.5%，增加了9元。

表8　　医药连锁样本店铺的交易次数和客单价

项目	平均日交易次数（次）	日客单价（元）
2009年	1220	75
2008年	1195	66
增幅（%）	2.1	13.6

（五）费用情况

在样本店铺的各项费用中，员工工资成为占比最高的一项，其次为水电总额和租金。但从总体成本费用看，总额有一定提高（3.3%），而成本费用率下降了11%。

表9　　样本店铺的四项成本

项目	房租（万元）	工资总额（万元）	水电总额（万元）	设备折旧（万元）	四项成本费用总额（万元）	四项成本费用率（%）
2009年	26	46.8	26.6	8.9	108.3	3.2
2008年	26.7	43.8	27	7.5	104.9	3.6
增幅（%）	-2.5	6.8	-1.4	18.7	3.3	-11.1

（六）毛利率

样本店铺的平均毛利率为19.8%，比2008年的20.5%略有下降，其中最高为23%。

2010 年中国特许经营连锁百强企业发展状况调查分析

2010 年，中国特许经营连锁 120 强（名单见第五部分附录三）拥有门店 131413 家，比 2009 年的 116779 家增加 12.5%；其中，加盟店 111477 家，比 2009 年的 94789 家增加 17.6%。特许连锁 120 强企业平均拥有店铺 1095 家，比上年的 973 家增加 12.5%。

2010 年，中国特许经营连锁 120 强实现销售 3387 亿元，比 2009 年增长 8.9%。

2010 年，中国特许经营连锁 120 强从业人员总数为 110 万人，比 2009 年增加 33.3%。

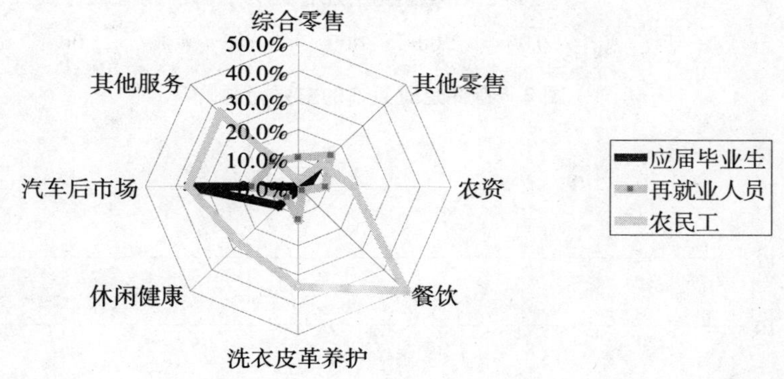

图 1　2010 年特许 120 强吸纳各类就业人员构成比例

2010 年中国特许经营连锁 120 强企业发展状况呈现以下主要特点：

一、总部寻求规范与发展的平衡，成本上涨导致盈利水平下降，加盟店的维护与管理面临挑战

调查统计显示，对比 2009 年，企业面临的主要问题排序有所变化，排在前 3 位的分别为“加盟费收取困难”，“投资人加盟意愿减弱”和“与加盟商关系维护难度加大”。2009 年，企业面临问题的前 3 位分别为“标准化和规范化管理亟待提高”，“消费市场下滑导致盈利水平下降”和“选址难，租金偏高”。

调查分析认为，导致加盟费收取困难的原因之一是总部在强化对加盟店标准化和规范化管理的过程中，双方认识上的差异和矛盾逐渐显现，加之盈利状况的下滑，使加盟商的管理与维护难度加大。

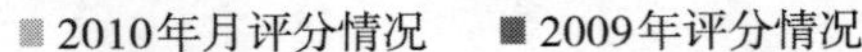

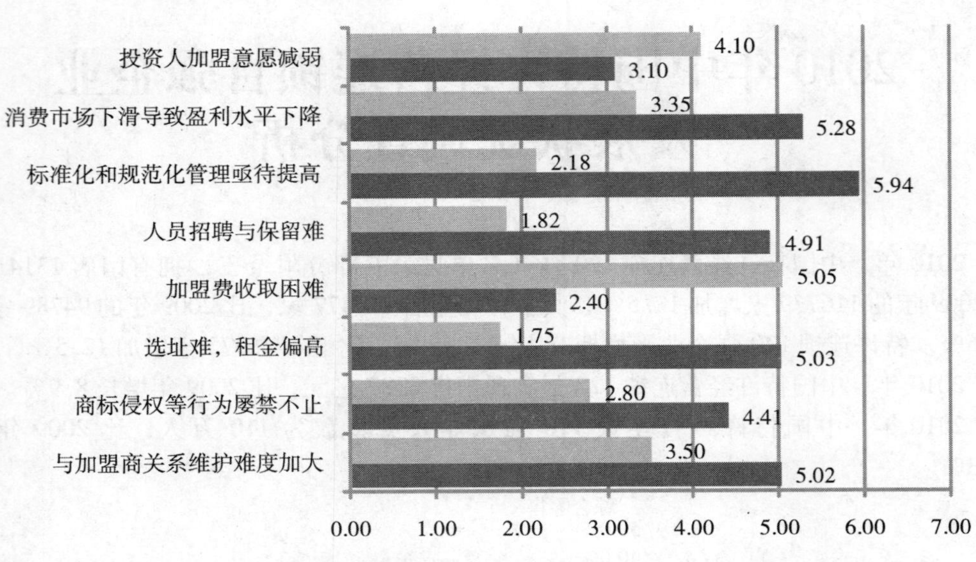

图 2　特许企业面临的主要问题

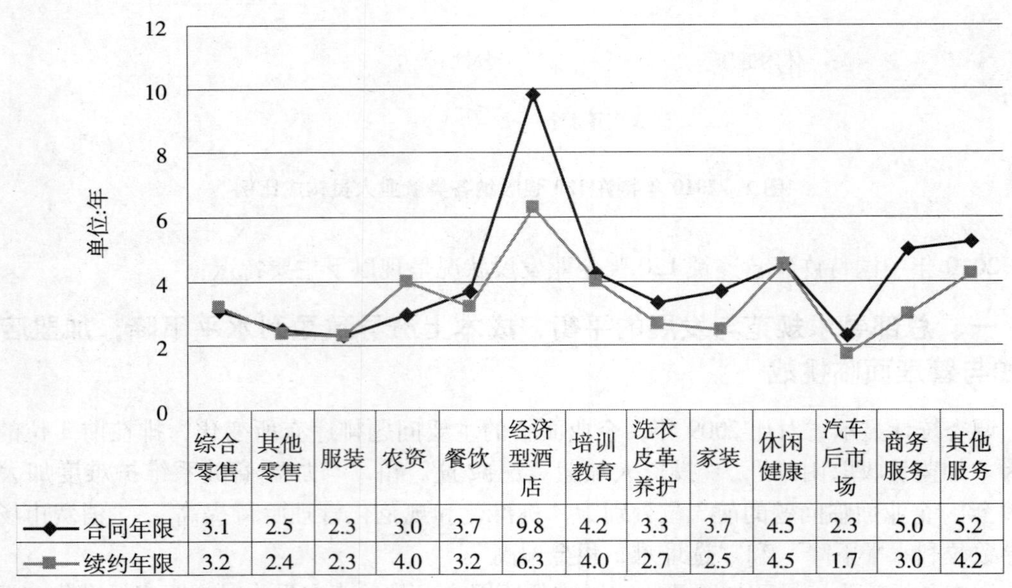

	综合零售	其他零售	服装	农资	餐饮	经济型酒店	培训教育	洗衣皮革养护	家装	休闲健康	汽车后市场	商务服务	其他服务
合同年限	3.1	2.5	2.3	3.0	3.7	9.8	4.2	3.3	3.7	4.5	2.3	5.0	5.2
续约年限	3.2	2.4	2.3	4.0	3.2	6.3	4.0	2.7	2.5	4.5	1.7	3.0	4.2

图 3　加盟合同年限与续约年限

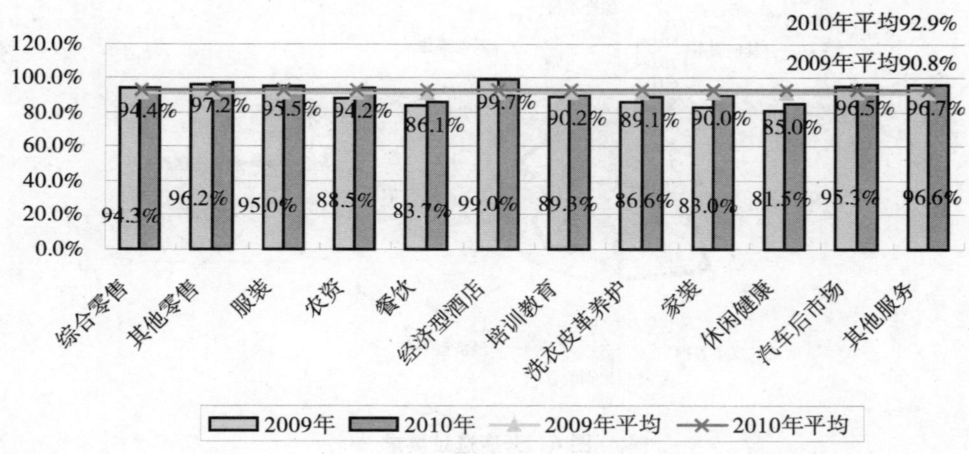

图 4　加盟合同续约情况

二、开店速度快于往年，销售增长略低于店铺增长，但明显低于 2009 年增幅

2010 年，中国特许经营连锁 120 强企业总店铺数的增长普遍高于 2009 年。各业态的总店铺数增长率基本保持在 10% 以上，其中，增长速度较快的业态包括经济型酒店（45.6%）、商务服务（34.3%）、农资连锁（32.5%）、健康休闲（25.6%）。零售企业增长速度普遍较低，如服装（16.7%）、综合零售（4.5%），专业零售（10.3%）。

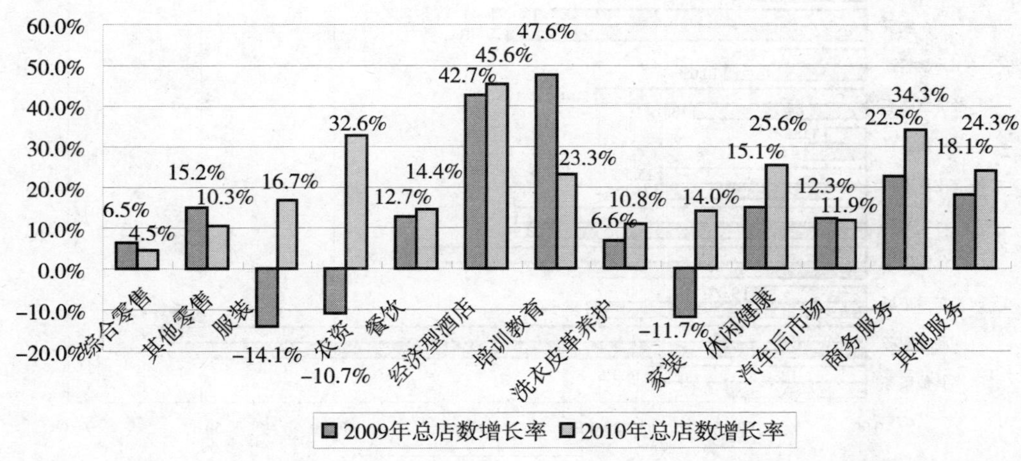

图 5　开店增长情况

2010 年，中国特许连锁 120 强企业加盟店的开店速度比 2009 年略有回落，特别是经济型酒店、教育培训、专业零售的加盟店增长速度与 2009 年比明显下降，但服装专卖、农资连锁与健康休闲类的加盟店增幅高于往年。

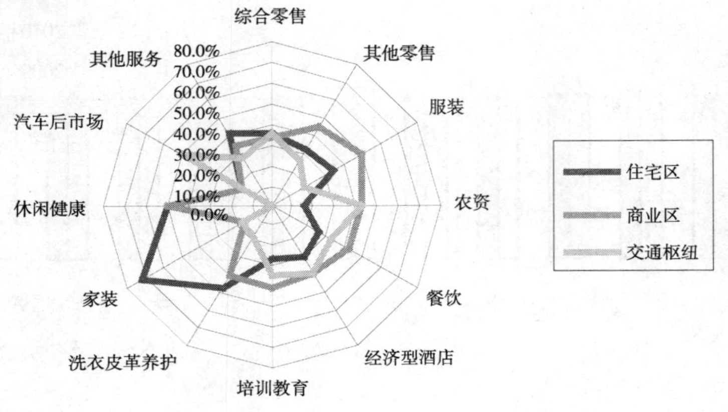

图 6　开店选址要求

与开店速度相比，120 强企业的销售增幅普遍低于店铺增幅，汽车后市场、商务服务和家装行业的销售增长超过店铺增长，其他行业、业态的销售增长落后于店铺增长。与 2009 年相比，很多业态的销售增幅有较明显的下滑，其中，综合零售、餐饮、经济型酒店、洗衣、教育培训的销售增幅下降明显，分别从 2009 年的 24.0%、21.3%、62.7%、45.7% 和 26.8% 降为 8.6%、10.6%、13.0%、15.8% 和 4.6%。比 2009 年有明显改观的是家装、农资和专业零售，分别从 -14.5%、3.4% 和 9.3% 提升到 23.9%、27.0% 和 23.5%。

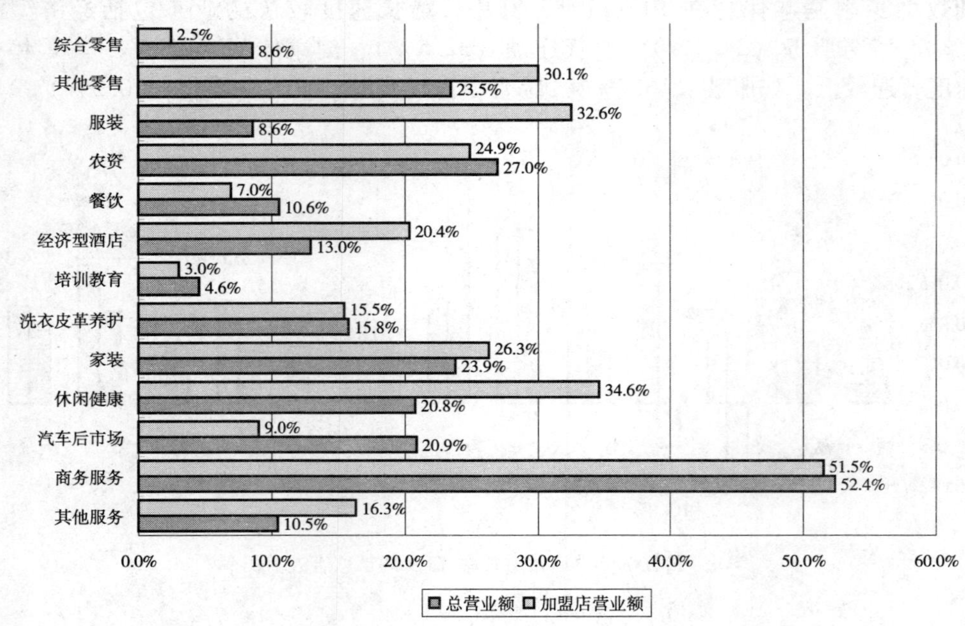

图 7　营业额增长率

三、经营成本持续攀升，企业利润有所改善

受人工、房租上涨等因素影响，2010 年，120 强企业的经营成本比 2009 年有明显上涨，增幅由 2009 年的 16.6% 上涨至 2010 年的 21.4%。增幅最高的行业和业态包括汽车后市场（从 2009 年的 10.6% 上升至 2010 年的 52.2%）、专业零售（从 6.0% 上升至 30.6%）、经济型酒店（从 8.9% 上升至 28.1%）。面对持续上涨的成本压力，特许企业通过创新管理、优化营运，平均净利润率从 2009 年的 14.2% 增至 2010 年的 15.1%。其中，餐饮业、经济型酒店、教育培训业、家装和服装专卖的净利润率高于平均增长率。

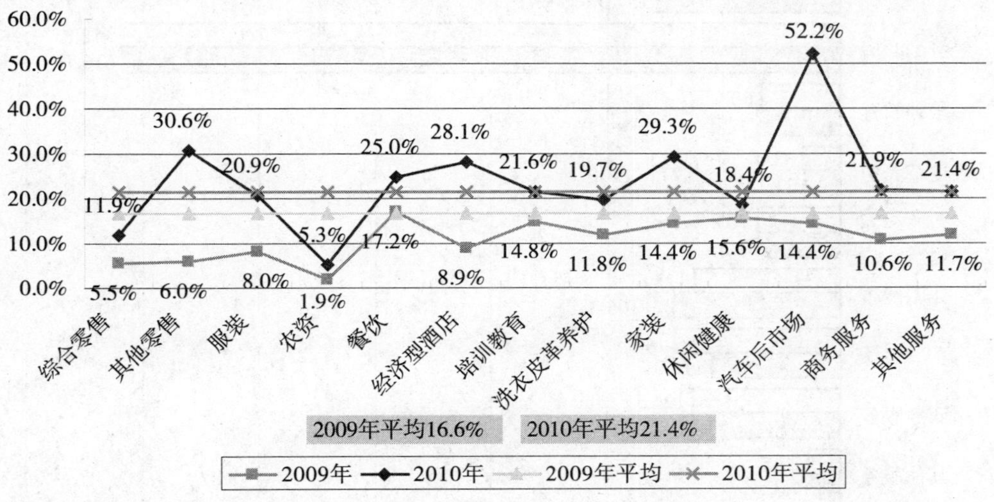

图 8 经营成本及费用增长率

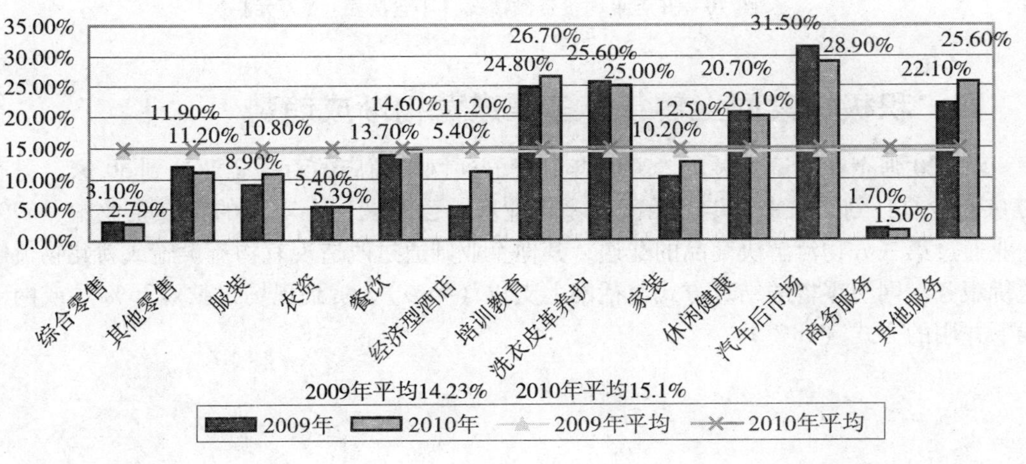

图 9 平均净利润率变动情况

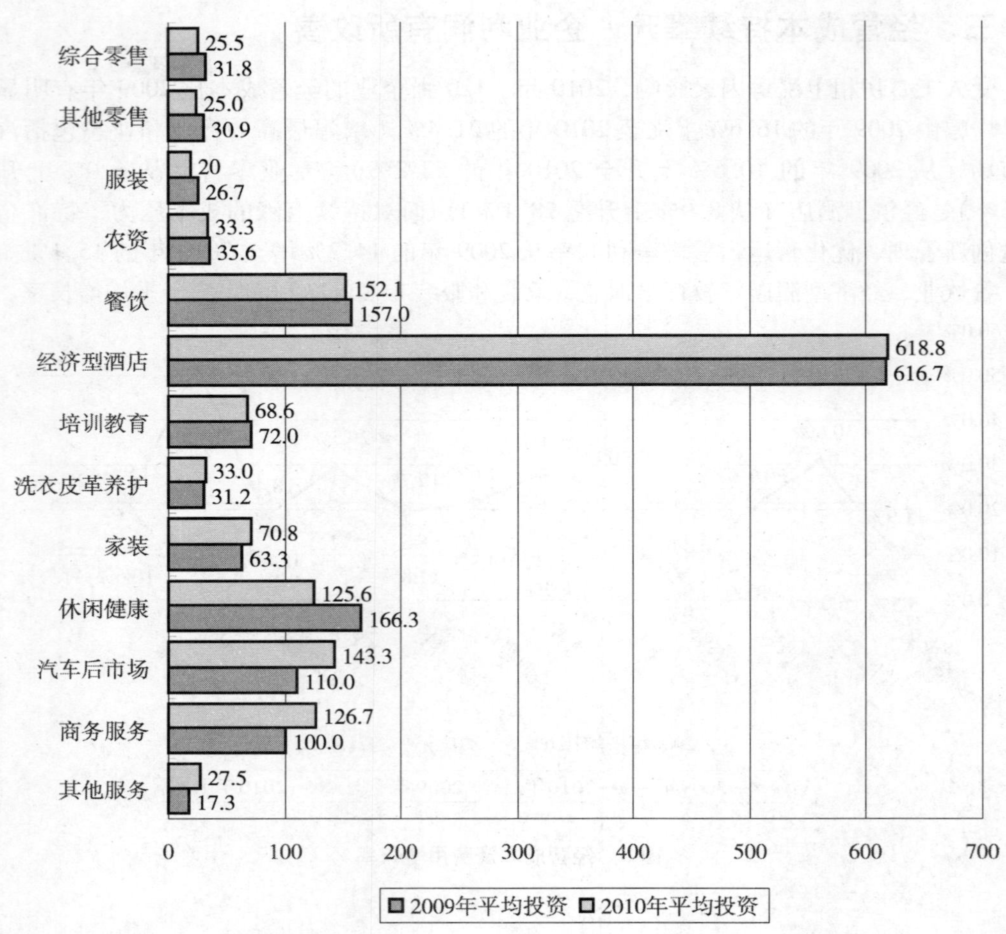

图 10　开店平均投资额情况（不含房租）（万元）

四、积极探索网上零售，多渠道营销渐成趋势

对 120 强企业的调查显示，2010 年，已开通网上商店的百强企业达到 30 家，另有近 50 家企业有计划在未来 3 年开始网上零售业务。已开展网上零售的特许企业中，60% 的企业通过第三方物流解决商品的配送，其他企业则通过改造现有物流设施或新建物流解决送货服务。网上零售的结算方式包括网上支付（46%）、货到现场付款（36%）或网上与线下并用的方式（18%）。

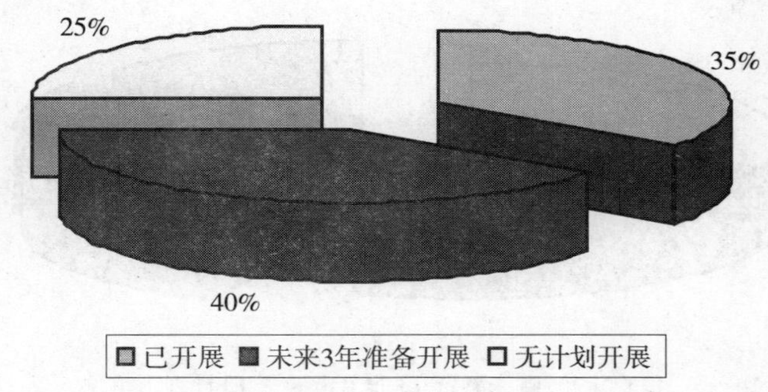

图 11　特许总部开展网络销售情况

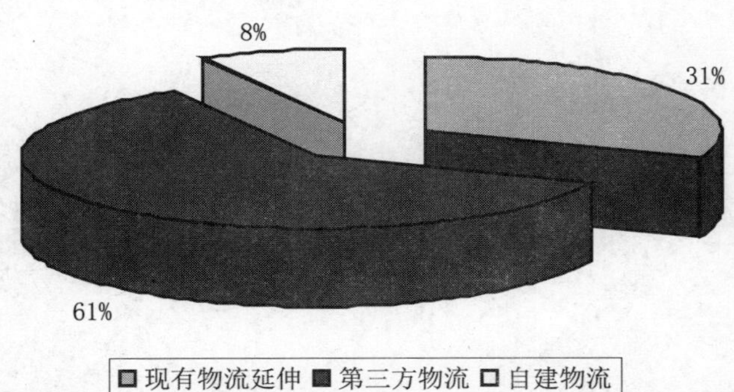

图 12　已开展网络销售特许总部的物流解决方案

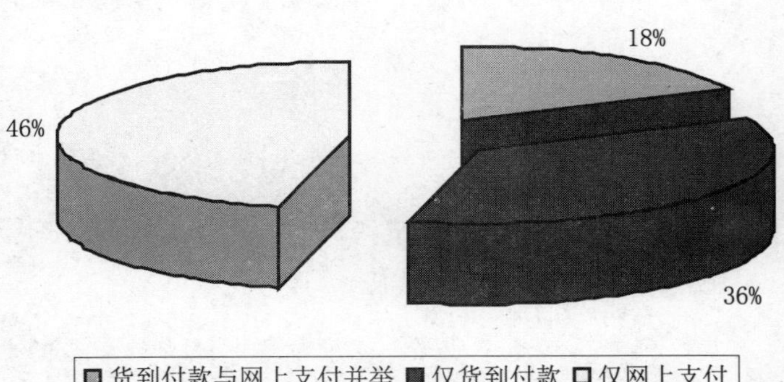

图 13　已开展网络销售特许总部的支付方式

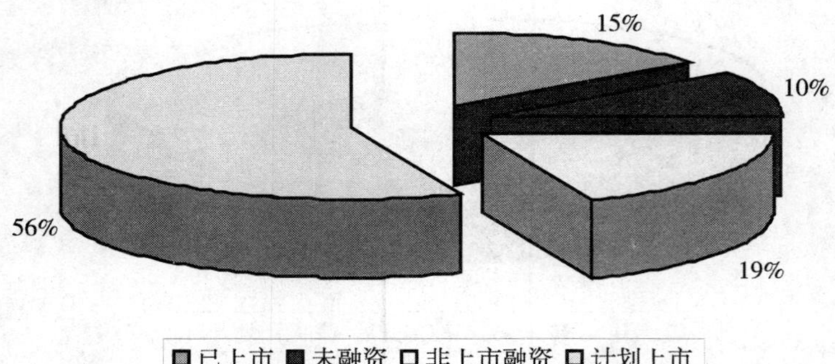

图 14　2010 特许 120 强的融资情况

2011 年中国特许加盟行业投资景气调查报告

鼓励创业，带动就业，拉动民间投资与消费对大力发展特许经营具有很强的现实意义。为了向广大投资人、特许企业及政府相关部门的决策和管理提供参考依据和支持，中国连锁经营协会自 2009 年起，已连续三年开展了“中国特许加盟行业投资景气调查”。该调查主要围绕国内特许经营各行业、业态的市场前景、扩张区域、发展瓶颈等方面的问题进行研究，旨在对特许经营在新一年的发展走势进行预测。

2011 年年初，协会对国内 78 家企业的特许总部、24 位加盟商和 7 位业内专家进行了问卷调查。在调查涉及的 45 个行业、业态中，特许总部和加盟商关注度高的行业和业态包括儿童教育培训、网上购物、汽车养护美容、经济型酒店、速递/物流、便利店、汽车租赁、家政服务、婴幼儿用品零售、中式快餐、火锅、休闲饮品、美容美体和房屋中介等。

一、投资景气综述

儿童消费和服务市场持续向好。儿童教育培训已连续三年被特许总部、加盟商和专家一致首推为最具发展潜力且投资回报率最高的行业；婴幼儿用品零售业务也被特许双方视为具有潜力和投资价值的行业。

网上购物增幅最高，在本年度最具成长性的前 10 位中，已升至第二。虽然单纯的网上零售商还较少涉足实体连锁的开发，但实体连锁零售商进军互联网已成流行趋势。目前，影响网上购物可持续发展的主要障碍是诚信和规范的缺失，这与本次调查所反映的特许领域的相关问题基本一致。

快递服务业跻身最具成长性前 10 位行业。虽然该行业在连锁经营方面还处于摸索和起步阶段，但受益于电子商务的高速发展，其增长速率令业界和资本市场关注。

汽车后市场服务业得到业内人士的青睐。该行业以汽车养护美容和汽车租赁为代表，其中汽车养护美容的发展前景和投资回报水平均位列第三，但其市场的不规范问题也较为突出。

家政服务是国家重点扶持发展的行业，但家政服务连锁的盈利能力不具优势。随着城市化进程的加快与拓展，家政服务业的前景依然值得期待。同时，该行业的发展应以创新寻求突破。

餐饮业是推动特许加盟发展的主要力量，火锅、中式快餐和休闲饮品是其中最活跃的部分。在本次调查所涉及的餐饮业 8 个细分业态中，火锅的投资回报居于领先，中式快餐的发展潜力最大，休闲饮品则孕育着整合机遇。

经济型酒店与便利店仍被投资者看好。调查显示，经济型酒店、便利店，包括房屋中介是未来资本运作较活跃的领域，其未来最有可能发生并购重组。原因是，这三个行业的连锁化程度相对较高，在发达城市的网点密度和竞争程度也较高。而便利店的投资回报水平在被调查的45个行业和业态中处于较低水平；房屋中介受房地产政策的影响，经营压力骤增，市场进入洗牌阶段。因此，并购和整合将成为近期上述行业和业态的热点和关注点。

美容美体、化妆品专卖也是特许业界较为关注的行业。一是其发展前景和投资回报被看好，二是该领域不规范现象较突出，特别是消费安全频现媒体。

调查统计显示，2011年加盟店增速将保持在10%以上，其中近三分之一的特许企业将加盟开发速度设定在20%以上。

被调查企业普遍认为，人工成本和房租上涨是2011年企业发展的最大难题，而加大新产品开发力度，则是确保企业可持续增长的主要手段。

本次景气调查还发现，特许企业对开拓海外市场的热情普遍提高，已有18%的特许总部在海外开店，更有34%的企业计划招募海外加盟商。在网上零售业务开拓方面，已有近三分之二的特许企业建立了网上销售平台，但其中大多数企业的网上销售额与总销售的占比都在10%以下。在私募股权投资方面，由于更看好本土资本市场的高市盈率，特许企业更青睐本土PE。

二、主要特点

1. 加大新产品（服务）开发力度将成为拉动特许市场持续增长的主要动力

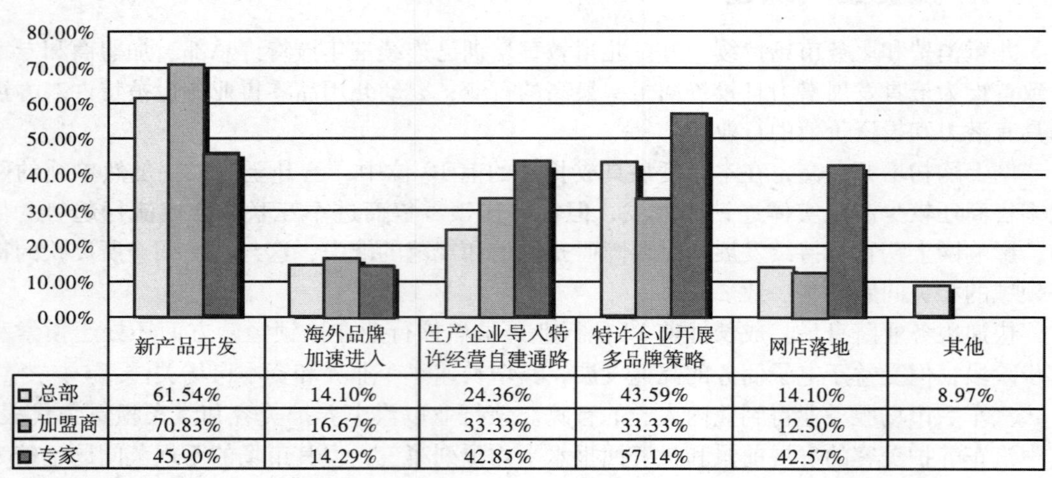

	新产品开发	海外品牌加速进入	生产企业导入特许经营自建通路	特许企业开展多品牌策略	网店落地	其他
□ 总部	61.54%	14.10%	24.36%	43.59%	14.10%	8.97%
■ 加盟商	70.83%	16.67%	33.33%	33.33%	12.50%	
■ 专家	45.90%	14.29%	42.85%	57.14%	42.57%	

图1　拉动特许市场持续增长的主要动力

特许经营市场的增长包括特许体系和加盟店数量、销售的增长。

调查显示，62%的特许总部代表，71%的加盟商与46%的行业专家认为，特许企业加大开发新产品是带动特许市场繁荣与增长的关键要素；44%的总部和57%的特许专家认为，特许企业开展多品牌策略将成为促进市场增长的主要力量；另外，专家认为生产企业导入特许经营自建通路和网店落地对特许体系的增长作用将会突出。

2. 2011年二、三线城市将成为特许经营发展的热点区域，而商业区和社区是开店位置的更好选择

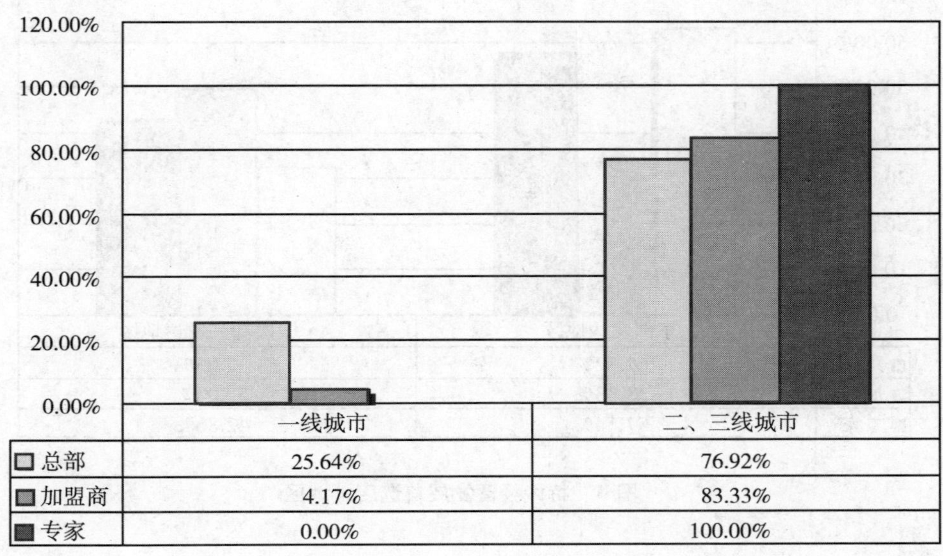

图 2 特许经营发展热点城市类别

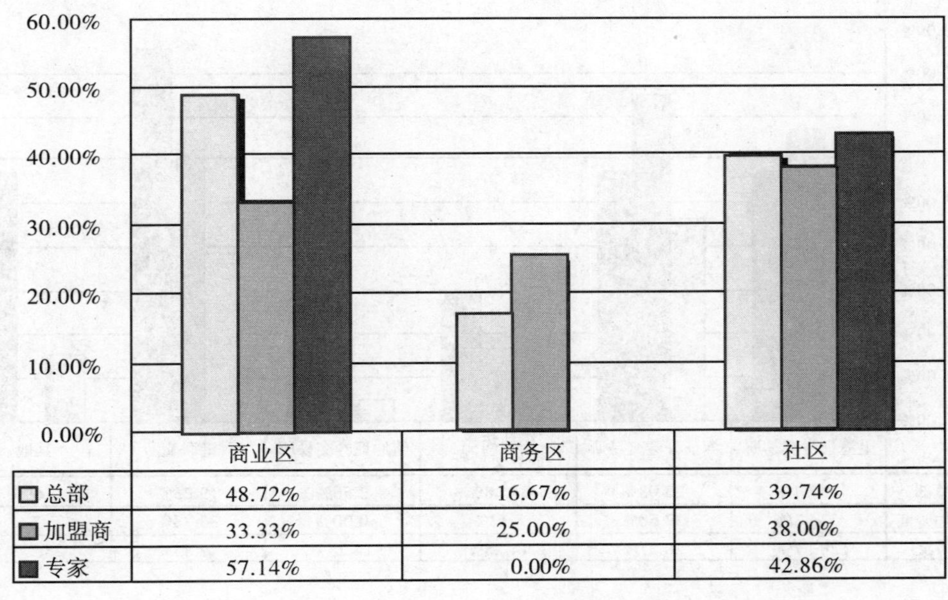

图 3 特许经营发展首选店址商圈类型

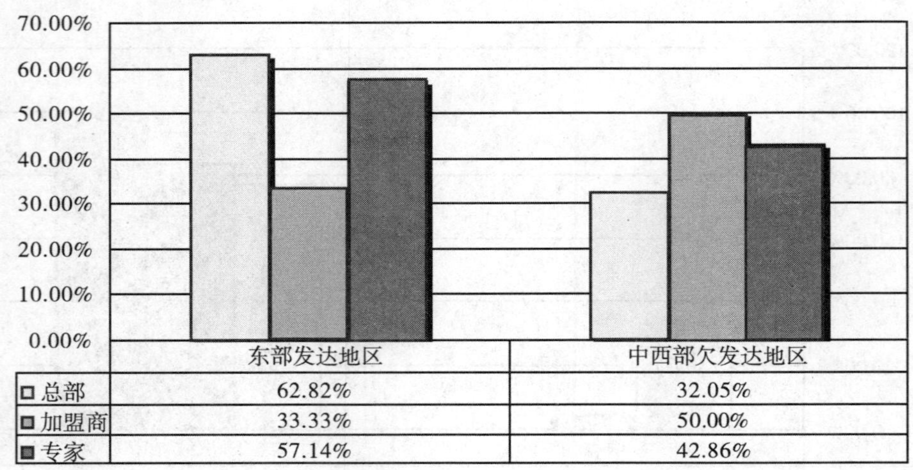

图 4　特许经营发展首选店址地区

如以上各图所示，企业总部、行业专家和加盟商普遍看好二、三线城市；店铺选址上，商业区和社区更被看好；从区域来看，大多数总部更愿意在东部发达地区开店，而加盟商则更多地倾向于在中西部欠发达地区开店。

3. 九成以上的受访企业有意愿上市，其中近半企业拟选择国内资本市场

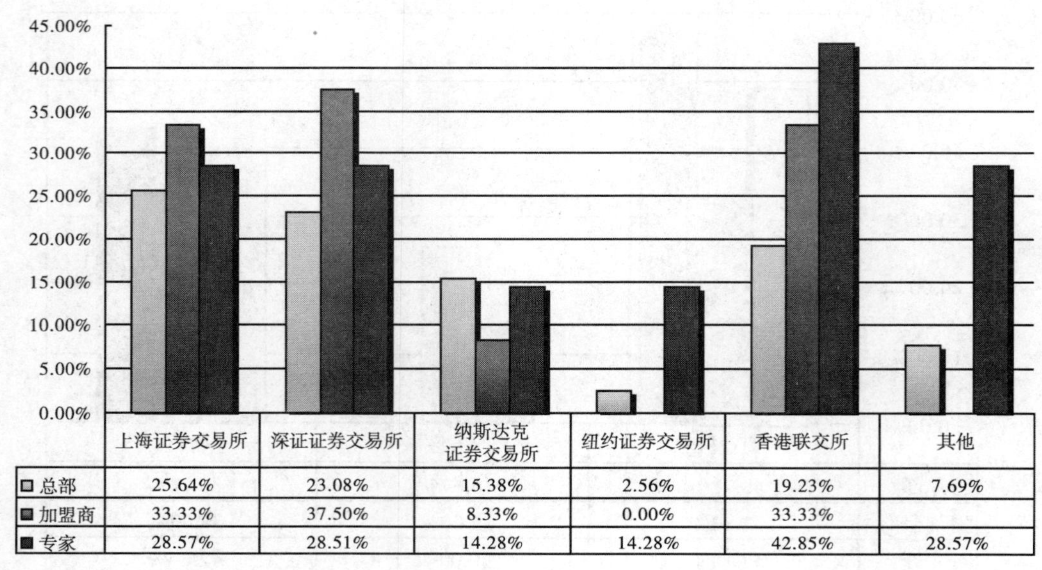

图 5　特许企业已上市或拟上市场所

图 5 显示，资本运作将成为 2011 年特许经营发展的重要议题。超过 90% 的受访企业有涉足资本运作的打算，其中 49% 的企业选址在国内上市，其次是香港和美国纳斯达克，

分别占 19% 和 15%。

4. 2011 年特许企业新开店铺数量将大幅增长，其中加盟店占比更大

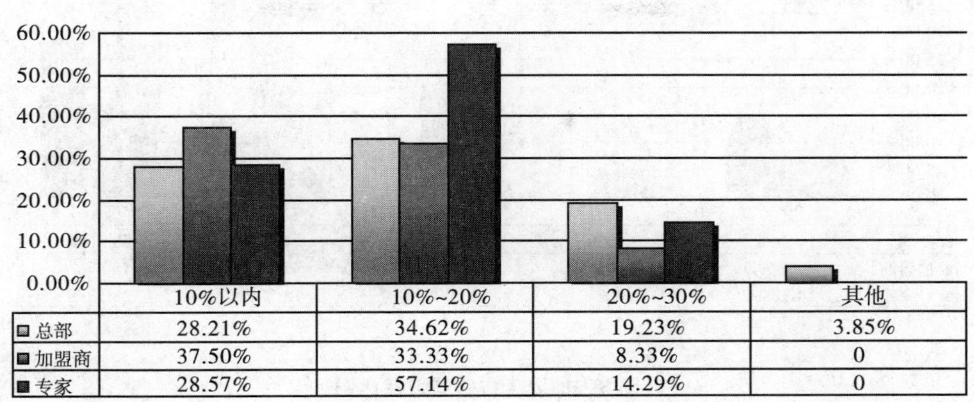

	10%以内	10%~20%	20%~30%	其他
总部	28.21%	34.62%	19.23%	3.85%
加盟商	37.50%	33.33%	8.33%	0
专家	28.57%	57.14%	14.29%	0

图 6　新开直营店增长比例

图 6 显示，被调查企业中约 63% 的总部在 2011 年计划新增直营店比例在 20% 以内，其中近 35% 的总部计划新增 10% ~20%，约 28% 的总部计划新增在 10% 以内，只有约 19% 的总部计划新增直营店比例为 20% ~30%；而对总部新增直营店，超过 70% 的加盟商更希望总部控制在 20% 以内。

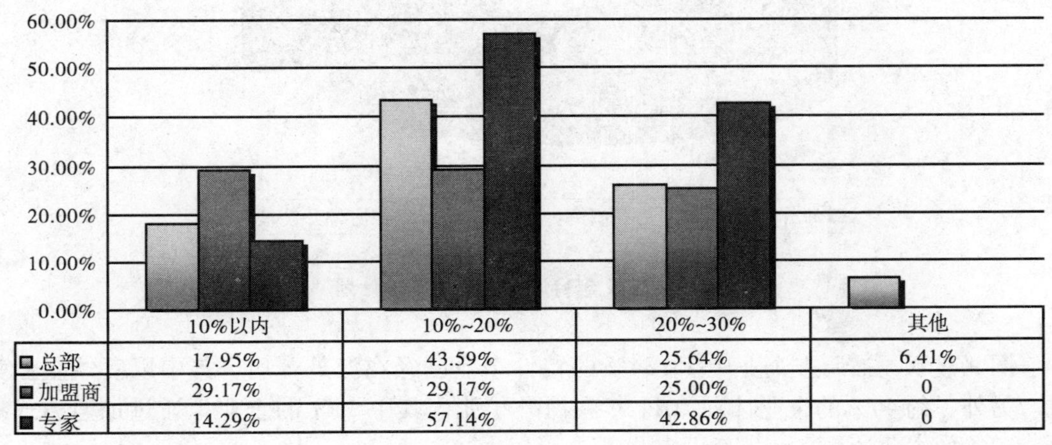

	10%以内	10%~20%	20%~30%	其他
总部	17.95%	43.59%	25.64%	6.41%
加盟商	29.17%	29.17%	25.00%	0
专家	14.29%	57.14%	42.86%	0

图 7　新开加盟店增长比例

图 7 显示，被调查企业中超过 75% 的总部在 2011 年计划新增加盟店比例在 10% 以上，其中约 44% 的总部计划新增 10% ~20%，约 26% 的总部计划新增 20% ~30%；而对总部新增加盟店，近 60% 的加盟商更希望总部控制在 20% 以内。

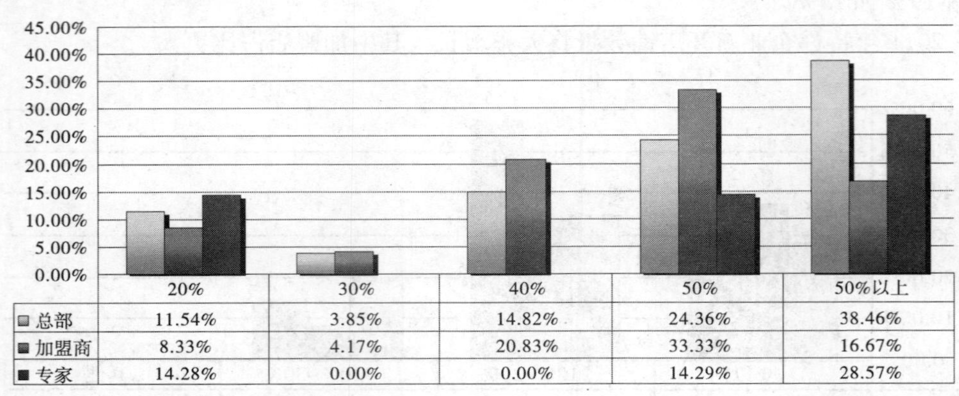

	20%	30%	40%	50%	50%以上
总部	11.54%	3.85%	14.82%	24.36%	38.46%
加盟商	8.33%	4.17%	20.83%	33.33%	16.67%
专家	14.28%	0.00%	0.00%	14.29%	28.57%

图 8　加盟店占店铺数量比例

图 8 显示，被调查企业中约 63% 的总部预计在 2011 年加盟店数量占比将达到或超过店铺总数的一半，其中约 38% 的总部预计加盟店占比超过 50%。

5. 特许企业加快海外开店步伐，招募加盟商为主要扩张方式

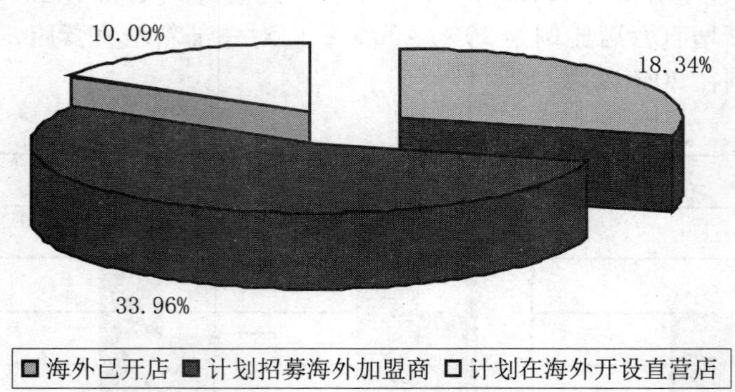

图 9　2011 年特许企业海外开店计划

图 9 显示，被调查企业中 18. 34% 的特许企业已经在海外开店，其中以餐饮企业为主。另外，约 44% 的企业计划 2011 年在海外扩张，其中 34% 的企业拟通过加盟方式招募，10% 的企业计划在海外开设直营店。

6. 电子商务在特许经营领域得到广泛应用

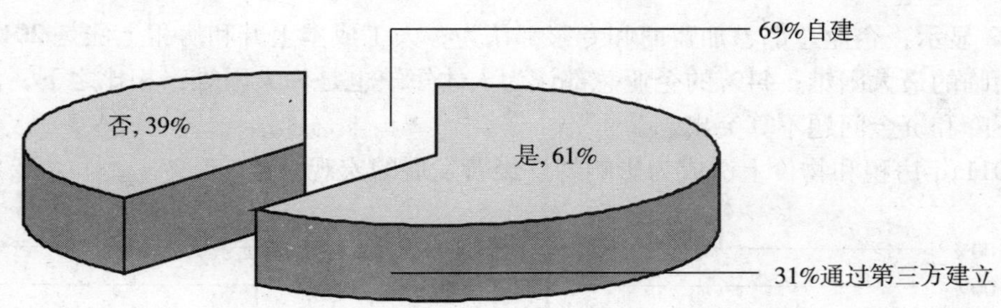

图 10　特许企业开展电子商务情况

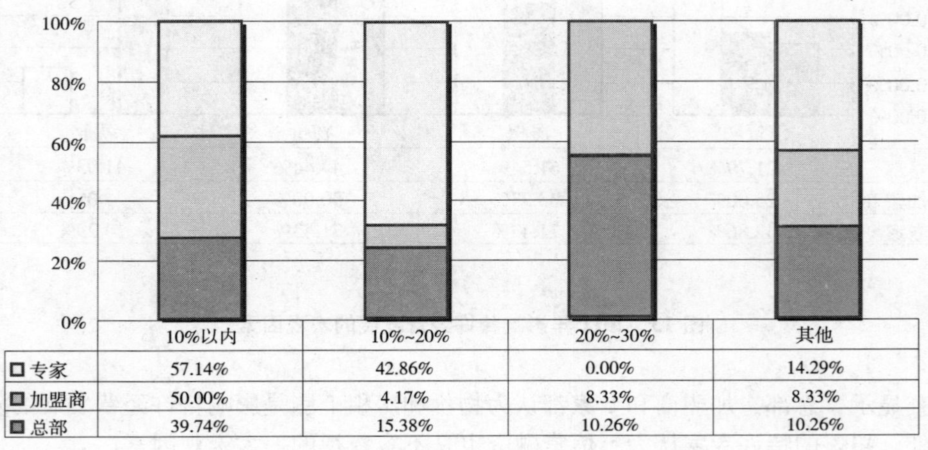

	10%以内	10%~20%	20%~30%	其他
专家	57.14%	42.86%	0.00%	14.29%
加盟商	50.00%	4.17%	8.33%	8.33%
总部	39.74%	15.38%	10.26%	10.26%

图 11　网络平台销售占比

图 10 显示，61% 的企业已经开展电子商务，其中 69% 为自建，31% 通过第三方建立。从各方对网络平台的销售预计看，专家对电子商务的发展趋势更为看好。

7. 人工成本上升、房租上涨和人才短缺是 2011 年特许企业经营面临的三大困难

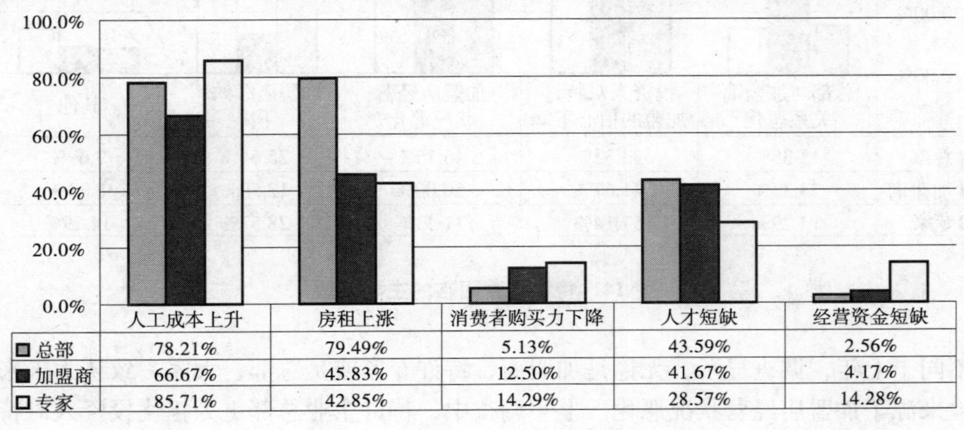

	人工成本上升	房租上涨	消费者购买力下降	人才短缺	经营资金短缺
总部	78.21%	79.49%	5.13%	43.59%	2.56%
加盟商	66.67%	45.83%	12.50%	41.67%	4.17%
专家	85.71%	42.85%	14.29%	28.57%	14.28%

图 12　特许企业经营面临的三大困难

图 12 显示，企业总部、加盟商和专家都认为，人工成本上升和房租上涨是 2011 年特许经营面临的最大困难；44% 的企业总部认为人才短缺也是一大困难；相比之下，消费者购买力下降和资金问题不算突出。

8. 2011 年房租和物价上涨成为影响特许经营发展的宏观因素

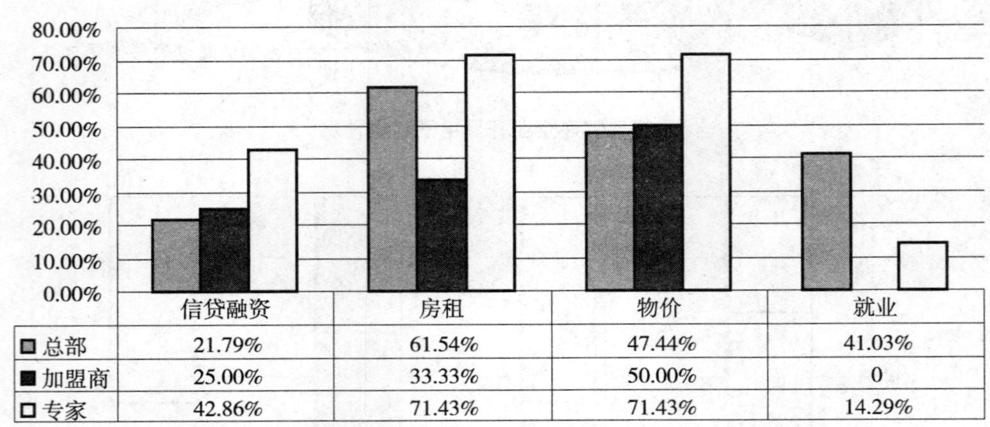

	信贷融资	房租	物价	就业
总部	21.79%	61.54%	47.44%	41.03%
加盟商	25.00%	33.33%	50.00%	0
专家	42.86%	71.43%	71.43%	14.29%

图 13　2011 年影响特许经营发展的宏观因素

调查显示，总部、加盟商和专家都认为物价和房租上涨是影响特许经营发展的宏观因素。此外，43% 的特许专家认为，信贷融资也是不容忽视的一大宏观因素。

9. 2011 年特许经营可能面临的最大风险是加盟店经营状况的恶化

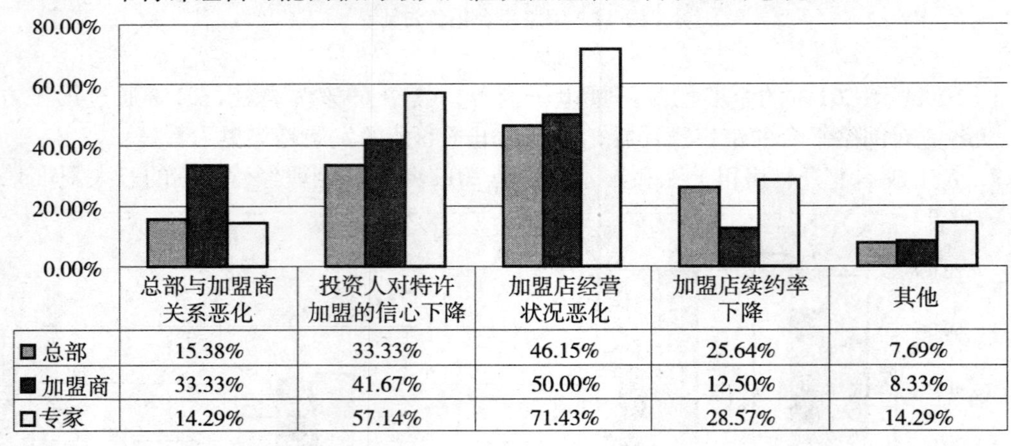

	总部与加盟商关系恶化	投资人对特许加盟的信心下降	加盟店经营状况恶化	加盟店续约率下降	其他
总部	15.38%	33.33%	46.15%	25.64%	7.69%
加盟商	33.33%	41.67%	50.00%	12.50%	8.33%
专家	14.29%	57.14%	71.43%	28.57%	14.29%

图 14　特许经营面临的主要风险

不同于上年，调查显示，无论是加盟商、特许专家或是总部，大家一致认为未来最大的风险来源于加盟店经营状况恶化。上年调查中，特许企业总部更为担忧投资人对特许经营的信心下降。

10. 2011 年加盟连锁最值得关注的行业

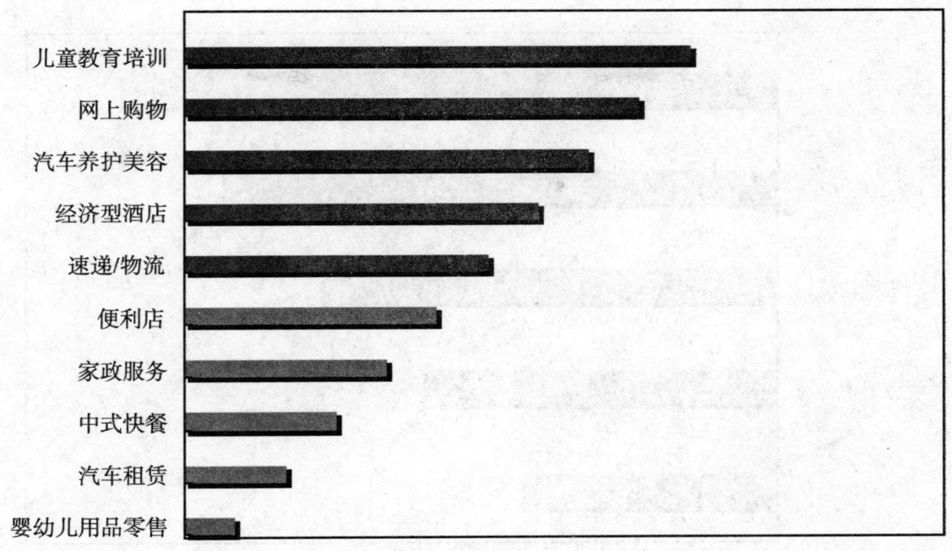

图 15　2011 年最具成长力的投资项目（前 10 位）

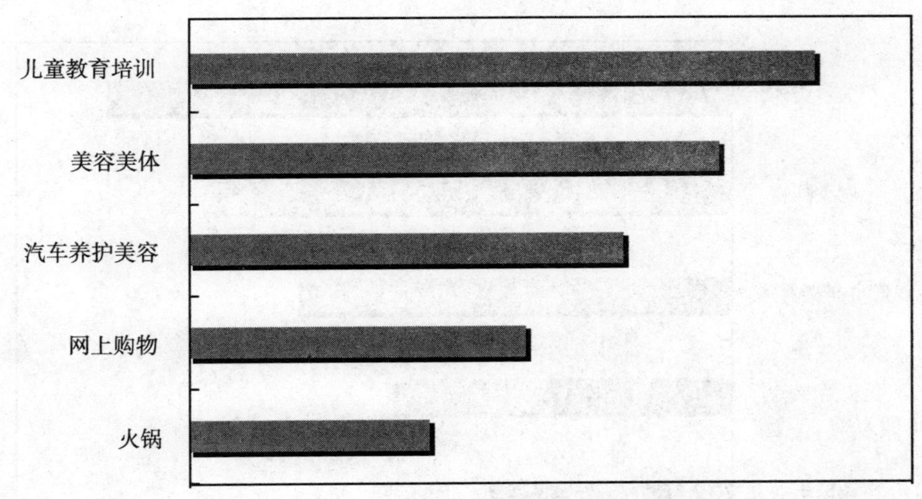

图 16　当前投资回报率最高的项目（前 5 位）

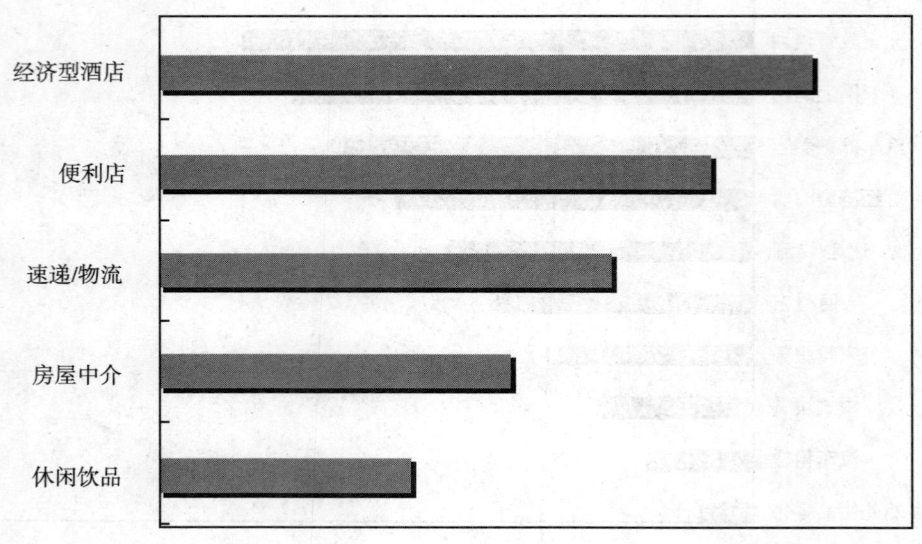

图 17　并购重组发生概率最高的行业（前 5 位）

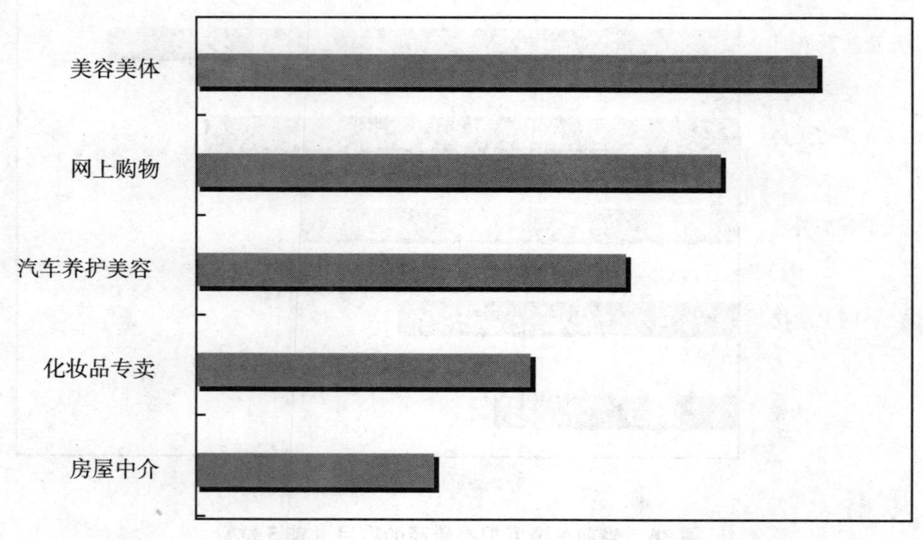

图 18　不规范现象较突出的行业（前 5 位）

（中国连锁经营协会 2011 年 3 月 20 日发布）

第三部分　专题篇

2010年中国连锁企业劳动力管理调研报告

一、调研背景

近年来，随着中国劳动力成本的持续快速上升，连锁企业普遍面临利润率下降而用工困难的挑战。管理多样化的劳动力队伍，保留、吸引和激励劳动力，成为连锁企业HR管理者面对的挑战。

中国连锁经营协会（CCFA）和克罗诺思（Kronos中国）合作，继2009年开展连锁企业绩效管理调查后，再次进行了连锁企业劳动力管理调研。调研将帮助连锁企业更好地了解劳动力管理现状、开拓思路和借鉴劳动力管理的全球最佳实践。

二、连锁经营行业劳动力管理现状

（一）连锁经营企业面临着诸多挑战

1. 劳动力成本不断上升

（1）随着CPI上涨，工资每年的增幅达到15%～30%。

（2）下一个十年中，工资占GDP的比重将从现在的15%上升到30%。

（3）劳动力短缺现象在很多区域都存在，尤其是沿海地区。

2. 用工合规风险加大

（1）新劳动法在用工合规方面更加规范、严格。

（2）劳动争议案件的数量每年快速上升，其中与加班补偿相关的事件占一半以上。

（3）集体工资协议和工会法正在出台。

3. 统一店面运营并提高运营效率

（1）企业面对快速变化和竞争激烈的市场环境，需要不断提高运营管理水平。

（2）需要店面运营的标准化和实时可见性。

（3）只有提高运营效率才能平衡成本上升，并为客户提供更优质的服务。

（二）HR管理者需要考虑以下劳动力相关问题

1. 是否能将人工成本精细到工时，制定科学的劳效标准以合理控制成本？

2. 是否能根据预测和历史数据优化排班，以最大化劳动力利用率和提高运营效率？

3. 时间和考勤、请休假、各类工时（综合工时、不定时等）统计和计算，是否能及时并确保用工合规？

4. 是否建立统一、集中的劳动力管理平台，具备门店运营管理可视化，实时分析绩效和人工成本？

5. 如何获得有行业竞争力的劳动生产力，提高顾客服务满意度？
6. 如何吸引和保留具备技能的劳动力？

（三）连锁企业需要为上述问题寻找答案并准确运用

——以运营效率为核心的劳动力管理对连锁企业至关重要。

——本次调研覆盖了多个业态的近 100 家连锁企业。

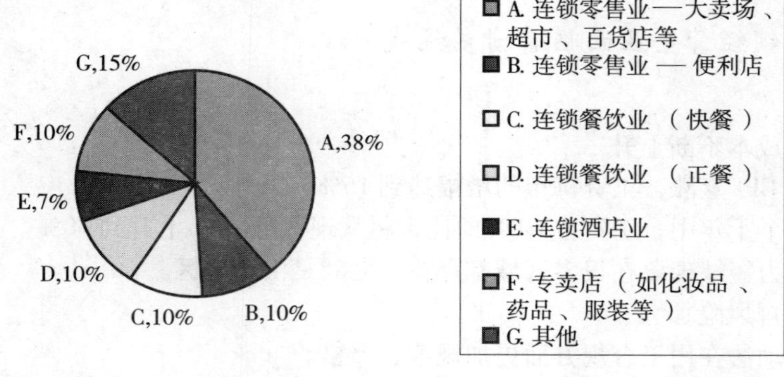

三、调研主要发现

发现一：劳动力成本在零售企业的总运营成本中占有很高的比重，并在未来 3 ~5 年内，随着中国宏观环境的变化和劳动力成本的上升，这个比重将越来越高；同时，员工流失率居高不下。

发现二：随着劳动力市场相关立法环境和监管机制的逐步完善，劳动力管理的合规性成为零售企业要面临的新挑战，但这一趋势及违反合规性所带来的风险并没有引起零售企业经营者的足够重视。

发现三：提高效率和生产力是连锁企业普遍认同的平衡成本上升和改善客户服务的有效途径，而成本和生产率是总部型连锁企业最关注的关键绩效指标。

（一）劳动力成本持续显著上升

调研显示，参与调研的企业中，30% 以上的企业人工成本占运营总成本的 15% 以上；超过 30% 的企业认为在未来一年中，其总的人工成本将上升 8% 以上；超过 50% 的企业认为在未来一年中，其基层劳动力成本将上升10%～15%，甚至更高。

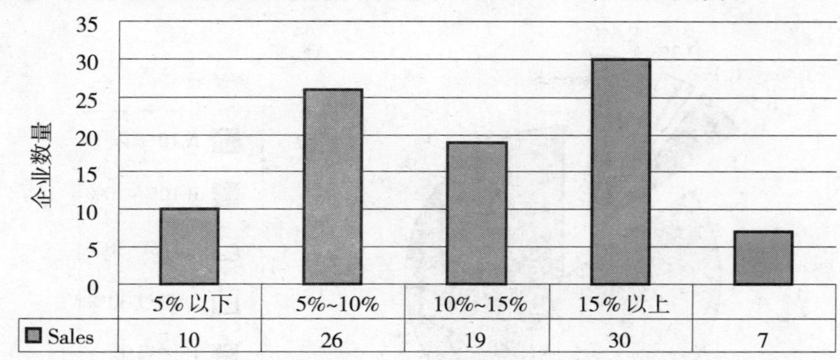

	5%以下	5%~10%	10%~15%	15%以上	
Sales	10	26	19	30	7

1. 劳动力最大的挑战来自于成本上涨压力

参与调研的企业中，27%的企业HR管理者认为准确了解及有效控制劳动力成本是其正在面临的劳动力管理方面的最大挑战。

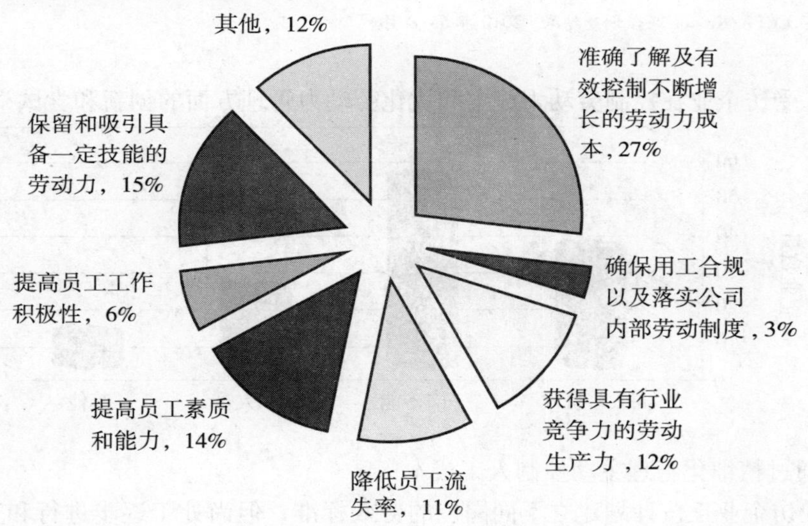

数据来源：CCFA/Kronos联合调查结果，2010年6～8月。

2. 建议

(1) 短期内，提高效率和生产力是企业平衡外部压力的最佳杠杆

调研显示，超过80%的企业认为提高自动化程度、加强管理、提高效率及生产力是短期内应对人工成本上涨的最佳杠杆；只有12%的企业会采取减少编制的方式来平衡成本压力。

连锁企业普遍开始使用兼职工来补充短缺的人手，但78%的受访企业兼职工所占比例不到总人数的10%，而这一数字在美国超过40%。

连锁企业可采用一岗多能、同人多班次和兼职人员来平衡成本压力，但这将加大排班复杂性。

兼职员工在总人数中的比例见下图。

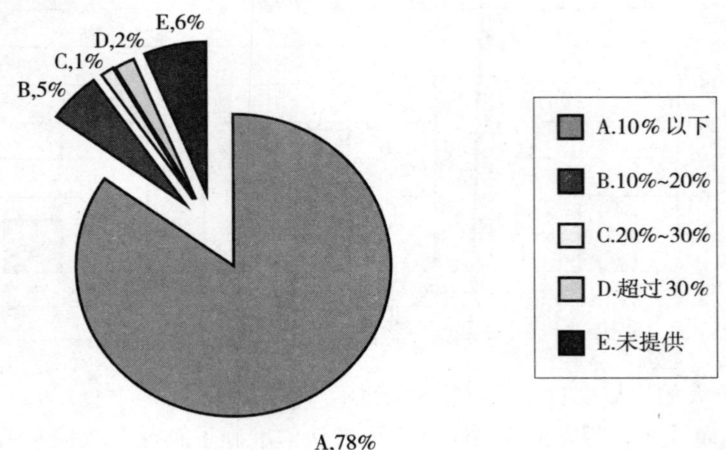

数据来源：CCFA/Kronos 联合调查结果，2010 年 6～8 月。

目前，受访企业在控制劳动力成本和优化劳动力管理方面的创新和尝试举措见下图。

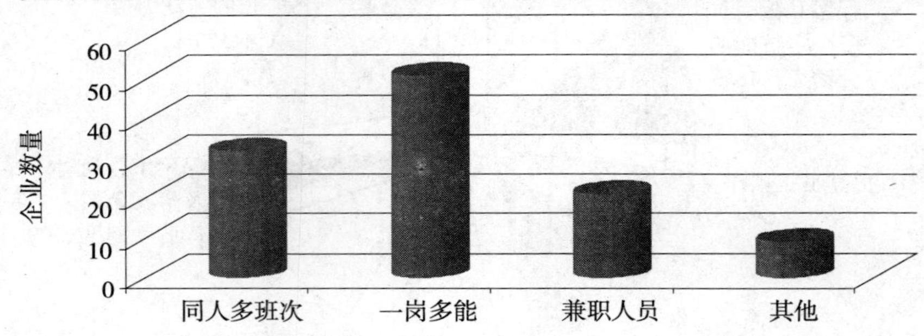

（2）通过精细化管理主动控制人工成本

有些受访企业正按计划建立不同岗位的劳效标准，但尚处于逐步进行和完善过程中；还有些受访企业的劳效标准是依据企业内部粗略统计而设定的；也有部分受访企业人工预算的制定是参照公司已经设定的人力劳效标准，但现有标准尚在摸索阶段。

（二）用工合规是 HR 管理中的新挑战

25% 的被调研企业认为，新的劳工政策颁布后，加上近期讨论很多的工会法和集体合同协议，控制用工合规风险是 HR 管理中的新挑战。但这一趋势及违反合规性所带来的风险尚未引起零售企业经营者的足够重视。仅有 3% 的受访企业认为确保用工合规以及落实劳动制度是 HR 面临的重要挑战之一。

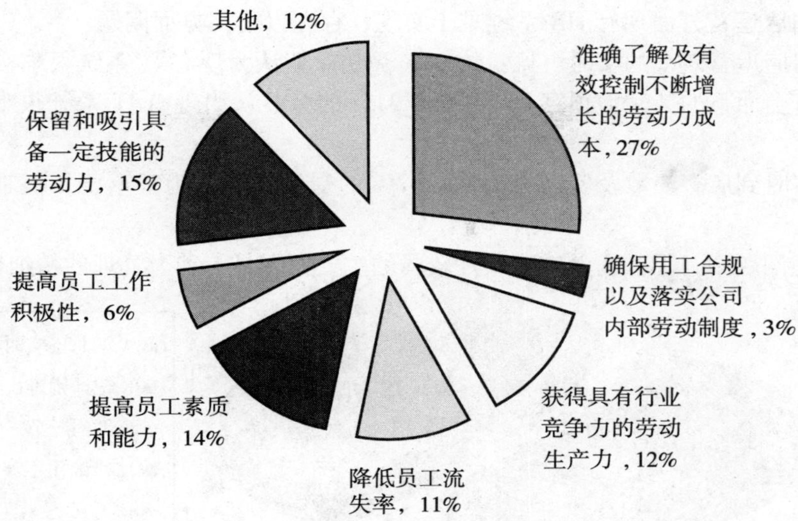

（三）门店运营管理趋于集中化和标准化，排班具有高度复杂性，需要更好的自动化和优化工具

总部管理型连锁企业占比更大，其中50%的受访企业在未来1～2年中将侧重于总部集中化管理，这对于门店运营效率和生产力的实时可视非常重要。各个门店排班的有效性将直接影响门店运营效率和客户店内体验。根据需求变化优化排班是提高门店运营效率、改善客户服务的最直接方式。

1. 受访企业在未来1～2年的扩展中，总部定位将会侧重于（见下图）：

（1）支持性总部——主要侧重于后台支持工作；

（2）管理型总部——侧重于管理门店运营；

（3）利润型总部——更注重于直接创造利润，如收取加盟费等；

（4）其他。

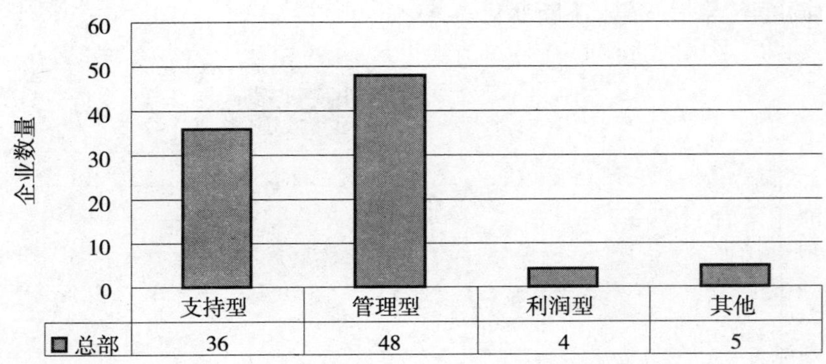

	支持型	管理型	利润型	其他
总部	36	48	4	5

数据来源：CCFA/Kronos联合调查结果，2010年6～8月。

2. 在门店运营方面现有 HR 系统难于实现，存在以下几方面问题：

（1）门店运营效率的实时可见：约 40% 受访企业认为现有 IT 系统很难实现。

（2）自上而下的劳动力预算是否科学：31% 的企业认为现有 IT 系统很难实现科学分析。

（3）实时到店客户数及实现交易数：52% 的受访企业认为很重要，但难以准确获取实时数据。

3. 上述问题中，无法衡量或时效性较弱的主要原因是劳动力管理的精细化程度不够。

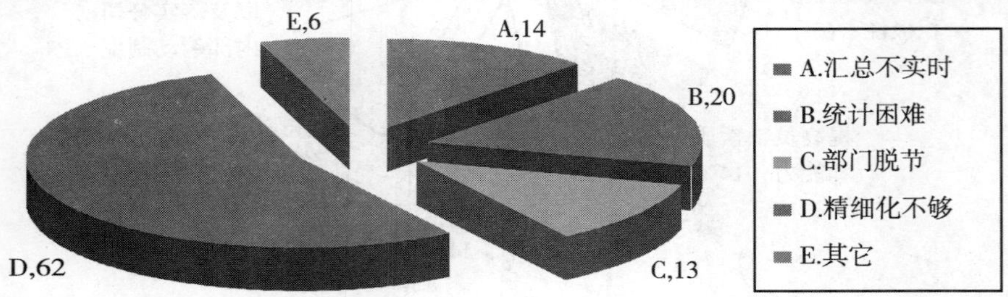

4. 门店排班有效性方面，约半数企业根据门店的销售和业务量需求变化布设排班，但多为手工方式。

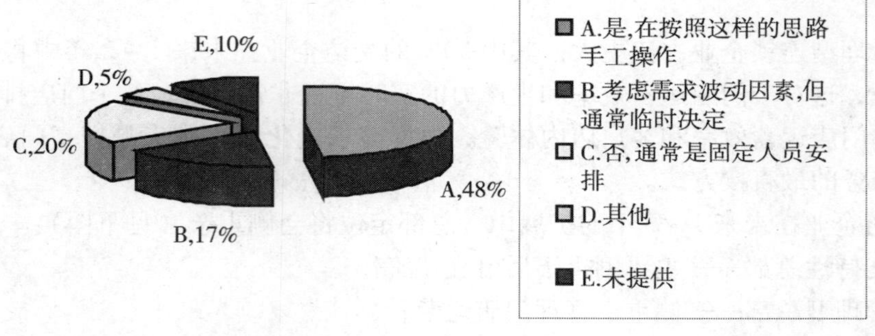

数据来源：CCFA/Kronos 联合调查结果，2010 年 6～8 月。

劳动力调度不当——需求不断变化。

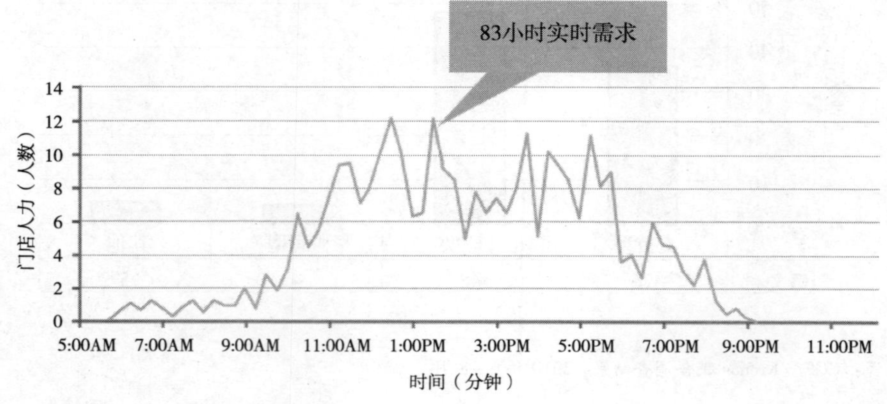

劳动力调度不当——人工方式排班耗时且难度大。

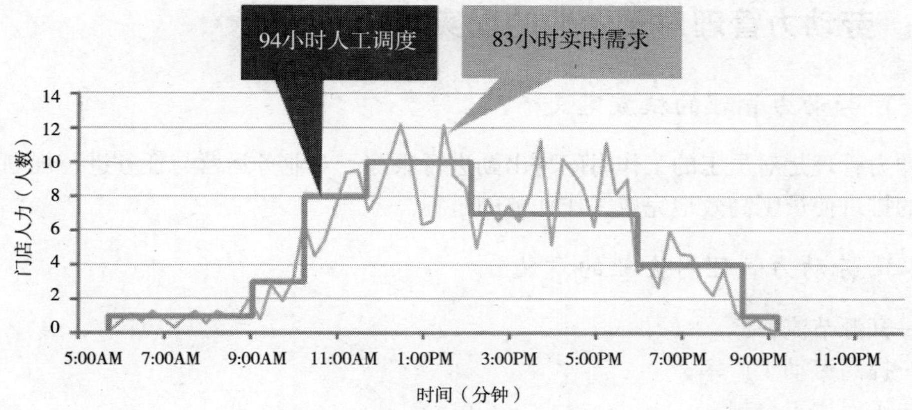

劳动力调度不当——人员配备不足是普遍现象，导致员工和客户不满。

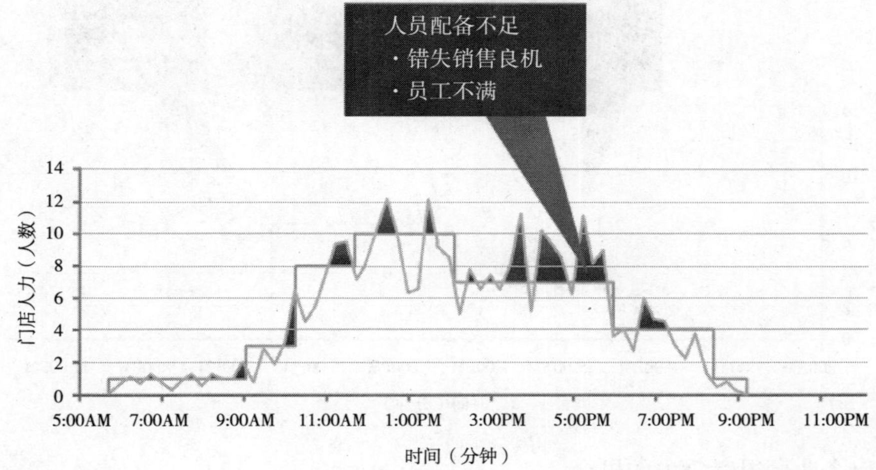

劳动力调度不当——人员配备过剩导致生产力下降。

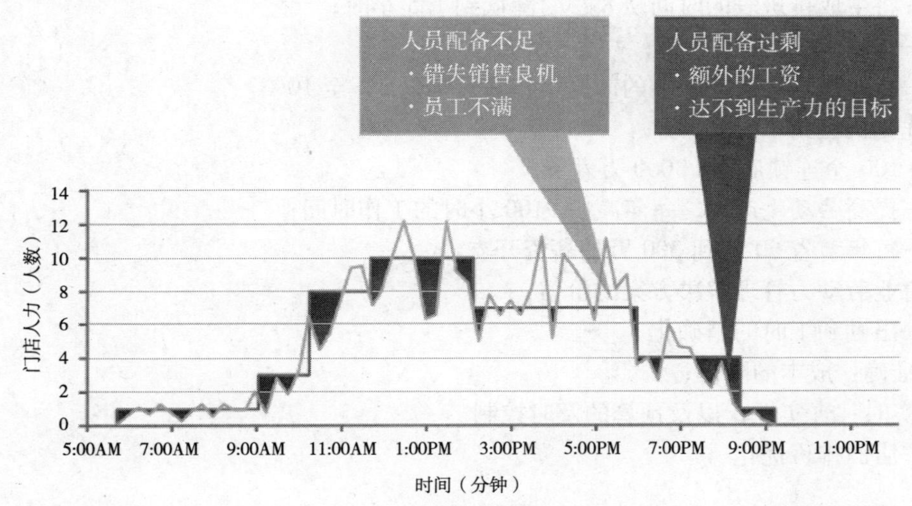

四、劳动力管理对于企业的现实意义

（一）劳动力管理的权威定义

劳动力管理是对员工的工作时间与出勤进行跟踪，对业务运营与任务进行规划，并通过合理的排班使员工高效地完成工作任务的过程。

（二）劳动力管理对企业的意义

——开源节流；
——提高劳动生产率；
——确保用工合规。
其核心：准确预测和优化排班，根据不同需求调度劳动力。

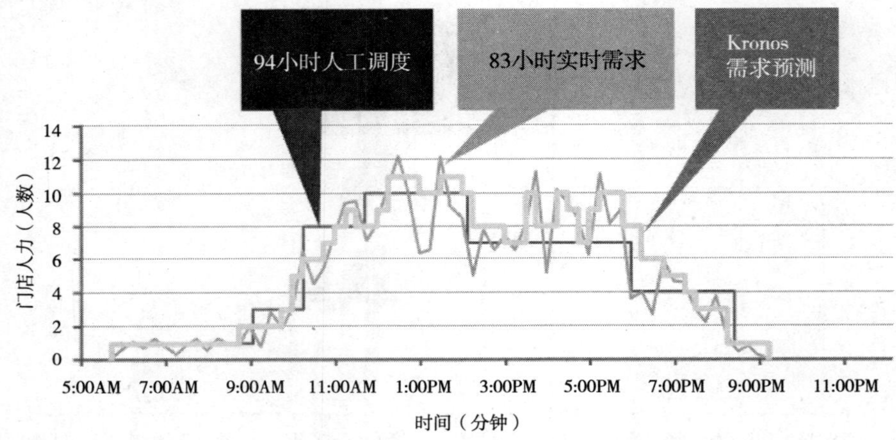

为零售企业赢得竞争力的机会：
新一代零售业劳动力管理解决方案的好处：
——将生成排班表的时间从 8 小时降低到 1.5 小时；
——将加班时间减少 5%；
——在保持现有服务水准的前提下将薪资降低 2% 至 10%。
最优化机会：
——100 个连锁店面，3000 万薪资；
——提高劳动生产率，每年减少 9100 小时的工作时间；
——每年节省 60 万到 300 万的薪资开支。
零售业劳动力管理解决方案的价值：
——出勤和工时的精确化。
◎ 准确：成本的降低；
◎ 实时：真实性，以及预算的及时控制。
——店面排班优化。

◎ 考虑技能和岗位匹配及岗位公用；
◎ 根据客流、历史记录、季节、员工偏好等多种因素优化排班。
——员工生产力的准确分析和可视化。
◎ 实时的、准确的数据为分析提供保障；
◎ SPLH：Sales Per Labor Hour。
——各种制度和规则的执行力以及多店面管理标准化。
◎ 规则和执行情况的一致；
◎ 店面管理水平正态分布的持续优化。

（中国连锁经营协会　Kronos 中国　2010 年 10 月）

2010 年中国零售业员工最喜爱的公司评选报告

中国连锁经营协会（简称“协会”）与韬睿惠悦咨询公司（简称“韬睿惠悦”）于2010年9月至10月合作开展“2010年度中国零售业员工最喜爱的公司”评选活动，这是往届“年度中国零售业最佳雇主”评选的延续，内涵更加积极而丰富，希望引导企业在经营管理等工作中突出以人为本，高度重视人力资源发展，更加关注员工的素质培养与权益保障。

本次活动报名企业20家，16家企业按要求提供了完整有效的信息数据。本报告对评选方法以及获奖企业的主要发现进行了阐述。

一、评选规则

本次调查及评选是在往届“年度中国零售业最佳雇主”评选的基础上，引入国际专业调查方法，力争全面评价参评企业在人力资源战略、文化与组织氛围、员工沟通和员工关系、薪酬与福利、培训与发展和绩效管理等方面的举措。

入围评选基本条件：

1. 在工资和福利待遇方面高于所在地区的行业平均水平，使员工有较优厚的经济保障。

2. 具备系统的培训制度和完善的晋升体系，使员工得以持续提升与发展。

3. 拥有优秀的企业文化与理念，对员工有很强的凝聚力与吸引力。

4. 通过承担社会责任、参与公益项目等活动，引领员工积极向上，不断提升企业荣誉。

二、评选方法

评选是通过以下四个步骤进行的：

1. 信息收集

本次评选主要通过定量和定性两个方面对参评企业进行评估。

定量信息主要包括企业人力资本管理效能的相关量化指标数据，由参评企业通过填写调查问卷提供相关数据信息。

定性信息主要涉及企业软环境、人力资源管理等方面的管理理念及管理实践，韬睿惠悦通过对参评企业人力资源管理人员的访谈来获取相关信息。

本次评选中，定量评估指标共22个，具体内容见附录：获奖企业定量指标名目及其数据中位值①。

定性评估题目共11题，涉及六个管理领域，分别是：（1）人力资源战略；（2）文化与组织氛围；（3）员工沟通和员工关系；（4）薪酬与福利；（5）培训与发展；（6）绩效管理。

2. 计算定量指标得分的方法

在计算定量指标得分时，首先根据各企业提交的数据计算各指标的20百分位值（20P）、40百分位值（40P）、60百分位值（60P）、80百分位值（80P）等四个统计量。之后，根据各企业的实际数据与分位点的比较结果评估各指标的得分，并计算各指标得分的平均值，将其作为各企业的定量指标得分。

表1　　定量指标的评估标准

分数	正向指标评分标准	负向指标评分标准
1分	公司数据小于20P	公司数据大于等于80P
2分	公司数据大于等于20P，小于40P	公司数据大于等于60P，小于80P
3分	公司数据大于等于40P，小于60P	公司数据大于等于40P，小于60P
4分	公司数据大于等于60P，小于80P	公司数据大于等于20P，小于40P
5分	公司数据大于等于80P	公司数据小于20P

注：1. 正向指标是指数据越大，得分应越高的指标。负向指标是指数据越大，得分应越低的指标。
2. 获奖企业定量指标共22项（见附录），其中第11～14项为负向指标，其余为正向指标。

3. 计算定性题目得分的方法

针对六个管理领域进行评估时，设定相应的评分标准，见表2。

表2　　定性题目的评分标准

分数	评 分 标 准
5分	**标杆**。从该项管理实践制度的完备性和执行的效果方面考虑，该公司的管理实践可作为市场的标杆水平。
4分	**超过平均水平**。从该项管理实践制度的完备性和执行的效果方面考虑，该公司的管理实践高于市场的一般水平；或者其制度的完备性为标杆，而执行效果为市场的一般水平。
3分	**平均水平**。从该项管理实践制度的完备性和执行的效果方面考虑，该公司的管理实践为市场的平均水平。
2分	**低于平均水平**。从该项管理实践制度的完备性和执行的效果方面考虑，该公司的管理实践低于市场的平均水平；或者其制度的完备性高于平均水平，而执行效果却有待改进。
1分	**有待提升**。从该项管理实践制度的完备性和执行的效果方面考虑，该公司的管理实践均不尽理想，需要改进和提升。

① 中位值（即中位数Median），统计学名词。是指一组数据按从小到大（或从大到小）的顺序依次排列，处在中间位置的一个数（或最中间两个数据的平均数）。中位数是样本数据所占频率的等分线，它不受少数几个极端数值的影响，常用它代表全体数据的一般水平数值。

同时，通过计算各管理领域的加权平均值，得出各企业定性题目的得分。各管理领域及其权重见表3。

表 3　　各管理领域及其权重

	管理领域	权重
1	人力资源战略	10%
2	文化与组织氛围	20%
3	员工沟通和员工关系	20%
4	薪酬与福利	20%
5	培训与发展	20%
6	绩效管理	10%

由于“人力资源战略”和“绩效管理”两项是从促使员工“喜爱公司”的角度考虑，影响程度稍低，因此权重设定低于其他管理领域。

4. 终评

最终评估结果是通过计算各企业定量指标和定性题目的平均值，并形成最终评估分值而获得。根据上述评选方法，排名前八位的企业评估得分均高于全部参评企业的平均值，故而当选为“2010 年度中国零售业员工最喜爱的公司”。

三、获奖企业名单

基于上述评选流程，以下八家企业当选“2010 年度中国零售业员工最喜爱的公司”：

北京超市发连锁股份有限公司

沃尔玛（中国）投资有限公司

特易购企业管理（上海）有限公司

武汉中百便民超市连锁有限公司

天虹商场股份有限公司

锦江麦德龙现购自运有限公司

江苏五星电器有限公司

苏果超市有限公司

四、对获奖企业评估的主要发现

因定量数据没能与标杆数据进行对比，则以下阐述主要是根据定性信息对获奖企业的管理理念和实践进行说明。附录中列出了获奖企业定量指标的结果，供参考。

下图列出了八家获奖企业在定性题目的六个管理领域评估中的平均得分。从中看到，员工沟通和员工关系、薪酬与福利两个管理领域的平均分为 4. 38，培训与发展、绩效管理的平均分为 4. 25，文化与组织氛围平均分为 4. 13，而人力资源战略的平均分为 3. 50。

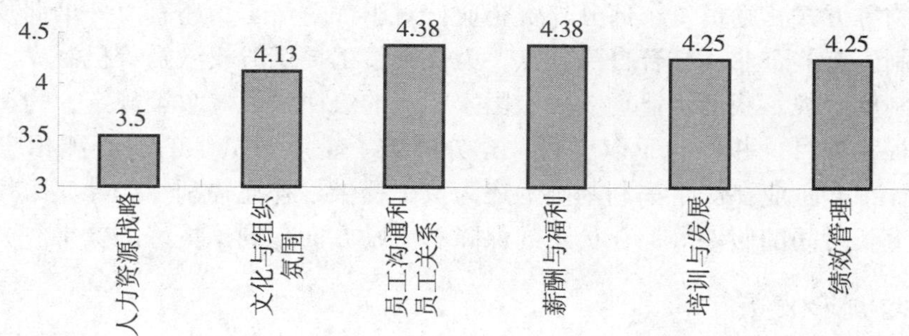

图 1　获奖企业各管理议题定性评价的平均分

（一）员工沟通和员工关系

调查发现，在开展员工沟通和员工关系管理方面的“规范性和制度化”是获奖企业较为突出的特点。首先，获奖企业均能利用多种渠道，运用多种方式开展员工沟通工作。比较典型的做法包括开展员工工作态度调查，为员工与高级管理者直接沟通提供制度性保障和机会，通过电子邮件、OA 系统或企业内刊等手段定期与各级别员工进行沟通。通过各种常规会议进行沟通，建立常规的跨级别员工意见收集和处理机制等。另外，部分企业还积极通过工会开展员工意见的收集和上传工作，这既拓展了员工与企业管理者进行沟通的渠道，在员工关系管理方面也起到了很好的协调和疏导作用。其次，获奖企业对于员工提出的意见还有相应的反馈和激励机制，比如很多企业管理和经营工作的改进和提升方案都源于员工提出的意见和建议，有些企业对提出好意见的员工还给予相应奖励。总之，只有通过“规范化和制度化”的管理体系，才能让员工建立起企业愿意倾听员工想法的认知，从而经常性地通过各种渠道表达自己的意见。

（二）薪酬和福利

在薪酬和福利领域，获奖企业较为突出的特点是注重激励制度化和合规性，同时金钱激励与非金钱激励并举。

第一，注重激励。由于零售行业的性质，企业在通过奖酬激励员工实现更高绩效方面下了很大力气。在激励方案上，多数企业针对不同业务领域的特点建立其个性化的激励方案，例如为采购和门店建立不同的激励方案；在门店内部，为生鲜组和干货组建立不同的激励方案，等等。在激励目标方面，有的企业绩效指标大都为财务业绩指标，如毛利率、利润等，有些则会与财务、客户、营运等一揽子指标进行关联。在激励对象上，有些企业为每个人制定了详细的目标，有些则更加关注团队绩效，很多企业还针对门店经理等个别岗位制定专门的激励方案。在激励力度上，有些企业采用目标奖金制，有些企业则采用提成制等。

第二，金钱激励与非金钱激励并举。除建立完善的金钱激励政策，获奖企业还通过多种非金钱奖励方式，激励员工和管理人员实现高绩效。各种形式及不同主题的竞赛是企业大多采用的方法。竞赛主题多种，形式多样，包括最佳员工、客户服务明星、金牌店长、营收比赛等。虽然这些竞赛的获奖者多会获得金钱奖励，但更重要的是从精神层面给予员工的认可和鼓励。对于绩优员工，企业在其职业发展方面给予更多的机会。很多企业还通过旅游、实物等方式奖励员工。部分外资企业，对于优秀员工，还有海外培训及工作的奖励和认可机制。有些企业还结合自身特点，为优秀员工提供股权激励等机制。

第三，制度合规。获奖企业均能按照国家相应的法律法规等政策规定，为员工提供相关的薪酬和福利项目，并按时予以支付，充分体现了企业对员工的关心和相应的社会责任。实际上，很多企业在法定福利基础上还为员工提供了补充福利，如补充医疗保险、意外伤害险、更长时间的假期等，在员工的保障和激励方面起到了更好的效果。

（三）培训和发展

调查显示，获奖企业最突出的特点是建立起规范化、体系化的员工培训和发展体系。

在员工发展方面，多数企业建立了职业发展通道，明确了一名员工从进入门店基层岗位开始起步的每一个职业发展的阶梯，对于门店与总部的岗位晋升或横向移动机会也进行了规范。部分企业还通过能力模型等方式对职业发展过程中不同岗位所需具备的能力素质模型进行了明确。

在培训方面，对于不同的岗位，企业大都制定了规范性的培训方案，如针对新员工、主管、店长、总部管理人员等不同岗位，都有相应的培训方案。培训内容也根据不同岗位要求从技能、经营知识、管理能力等多方面加以安排。在培训形式上，获奖企业采取了务实、注重实操的态度，结合培训内容和对象采用内训、外训、在岗培训、“师傅带徒弟”等多种方式。在培训设施上，很多企业还建立了专门的培训机构，为员工提供知识学习、练习实操的场所和条件。

（四）绩效管理

在目标设定与奖励薪酬关联等方面，企业的做法十分丰富与完善。除此之外，获奖企业也较为关注员工绩效评价的客观性、合理性，并且通过制度规范和流程管理处理绩效不佳的员工。首先，在员工考核工作上，部分企业采用了诸如“360 度评价”等多角度的评价方法，使企业对员工绩效的评价更为客观、合理。由于“360 度评价”的操作方法较为复杂，此方法大多应用于管理人员的评价。其次，对于绩效不佳的员工，企业大多会采取再培训、转岗等方法；而对解除合同这一方式，企业均持十分慎重的态度，即使使用这一方式，企业也会在程序上按政策规定执行。

（五）文化和组织氛围

获奖企业的突出特点还有，外资企业和内资企业所倡导的价值观带有企业成长环境的特点，但侧重有所不同，并且依据企业特有的文化特点进行了有效的贯彻与执行。外资企业多将企业长时间积累并实践过的企业文化在日常工作中予以执行，文化特点中均强调“关注个人”因素。而内资企业的企业文化则带有更多的中国文化特点，例如有些企业的文化特点中强调“诚”、“信”或“家”。在评价过程中，我们并没有对各企业文化内涵进行评价，因为这根植于企业的经营理念和养育企业成长的社会文化土壤，有其特别的形成过程与背景。我们更为关注的是在执行过程中，这些文化是否得到了贯彻，在不同的管理工作中是否得到了体现。获奖企业在此方面的做法是值得借鉴的。例如外资企业对“关注个人”因素的强调，在其管理制度中强调对个人的尊重，强调制度的公平公正。内资企业强调的“家”文化，则通过放手让员工组织企业年会，邀请员工中顺利考取大学的子女参观父母的工作场所，体会父母养育子女的不易等方式加强员工与企业，甚至员工家属与企业的凝聚力。

（六）人力资源战略

与前几项管理议题相比，访谈中对管理人员的描述相对较少。我们认为，主要原因是战略性问题通常体现为几个要点，而实际的执行则显得内容和手段更加丰富多彩。我们认为，获奖企业通过制定和执行支持公司业务成长的人力资源策略以及规范、系统的人力资源管理制度，较好地扮演了企业管理者与员工的伙伴这两种角色。对于企业管理者，支持企业快速发展是人力资源工作者重点关注的议题。国内零售行业发展迅速，零售商不论是本地发展还是跨区域发展，都为自己制定了雄心勃勃的目标。为支持企业快速发展，人力资源工作者对管理人员储备、员工技能提升、人才吸引等方面的议题给予了关注，是今后一段时间的工作重点。另外，支持企业高效运营是人力资源工作者的基本目标。由此，我们看到获奖企业通过奖励薪酬、培训发展、绩效管理、员工沟通等方面所制定的各项制度和规划，来全面支持运营工作的开展，实现企业业务目标。为做好员工的伙伴，人力资源管理部门通过相关的管理制度，塑造更好的企业氛围；另外，从专业角度，保证企业各项人力资源管理制度设计和执行符合法律及法规要求，维护员工合法权益。由于希望做好上面两个角色，很多企业人力资源管理者还表示在人力资源部门的人员也大都选择具有较多基层业务、运营工作经验的员工，以保证人力资源部门懂业务、了解管理者和员工想法，以此保证更好地完成人力资源部门的工作。

五、管理启示

此次调查及评选活动的主题是“中国零售业员工最喜爱的公司”。分析和总结评选相关信息发现，让员工喜爱获奖企业的因素主要体现为三个方面：重视员工待遇、重视员工个人发展和致力于在企业内部建立公平公正的管理氛围。

重视员工待遇是让员工喜爱企业的基础。待遇好，员工不一定会喜爱企业；待遇不好，员工通常不会喜爱企业。获奖企业为员工提供了具有市场竞争力和符合政策法规要求的薪资福利待遇，并且通过激励性薪资为员工获得更好的薪资提供了机会。这为员工喜爱企业打下了较好的基础。在此基础上配合其他管理制度，能够更好地实现让员工喜爱企业。

提供良好的职业发展机会是让员工喜爱企业的重要引导机制。研究表明，对于国内员工，良好的职业发展机会在强化员工对企业的理性和情感认同、促使员工更加积极主动地为企业贡献自身力量方面是最为重要的驱动因素之一。获奖企业对员工发展普遍予以重视，并在员工培训和发展方面建立起了系统化、规范化的管理制度。根据需求层次理论，企业不仅需要满足员工基本的需求，如果能够为员工进一步提供实现自我价值的机会和条件，将使员工更加稳定地留在企业工作，也会对企业产生更加正面的认可。

在企业内部建立公平公正的管理氛围是让员工尊重企业的重要保证。公平公正体现了对员工的尊重，也是各项管理制度能够顺利执行，取得预期管理效果的基本条件。调查中，正如一家企业人力资源管理者所讲，只有制度公平公正，员工才能对管理制度服气，才能对自己在企业内的行为后果或个人发展产生合理的预期，从而使员工安心、专心地工作，对企业才会有更加积极的认知。获奖企业在奖励薪酬、绩效评估、晋升、内部招聘等制度上，都对企业制度的公平公正性给予了关注；另外，在员工沟通方面也具有较为完善的体系，使得管理者与员工之间能够保持较为畅通的沟通渠道。由于企业内有较为公开透明的沟通氛围，也进一步体现和加强了公平公正的管理氛围。

纵观获奖企业管理的特点和典型管理实践案例，最深印象的不仅有各获奖企业丰富鲜活的实战管理案例，更重要的是，他们在管理实践中贯彻和执行了“以人为本”的管理理念，并让这一理念成为企业建立管理制度的基本出发点，也成为落实和执行管理制度所遵循的行为模式。

展望未来的调查与评选活动，为使信息分析更为丰富和完整，更好地促进基层员工的参与，今后的评选活动将引入员工的视角，通过员工满意度调查完善评选依据。此外，对连续三年获得此项殊荣的企业还将授予行业最高奖。

员工是客户满意服务的基础，是企业强大竞争力的基础。我们希望这项评选活动的开展，能够在广大零售企业中进一步倡导“以人为本”的经营理念，更好地凝聚员工，使员工与企业休戚与共、共同成长。

附录： **获奖企业各定量指标数据中位值**

定量指标	中位值
Q1 总部管理人员月平均薪酬（元）	12300
Q2 店铺管理人员月平均薪酬（元）	4700
Q3 总部一般员工月平均薪酬（元）	3800
Q4 店铺一般员工月平均薪酬（元）	2132
Q5 总部员工 12 个月平均公司福利费用（元）	1684
Q6 店铺员工 12 个月平均公司福利费用（元）	1478
Q7 总部管理人员平均本企业服务年限（年）	6.61
Q8 店铺管理人员平均本企业服务年限（年）	6.40
Q9 总部一般员工平均本企业服务年限（年）	4.27
Q10 店铺一般员工平均本企业服务年限（年）	2.71
Q11 总部管理人员 12 个月平均自愿离职率	0.97%
Q12 店铺管理人员 12 个月平均自愿离职率	1.36%
Q13 总部一般员工 12 个月平均自愿离职率	1.32%
Q14 店铺一般员工 12 个月平均自愿离职率	3.80%
Q15 总部员工 12 个月人均培训费用（元）	1294
Q16 店铺员工 12 个月人均培训费用（元）	260
Q17 获得培训员工占总部全体员工的比例	100.00%
Q18 获得培训员工占店铺全体员工的比例	100.00%
Q19 过去 12 个月总人工成本占销售收入的比例	6.42%
Q20 过去 12 个月总人工成本占税前利润的比例	236.52%
Q21 过去 12 个月奖金总额占税前利润的比例	35.50%
Q22 2010 年上半年销售额同比增长率	15.91%

（中国连锁经营协会　韬睿惠悦咨询公司）

2010年CCFA金牌店长评选分析报告

一、评选说明

自2006年首次进行金牌店长评选以来，“CCFA①金牌店长”推选活动已连续举办五年，现已成为连锁零售行业最重要的活动之一。同时，“金牌店长”称号已成为广大门店一线店长努力奋斗的目标。

本年度“金牌店长”推选活动在中国连锁经营协会（简称协会）连锁零售会员企业中开展，由各企业在本企业门店店长中推选选出。推选企业范围、条件及名额如下：

1. 百货店、超市、专业店、专卖店、购物中心等会员企业可推荐一名。

2. 2009年中国连锁百强企业中前50强企业（非餐饮）或2009年中国快速消费品连锁百强企业中前30强企业可推荐两名。

“金牌店长”基本条件如下：

1. 在本企业工作三年以上，从事门店店长工作两年以上的在职店长。

2. 所在门店经营状况优异，业绩位于本企业前列。

3. 乐于分享营运管理经验。

4. 所在门店近一年无商品质量、食品安全等重大事故，且无负面新闻报道。

企业根据“金牌店长”基本条件和申报限额择优推选，并按要求将“金牌店长”相关资料报送协会。协会负责对企业报送材料进行审核、确认并发布。

二、金牌店长基本情况

2010年共有125名店长当选本年度的金牌店长。

2010年度的125名金牌店长来自93家企业。其中，105名金牌店长来自76家中国连锁百强企业（及中国快速消费品连锁零售百强企业），占本年度金牌店长总数的84%。125名金牌店长所在门店的业态包括百货店、超市、专业店、专卖店、购物中心。

而本年度金牌店长所属93家企业2010年上半年销售额同比增长17.45%，高于2009年上半年的同比增长比例（15.23%），表明增速加快。其中，33家门店2010年上半年销售额超过亿元人民币。

本年度金牌店长所在门店上半年销售额110.33亿元，平均单店销售额9271.69万元，平均毛利率为15.17%，平均单店营业面积6731平方米。门店正式员工平均105人，净利润率6.1%。

金牌店长门店业态看，超市店长85名，专业店店长15名，百货店店长12名，购物

① CCFA：中国连锁经营协会 China Chain Store & Franchise Association 的英文简称。

中心店长 9 名，专卖店店长 4 名。

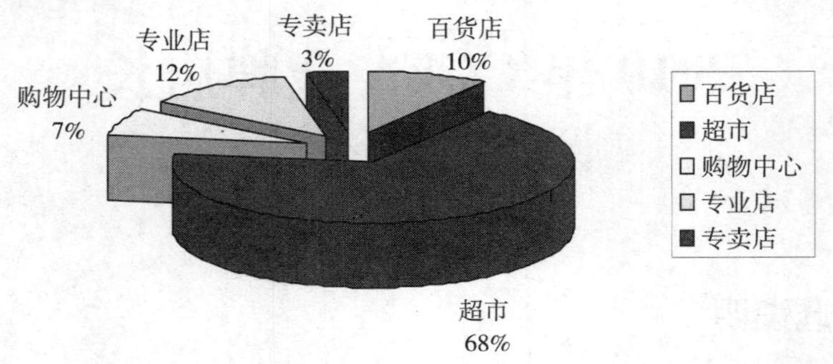

图 1　金牌店长门店业态分布占比

从金牌店长的性别看，自 2006 年首次进行金牌店长评选起，女性店长的占比逐年递增，本年女店长人数再次超过男店长，分别为男店长 51 人、女店长 74 人。

但从店长所在门店规模看，男性店长所管理门店的平均营业面积为 7971 平方米，远大于女店长所管理门店的平均营业面积 6271 平方米。

从金牌店长的年龄看，店长平均年龄已连续 4 年为 39 岁，其中男性店长的平均年龄为 37. 6 岁。年龄最大的 64 岁，最小的 19 岁，年龄跨度为历年之最。

125 位金牌店长在本企业工作年限平均为 11 年，担任店长职务时间平均为 5 年，其中 82 位店长是在基层工作至少 3 年后才升任店长的，说明优秀店长需要长期积淀经验才可以胜任。

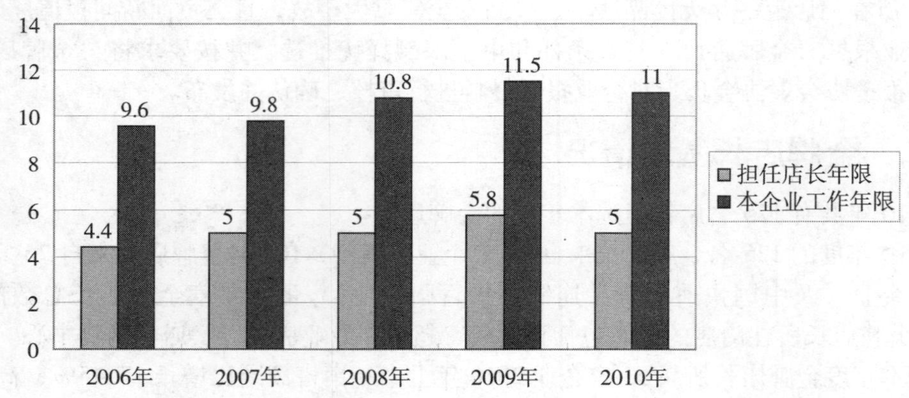

图 2　金牌店长本企业工作年限及店长职务年限

从金牌店长学历情况看，大专学历的店长依旧占比最高，为 43%，本科及以上学历的店长占比为 22%，高中及中专学历的店长占比为 35%。

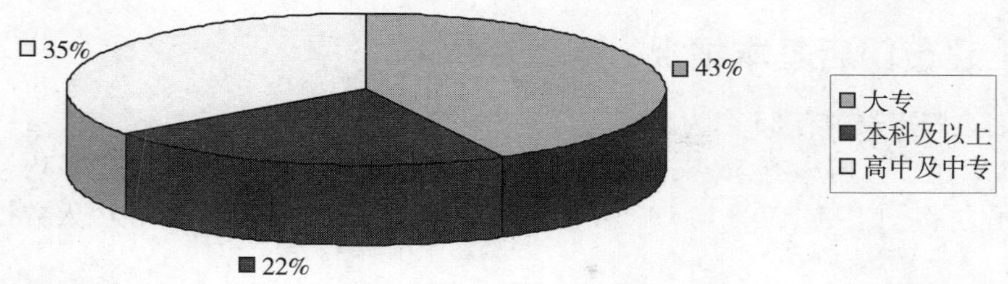

图 3　金牌店长学历情况

从金牌店长年收入情况看，10 万元以上的店长占比约为三分之一。

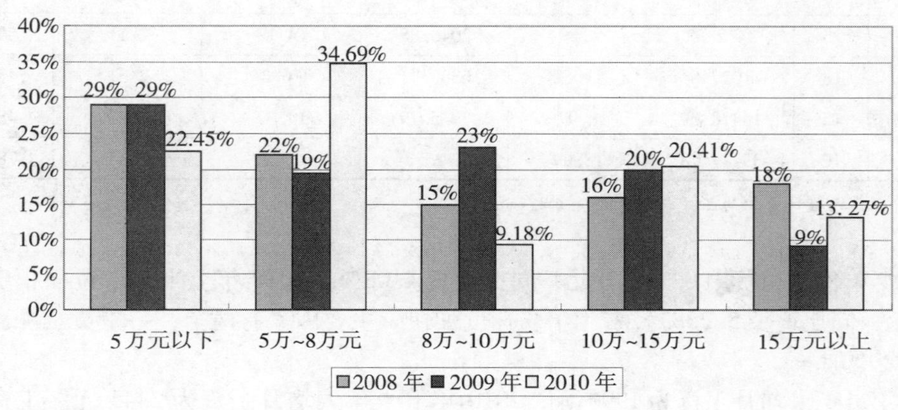

图 4　2008—2010 年金牌店长年薪情况

从金牌店长性别与年薪情况看，年收入 8 万元以上的男店长占比明显高于女店长。

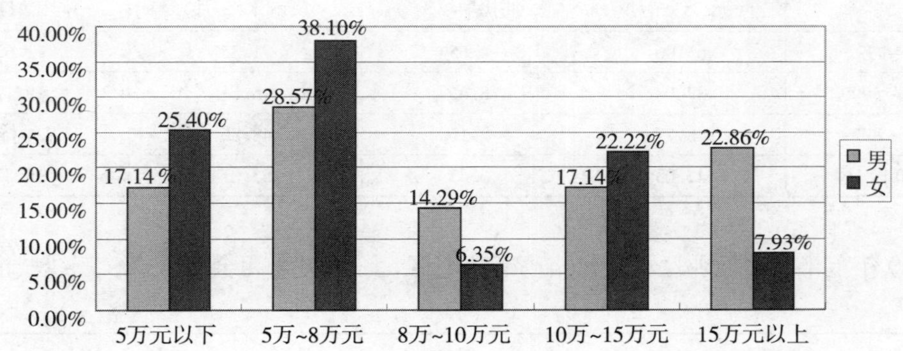

图 5　金牌店长性别与年薪情况

三、超市门店基本情况

125 名金牌店长中有 85 名为超市店长，并来自于 64 家企业。

在 85 家超市门店中有 55 家位于住宅区，30 家位于商业区。其门店平均营业面积 4827.58 平方米，门店员工平均 197 人，正式员工 117 人，供应厂商驻店人数占比相当大。

营业面积范围（平方米）	门店数	2009 年平均销售额（万元）	2009 年销售同比增幅%	2010 年上半年平均销售额（万元）	2010 年上半年销售同比增幅%	地效（万元/平方米·年）*	劳效（万元/人·年）*
24 ~ 350	15	369.15	6.06	231.30	16.36	2.87	42.95
600 ~ 3000	25	3412.52	4.89	2040.88	14.19	2.11	50.00
3001 ~ 6000	18	11027.84	11.62	6363.91	16.2	2.31	48.64
6001 ~ 10000	15	14478.09	8.97	7935.79	14.37	1.83	48.19
10001 以上	10	35447.78	18.99	22125.24	11.2	2.41	78.97

* 按员工总人数计算，为正式与非正式员工之和。

2009 年单位面积费用 0.193 万元，同比增长 4.08%；2010 年上半年单位面积费用为 0.117 万元，同比增长 5.25%。费用增长速度加快。主要因素有两个，一是员工涨薪，二是门店租金增加。

2009 年员工人均月工资为 1990 元，2010 年上半年人均月工资为 2445 元。工资总额同比增长 13.57%。

2010 年上半年，门店租金的涨幅也很大，见下表：

营业面积范围（平方米）	2009 年房租（元/米^2·月）	2009 年房租同比增幅%	2010 年上半年房租（元/米^2·月）	2010 年上半年房租同比增幅%
24 ~ 999	63.06	4.65	71.35	11.62
1000 ~ 3999	37.68	8.65	46.61	19.17
4000 ~ 8999	48.79	2.16	48.86	基本持平
9000 以上	47.03	3.47	55.87	15.82

2010 年上半年，商业区租金价格高于住宅区，一线城市租金高于二、三线城市。

商圈类型	一线城市（元/米^2·月）		二线城市（元/米^2·月）		三线城市（元/米^2·月）	
	2009 年	2010 年	2009 年	2010 年	2009 年	2010 年
商业区	191.00	192.92	92.37	107.5	35.94	48.21
住宅区	75.17	78.31	41.8	43.96	18.14	20.61

如何降低门店租金上涨过快的不利影响，已经成为各企业最需要解决的问题，部分企业在商业地产领域的前瞻性实践具有一定的启发性。其中在85家超市门店中已有19家门店为自建物业，净利润率平均为6.54%。

数据显示，经营面积在1000m^2及以下的门店毛利率较高，1001～9000m^2的门店本年度上半年毛利率增幅较大。

营业面积范围（m^2）	2009年毛利率%	2009年毛利率同比增幅%	2010年上半年毛利率%	2010年上半年毛利率同比增幅%
24～1000	18.05	4.64	18.45	2.17
1001～4000	12.39	1.73	13.12	6.01
4001～9000	12.94	1.11	13.77	6.02
9000以上	13.07	0.94	13.23	1.22

平均损耗率由2009年的0.27%下降到2010年上半年的0.21%。

2010年上半年客单价较2009年有较大提高，而日交易次数随经营面积不同有升有降。

营业面积范围（m^2）	2009年平均日交易数（次/日）	2010年上半年平均日交易数（次/日）	2009年平均日客单价（元/日·单）	2010年上半年平均日客单价（元/日·单）
24～350	684	743	34.01	36.21
600～3000	2495	2640	33.09	36.59
3001～6000	5876	5790	53.55	58.95
6001～10000	7991	8088	47.00	51.70
10001以上	12526	12313	84.60	100.67

四、百货店基本情况

125名金牌店长中有12名为百货门店店长，并来自于10家企业。

12家百货门店只有1家位于住宅区，其余均在商业区。其门店平均营业面积25069m^2，门店员工平均1332人，正式员工297人。

2009年平均销售额（万元）	2009年销售同比增幅%	2010年上半年平均销售额（万元）	2010年上半年销售同比增幅%	地效（万元/m^2·年）	劳效（万元/人·年）*
48062.71	21.67	28120.78	24.67	2.00	33.04

*　按员工总人数计算，为正式与非正式员工之和。

2009年单位面积费用为0.172万元，同比增长14.55%；2010年上半年单位面积费用为0.0951万元，同比增长6.21%。费用增长的主要因素是员工涨薪。

2009 年员工人均月工资为 2273 元，2010 年上半年人均月工资为 2879 元，工资总额同比增长 12.4%。

店面租金基本未变。2009 年租金价格为 27.55 元/米^2·月，2010 年上半年租金价格为 28.48 元/米^2·月。12 家百货门店中有 5 家为自建物业。

平均毛利率进一步提高，从 2009 年的 15.71% 提高到 2010 年上半年的 16.81%。

2010 年上半年门店客单价较 2009 年略有提高，而日交易数基本不变。

2009 年平均日交易数（次/日）	2010 年上半年平均日交易数（次/日）	2009 年平均日客单价（元/日·单）	2010 年上半年平均日客单价（元/日·单）
5156	5213	350.74	372.32

五、专业店基本情况

125 名金牌店长中有 15 名专业店门店店长，并来自于 12 家企业，包括电器、IT、话机、家居、农机、烟酒等专业店，以下主要介绍其中 10 家电器、IT、话机专业店基本情况。

10 家门店全部位于商业区。平均营业面积 3745.5m^2，平均有员工 203 人，正式员工 59 人。

由于政策利好的推动，销售额也有较大的提升。

2009 年平均销售额（万元）	2009 年销售同比增幅%	2010 年上半年平均销售额（万元）	2010 年上半年销售同比增幅%	地效（万元/平方米·年）	劳效（万元/人·年）*
22368	9.14	13408	17.87	5.98	115.88

* 按员工总人数计算，为正式与非正式员工之和。

2009 年单位面积费用为 0.2871 万元，同比增长 2.41%；2010 年上半年单位面积费用为 0.1647 万元，同比增长 13.15%。费用增长幅度很大。

2009 年员工人均月工资为 2592 元，2010 年上半年人均月工资为 2691 元。工资总额同比增长 13.78%。

店面租金基本未变。2009 年租金价格为 170.06 元/米^2·月，2010 年上半年租金价格为 176.57 元/米^2·月。10 家专业门店中有 3 家为自建物业。

但平均毛利率略有下降，2009 年为 13.8%，2010 年上半年为 13.52%。

2010 年上半年客单价和日交易数较 2009 年均有提高。

2009 年平均日交易数（次/日）	2010 年上半年平均日交易数（次/日）	2009 年平均日客单价（元/日·单）	2010 年上半年平均日客单价（元/日·单）
429	467	1594	1755

附表：

2010 年度 CCFA 金牌店长名单

序号	姓　名	企业名称	序号	姓　名	企业名称
1	杨　超	安徽百大电器连锁有限公司	35	黄志红	广西利客隆超市有限公司
2	唐　军	安徽百大合家福连锁超市股份有限公司	36	陈进权	广州百安居装饰建材有限公司
3	吴中信	安徽百大合家福连锁超市股份有限公司	37	赵娟娟	邯郸市阳光超市有限公司
4	高春永	安徽徽商农家福有限公司	38	寿　春	杭州联华华商集团有限公司
5	童学方	安徽徽商农家福有限公司	39	李秀玲	好家乡超市有限公司
6	周炉平	安徽省台客隆连锁超市有限责任公司	40	梁　红	合肥鼓楼商厦有限责任公司
7	黄小红	宝商集团宝鸡商业经营管理有限责任公司	41	张静茹	河北国大连锁商业有限公司
8	李红英	北京超市发连锁股份有限公司	42	张　艳	河北国大连锁商业有限公司
9	张美荣	北京超市发连锁股份有限公司	43	陈　苏	河南大张实业有限公司
10	杨宏霞	北京华冠商贸有限公司	44	王　宏	黑龙江省凌志数码连锁产品销售有限公司
11	张智敏	北京京客隆商业集团股份有限公司	45	张　强	宏图三胞高科技术有限公司
12	韩平俊	北京京客隆商业集团股份有限公司	46	王　鲲	华糖洋华堂商业有限公司
13	刘　飞	北京美廉美连锁商业有限公司	47	唐元芳	话机世界数码连锁集团股份有限公司
14	赵　佳	北京美廉美连锁商业有限公司	48	舒　伟	吉峰农机连锁股份有限公司
15	田怀亮	北京王府井百货集团（股份）有限公司	49	张仕娣	加贝物流股份有限公司
16	邢义刚	北京王府井百货集团（股份）有限公司	50	许　睿	江苏汇银电器连锁有限公司
17	翁泽辉	卜蜂莲花连锁超市	51	张新虎	江苏千百美超市有限公司
18	张　峰	卜蜂莲花连锁超市	52	高洁娣	江苏五星电器有限公司
19	张　伟	步步高商业连锁股份有限公司	53	马　文	江苏五星电器有限公司
20	肖军辉	步步高商业连锁股份有限公司	54	何丽华	江苏新合作常客隆连锁超市有限公司
21	徐雪君	常州市信特超市有限公司	55	汤丹晨	江苏新合作常客隆连锁超市有限公司
22	杨德爱	常州市信特超市有限公司	56	万淑兰	江西洪客隆百货投资有限公司
23	袁定才	成都红旗连锁股份有限公司	57	汪明兰	江西洪客隆百货投资有限公司
24	邝　红	成都伊藤洋华堂有限公司	58	李　庆	利群集团股份有限公司
25	钟顺和	大理顺丰农资经营有限责任公司	59	万春平	利群集团股份有限公司
26	张胜娟	东台市国贸千家惠连锁超市有限公司	60	龙　进	锦江麦德龙现购自运有限公司
27	苏　舒	东莞市糖酒集团美宜佳便利店有限公司	61	张小伍	锦江麦德龙现购自运有限公司
28	黄荣毅	东莞市天福便利店有限公司	62	陶九华	南京桂花鸭（集团）有限公司
29	汪　艳	东莞市星瀚商贸有限公司	63	郝月明	秦皇岛市家惠商贸易有限公司
30	吴承斌	东莞市星瀚商贸有限公司	64	徐海东	秦皇岛市兴龙广缘商业连锁有限公司
31	刘　勇	阜阳华联集团股份有限公司	65	辛红	青岛维客集团股份有限公司
32	曾三红	购宝商业集团湖南家润多超市	66	宋贺民	人人乐连锁商业集团股份有限公司
33	陈忠海	购宝商业集团湖南家润多超市	67	叶永珍	人人乐连锁商业集团股份有限公司
34	梁红光	广东吉之岛天贸百货有限公司	68	郑庆军	三江购物俱乐部股份有限公司

续表

序号	姓　名	企业名称	序号	姓　名	企业名称
69	徐增彬	山东全福元商业集团有限责任公司	98	杨小虹	无锡天惠超市股份有限公司
70	朱翠玲	山东全福元商业集团有限责任公司	99	陈　环	武汉武商量贩连锁有限公司
71	刘德华	山东新星集团有限公司	100	胡军宁	武汉武商量贩连锁有限公司
72	孙慧娟	山东新星集团有限公司	101	宋宏涛	武汉中百便民超市连锁有限公司
73	蒲树静	山西金虎便利连锁股份有限公司	102	王　园	武汉中百便民超市连锁有限公司
74	王玉青	山西美特好连锁超市股份有限公司	103	曹　辉	武汉中百连锁仓储超市有限公司
75	王素萍	山西省太原唐久超市有限公司	104	叶向阳	武汉中百连锁仓储超市有限公司
76	陈安滨	陕西民生家乐商业连锁有限公司	105	赵蔚林	西安民生集团股份有限公司
77	李　芳	上海城市国际企业发展有限公司	106	高　巍	江苏汇银电器连锁有限公司
78	艾宏骏	上海捷强烟草糖酒（集团）连锁有限公司	107	梁素梅	辽宁兴隆大家庭商业集团
79	潘慧琴	上海联华超级市场发展有限公司	108	郭洪涛	永城煤电控股集团先帅百货有限责任公司
80	张丽静	上海联华超级市场发展有限公司	109	刘新刚	永旺华南商业有限公司
81	彭美华	上海良友金伴便利连锁有限公司	110	俞小林	浙江供销超市有限公司
82	赵　亮	上海欧尚超市有限公司	111	赵　胜	浙江人本超市有限公司
83	张　玲	上海世纪联华超市发展有限公司	112	鲍玉红	重庆百货大楼股份有限公司
84	钟子娣	深圳市恒波商业连锁股份有限公司	113	傅凌霄	重庆百货大楼股份有限公司
85	刘耀帅	深圳市千色店商业连锁有限公司	114	张　霞	重庆中百仓储超市有限公司
86	王晓燕	胜利油田胜大超市	115	齐志伟	淄博东泰集团有限公司
87	余春荣	十堰东风万得福超市有限公司	116	沈光斌	江苏雅家乐集团有限公司
88	李桂芬	苏果超市有限公司	117	李淑英	长春欧亚集团股份有限公司
89	吴超明	苏果超市有限公司	118	宋淑先	长春欧亚集团股份有限公司
90	刘玉军	苏宁电器股份有限公司	119	高淑芳	山东统一银座商业有限公司
91	杨　可	苏宁电器股份有限公司	120	刘飞霞	新一佳超市有限公司
92	郝秀玲	唐山百货大楼集团八方购物广场	121	张小军	新一佳超市有限公司
93	崔阿红	唐山家万佳超市有限公司	122	亓　红	百思买商业（上海）有限公司
94	韩　艳	唐山家万佳超市有限公司	123	车晓梅	山东家家悦集团有限公司
95	刘敬怡	唐山市金客隆超市有限公司	124	徐贵战	山东家家悦集团有限公司
96	宋艳云	天津劝宝超市有限责任公司	125	熊水泉	泰纳国际果业（北京）有限公司
97	王　玲	天津市津工超市有限责任公司	共93家企业125位金牌店长		

（注：排名不分先后）

2009 年中国零售企业生鲜经营状况调查报告

根据中国连锁经营协会 2009－2010 年度连锁零售企业生鲜经营状况调查统计，连锁超市生鲜经营具有以下特点：

一、生鲜经营业绩显著提高

调查显示，2009 年连锁零售企业生鲜类商品平均销售额为 23400 万元，其中 65% 的企业销售额超过亿元。生鲜类商品销售额占总销售额的比例平均为 19. 33%，相比 2008 年的 12. 44% 提高了 55. 4%。生鲜销售占比不足 10% 的企业数仅占被调查企业总数的 5. 9%，而 2008 年则有 50% 的企业生鲜销售占比不足 10%。同时，销售占比超过 20% 的企业数从 2008 年的 15% 增加到本年度的 53%。

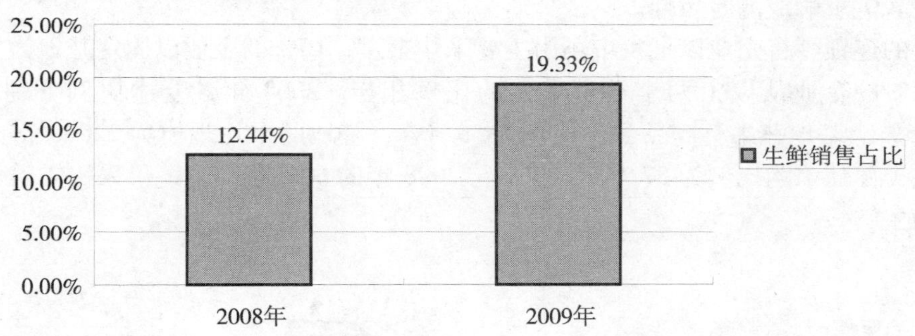

图 1　2008—2009 年生鲜类商品销售额占总销售额的比例

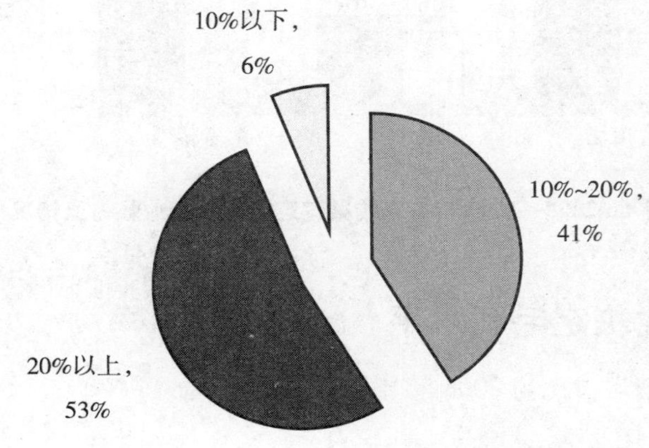

图 2　2009 年生鲜类商品销售占比与企业数分布

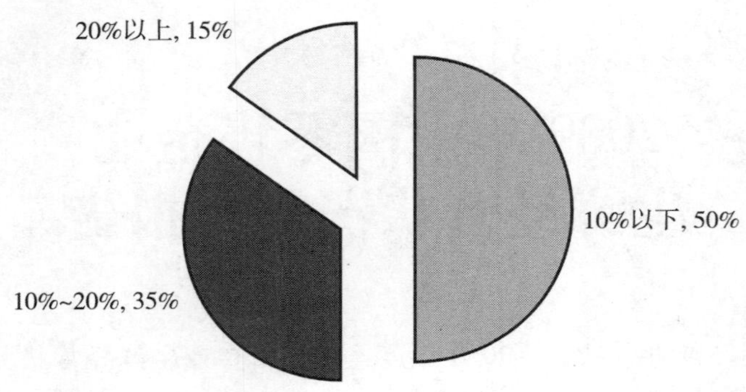

图 3　2008 年生鲜类商品销售占比与企业数分布

二、生鲜类商品多数采用总部统一采购方式，蔬果采购渠道依旧以批发市场为主

生鲜类商品以总部统一采购为主的零售企业占比最高，为 67%，以门店自行采购为主的连锁零售企业占比为 11%。在注重规模效应的同时，也兼顾了不同商圈的差异性以及对消费者需求响应的时效性。

42% 的连锁零售企业以批发市场为主要采购渠道，16% 的企业以固定基地为主要采购渠道，42% 的企业从以上两个渠道采购的比例相当。2008 年，上述比例分别为 29%、16% 和 55%。基地蔬果类商品采购比例为 39. 4%，基地的平均规模为 22000 亩。批发市场的蔬果类商品采购比例为 57. 6%，基本与 2008 年的 60% 相同，蔬果采购渠道依旧以批发市场为主。

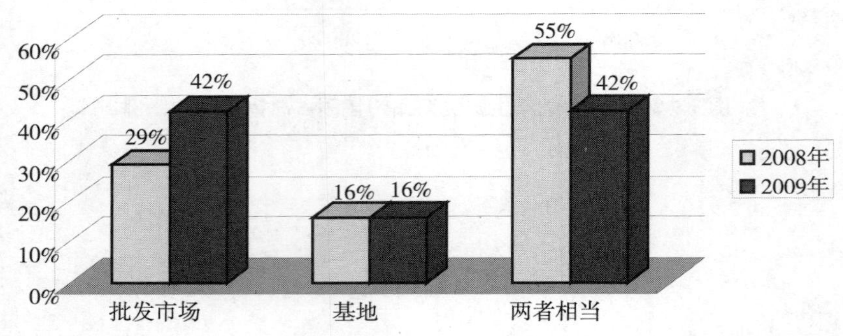

图 4　2008—2009 年各采购渠道连锁零售企业数占比情况

三、经营模式决定毛利水平

生鲜各类别商品销售占比与 2008 年相比，变化不大。

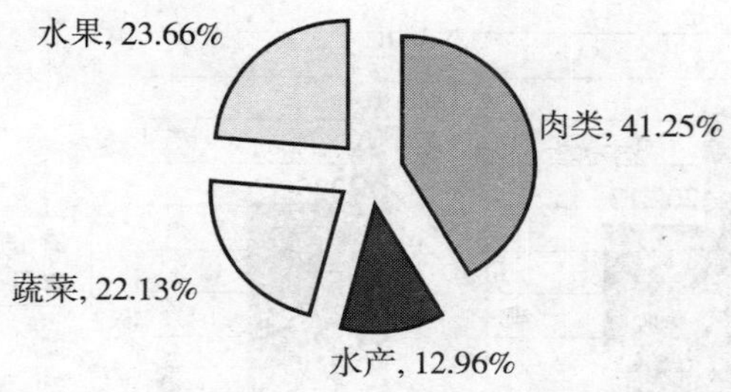

图 5 2008 年生鲜类商品销售结构占比

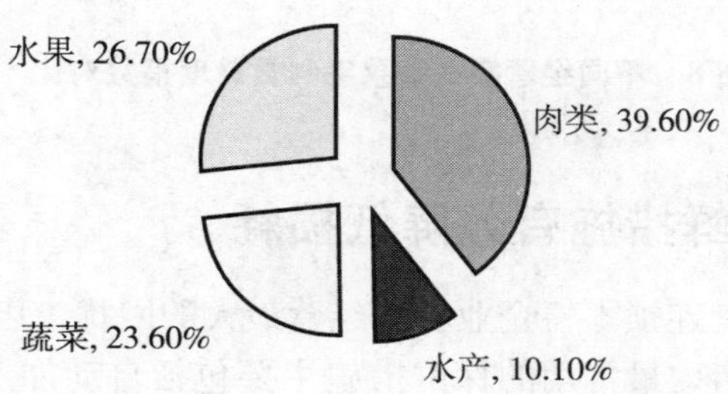

图 6 2009 年生鲜类商品销售结构占比

蔬果类商品的经营模式中，40% 的企业完全自营，35% 的企业以自营为主，20% 的企业以联营为主，5% 的企业完全联营。对比 2008 年，完全自营的企业明显增加。

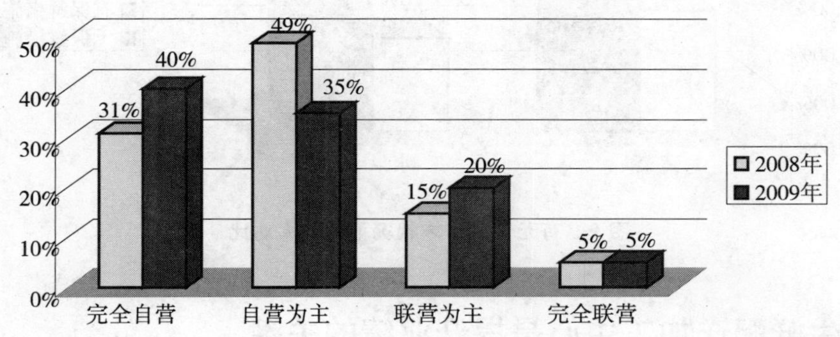

图 7 2008—2009 年零售企业经营模式占比情况

蔬果完全自营或以自营为主的零售企业毛利水平较高，蔬菜平均毛利率为 13. 42% ，水果平均毛利率为 14. 22% ，而联营为主或完全联营的企业平均毛利率仅为 10. 84% 和 10. 30% 。

结合销售结构占比，不同的经营模式下，毛利贡献度存在较大的差距。

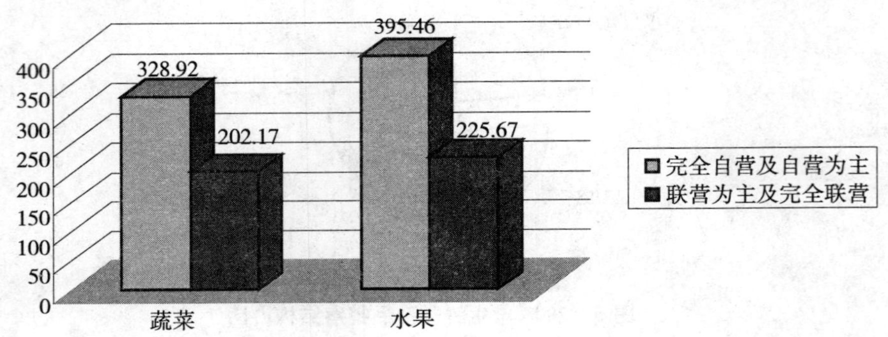

图 8　不同经营模式蔬果毛利贡献度指数对比

四、门店蔬果保鲜措施有效降低损耗

蔬果类商品的损耗曾是连锁零售企业生鲜经营最大的困扰，店内是否有果蔬保鲜措施直接影响损耗率的大小。店内最常用的保鲜措施主要包括自动加湿、人工加湿、保鲜库、保鲜柜等。

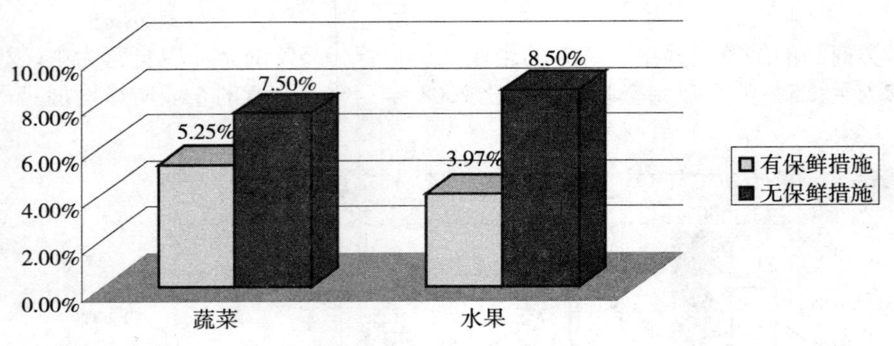

图 9　有无保鲜措施状况下损耗率对比

五、生鲜配送加工中心是提升业绩的关键

31.5%的被调查连锁零售企业开始筹备或正在建设生鲜配送加工中心。现有的生鲜配送加工中心平均配送单品 442 种，配送半径平均为 150 公里，80% 的配送频率为每天 1 次，其余 20% 为每天 2 次。

55% 的生鲜配送中心面积在 5000m^2 以下，与 2008 年一致；冷冻及冷藏库面积平均占比为 26%，加工区面积平均占比为 40%，加工型单品平均为 78 种。

配送中心平均拥有运输车辆 15.7 辆，冷冻冷藏车占 50%，绝大多数为企业自有，40% 的企业运输车辆没有温度检测装置。

六、农超对接有待进一步加强

79%的被调查零售企业已经全面开展了农超对接工作，每家企业平均与6个省（市）的79家农业专业合作社长期合作，年平均采购金额4552万元，平均每家企业可促进1万户农户增收。

经调查，连锁零售企业未开展农超对接的主要原因包括：配套生鲜物流能力不足；不了解相关政策；销售规模小，采购人员不足。因此，亟须在行业内广泛开展农超对接政策宣传，总结、分享农超对接试点企业的先进经验，尽快建设覆盖农产品流通全程的冷链和物流配送系统。

综上所述，虽然2009年CPI维持在较低水平，并且金融危机导致了连锁零售企业销售增长动力减弱，但是生鲜销售增幅远超过社会消费品零售总额增幅，取得了卓越的成绩，这与近些年政策的正确指引、行业的稳步发展、企业自身的不断努力以及明星企业的积极带动密不可分，生鲜经营已经从起步阶段迈入持续增长阶段。

（中国连锁经营协会）

2009 年连锁超市企业生鲜供应链调查报告

一、研究综述

（一）研究的背景和目标

随着消费者消费能力的提升，以及对食品安全重视程度的提高，超市等现代零售业态越来越成为生鲜食品销售的重要通道。据《2008 年超市食品安全调查报告》显示①，97%的城市消费者选择超市、大型超市、便利店等场所购买冷冻冷藏食品，消费者在超市购买果蔬等生鲜食品的比例也在逐年提高，而超市冷链的状况直接影响到消费者购买这些食品是否安全放心。

为了解目前连锁超市企业冷链发展状况，发现存在问题，提出解决方案，受商务部贸易服务司的委托和指导，中国连锁经营协会于 2009 年初开展了此项年度调研工作。

调查分为两部分，一部分为问卷调查，全国范围 78 家主要连锁超市企业提交了反馈问卷，其中数据完整的 62 家。另一部分为企业访谈，协会对 18 家连锁超市企业进行了走访。调查的主要内容包括配送中心、物流运输和门店等环节。

（二）研究结果综述

1. 超市冷链的意义

主要体现在：节约社会资源，减少浪费；提高流通效率，增加利润；改善食品安全，增强消费信心等方面。

2. 超市冷链存在的主要问题

主要包括：行业标准缺失；投入不足、基础落后；物流管理相对落后，衔接不到位等方面。

3. 报告建议

引导技术投入和创新；加强标准的制定工作；降低物流运输成本；加大政策支持力度；加强公益性冷链物流建设；整合已有资源，避免重复建设等方面。

二、冷链的作用及现存的主要问题

（一）冷链的作用

冷链泛指冷藏冷冻类食品（或生鲜易腐食品）在生产、贮藏、运输、销售，到消费

---

① 《2008 年超市食品安全调查报告》由中国连锁经营协会 2009 年 1 月发布。

前的各个环节中始终处于保持食品质量所需的温度环境下，保证食品安全质量，控制食品损耗的过程。它确保将易腐食品从产地有效地运送到各个销售终端，满足人们对生鲜食品的基本生活需求。

冷链要求从生产到销售，每一个环节自始至终都必须保持同一个要求的外界温度，任何一个细小的温度变化都会导致细菌的孳生和食品质量的降低。例如，大肠杆菌在 50 OF（10 OF）的环境下，6 小时繁殖加倍，运输起点 20 单位，第二天 320 单位，第三天 5120 单位，第四天 81920 单位。因此冷链注重运送过程、时间掌控及运输环节衔接，具有更高的组织协调性；在温度控制、产品周转等方面技术含量高；对设备设施的资金投入大，与常温物流相比，物流成本所占成本比例高。

（二）发展冷链对连锁超市行业的意义

1. 节约社会资源，减少浪费

国际冷藏学会的调查显示，20% ~ 30% 的食品浪费发生在储存或运输环节。比较而言，大多数发达国家的平均食品腐坏率在 5% 左右。在美国，这一数字不到 3%。我国易腐产品中只有 15% 是由冷藏车运输，而发达国家中这一比例将近 90%（来源：中国物流与采购联合会）。我国生鲜食品的腐坏率超过 35%，肉类和鱼类产品的腐坏率在 10% ~ 15% 之间。

通过对生鲜产品，特别是基地采购的生鲜农产品进行采后加工和温度控制，可以有效降低食品腐坏率，减少由于加工、运输和储存期间的浪费及损耗，节约社会资源。

2. 提高流通效率，增加利润

首先，通过冷链减少了损耗，相当于企业利润的增加。其次，冷链讲求各个环节的紧密衔接，通过严谨的运作流程和有效的库存控制，加快商品周转和资金利用，也贡献了利润。而准确及时的报表，也可以帮助企业及时调整生产计划，合理进行资源分配。另外，安全高质量的商品可以提高客户服务满意度，扩大销售。

3. 改善食品安全，增强消费信心

实验室数据显示，细菌大量繁殖的爆发主要是由不适合的保存温度引起的，引发原因占比为 35%，见图 1。

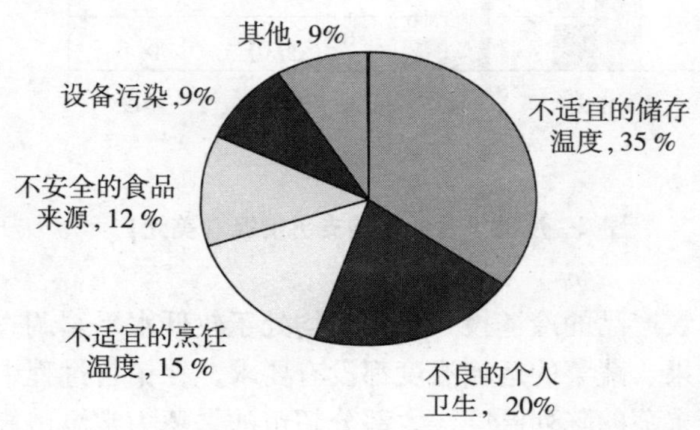

注：美国疾病控制中心“对美国食源性疾病暴发的研究，1988—1992”。

图 1　细菌繁殖的爆发原因

通过严密的冷链流程，可以较好地保证各种冷藏及生鲜食品在整条低温供应链中维持适应的温度，杜绝重大食品安全隐患，提高食品安全水平，增强消费者信心。

（三）目前连锁超市冷链的主要问题

超市依赖冷链的食品可以分为两类：一类是必须进行冷冻或冷藏的食品，包括速冻食品、乳制品、豆制品等深加工食品；另一类是通过温度控制保证品质、延长保质期的商品，包括水果蔬菜等初级农产品。对于第一类需要冷藏或冷冻的包装食品，超过 90% 的企业已经通过自建或使用第三方物流，初步建立了冷链体系，但冷链体系间的衔接和各个节点的匹配仍存在问题。而生鲜农产品的冷链建设仍处于起步阶段。目前的主要问题包括：

1. 行业标准缺失

目前进入市场的门槛较低，没有完善严格的检测判定标准，一些企业难于自律，自定标准或者自降标准。例如：为了节省成本，长途运输时在半途关闭致冷设备或调高车厢温度，等接近目的地时再调整到客户要求的温度。在这种情况下，尽管食品质量已经出现问题，但由于尚未影响到外观及气味，很难被察觉到。

标准的缺失会带来两大问题：一是食品安全隐患，二是大量损耗导致行业效率低下。

2. 投入不足，基础落后

中国冷链仍处于发展的初级阶段，设施设备基础薄弱，与发达国家相比有较大的差距，见图 2。

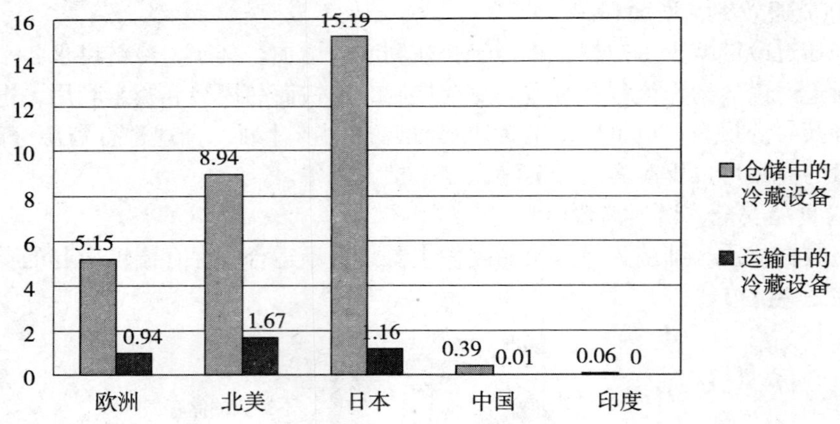

来源：开利公司 2008 年报告

图 2　冷藏设备的人均支出情况（美元）

特别是超市对生鲜农产品的冷链投入及使用均处于较低水平。调查表明，几乎全部被调查企业在收货时对水果、蔬菜的运输温度都没有要求，在销售过程中，也仅有几家企业会有选择性的控制部分果蔬的陈列温度，大部分超市的果蔬为常温销售。

（1）低温冷库

在低温（一般指 –17 摄氏度以下）贮藏环节中，连锁企业往往采用租库方式解决存储问题。但是，目前市场的冷库资源水平普遍偏低，一方面存在大量不符合标准、地理位置较差的冷库，另一方面，高质量冷库的数量稀缺和较高的租金费用又使连锁企业望而兴叹。这些失衡促使部分企业开始准备自己的低温配送中心。

（2）低温运输

由于冷藏车辆投入成本较大，目前连锁企业基本依赖于社会冷藏运输资源。我国汽车冷藏运输装备极度缺乏，保温车辆仅占货运车辆比例的0.3%，并且大多数是比较简陋的改装车，铁路冷藏车辆占全国铁路总运行车辆的2%。大量生鲜品的流通方式处于“两头冷、中间断”的状况（80%至90%左右的水果、蔬菜、禽肉、水产品都是用普通卡车运输，有的牛奶和豆制品在没有冷链保证的情况下运销）。

另一方面，连锁企业在实际营运中，难于控制运输车队的质量保障。冷链运输不仅意味着更多的成本投入，同时也意味着“双重”风险。除交通风险外，更面临冷机故障风险。尤其在夏季高温期间，运输中的车辆一旦制冷机发生问题，其运输的冷冻品很可能会在半小时内化掉，从而使企业遭受惨重损失。

（3）低温加工

根据低温易腐商品本身属性，要求特定范围的温度需求。而目前市场上难以约束食品在标准的温度下进行加工，从而在加工环节产生仅次于运输环节的耗损率。连锁企业往往在门店后场进行加工，成品加工工艺难以统一，加工设备参差不齐，缺少严格的温度控制，很难做到标准化统一，食品的质量安全存在隐患，单个加工成本居高不下。

（4）低温销售

目前即使在超市里，非温度控制下的销售柜台依然普遍存在。一些原本应陈列在冷藏柜中销售的商品，被置于常温下销售，质量难以保证。

3. 物流管理相对落后，衔接不到位

（1）库存调控能力弱

仓储管理主要包括商品结构分类、库存控制等，由于对上游的生产企业的产量和配送补货时效性的担心，企业的配送中心为了应对脱销而囤积商品，特别在销售高峰期来临前夕，造成库存量过大而设施设备短缺的矛盾凸现。

另一方面，由于冷冻冷藏商品有一定的保质期，库存积压使得商品的流动性减弱，甚至未配送出库就已达到保质期的1/3时间，造成货损（门店拒收）。

（2）装卸搬运效率低下

目前我国物流过程标准化程度差（例如无统一的托盘标准），无法完成正常对接，大部分配送中心主要依赖人工作业，现代化物流设备使用较少。例如：40尺货柜车配5～6名装卸工，以箱为单位装卸，约3个小时完成。而冷链物流由于更注重温度控制和对接时效性，在无法做到温度对接的前提下，低下的装卸效率毫无疑问会产生食品安全隐患。

（3）依赖第三方物流

由于冷链物流投入成本高，即使拥有自己的低温配送中心，企业的配送能力也达不到门店实际的需求量，所以一些门店配送主要依赖于供应商和第三方物流企业。

目前市场上的第三方物流相对落后，能独立开展仓储、运输、配送等一条龙冷链综合物流服务的企业很少，各地虽有一定数量的冷库和冷藏运输车队，但服务功能单一，规模不大，服务范围小，跨区域服务网络没有形成，无法提供市场需求的全程综合物流服务。一些物流公司通过减少油耗、提升温度来获得利润。

三、连锁超市生鲜供应链各个环节的情况

（一）生鲜物流配送中心

1. 生鲜物流配送中心的作用

生鲜物流配送中心是保证超市食品安全的有效手段。由于生鲜食品的保质期短，在运输、存储、销售中容易出现腐烂、变质、霉变和病虫害，商品品质难以得到稳定的保证，通过物流配送中心可以对生鲜食品配送全过程的外部环境条件和存储方式进行有效的管理和控制，从而能够保证生鲜食品安全。

生鲜物流配送中心是实现企业经营差异化的方法之一。现代化的生鲜物流配送中心的功能，不仅是商品的储存、配送中心，还包括对初级生鲜产品的再加工。再加工产品能够为消费者提供更具有企业特色的生鲜产品，保证商品的品质、卫生标准的一致性，实现生鲜食品经营差异化。

高效的生鲜物流配送中心能够降低经营成本，提高效益。生鲜物流配送中心对生鲜商品进行集中管理。能够通过集中采购和生产，形成规模优势，提高利润空间；提高各种技术、设备的运行效率，降低单位成本；降低各销售网点的加工成本，减少库存，降低损耗；快速有效地应对各销售网点订货需求，实现多品种、小批量、高效率配送服务，降低物流成本。综上，通过使用生鲜物流配送中心能够提高生鲜商品利润水平。

2. 生鲜物流配送中心的现状

80% 的快速消费品百强企业建有独立生鲜配送中心（65% 已建，15% 在建），而在 2005 年，百强企业中建设和使用生鲜物流配送中心的比例不到 20%。使用生鲜物流配送中心的大多数企业可以做到每天向门店配送一到两次，见图 3。

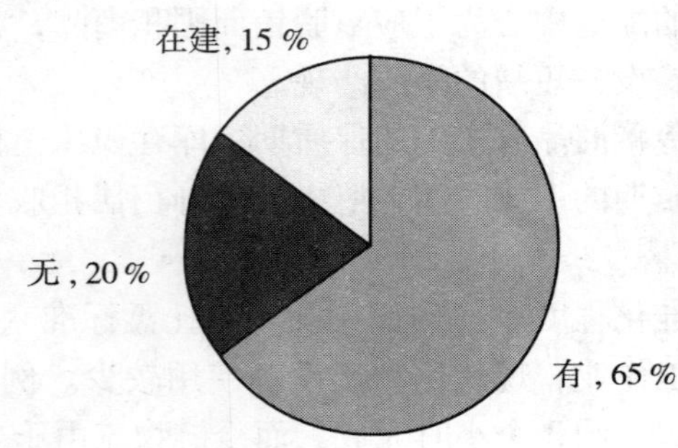

图 3　连锁超市有无独立的生鲜配送中心

3. 生鲜物流配送中心的主要问题

（1）任务繁重，专业性差

根据生鲜食品特点，生鲜物流配送中心最合适的辐射半径约为 50 公里。国内零售企业拥有门店的规模和分布差异很大，经营业态复杂，生鲜物流配送中心的辐射范围很难有效控制，增加了生鲜配送中心保证食品安全的难度。而且生鲜物流配送中心多同时承担着

大卖场、超市、便利店等多业态的生鲜食品配送工作，不同业态生鲜食品配送的特点不同。大卖场对生鲜食品的要求是品类丰富、个性化，而便利店需要小批量、多频次送货，不同业态的配送特点和要求的差异降低了生鲜物流配送中心的效率。

（2）功能简单，品项有限

现有生鲜配送中心大多面积较小，功能简单，负责配送单品数量也不多。反馈情况的企业中，75%的超市生鲜物流配送中心面积在5000m^{2}以下，负责配送的单品数量在300个以下的占比达67%。

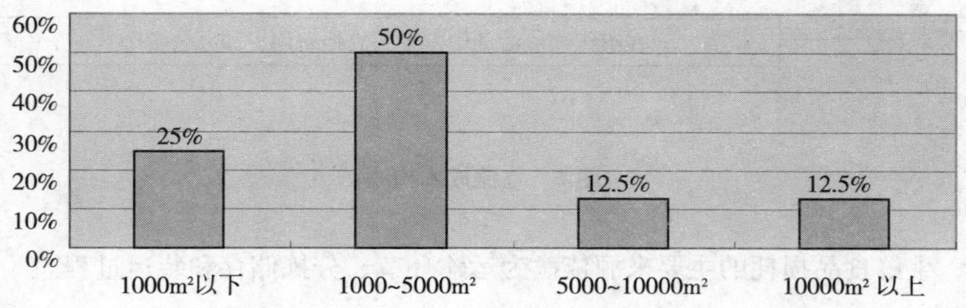

图4　生鲜物流配送中心面积分布

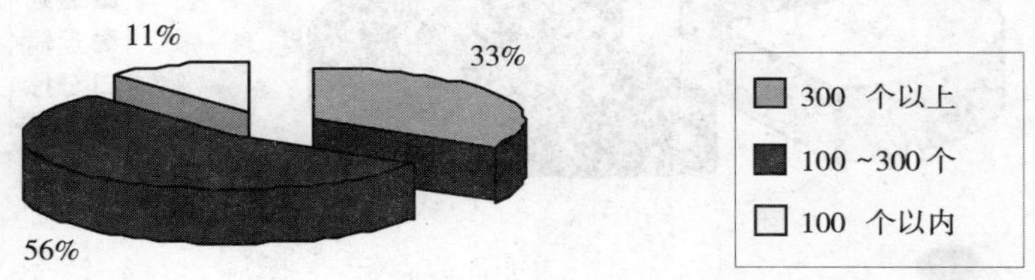

图5　配送中心生鲜单品数量

（3）资金制约，投入不足

资金是制约我国生鲜物流配送中心发展的重要原因。根据调查，建设一家10000平方米左右的现代化生鲜物流配送中心，库房工程建设及设备投资需要约4000万元人民币（土地成本不计在内），根据现阶段我国超市行业的平均利润水平推算，相当于一家年销售额40亿元的超市企业一年的利润。因此，企业对此投入非常慎重。

（二）冷链物流环节

1. 冷藏冷冻运输率低

我国的冷藏冷冻食品每年增产约10%。然而，我国食品的冷藏运输率只有15%左右，据专家估算，目前我国已有冷藏容量仅占市场货物需求的20%～30%。

2. 物流综合成本高

物流成本构成见图6。

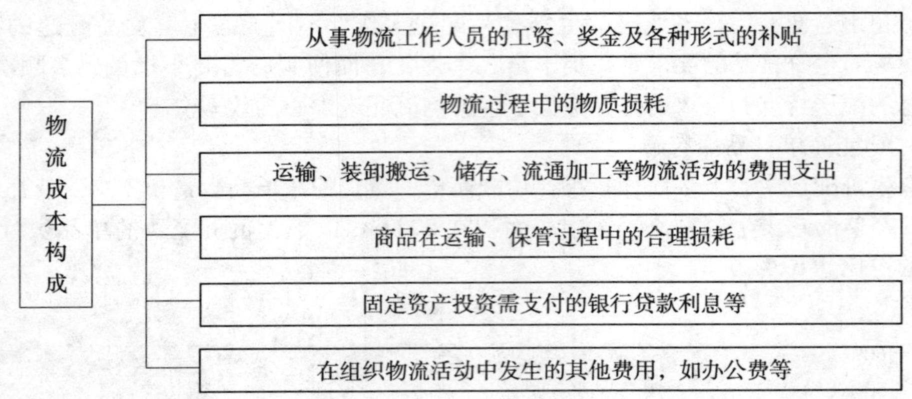

图 6 物流成本构成

其中，生鲜食品损耗的主要来源依次为运输环节、分拣储存和装运过程。

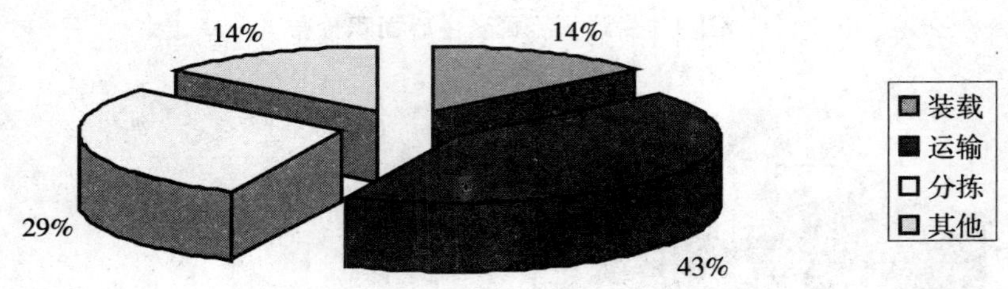

图 7 生鲜食品损耗的主要来源

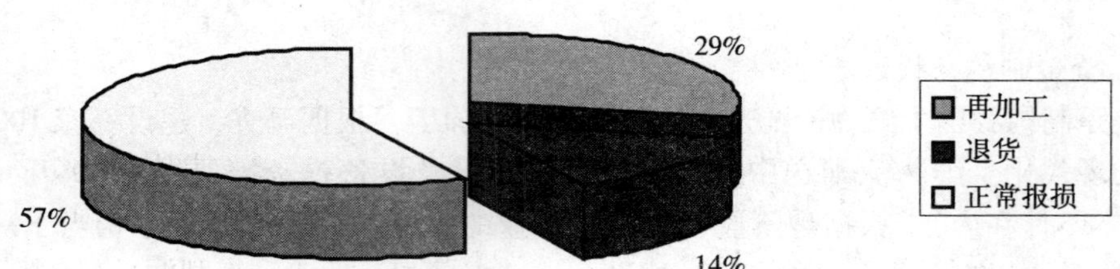

图 8 生鲜食品损耗处理方式

对于商品损耗的处理，企业通过再加工、退货、报损等方式处理。

3. 已有物流大多未开展第三方物流

只有 12% 的零售企业在完成自身物流的同时，对其他企业进行物流配送。绝大多数企业没有开展第三方物流。

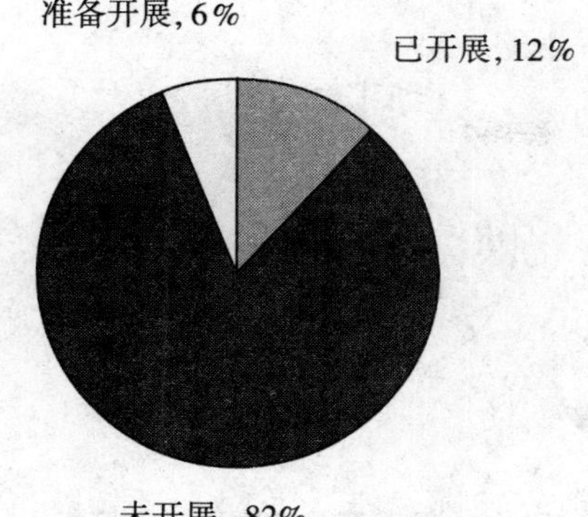

图 9　连锁超市自有物流是否开展第三方物流

4. 冷链物流风险高

在冷链运输中，商品质量完全依赖于车辆本身性能，如果车辆中途不制冷，商品可能会完全报费，没有任何补救措施。因此，货物的运输过程是冷链各个环节上风险最高的一个环节。而通过建立并执行冷藏运输标准，正确装货，设定温度和卫生操作，可以使风险最低化。

对于把温度要求作为最基本要求的货物来说，尽可能的保证货物在整个运输过程中维持在收到货物时的温度。对一些对温度极为敏感的货物来说，环境温度的细小变化都会引起货物品质的恶化，此时，温度控制是极为重要的。

对于冷冻货物，应控制货物运输温度低到一个足够的水平，以保证货物不融化。对于冷藏货物，货物温度必须被控制在温度下限，以保证货物质量不被破坏。实际的温度要受到很多客观的因素影响，应得到专家建议。

在验收环节上，确定包装上指示温度与进货车辆温度保持一致非常关键。

（三）零售终端（超市）环节

1. 经营方式：由出租、联营转向自营

由于生鲜食品在采购、运输、保管和损耗控制等方面的管理要求比较复杂，超市企业形成初期大多没有自营，而是将整个生鲜柜台出租或交给联营厂商负责经营，这样既能保证商品品类完整，又降低了超市管理难度，并能够比较稳定的获得利润。生鲜食品的毛利水平比较高，但通过租金或按联营销售额抽取部门利润相对于自营生鲜食品来说，获利水平相对较低。

随着超市企业的发展成熟，尤其是大型综合超市的快速发展，超市已经成为消费者购买日常消费品的最重要场所之一。联营和出租柜台的经营方式对商品的品种、价格、质量、管理等控制能力有限，自营成为主流。

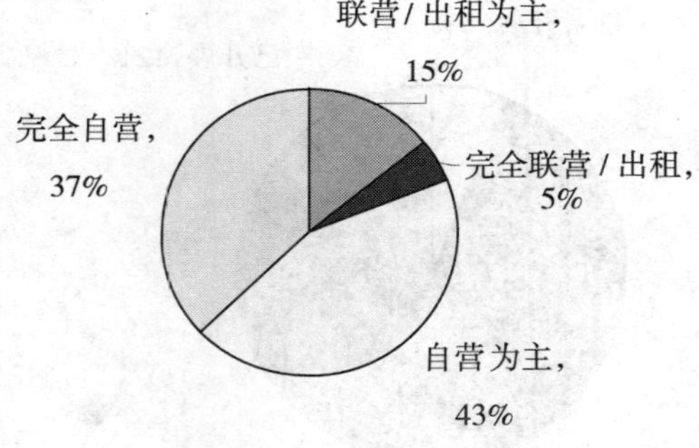

图 10　果蔬商品的主要经营模式

2. 采购方式：大部分采用统一采购方式

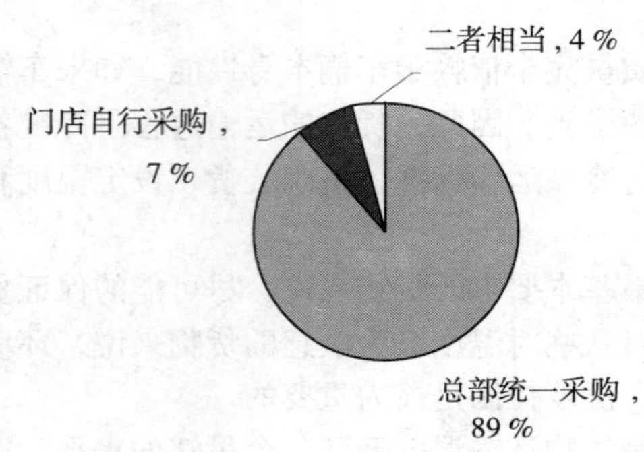

图 11　超市生鲜采购主要方式

89% 的企业全部商品由总部统一采购，7% 的企业为门店自采，另有 4% 采取总部与门店共同采购的方式。而更好地控制商品品质、降低进货成本是企业普遍采用总部统一采购的主要原因。

当超市生鲜食品经营形成一定规模后，开始寻求稳定的供应源，加强渠道的管理，逐步对生鲜食品采取了供应商直接供货与部分商品直接采购进店经营相结合的模式。

3. 蔬果采购渠道：批发市场与基地并重

由于分散采购、运输、收货，带来了大量的损耗，并且食品的种类和质量不稳定。部分超市企业开始深入到产品产地，形成了稳定的采购基地，一定程度上解决了货源不稳定的问题。自营生鲜食品超市能够获得比较高的毛利。

具体到蔬果类采购渠道，29% 的企业以批发市场为主，16% 的企业以基地或产地为主，55% 的企业以上两个采购渠道的比重相当。批发市场采购商品总量超过 60%。

4. 经营管理明显提升

食品加速腐化，主要是由于温度管理的问题。温度对食品货架保存期的影响见表 1。

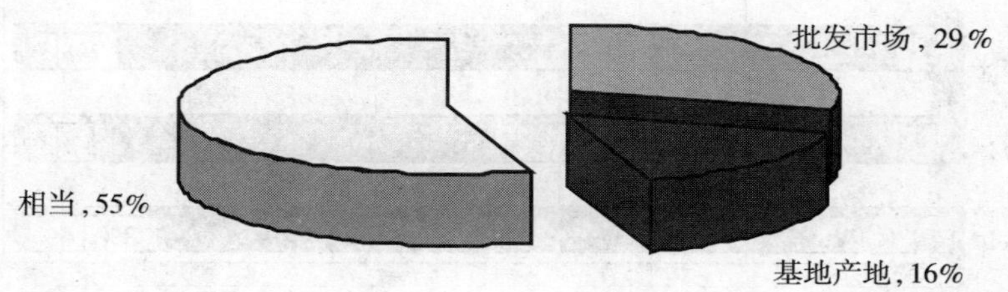

图 12　蔬果采购渠道

表 1　温度对食品货架保存期的影响

产品类型	运输时间 供货商—配送中心	货架保存期 运输温度控制在 1℃左右	货架保存期 运输温度控制在 3℃左右	货架保存期 运输温度控制在 5℃左右
冷藏肉	2.5 天	7 天	5.5 天	4.5 天
海　鲜	2.5 天	5 天	3 天	1 天
草　莓	2.5 天	10 天	7 天	3 天
色　拉	2.5 天	12.5 天	10.5 天	7.5 天

以海鲜为例，几乎所有的海鲜腐坏都是由温度引起的，储藏温度从 1℃波动到 3℃会加倍食品腐化的几率，并大大减少食品的货架保存期。因此，在终端环节保持适宜的温度，对延长保质期，减少损耗至关重要。

（1）超市各项硬件设备较为齐全

超市投资这些设备设施的情况，对比 2007 年相关数据总体有所提升，见图 13。

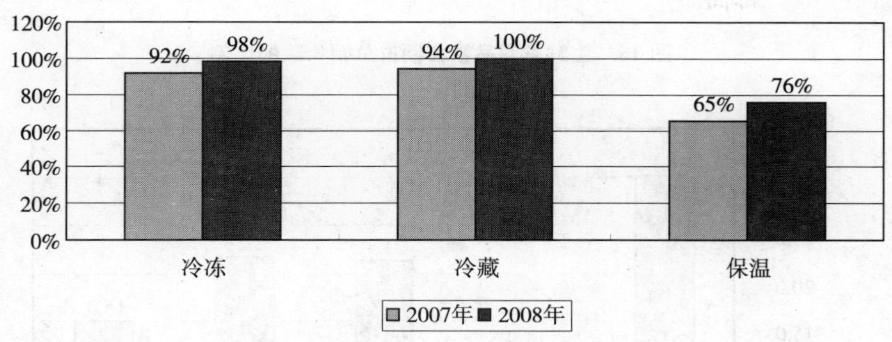

图 13　超市设备投资情况

由于硬件水平的提升，超市和大型超市成为消费者选购冷冻冷藏食品场所的首选。消费者选购冷冻冷藏食品首选场所分布见图 14。

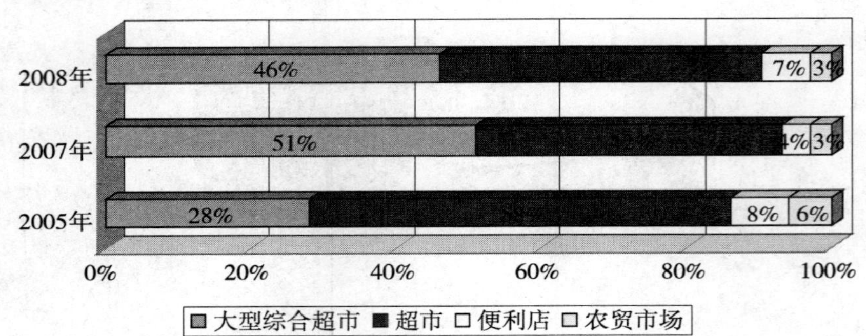

图 14　冷冻冷藏食品购物首选场所分布

（2）销售占比分化大

根据中国连锁经营协会年度行业调查数据统计，2008 年，快速消费品百强企业生鲜类商品销售额占总销售额的比例平均为 15.4%，其中 40% 的企业生鲜销售占比在 10% 以下，45% 的企业生鲜占比为 10% ~20%，该比例最高值为 42.48%。调查企业反馈数据中，生鲜销售额最高超过 28 亿元，最低为 632 万元，从以上数字可以看出国内零售企业间生鲜经营水平存在较大差距，两极分化。

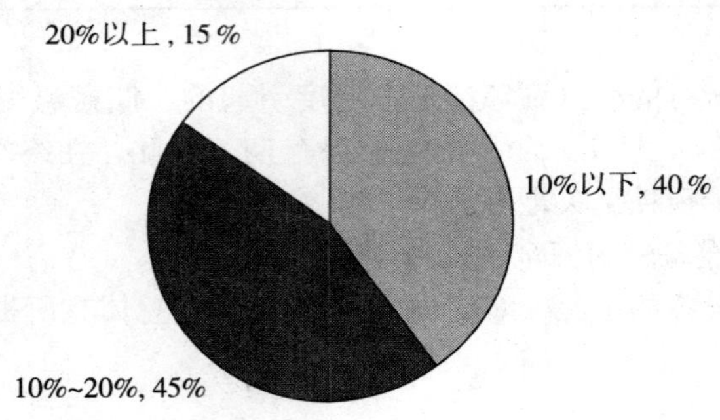

图 15　生鲜类商品销售额占总销售额的比例

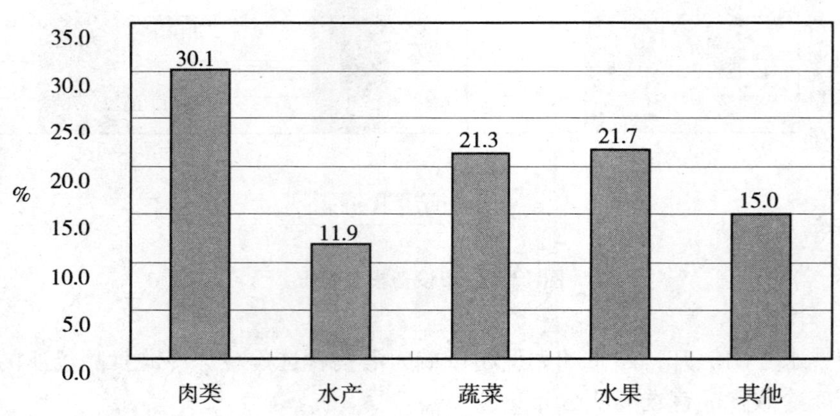

图 16　生鲜各部分销售占比

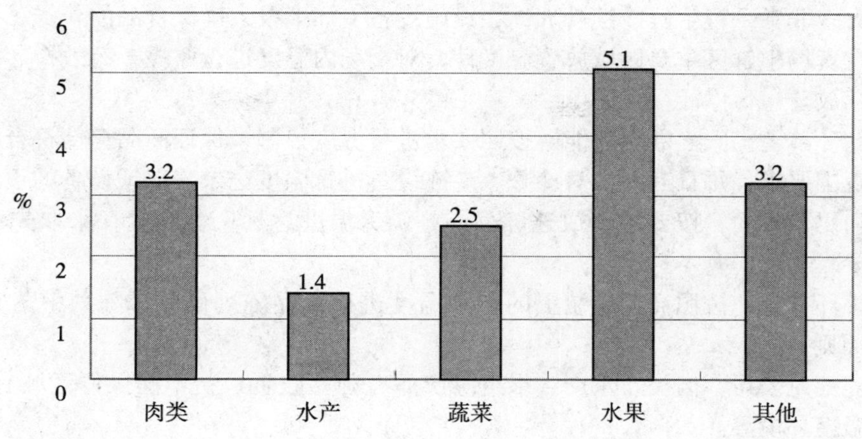

图 17　生鲜占销售总额的比

（3）温度控制较为严格

装卸区是超市生鲜食品冷链过程中比较容易被忽视的一个环节。只有 30% 的超市企业生鲜物流配送中心能够保证货物装卸过程中，使用风幕等相关设备保证生鲜食品装卸的温度控制，但全部企业对生鲜食品停留在装卸区的时间都有明确要求，以利于生鲜食品温度的保持。

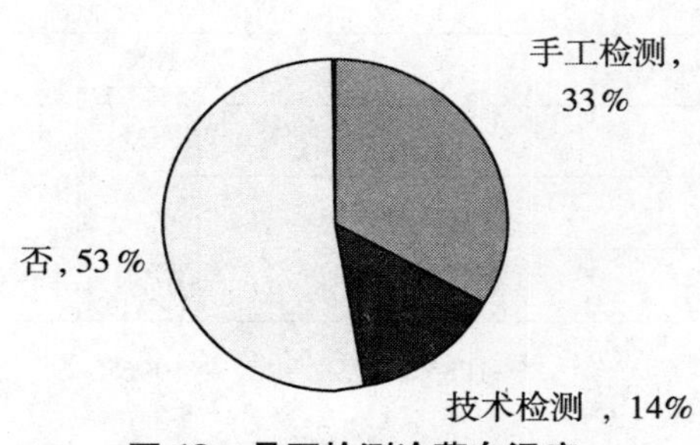

图 18　是否检测冷藏车温度

（4）果蔬保鲜以人工为主

30% 的企业没有蔬菜水果保鲜措施，其他企业大多采用简单的人工喷水加湿法，运用冰冷水、冷盐水处理，复活处理，冰敷处理，真空预冷处理等技术的企业相对很少。

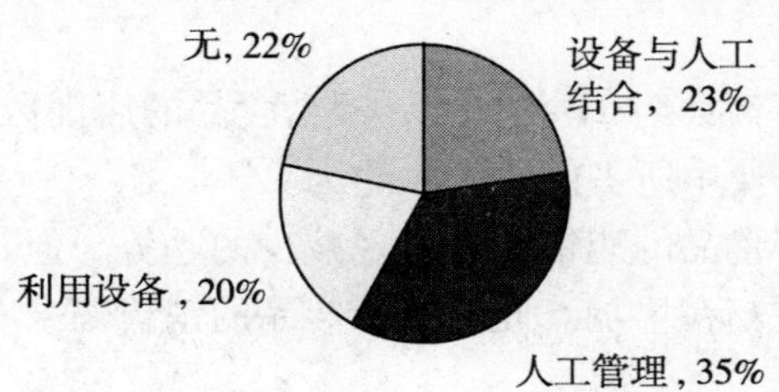

图 19　超市有无果蔬保鲜措施

企业大多非常重视生鲜冷链管理，在设施设备上加大投入确保食品的新鲜、卫生及安全。例如在卖场生鲜区主要区域放置温度计，对卖场内温度进行监控，有效指导生鲜食品的售卖及存放。

在存储环节上，大多数企业能够按照要求进行温度控制，保证商品存储符合冷藏和冷冻的温度范围要求；每日有专人对冷藏、冷冻设备进行温度记录，保证设备的正常运转。

在陈列码放方面，按要求码放速冻商品，确保温度达标；食品储存采取先进先出原则。

在销售环节上，按照商品包装上的指示温度进行商品陈列码放，陈列中落实“先进先出”的原则。

例如麦德龙公司，肉类、水产、果蔬等产品有独立收货口；不同操作区域有效分隔；有良好的温控环境等。

四、国外生鲜供应链发展情况

（一）日本的情况

1. 冷冻食品消费快速增长

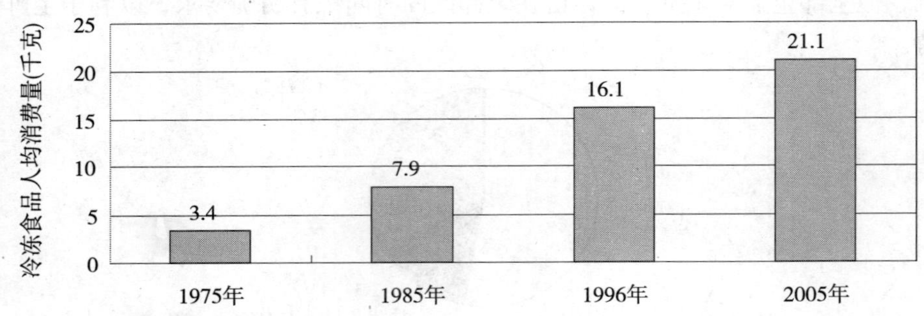

资料来源：日本冷冻食品协会

图 20　日本冷冻食品国民人均消费量的变化

2. 批发市场是生鲜商品的主要流通渠道

在日本，生鲜品的主要流通渠道是批发市场。但是近年来，也出现了越来越多的产地直销等各种各样的流通形式。

日本的食品零售业销售额大约 41 兆日元，经营食品的店铺数量约为 45 万家，从业人员约 315 万人，在全部零售业中所占的比例大约为 1/3。

总体上来看，现在经营食品的店铺数量呈现减少的趋势，但是在这样的形势下，食品超市以及便利店等的店铺数却在增加。此外，从商品的销售额来看，这些店铺的市场占有率也在扩大。

在日本，批发市场定义为：为了经营生鲜食品等而开设的市场，是开设批发场所、停车场、其他生鲜食品等的交易及货品整理中所需各种场所并持续开业的设施。批发市场承担着作为生鲜食品等的重要流通机构的功能，拥有商品组合等多种功能。主要功能包括：

① 商品组合（商品开发）功能：多样品种丰富的商品组合；

② 集分货、物流功能：从大量的单一品种向少量多品种迅速、准确地分货；

③ 价格形成功能：反映市场需求，根据迅速、公正的评估形成透明度高的价格；

④ 结算功能：迅速、准确地进行销售价款的结算。

批发市场分为中央和地方两类。中央批发市场是指在生鲜食品等的流通以及消费中作用极为重要的都市（人口在20万人以上的城市等）及其周边地区，为了确保生鲜食品流通顺畅，作为核心据点而开设的有助于改善广大地区生鲜食品等流通状况的市场。地方批发市场是指中央批发市场以外的批发市场，具有政令规定以上规模的市场。

3. 超市是消费者购买食品的主要渠道

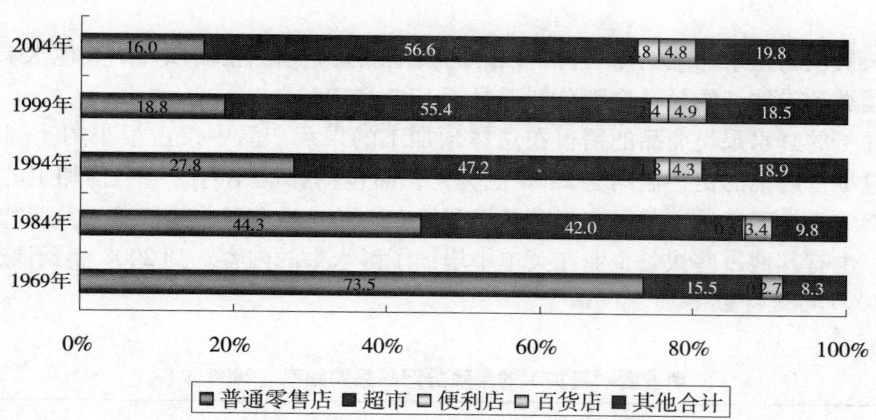

资料来源：日本总务省“全国消费实况调查”，其中家庭成员为两人以上的月支出额比例

图21　在各食品购买地点的支出比例

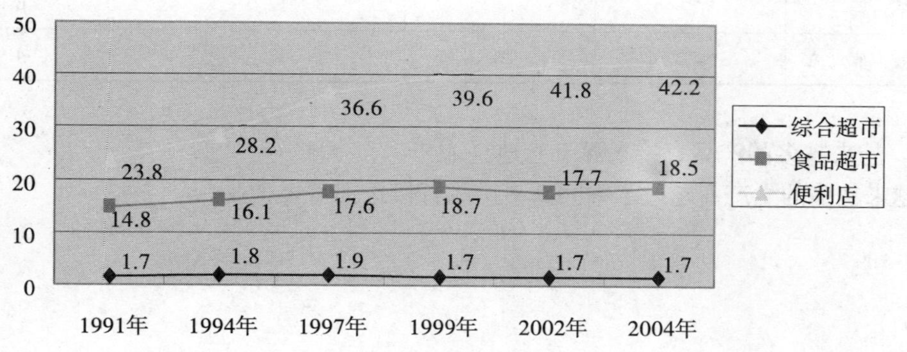

图22　店铺数的变化（千店）

（二）美国的情况

1. 蔬果消费增长明显

加工与未加工的蔬菜和水果，不同年份，消费量差别较大。

表 2　　**1976 年和 2003 年美国人均消费蔬菜和水果的情况**　　（单位：磅）

年　份	蔬　菜				水　果			
	加工过的马铃薯	加工过的其他蔬菜	未加工的马铃薯	未加工的其他蔬菜	加工过的柑橘类	加工过的其他水果	未加工的柑橘类	未加工的其他水果
1976	76	119	49	115	102	78	29	55
2003	91	125	46	176	87	96	24	76
增幅%	20	5	-6	53	17	23	-17	38

增长最快的是未加工的除马铃薯以外的其他蔬菜业和除柑橘以外的其他水果，而加工过的柑橘类和未加工的马铃薯则分别下降了 17% 和 7%。

预加工的鲜水果类商品的销售在总体预加工的果蔬产品中仅占很小的比例，2002 年所有通过零售店铺的销售额约为 2.38 亿美元，而包括餐饮在内的整个预加工的鲜水果类的销售额约为 6 亿美元，美国麦当劳已经开始在它的欢乐套餐中推广苹果片，作为炸鸡翅的替代，也有其他一些快餐企业在菜单中增加了鲜水果的内容。到 2008 年预计达到 10 亿美元（2006 年统计数字）。

表 3　　**消费者对经加工的果蔬类产品采购频率（2006 年）**

产品名称	从不购买	很少，偶尔	每月 1～3 次	每周 1 次或更多
木　瓜	39	17	31	12
沙　拉	46	13	32	12
苹　果	77	4	12	6
菠　萝	47	21	27	4

2. 越来越多的产品直接来源于基地（农户）

越来越多的生产商越过了中间商将产品直接送到零售企业。

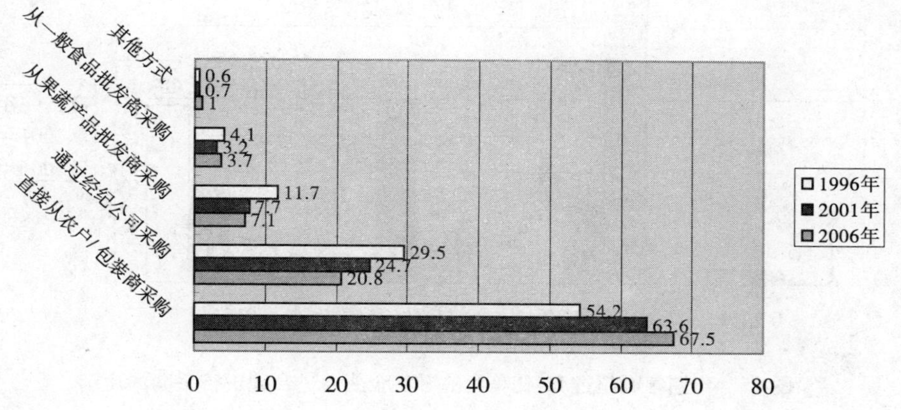

图 23　销售额超过 15 亿美元的零售商，果蔬的采购来源

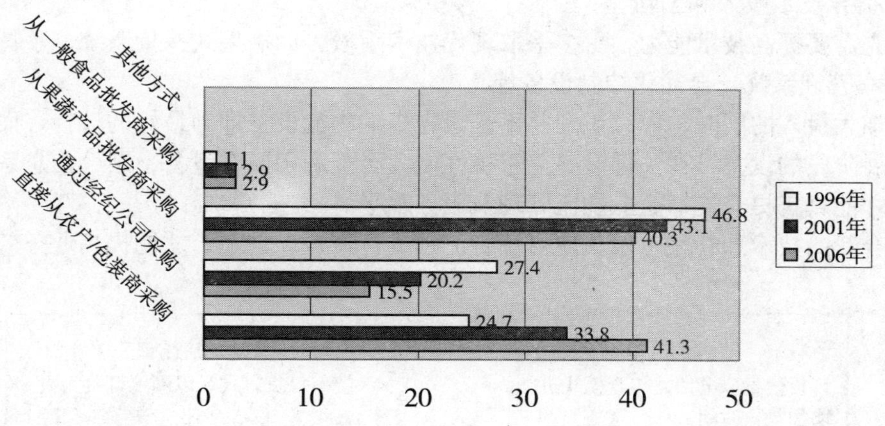

图 24　销售额低于 15 亿美元的零售商，果蔬的采购来源

从以上两图看出，不同规模的企业，对果蔬产品的采购渠道有明显的不同。规模大的企业更多地采取越过中间商进行采购，而且比例仍在提高；而规模小的企业则更多地从果蔬产品批发商采购，但规模在降低，直接采购比例相应提高。

在 1996 年，尚没有一家零售企业对生鲜产品的合同采购额能达到 25% 以上；而到 2001 年，已经有 1/4 的企业达到这一水平；发展到 2006 年，已有近一半的企业生鲜产品的合同采购额达到 25% 以上。

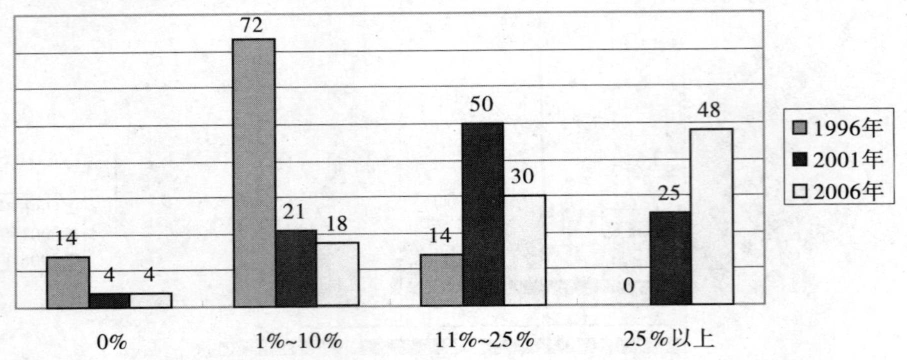

图 25　年销售额超过 15 亿美元的零售企业通过合同进行采购的比例

五、发展生鲜供应链的政策建议

1. 引导技术投入和创新

首先需要提高技术能力，更多采取现代技术手段，如摘果式拣货系统、手持无线终端RF、配车管理系统、自动化控制设备等。

在加大投入的同时，应意识到并不是最先进的物流设备即为最好的选择，而选择适合企业发展阶段的设备，在关键设备上重视性能，合理利用原有设备，结合信息系统及内部管理，才能真正提升连锁企业物流管理及服务水平。

结合新的技术和管理手段，应对现有流程进行再造和创新，才能提高业务效率。

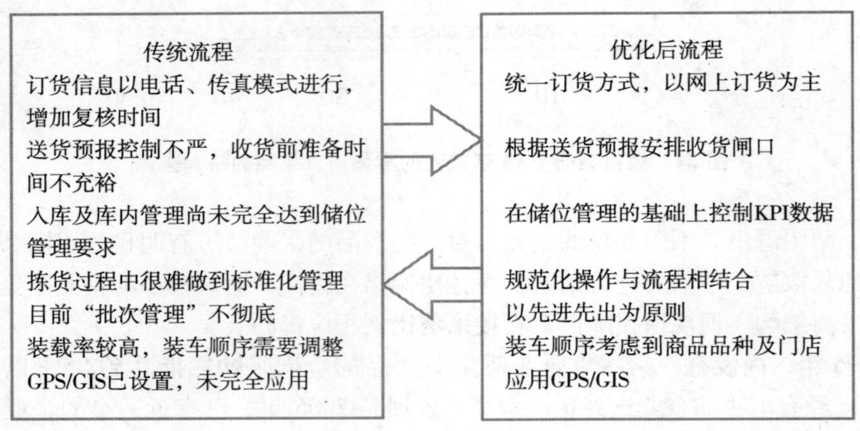

图 26　流程优化的前后对比

2. 加强标准的制定工作

由于冷链的衔接环节多，要求时效性强，因此对于设备和技术的标准化程度要求尤其高。但目前，我国涉及冷链的国标和行标并不多，大多数企业根据感觉或经验进行操作，使得食品安全存在很多的不确定性。

在现阶段，行业急需要制定的标准包括托盘统一标准、食品配送车辆及温度检测技术标准等。

3. 降低物流运输成本

由于冷藏车在运输中需要制冷，运行成本较高，因此应长期减免这些车辆的通行费用。另外，很多城市和地区对货车上路的时间和区域都有相关的限制，对于商品温度的保持很不利。有些超市门店周围因停车限制，导致冷链不能维持到门店收货，生鲜食品需要中途下车，不能全程保证冷链运输，使大规模的生鲜食品存在运输等环节的食品安全隐患。

4. 加大政策支持力度

由于冷链投入量大，回收期长，对于企业自行投资建设冷链系统的，政府应在资金、土地、税收等政策方面给予支持。

5. 加强公益性冷链物流建设

在全社会建立完整的冷链体系，需要很大的投入，仅凭市场中少数企业的力量很难达到。主管部门可适时开展公益性冷链建设，使之既服务于生产厂商，又服务于零售终端，减轻双方的经营压力。

6. 整合已有资源，避免重复建设

目前，一些连锁超市企业和第三方物流公司建有规模较大的冷链配送中心，拥有一定的冷藏车队，应更好地发挥这些存量资源的作用，服务于全社会的需要。

我们认为，只有通过各方面的共同努力，才有可能建立完善的冷藏运输体系，建立有效的冷链监控系统，满足消费者对食品安全的需求。

2010 年中国零售业防损调查报告

一、综述

自 2005 年起，中国零售业一直处于高速发展期。2005—2009 年中国零售百强企业销售规模持续扩大，年净增长规模均在千亿元以上。2009 年中国零售 100 强企业销售额达到 13579 亿元，同比增长 13.5%[①]。在行业如此高速发展的情况下，中国零售企业的防损工作是否已达到应有水平？

2010 年，毕马威中国与中国连锁经营协会（CCFA）合作，对中国零售企业的防损状况进行了联合调研。通过对中国零售行业中有代表性的 83 家企业调查访谈，了解了中国零售企业存货损耗的现状，分析了中国零售企业与全球零售企业的异同，并完成了《2010 年度中国零售业防损调查报告》。其中，主要发现有：

1. 中国零售企业实际平均存货损耗率不低于 2%，然而现有企业统计报告的损耗率平均在 0.5% 以下，损耗问题严重，但没有获得应有的重视。

2. 大部分中国零售企业的供货商在和零售行业对话时处于弱势地位，零售企业往往直接要求供货商进行补损，供货商承担了零售企业很大部分的实际损耗。

3. 损耗中，有 64% 来自于盗窃，有近 30% 来自于运营以及流程损耗，并且盗窃中的一部分也与流程设计不善以及缺乏流程控制相关。改进流程并加强流程控制是帮助企业降低损耗的重要方面。

4. 当前零售企业管理层对于损耗问题的关注力度较低，但随着经营重点由“跑马圈地”向并购重组和精细化管理转变，这一状况将开始改变。

5. 超过 8 成的企业缺乏防损的系统培训。零售行业缺少防损专业人才，而外部顾问资源利用率相比国际先进企业也呈较低水平。

2010 年，毕马威中国与中国连锁经营协会资产保护（防损）专业委员会合作，对 83 家中国零售企业进行了联合调研。其中，2010 年 4 月至 5 月还对 65 家企业进行了问卷调查，对 18 家企业进行了防范损耗专项访谈；参与调研的企业包括国有企业、民营企业和外资企业，业态包括超市、百货、专业卖场和连锁便利店；问题涉及损耗的程度、损耗的主要原因、损耗率的自我评价、防损措施及其有效性、未来在防损方面的改革方向以及防损是否可借鉴全球的理论、技术和方法等多个方面。

此次中国零售企业防损状况调研是基于过去五年毕马威对全球零售企业损耗管理研究基础之上的又一次研究。此前的 2005 年，毕马威曾对亚太地区（包括澳大利亚、香港、新西兰、印度和日本）的 27 家大型零售企业进行过调查，发现亚太地区零售企业的损耗率在销售收入的 2% 以下。2009 年，毕马威扩大了调查的样本量，调整了调查问卷问题，

---

① 《2009 年中国连锁百强》，中国连锁经营协会 2010 年 3 月 25 日发布。

对全球47家企业零售巨头进行了调查访谈，发现全球范围内90%的零售企业的损耗率在销售收入的3%以内。

二、中国零售行业的发展特点

1. 行业增长速度迅速，并购重组活跃

自2004年底零售业全面开放以来，中国零售业迎来了高速发展期。近5年，国外零售巨头一般只有5%左右的年复合增长率①，而中国零售行业增长速度惊人，年均增长率达到24%左右，处于高速增长期②。连锁零售企业加速发展，零售企业间并购重组步伐加快，成为当前零售业发展中最为显著的特点。

2. 零售企业从单体商店转向连锁化经营，以实现规模经济效益

过去，中国零售业集中程度很低，很多大型零售企业还未跨出所在城市的地域范围，而且很多还是单体商店。近年来，中国零售业企业随着零售市场的发育成熟和竞争秩序的完善，大型企业的发展速度明显加快，零售业的产业集中度已经出现加速提高的趋势。中国零售企业已经从只顾追求单体规模扩大，转变为从连锁化方向去实现规模经济效益。前十强零售企业销售规模在连锁100强中所占比重，在2009年达到了47%③。

3. 零售业巨头较易形成单边垄断，大部分供应商的谈判地位较低

零售业面临着全新的竞争环境，为了降低成本，零售商与生产企业（供应商）直接交易越来越多，零售商成为缩短供应链的决定力量。这对企业减少中间流转环节，降低运营成本，确保其在市场上的价格优势发挥了重要作用。但在中国现阶段，供应商数量巨大，规模小而力量薄弱，使得零售业巨头容易形成单边垄断，从而影响供应商的利益，不利于供应商与流通企业结成一种有利于市场平衡的利益共同体。

4. 零售企业更加关注消费者需求，销售效率和“自采购”比例提高

中国连锁经营协会在近几年的调研中发现，零售企业已不再是仅仅靠收取“通道费”来赚取利润，而是真正开始逐步建立、完善自身的经营管理体系，关注消费者需求，主动寻找供应商进行“自采购”，以期进一步提高销售效率和业绩。而伴随企业“自采购”比例的提高，依托现代资讯技术、拥有先进管理的大供应商可能逐渐改善供需双方的力量对比。

三、中国零售行业防损调研的主要发现

1. 零售企业实际损耗程度远高于现有报表资料

综合分析零售商的调查问卷以及代表性零售企业的访谈结果，并通过进一步地对典型供应商的深入访谈，调查发现中国零售行业平均非正常存货损耗率不低于销售收入的2%，远高于现有企业的报表资料。大量“隐蔽”性损耗资料没有进入企业报表，并且尚未得到企业的重视。

调查问卷中零售企业报告的损失资料显示，2009年中国零售业平均损耗率约为

① 《中国外资期刊》(2009年12月，《国际零售业发展趋势对我国的启示》)。

② 《2005—2009年连锁百强资料统计》，中国连锁经营协会。

③ “2009年中国连锁百强”，中国连锁经营协会2010年3月25日发布。

0.42%。82%的被调查企业损耗率在销售额的0.5%以内，而损耗率小于1%的企业占95%。但与毕马威2009年度全球零售业防损调查报告相比，全球范围内59%的零售企业的存货损耗率居于销售额的1.5%以内。中国零售企业的报表损耗率显著低于全球水平。

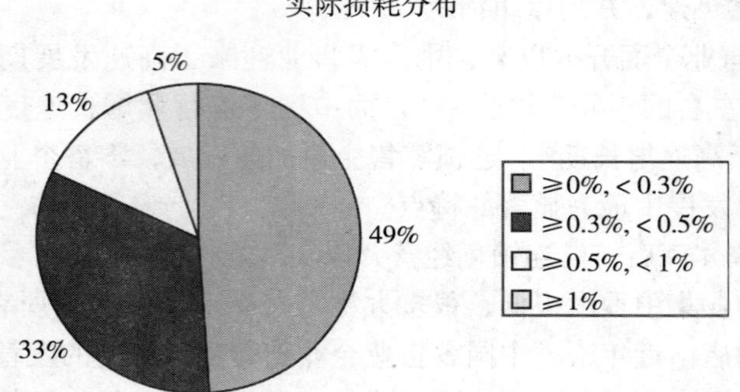

是不是中国零售企业的存货防损工作远优于全球水平？调查发现，企业对于损耗的处理原则，是导致中国零售企业总体损耗率较低的重要原因。调查问卷的结果同时显示，有超过60%的企业对于损耗采取的处理方式是，超过企业损耗目标外的部分由供应商或者员工补偿（某些企业的员工只补偿一小部分损耗），只有37%的企业全部由自己承担。也就是说，在实际发生的损耗中，很大一部分损耗（经常是超过企业损耗目标外的部分）由企业的供应商和员工承担，而企业在计算其损耗率时，并没有包括供应商或者员工的补损。

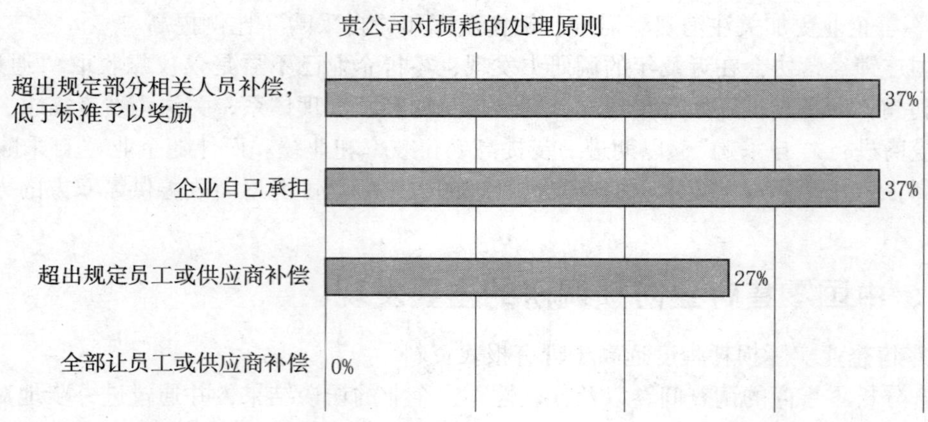

2. 零售企业实际损耗的很大部分由供应商承担

那么供应商到底承担了零售企业多少实际的损耗呢？毕马威和中国连锁经营协会对多家大型日用消费品和食品行业的供应商进行了深入访谈。结果是，供应商承担了很大部分的企业损耗。

中国零售行业的一个惯例是，供应商在与零售企业签订的合同中需提供给零售企业一个固定的残损比例的货款返点（0.3%～1%）。除此以外，在实际操作过程中，由于门店要确保毛利率和损耗率达到企业管理层制定的要求，因此其往往要求供应商额外承担零售企业退货以及产品破损。这样的承担比例平均达到销售额的2%左右，有的门店在某些时段甚至高达10%。大部分的产品补损来自于对产品盗窃的补货，其次是滞销带来的产品退货、仓库管理不善带来的产品丢失、破损、过期，以及在运输途中发生的损耗。

我们针对供应商补损的情况，对损耗管理较好的零售商进行了回访。发现领先的国际零售企业供应商补损因素的真实存货损失率在1%左右，领先的国内零售企业包含供应商补损因素的真实存货损失率在1.5%～2%的水平。零售企业损耗报表上没有对这一“隐蔽”性损失的确认。因此中国零售企业剔除供应商补损因素以外的平均真实存货损耗率应不低于2%。

对比国外，供应商通常不会承担零售商发生的存货损耗。即便是在供应商补偿部分零售商存货损耗的情况下，零售商在计算损耗率时也会将其剔除，以保持对实际损耗的真实反映。因此中国零售企业统计得出的损耗率相应偏低。

调查也显示，已有一些先进的零售企业开始意识到这个问题，也意识到将损耗大部分推给供应商并不是一个可持续的方法。中国连锁经营协会了解到，除了设定现有的防损目标之外，一些企业开始追踪真实的损耗资料，和供应商探讨如何共同防损。毕竟，有了真实的资料，才能真正对防损工作起到指导意义，也才能真正推进降低损耗的工作，提升零售企业和供应商双方的利益。

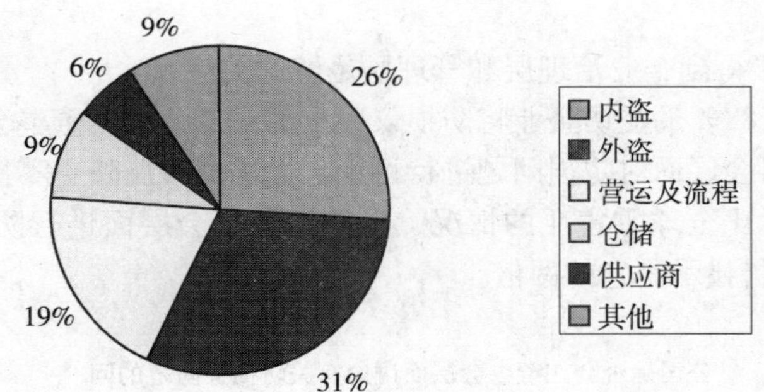

3. 损耗主要来源于盗窃和流程损耗

调查显示，被调查企业认为57%的损耗源于盗窃，28%的损耗源于流程损耗（仓储损耗亦可认为是流程控制失效导致的损耗）。这与毕马威提供零售企业损耗咨询服务时获得的经验资料是一致的，与毕马威2009年度全球零售业防损调查结果也十分接近。毕马威2009年度全球零售业防损调查显示，被调查企业认为55%的损耗源于盗窃，大约三分之一的损耗源于运营以及流程损耗。

许多零售企业首先关注内盗，因为零售企业通常会雇佣很多初级员工，员工不仅防损技能有所欠缺，而且员工的流失率很高，主动离职率平均将近20%①。然而，零售企业也承认流程控制失效——归因于流程设计缺陷和流程操作失误的错误——至少与内盗具备同等的危害。

中国连锁经营协会防损专业委员会总干事彭建真认为，“许多零售企业专注于内盗和

① 《2009中国连锁超市、大卖场防损状况调查》，中国连锁经营协会。

外盗上时，实际上主要的问题往往是流程控制失效。但是，流程控制失效很难被认定，因为你必须关注并分析整个零售流程，这是一项非常复杂和困难的工作”。

让人欣喜的是，调查显示，已有超过70%的企业准备改进公司流程控制，降低流程损耗。而有84%的企业关注于专项盘点，这也是一种流程控制手段。

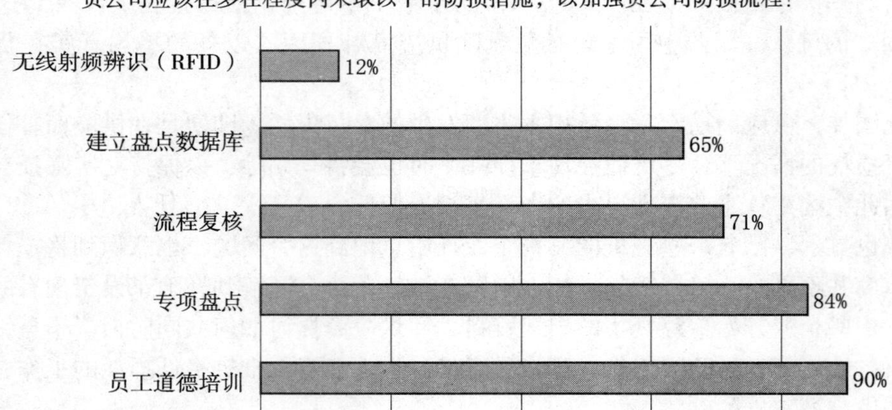

4. 防损问题尚未得到企业治理层和管理层足够的关注

调查结果显示，88%的受访企业将防损议题全部或部分提至董事会层面进行讨论，有13%完全没有在董事会层面对防损问题进行讨论。上述资料反映了零售企业治理层对防损问题的重视程度。对比全球零售业的情况，没有在董事会层面进行防损讨论的比例只有6%，中国企业的资料显示是它的两倍。

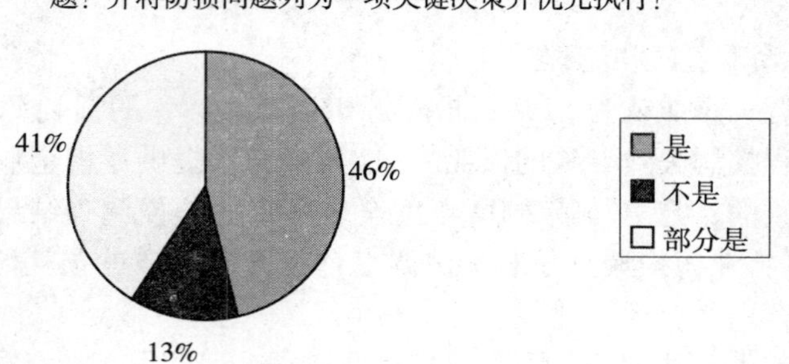

同时，调查结果显示有15%的受访企业没有设立专门的防损团队。

访谈还发现，尽管大多数零售企业成立了专门团队对损耗进行监控，但是没有统一的组织和管理模式。企业财务目标一般很明确，但具体防损职责并没有明确设置。防损团队的管理汇报模式也不相同，有的企业防损团队向总经理或首席执行官汇报，有的则向运营总监、财务总监或审计部门汇报。

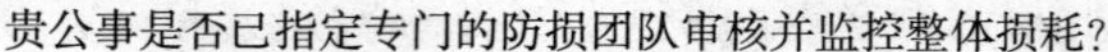

贵公事是否已指定专门的防损团队审核并监控整体损耗？

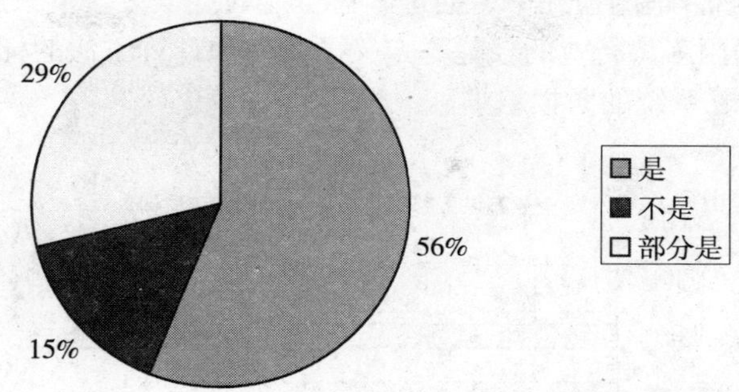

管理及汇报模式的差异实际上反映的问题是没有真正明确的责任人。毕马威中国供应链管理咨询顾问阎灼辉认为，“防损控制是一个未能被准确描述的价值驱动因素。这可能反映了企业对此缺少定义、不了解真实损失情况，因而没有给予应有的重视”。

同样，对比毕马威2009年全球零售业防损调查报告的结果，只有2%的受访企业没有指定专门的防损团队。中国企业的资料数据大于它的7倍。

上述差异在中国现阶段的市场环境中也是可以预见的。自2004年底零售业全面开放以来，中国零售业迎来了高速发展期，零售企业间并购重组频繁，仅2007年一年国内零售业并购金额就达人民币289亿元①。这就导致了零售业的管理层更多地将注意力放在企业的销售业绩增长和销售效率提升上，总体管理水平比较粗放，而在如何提高企业的利润率底线的精细化管理上，关注度还有所欠缺，甚至有50%的企业认为，其防损工作是可靠的，或已经达到最优方案。

请评价贵公司的防损运作措施

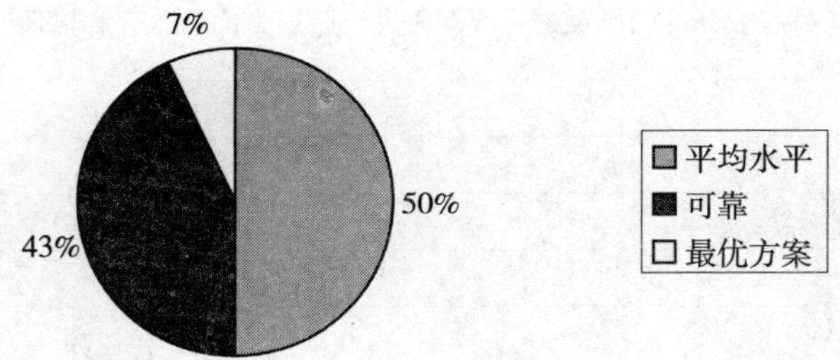

5. 损耗定义需要统一

调研访谈发现，各零售企业对损耗的定义不尽相同。在损耗的定义中，一般都包含盗窃、运营以及流程损失，而其他如商品过期、商品变价、商检质检等损耗，并不是所有的零售企业都将其包含。同样的，全球各零售企业对损耗的定义也不尽相同。这与毕马威全球调研的结果相似。正如毕马威美国全球零售业研究负责人Mark Larson所说，“以我的经验，大多数公司对损耗率的统计都是各行其是，我们目前所需要的是一个统一的定义。”

① 《中国零售业发展概况》，灵通产业报告，2009年12月。

行业协会也许可以在此扮演领导者的角色，统一损耗定义和计算方法。只有统一的标准和方法，才能判断合理的损耗率，促进零售行业的竞争力。中国连锁经营协会已有计划在 2011 年完成对中国零售行业的损耗率定义的统一和计算方法的标准设定。

6. 零售企业缺乏系统的防损培训

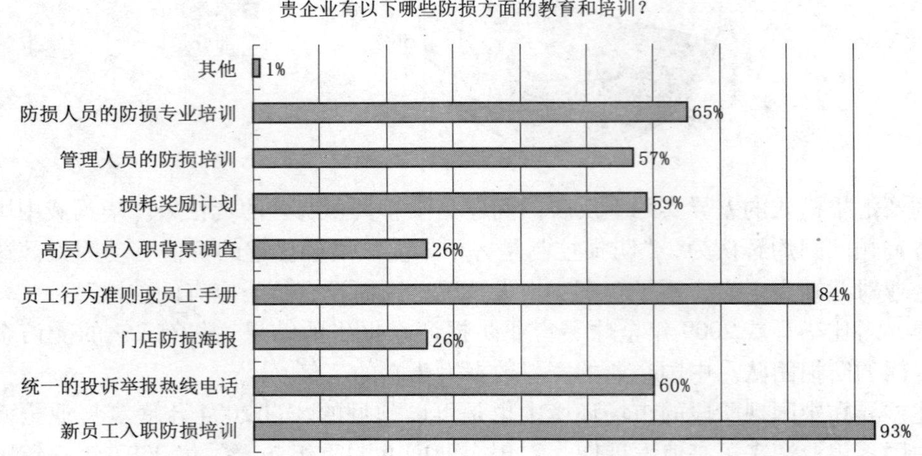

调查结果显示，虽然大部分企业将防损纳入新员工的培训课程及员工行为准则/手册中，然而有 35% 的防损人员以及 43% 的管理人员未得到防损培训，说明防损培训缺失严重。在第八届中国零售业防损管理高层研讨会中也提到，“中国对防损人才的培养是一个短板”。对比毕马威全球防损调研结果显示，国际零售企业没有防损培训的比例仅为 4%，对所有部门进行防损培训的企业比例为 35%。中国零售业的防损人才培养情况令人堪忧。

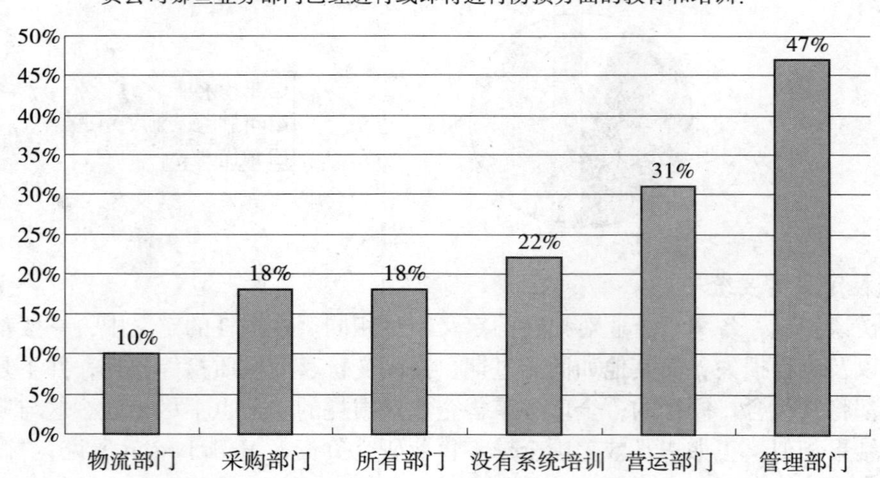

此外，在大部分管理层认为防损工作达到平均水平甚至最优的状态下，有 22% 的零售企业没有进行防损相关的系统培训，只有 18% 的零售企业对所有部门均进行了培训；

60%的企业对部分部门进行了培训，且主要集中在管理部门（占47%）和营运部门（占31%），而采购部门和物流部门防损培训比例较低，只有18%和10%。

从接受培训的部门来看，给予物流部门和采购部门的培训均不到20%，而这两个部门却是内部流程控制中的重要部门，也是损耗形成的重要来源。在与企业的访谈中了解到，一些企业在损耗定义中包括了供应商欺诈和运输损耗，这也说明企业给予这两个部门的培训是不够的。同时，这也说明为什么在供应商方面可能承担了2%以上的损耗费用。

7. 零售企业聘用第三方顾问进行防损工作比例很低

贵公司是否聘请第三方顾问独立开发、审核及监控其防损职能？

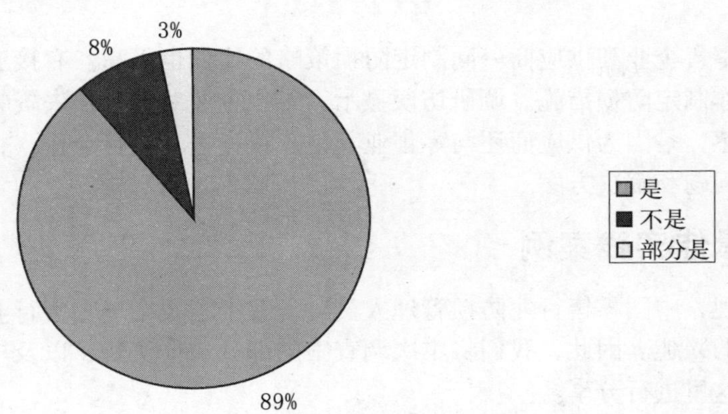

调查显示，仅有11%的企业聘请第三方顾问参与防损，而从毕马威全球范围的调查结果显示，在美国有超过60%的零售企业选择聘请第三方顾问参与或部分参与防损，设计改进整合性的防损方案。这与中国零售企业急速扩张的现状相关，因为企业更注重营业额的增长，而对防损工作的重视程度较低。

8. 零售企业与供应商合作需要深入

贵公司是否会和供应商共享损失的相关具体数据？

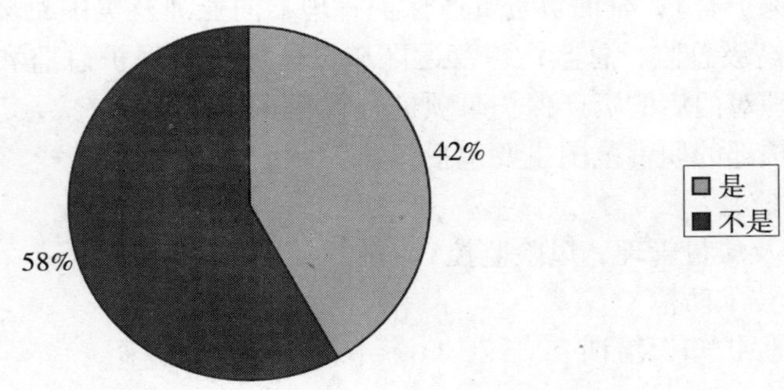

调查显示，仅有42%的零售企业愿意与供应商分享损耗资料，这与亚太地区的平均水平45%接近。

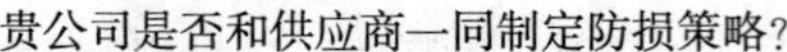

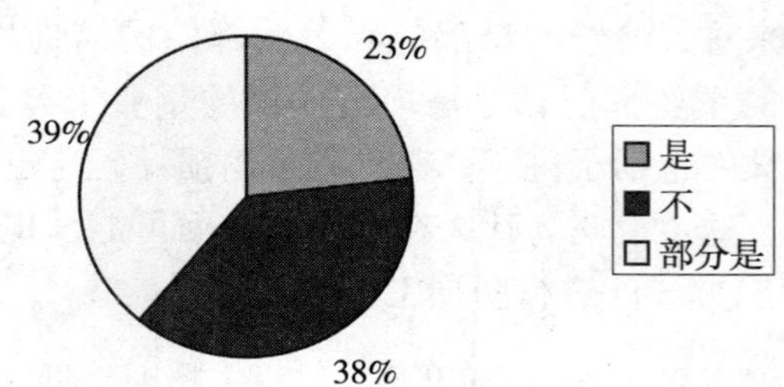

此外，零售企业和供应商一同制定防损策略的比例也不高。有接近4成的企业不愿意和供应商合作制定防损措施。调研访谈显示，零售企业对分享损失资料以及共同制定防损方案比较敏感，是因为供应商还与零售业其他直接竞争者进行合作，企业不希望竞争对手了解自己的问题和解决方案。

四、最佳实践案例

调查发现，中国零售行业防损管理人员对了解中国及全球零售行业在防损方面的好做法抱有很大的兴趣。因此，我们将本次调查中的部分最佳实践，以及毕马威公司在全球的一个案例在这里进行分享。

——具有独立性的完善的防损组织体系

某全球知名零售公司在中国的存货损耗比例为0.31%，其定义的损耗范围包括：

· 内外偷窃损失

· 账面错误

· 流程误差

· 供应商欺诈

· 运输途中被盗损失

其设置的公司资产保护全部为其专门的防损团队——架构的设置为：中国总部设CAO（首席资产保护官），全面负责资产保护管理，向亚洲及美国总部资产保护部门领导汇报；CAO下设高级总监、总监；各营运区域设区域资产保护总监和会员店资产保护总监，下设区域经理对门店的资产保护事项进行管理。

公司资产保护部的职责范围主要包括：

· 营运流程监督

· 商品调查及质量管理，风险监控

· 资产保护技术防范

· 员工资产保护知识培训

· 盘点

该公司采用的防损措施包括：

· 在防损设备的投入方面，目前采用CCTV、EAS、Alarm等防损技术；未来在防损技术方面还会进一步创新，通过引进新的技术快速识别各类风险，例如Posdog，Ferret系统等。

· 在流程控制方面，加强对高损耗商品的监控，分别制定相应程式进行控制，例如对高损耗/高价值商品盘点程式、EAS 标签使用标准、高损耗商品陈列、高损耗会议及定期回顾等。

· 在防损指标的贯彻落实方面，公司设立年度防损指标，经过 CAO 审批后，与营运部门紧密配合，由全国的资产保护经理和店长进行实施，并实行总经理对资产保护工作的问责制。

· 在库存管理方面，公司设有专门的库存管理小组，对存货资料进行分析，定时进行例外检查和专项审计；此外，正在建立损耗资料库，对内、外盗资料进行系统收集和管理，监控损耗趋势。

· 在公司文化建设方面，宣导“人人防损”文化，例如宣导员工诚信月，推广诚信行为规范。

——与第三方顾问机构合作，借鉴最佳实践经验

毕马威帮助一家英国零售企业分析诊断损耗原因并降低损耗率案例。

一家英国全国性的中型零售企业，拥有 100 多家店铺，其损耗率达到 2.5%，其管理层希望获得清晰的产生损耗的原因并进行有重点的改进。

毕马威通过实地访问了其中的 18 家店铺，收集了大量资料，并对区域经理和物流合作伙伴进行了访谈，获得了存货的移动路线，对存货损耗进行了详细的诊断。损耗的原因是由流程失效和“真实损失”（破损和偷盗）造成。在 2.5% 的全部损耗中，偷盗为 0.68%、物流破损约为 0.63%，而流程失效导致的损耗为 1.19%，占据了最大部分（48%）。由此，该企业接下来的首要重点任务就是对发现的流程损耗进行改进，包括库存管理流程、收发货管理流程、物流合作流程、存货盘点流程。结果是，在较短时间内，该企业建立起了有针对性的存货损耗率管理体系，损耗率也很快下降。

五、降低损耗的主要建议

针对本次调研的结果，为帮助中国零售行业改善损耗管理，提高零售企业的盈利水平，毕马威与中国连锁经营协会资产保护（防损）专业委员会共同提出以下建议：

1. 提高公司治理层及管理层对防损工作的重视

存货防损工作对零售企业的利润水平有直接且重大的影响，而建立高效的防损机制需要整个零售企业各个部门所有员工的参与。因此，零售企业的治理层和管理层对防损工作必须给予充分重视。除了制定防损目标，治理层与管理层应该更多关注企业防损人才和防损文化的培养，强化防损工作的问责制。

2. 确保并提高防损部门的独立性

毕马威全球零售业研究负责人 Mark Larson 认为，防损措施不应该只是一份文件，而是涉及下至基层经理，上至财务总监，以及内审人员或技术人员在内的一系列的规章制度和流程。防损部门是对这一系列规章制度和流程实施情况进行监控的最佳职能部门。

所以，企业要加强流程实施的监控，确保防损部门的独立性就显得非常必要。从中国连锁经营协会获得的资讯来看，目前只有不到 15% 的企业从组织结构的设置上能确保防损部门的独立性。可以想象，如果防损部门既对运营总监汇报，又监控运营流程的实施，独立性会受到很大影响。企业需要建立一个合理的管理汇报结构，才能确保和提高防损部

门的独立性。

3. 加强流程控制和改进

访谈中，企业已经提到希望未来重点关注和改进的流程损耗包括：收发货流程、收银流程、工作交接流程、库房管理流程。显而易见，这些流程如果得到优化改进，可以显著降低企业遭遇的盗窃比例。

此外，企业需要进一步加强盘点流程的实施。盘点是零售企业最重要的内部控制手段之一，盘点流程的建立和定期复核、独立审核及复盘，对于盘点结果的可靠性都是至关重要的。但事实是，盘点结果往往不够准确甚至虚假，零售企业经常遭受由于盘点结果不可靠而导致的损耗。中国连锁经营协会计划于 2011 年完成建立零售企业标准盘点流程，这将为零售企业进行合格盘点提供有效帮助。

毕马威的零售专家们认为，分析流程损耗的原因对所有企业来说都是一个非常有挑战性的课题。“全面性原因的分析就是那缺失的一环”，毕马威中国供应链咨询顾问阎灼辉如是说。中国连锁经营协会防损专业委员会总干事彭建真补充说，“这是一个眼光问题，你需要一个能够识别原因和补救方法、评估自己低于还是高于行业水平的眼光。这有助于理解你有多么迫切去纠正那些错误”。

4. 加强零售企业和供应商的合作

内部流程的损耗诊断涉及整个流程体系，而供应链是这个完整体系中的重要部分之一，因此与供应商合作可以找到防损的机会。

与供应商的合作可以大致分为以下几个方面：包装、物流、运营计划沟通、防止贪污。

· 更优化的包装方式可以降低产品在货架上的破损率以及盗窃率。

· 物流改进可以降低在运输途中和收发货时产生的破损，包括与供应商共同制定最佳订货点、优化收发货流程等。

· 企业和供应商更密切地进行运营计划沟通，特别是促销计划沟通，可以有效安排供应商的产品生产和促销计划，降低产品在零售企业发生滞销的可能性。

· 防止贪污，主要体现在零售企业内部管理方面，包括重要部门的职责划分（采购部、财务部、防损部）、及时与供应商对账、资金收入的用途追踪等。

5. 参考最佳实践，提升防损绩效

参考最佳实践可以从对比分析公司的存货移动路线、流程设计、流程执行程度、组织结构设计这几个角度来实行，从而得出企业自身损耗产生的原因以及与领先企业之间存在的差距，并由此进行下一步的方案设计来提升防损绩效。

最近几年，中国零售行业对防损工作的重视在逐步增加，损耗的控制也在逐渐加强，主要表现在：

· 参与防损年会的零售企业数量逐年增加，至 2010 年已有 240 家企业参加，可见整个行业对防损工作的重视程度在逐步增加。

· 大部分零售企业对防盗窃的技术设备投资也在增加，这改变了过去单一的以“人防”为主的局面。

· 已有一些先进的零售企业意识到“由供应商承担大部分损耗”这种方式的不可持续性，在公司内部追踪供应商“补损”的数据，来指导进行进一步的防损工作。

随着市场的有序发展，企业的真实损耗将越来越透明，企业的管理层将越来越重视防损工作。参考最佳实践，咨询第三方专家，能够帮助企业较为迅速地降低存货损耗，从而提升企业的市场竞争力。

（中国连锁经营协会　毕马威中国　2010 年 7 月）

2010 年中国零售业风险预警机制的建立研究报告

本次研究是由商务部委托中国连锁经营协会（简称协会），并由协会和普华永道会计师事务所（简称普华永道）共同进行的一项行业专项调查。本研究报告依据的是中国零售企业 2009 年度财务状况及相关数据。

一、研究背景和方法

（一）研究背景

2008 年下半年起，全球金融危机波及中国，中国经济发展的“三驾马车”——投资、出口及消费，都受到不同程度的影响。我国政府通过出台一系列经济刺激政策拉动国内投资、促进内需消费，同时弥补了出口锐减对于国民经济的影响。当时，中国零售行业也面临严峻的挑战。增长减速、盈利能力下降、高度依赖短期负债的融资结构都给零售企业带来相当的财务风险。协会于上年发布的《中国零售企业资金链风险研究报告》对此作了详细的分析。

在 2009 年，特别是在下半年度，我国经济整体逐渐回暖，国内消费市场也随之复苏。中国零售行业在这一年中的情况和表现令人关注。在上年《中国零售企业资金链风险研究报告》的基础上，本年的研究中，我们重点观察和分析了零售企业在经济回暖的一年中财务状况各方面的表现。另外，我们也从近两年的研究中总结了我们对中国零售企业发展现状的一系列观察和分析（见本报告第二部分）。

（二）研究方法

本次研究通过三大方法进行：国内上市零售企业公开数据分析；国内主要零售企业问卷调查；国内主要零售企业管理层访谈。

1. 上市公司数据

研究中的财务指标等定量数据主要以国内上市零售企业的公开数据为基础。其中，国内上市零售企业样本共 65 家。主要业态包括：百货店类、超市类、专业店类。而专业店类又以电器专业店为主。

2. 调查问卷

问卷调查的对象以协会会员为基础，包括国内主要的零售企业。其中，共收回 90 家企业的有效样本回复。

3. 企业访谈

2010 年年初，我们走访了全国近 20 家大型零售企业的高层管理人员，覆盖了北京、上海、深圳、武汉、合肥、福州等全国各区域的主要城市，并以协会会员企业为主体。

此外，我们还将中国大陆上市零售企业的主要数据指标与香港上市和世界500强中的零售企业的数据进行了比较分析。

二、中国零售企业现状和发展分析

（一）发展环境

全球金融危机自2008年波及中国，中国的零售行业也遭遇了一次寒冬。2008年下半年起，随着消费者信心的减弱，中国零售企业的收入增速大幅下滑。2009年年初，春节的传统旺季并没有给中国零售业带来起色，2009年上半年中国零售企业收入增幅降至谷底，许多企业同比无增长甚至负增长。零售企业大力开展打折促销活动并压缩成本，以期改善盈利情况。同时，零售企业的各项融资渠道大大紧缩，零售企业高度依赖短期营运负债的融资结构也在当时形势下显现较大风险。当时，在我们调查中的零售企业普遍对2009年的增长并不乐观。

但从2009年下半年起，特别是2009年第四季度起，随着中国经济逐步走出金融危机的影响，加上中国政府一系列促进内需措施的效果，中国零售企业的业务增长得到了明显的恢复，零售行业又显现出勃勃的生机。在我们的研究中，样本企业的销售同比增长率从2009年上半年的3.7%跃升至下半年的18.3%，恢复趋势明显。中国零售业也普遍对2010年充满了乐观的期望。

在高兴地看到中国零售业本身强劲恢复的同时，我们更应该认识到零售业对中国经济走出金融危机影响作出的贡献。数据分析显示，中国零售业的增速在2008年和2009年的经济低迷时期，仍然以高于国民经济总体水平的速度发展，中国消费品零售总额增速的降幅远小于GDP整体，而且危机影响越严重，差异越大。事实上，在中国度过金融危机的过程中，消费品零售业起到了很强的稳定剂的作用。

虽然，中国经济长期以来更多地依靠投资和出口的拉动，但是，中国零售业在中国经济改革开放后的发展过程中，也为国民经济的高速发展作出了巨大的贡献。而一直以来，中国零售业都是在较少依赖政策扶持的环境下，更多地依靠自身努力、自力更生地进行发展。这其中，中国零售业得以持续高速发展的源动力是城市化和居民收入的提高所带来的巨大的消费能力的增长。

但是与其他传统行业相比，中国的零售业仍是一个年轻的行业。自中国改革开放以来，虽然中国零售业已经发生了很大的变化，但在近时期的中国经济和消费市场的快速发展的状况下，它仍然处在变革和转型的发展阶段。

我们的分析发现，大家讨论的许多零售企业的所谓现状问题其实都与零售企业目前的发展阶段及其外部发展环境（特别是消费市场发展和融资环境现状）相关。这些问题在零售业发展过程中出现，也必然通过零售企业自身的变革和经济环境的发展得到解决。我们更应该从中国零售企业已经取得的发展成就中看到零售企业自身创新发展和解决问题的能力。

因此，我们在分析零售企业发展问题时应该用发展的眼光去认识零售企业面临的阶段性问题和困难，同时真正从根源上关心和帮助零售企业。

（二）零售企业的简单增长循环模式

以下，我们从研究零售企业的发展模式开始，通过对发展模式的典型性分析来寻找零售企业产生相关问题的原因和发展趋势。

对零售企业的分析通常以下面的三角结构进行。该三角结构代表了零售企业发展模式的三大要素：增长、经营、融资（见图1）。这三个要素互相影响，互相作用，形成不可分割的整体，形成零售企业稳定的发展模式和战略。

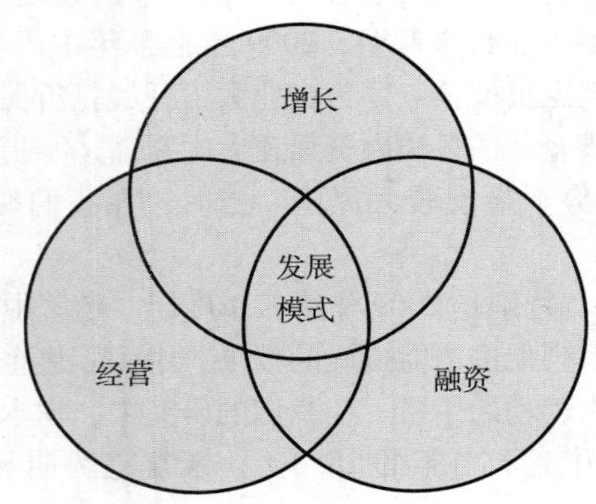

图1　零售企业发展模式三要素

我们通过研究发现，造成零售企业许多问题的一种发展模式是：短期营运资金支持下的简单规模增长的循环模式（简称"简单增长循环模式"）。虽然各个零售企业的经营情况和发展程度不同，但多少都有这种模式的成分存在。从全世界来看，这种模式的成分在新兴经济体中更为普遍（比如东欧国家），反映了与其年轻但高速发展的经济相符合的新兴零售业发展阶段，而在发达国家则其成分相对少一些。

在这样一个典型模式下，零售企业具有以下特点：

1. 增长方式主要是单一的规模扩张。
2. 对经营发展水平要求相对简单。
3. 融资方式主要是靠供应商账款为主的短期营运负债。

相对地，成熟经济体的零售企业的扩张更多采用的模式是以外部长期融资来支持，并需要通过经营投入和管理经验实现规模效应，而企业零售经营的各个环节以高效率和持续创新的经营管理，以及高水平的客户服务为企业发展的必需的内在动力。

但是这样的发展模式是怎样运作的呢？

这其实是一个简单增长的循环：

首先，零售企业通过简单的规模扩张，不论是开新店还是通过并购活动，以求迅速形成零售渠道网点数量上庞大的规模；然后，简单扩张形成的网点网络规模就能给企业带来巨大的议价能力。通过这样的议价能力，零售企业可以向使用其网络销售产品的供应商收取各种名目的支持费用（如进场费、上架费、促销费等），并且可以延长支付供应商账款的账期，以此获得无息融资。而这两者获得的资金又可以支持着零售企业继续进行其新一轮的简单的规模扩张，以获得更大的网络规模和议价能力，然后继续扩大从供应商获得的利润和融资规模。

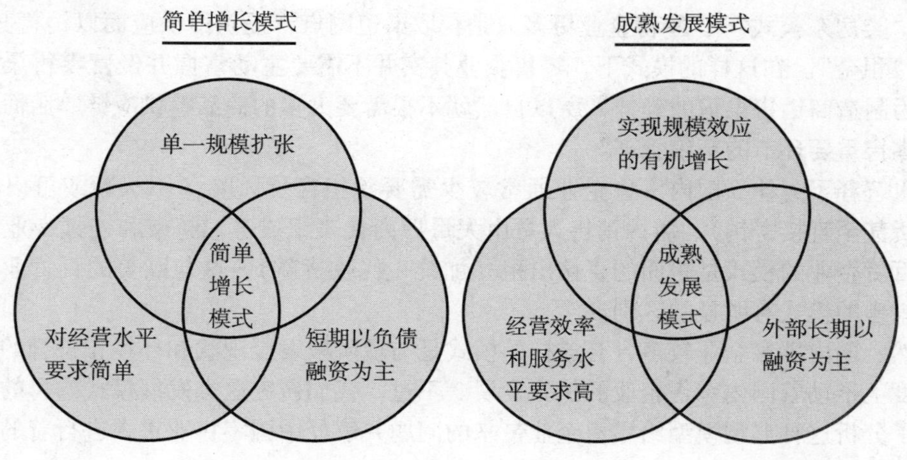

图 2　简单增长模式与成熟发展模式比较

这种模式是以互为因果地形成循环，以滚雪球的方式不断扩张着继续下去。通过形成循环，使这种发展模式可以在较长时间内维持下去。见图 3。

研究分析发现，国内零售企业现阶段含有较大的简单增长模式的成分。数据分析显示，国内零售企业的经营利润其实主要来源于供应商费用支持（销售毛利仅能和经营费用相抵），而供应商账款为主的营运负债已经成为零售企业最大的资金来源（占 1/3 至 1/2，如果除去股东投入和利润盈余，则更是高达所有外部融资的 60% 以上）。

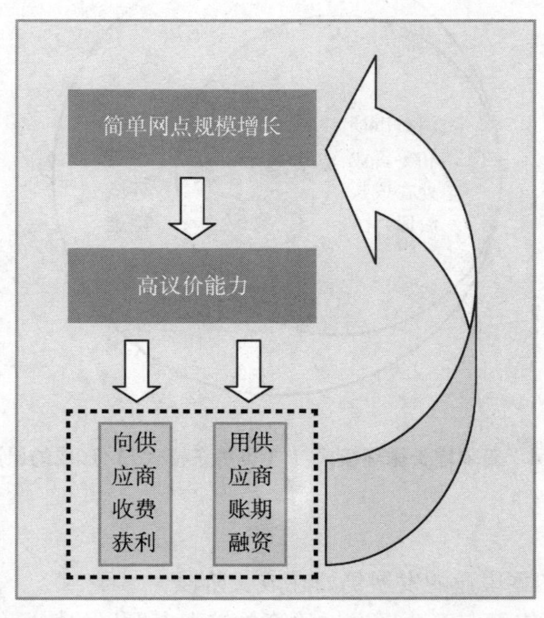

图 3　简单增长模式（“类房东模式”）的自循环发展

这样的自循环发展模式看似完整而无缺陷，但我们很容易发现，在这样的自循环中却不需要依赖零售经营本身。这样的模式从实质上类似一种场地出租方的模式（我们不妨称之为“类房东模式”）：零售企业更多只是获取渠道网点，提供给供应商以销售其货物，并收取“租金”。在这样的模式下，零售企业其实并不需要主动掌握并经营零售渠道，而更多作为制造商销售渠道的延伸，所以自然就不很需要太多的商品、供应链、店面、客户服务等零售重要环节的精细管理。

这也解释了为什么国内零售企业通常较少需要承担存货风险（不买断或可以非质量问题退货甚至直接寄销）、店内销售人员由大量厂商代表组成等。超市和连锁专业店是如此，而百货企业的模式是柜面的直接出租（加统一代收货款），这与欧美的百货业买断存货自行销售的模式有明显的区别。

当然，国内零售企业较多含有这样的模式是与现阶段发展现状和环境相符合的，并在很大程度上推动着国内零售企业的扩张发展。不过，我们研究这类发展模式的目的，更多的是为了分析这种典型模型给零售企业带来的问题并解释中国零售业正在进行着的转型变化的原因。

（三）简单增长循环模式的形成原因

但是这样一种简单增长循环模式形成的原因是什么呢？

分析认为，零售企业的这种简单规模增长模式虽然是众多因素的综合作用的结果，但是有两大原因不容忽视，它们是零售企业目前发展的客观现状。即：其一，中国消费市场和零售业发展仍处在成长阶段；其二，中国零售企业相对困难的外部融资环境。这也是与零售企业发展的两大要素——经营和融资相关的原因（见图4）。

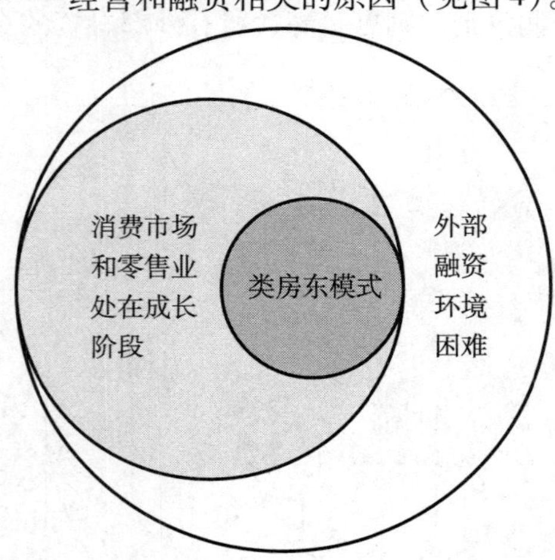

图4　简单增长循环模式（“类房东模式”）形成的原因

具体来说：

1. 中国消费市场和零售业的发展仍处在成长阶段

国内零售企业主要依靠店面数量增加的简单扩张来发展的情况仍较多见。不管开新店还是收购，许多企业扩张后的规模效应更多体现在增加的对供应商的议价能力上，体现在经营效率和顾客服务的提高上的相对较少。

——中国城市化的迅速进程和居民收入水平的提高带来消费需求持续快速增长是中国零售行业营业收入增长的基础和保障。这个时期零售企业以外延式的发展就能够达到满意的增长和收益。这也折射出国内经济投资驱动型的高增长的影子。这与中国新兴的消费市场目前仍较多注重价格优势，而服务和品质需求发展较晚也直接相关。

——此外，当前中国主流的零售形式（综合超市、现代百货店/购物中心、电器专业店等）都只是最近十几年兴起的新兴零售业态，相对于它们的国外同行几十年的发展历史仍然还属于相对前期的阶段。零售业的许多研究（如哈佛商学院的M·麦克尔的“零售车轮理论”）也认为新兴零售形式的初期总是以低价格、低毛利和低经营成本为特征。

2. 中国零售企业相对困难的融资环境

这里的“相对”可从两方面来分析：

（1）在国内：相对于中国其他行业（特别是许多传统基础行业），零售企业难以从银行金融机构获得贷款融资。研究发现，事实上银行融资在国内零售企业的融资结构中比例非常低，即使是在国内的上市零售企业平均也不到15%（远小于应付账款为主的运营负债的35%～45%的比例）。

零售企业（特别是以租赁店面为主的超市和专业店）通常没有大量可供抵押的资产也是客观原因之一。而中小零售企业更是很难从银行获得借款，并且即使有，其融资成本也非常高。调查中了解到，小型零售企业融资利息有的达到近10%。

而零售企业的银行借贷也以短期为主。长期借款门槛更高，成本也更大，一般很难获得。

2009年为促进经济复苏，我国总体的信贷政策大为宽松。2009年金融机构本外币新增贷款约为2008年的两倍。但在我们的调查中，大多数的企业没有认为2009年零售企业的银行融资环境得到如此明显的改善。事实上，数据反映零售企业金融机构融资比例在2009年还相对有所下降。

此外，零售企业在证券市场的公开融资比例也不高，这与零售企业希望通过上市筹集资金的热情尚有距离。目前，零售企业在整个证券市场的结构中仍占很小的比例。数据显示，近年来零售企业融资额占总体市场不到5%。在逐渐走出金融危机的2009年，在股市重新大幅回升的情况下，这个比例仅为2%。

（2）相比国外：国外大型零售企业的扩张活动主要是依靠外部长期债务融资和公开市场股权融资进行的。我们分析的国外大型零售企业（以世界500强零售企业样本为例）的长期借款占总负债的50%以上，而中国样本企业仅为5%～15%。在证券市场的股权融资方面，美国股市融资额中零售企业占15%，也远远高于中国股市中零售企业融资的比例（2%）。此外，国外零售企业也有更多的融资形式和渠道，比如说国外零售企业长期债务融资中就有大量在证券市场上的公司债券融资。

（四）零售企业发展模式的风险和问题

如上所述，我们研究零售企业的发展模式是为了探究中国零售企业面临的各种问题和困难的原因。业内一直认为许多中国零售企业的种种问题是源于此模式的积弊。这也是我们看到近年来许多零售企业进行转型和变革的原因。以下是我们对这一发展模式带来的风险和问题的梳理分析（见图5）。

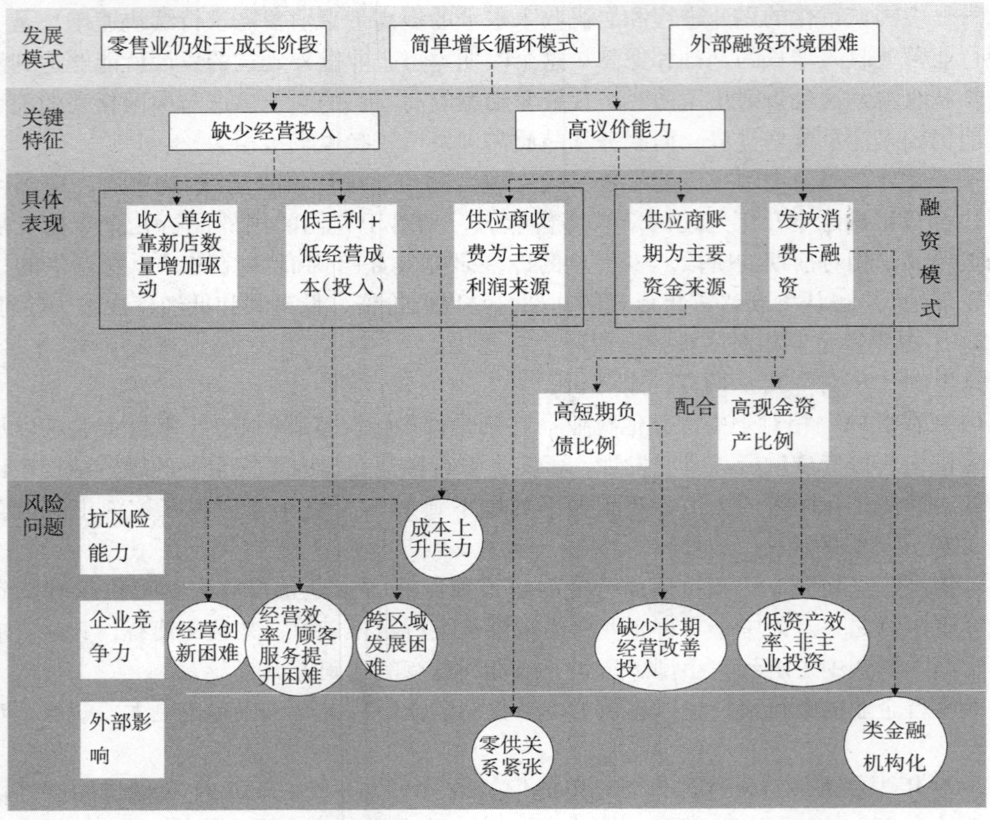

图5　零售企业发展模式风险问题图解

首先，我们可以看到这种发展模式的直接特征是：

——简单规模增长下较少经营方面投入；

——简单规模增长带来的议价能力。

这两方面在前文增长模式的描述中都有分析。而这两方面在企业的盈利模式和融资模式上的具体表现分别是：

1. 盈利模式

（1）单纯靠新店数量增加驱动收入。零售收入的增长单纯依靠新店数量规模的简单增加驱动，而非同店销售增长。

（2）低毛利加低经营成本。以低价促销作为主要销售手段导致商品销售毛利较低。同时由于经营投入较少，经营成本也相对较低。我们看到中国零售企业的毛利水平基本刚与经营成本相抵消。我们的国内上市零售企业样本的毛利水平也仅有平均15%左右（超市和电器专业店更低）。而我们分析的世界财富500强零售企业的平均毛利都在30%～35%以上。

（3）向供应商收费成为主要利润来源：零售毛利基本与经营费用相抵，而来自类似场地租金的供应商的费用支持（如进场费、促销费）就成为利润的主要来源。中国零售企业的供应商费用支持平均为销售额的5%左右，也即净经营利润的比例。此外，如前文所述零售企业也常常不需要承担存货风险，无条件退货或直接寄销都是较为常见的。

2. 融资模式

（1）利用供应商账款作为最主要资金来源。银行借贷仅占所有零售企业债务融资的不到20%，而供应商账款为主的营运负债平均占总负债的60%以上，电器为主的专业店更是高达80%以上。零售企业的实际供应商账期都在2～3个月以上，我们样本中有的企业甚至高达5～6个月。

（2）发放消费储值卡融资。许多零售企业特别是超市和百货店利用其网络和客流发行消费储值卡。这不仅是促销手段，更能从中获取大量资金，已经成为许多零售企业的主要资金来源之一。

由这样的盈利和融资模式衍生出来的的风险和问题是广泛而复杂的。我们把初步分析的一些常见问题归为三类，即零售企业的：抗风险能力、企业竞争能力和外部影响。

1. 抗风险能力

（1）高风险的短期负债融资结构。很显然，零售企业所主要依赖的营运负债都是短期负债。事实上零售企业的银行借贷也绝大多数是短期的，因为长期借款的门槛更高。零售企业负债率平均60%看似并不比国外同行高，但是这里约90%都是一年内到期的短期流动负债，并且显然短期负债的很大部分用于相对长期的企业扩张活动中去了。我们的调查也显示国内零售企业对其供应商表示了很大的担心，很大一方面是对于其最大的资金来源的担心。这也是中国零售企业保有大余额的现金银行存款的重要原因，这是一个相配合的资产负债结构，大量现金承担了负债风险缓冲的作用。当然，零售企业的现金余额远不能覆盖全部的流动负债。

（2）低成本模式下的成本上升压力。中国零售企业相对较低的经营投入使其得以低成本运营，以配合较低销售毛利。在经营成本上升的情况下，企业的盈利能力将面临很大的压力。在我们的调查中零售企业对房租和工资等费用的不断攀升的趋势显示出普遍的担心，经营成本已经成为零售企业的认为的最大的挑战之一。低毛利低成本模式的长期持续性可能存在问题。而且零售企业的经营成本大部分为固定成本，随业务量变动的灵活性很小。而简单削减成本只能使目前管理和服务下降，将很难持续。

（3）以上两者都削弱了零售企业的抗风险能力。遇到金融危机带来的经济低迷时期，则支付短期负债和高固定成本的压力将变为零售企业的财务危机的直接来源。我们调查显示，本次金融危机影响时期，国内零售企业实际仍主要依靠过去累积的现金储备和简单的规模收缩（关店、裁员等）渡过难关，而相对缺乏其他有效应对措施。

2. 企业竞争力

（1）经营创新以及经营效率和顾客服务提升的困难。在简单规模驱动收入、低毛利低经营成本投入、利润主要依靠收取供应商费用的盈利模式下，零售企业更多精力放在简单扩张上，而在零售经营和管理的提升上自然相对较少。如前面在发展模式中分析的，经营和管理的停滞不前又会驱使零售企业继续走简单扩张的道路。

有许多关于零售业提升创新能力和经营水平的讨论，但在这样的讨论和研究里，我们应该注意到在“类房东模式”的简单规模增长的循环模式下，经营水平的简单是因也是果。打破这个自循环的模式是零售企业的经营水平的进一步提升的关键。

（2）跨区域发展困难。我们很少看到真正全国性的中国零售企业，跨区域的零售企业也较少（特别是百货店类，而超市类企业也不多）。这当然有历史的原因，但这与简单规模增长模式成分也有很大关系。在简单规模增长的模式下，缺少规模效应带来的效率提高，企业扩张会导致经营效率下降和管理难度迅速上升。事实上我们的数据分析也显示了中国跨区域零售企业发展势头的减弱，这些跨区域企业也反映它们正在遇到越来越强的地区连锁零售企业的竞争。在国内，除了外资超市企业，很少能做到全国性经营的跨区零售企业。电器专业店利用电器连锁这一相对新兴市场的优势，在这个传统零售势力未涉及的领域基本做到了全国经营，但其能否实现经营水平的全面升级是跨区经营长期成功的关键，这对于其他业态也一样。

（3）缺少长期的经营投入。从融资方面的影响来看，资金来源的期间和企业战略决策的期间也是相对应和相配合的。如果资金主要来源都是短期的负债，那么对于企业管理层来说也很难规划长期的决策。事实上，有关经营业态创新和经营管理服务的持续提升是比简单规模扩张更长期的战略行动，需要长期和持续的投入。这不是短期滚动资金可以支持的。国外的同行比我们拥有更合理的融资结构，如前所述，我们的国外样本企业长期借款的比例都在 50% 以上，而它们不管在经营投入和扩张支出上其实都比国内零售企业更大。即使在金融危机影响的 2008 年和 2009 年，我们分析的世界 500 强零售企业的扩张支出比例仍然要高于国内上市企业的水平，其更稳健的长期负债为主的资金来源结构支持着其扩张的可持续性（见第六部分：国内外零售企业比较）。

（4）低资产效率、非主业投资。前文提到为配合短期为主的负债结构，国内零售企业一般持有相当数量的现金银行存款，约占总资产 20% 以上，有的企业的很大部分现金也需要用作银行票据（用以支付货款）的抵押。而我们国外同行的现金资产比例都不到 10%。高比例现金资产的直接结果是企业资产没有足够投入到运营中去盈利，资产利用效率低下。许多零售企业利用现金进行包括股票投资在内的许多与主业无关的短期投资活动也是为了搞高资产盈利效率，但是却很大程度上增加了资产的风险。

行业内也一直在讨论中国零售企业与国外竞争对手的差距，希望这些现有盈利和融资模式下的对中国零售企业竞争力不利的问题原因的分析，可作为大家讨论中国零售企业与国外同行竞争问题时的一个参考。

3. 外部影响

（1）零供关系问题。众所周知，供应商收费以及拖欠供应商账款是零售企业和供应商的关系问题的焦点。通过我们前述的分析，可以了解这其实是零售企业通过简单规模扩张模式的结果，其他零供关系问题如供应商抱怨零售企业随意退货等其实也都是这个模式下的产物。零供关系问题对零售企业的风险也一直存在着。在危机情况下，供应商可能会是零售企业的终结者也是零售企业倒闭的最大受害者。

零供关系紧张问题缘何不是一朝一夕能够解决的问题，归根结底是需要改变零售企业商业模式和融资环境问题。

（2）类金融机构化问题。大型零售企业利用网点和顾客基础发行消费储值卡也成为融资的重要渠道之一。我们发现个别企业的消费卡预收款甚至已达到总负债的 50% 以上。这种情况在超市和百货店企业中较多，专业店由于商品类别单一，消费卡用途有限，所以较少发行。这样的储值卡发行被认为类似金融机构吸储行为而为有关监管部门所限制，但这样的现象同样与零售企业缺乏融资渠道又拥有广大网点规模的业态特征相关。

以上分析我们尽量涵盖了零售企业风险因素的主要方面。当然，有关零售企业需要分析的风险和困难还有许多，我们的分析也是希望通过对零售企业发展模式的探讨来为研究中国零售企业面临的问题提供一个参考。

（五）零售企业主动转变发展模式

我们看到，中国零售企业正在主动进行的转型和变革，反映了零售企业正在通过自身力量打破简单规模增长自循环模式的发展趋势。这些积极的发展来源于零售企业对行业发展进步的自身需要，也是解决零售企业各项问题的方向：

1. 经营管理系统改进

许多零售企业在经济低迷时期反而加强了管理信息系统和供应链系统的建设，并在这些方面投入了大量的资金和人力。在帮助企业改善经济低迷时期业绩的同时，也为零售业复苏时抓住机会做好准备。

2. 掌握零售经营和供应链的主动权

一些大型零售企业开始考虑长远的经营模式转变，开始逐步掌握商品和销售的主动权。比如企业利用对消费需求研究为基础，与供应商合作或开发自有品牌商品，在商品设计和生产上的主动进行控制和规划，并且在销售队伍上也由厂商代表为主转变为自有销售团队为主。

3. 供应商费用率降低和毛利率上升

我们研究中的几大业态在2009年都发现零售企业的供应商收费所占销售比例的下降和毛利率水平的提高，而电器连锁为主的专业店的趋势相对更明显（见第三部分：零售企业盈利能力分析）。这与上述零售企业进行的经营模式的主动转变应该也不无关系。

4. 供应商账期稳定，对供应商融资扶持加大

在经济低迷时期，各业态零售企业的供应商平均账期都有不同程度的缩短。即使在经济复苏，零售额增长大幅回升的情况下，供应商账期仍保持了稳定。

更有一些大型零售企业启动了对供应商融资的扶持计划，比如有些零售企业为其供应商担保使其可以以供货发票向银行进行贷款。

而在改善零售企业融资环境方面，零售企业和相关各方也取得了许多积极的进展，为零售企业转变发展模式提供了支持：

（1）部分零售企业（特别是大规模专业连锁店）获得更多的银行票据融资，银行对零售企业在这方面的政策和条件也越来越放宽。

（2）中小企业融资担保服务也得到一定加强。政府部门和行业协会在其中起到了良好的协调和促进作用。

（3）股票市场创业板的开出为许多中小企业的融资开辟了渠道，已上市的企业中包括许多消费品零售企业。

（4）私募股权投资在国家政策的鼓励下继续积极发展壮大，零售行业作为中国最具希望的行业之一始终得到私募股权的青睐。

（六）参考建议

就长期来说，零售业已经发生的各项变化反映了零售企业现阶段寻求解决风险和困难面临的方向，而解决这些问题需要探寻造成问题的根本原因，也即形成现有简单发展模式的原因上。具体来说包括：

1. 企业自身转变发展模式、提升经营水平

（1）零售企业要跳出简单模式循环，从企业自身来说就在于经营管理水平的提升。企业应该从零售运营的各个主要环节，即：商品管理、供应链管理、门店运营管理、顾客服务、营销宣传等诸多方面全方位地制定长期战略，进行经营水平的改善提升，并投入充足的资金和管理精力。

（2）在实施战略中，重视并有效发展和利用两大资源：人力资源和信息系统。这里特别是要重视零售业人才的培养，不仅包括良好的培训和任用系统，还包括非常重要的建立有效的考核和激励机制。信息系统的建设中应该包括关键绩效指标（KPI）和关键风险指标（KRI）系统的建设。KPI 系统用于经营管理的持续改进，KRI 系统帮助企业监控经营和财务风险。

（3）差异化战略是零售企业长期发展的战略方向。在零售企业，差异化体现在价值驱动因素的各个主要环节中。它可以是精益管理下的成本领先，可以是供应链同步下的管理效率，也可以是客户中心导向下的品类最优化。

（4）建立和完善企业良好的现代公司治理结构，是企业提升经营管理和长期战略的制度基础和保障。这一点不管对于国有企业还是民营企业都是重要的。

2. 改善零售企业融资环境

零售企业融资环境的改善是零售企业改变现有发展模式的关键外部因素。为此，一方面要改善现有融资渠道（主要包括银行和其他金融机构的债权融资和证券市场上的股权融资），根据零售行业特点结合金融机构和证券市场的现状，对零售企业融资问题予以研究和探索，特别是对中小零售企业的融资尤其值得关注。另一方面，要鼓励零售企业新兴融资渠道的发展（包括国有产业/创业投资基金、私募股权资本，以及票据融资市场等），而改善融资环境是金融系统、零售行业和民间资本力量多方合力的系统工程，政府主管部门应加强各方的协调和相关的政策引导。

3. 政府其他相关促进政策

（1）针对企业本身而言：在提升零售企业经营水平方面，政府部门可以有针对性地鼓励零售企业商业模式的转型，在企业经营创新、提高管理、改进系统、培养人才的各个方面给予政策支持和行业指导，包括对国有、民营企业在建立、完善现代公司治理架构等方面的支持。同时，鼓励优秀企业的并购活动，用其先进的管理能力改变相对较弱的企业的经营状况，提供它们融资、后期整合等方面的政策支持，但应注意避免单纯行政指令性的非市场化并购。针对企业抗风险能力，帮助和指导企业建立有效的风险监控和管理机制。

（2）针对企业经营环境而言：保持长期健康发展最为关键的是，鼓励竞争、加强公平有序的市场环境。也包括对不同所有制形式和地区的公平竞争环境的维护。

——在现有国有零售企业占主导地位的情况下继续扶植国内民营零售企业（特别是

中小企业）的成长。民营企业作为零售业创新的新鲜血液将给行业提升机遇。反观中国消费品制造业中民营和国有企业高度竞争，形成了共赢局面，已经成为一个有国际竞争力的行业。

——零售企业普遍反映各地存在的地方保护，对地方内外企业政策不一或变相区别对待的情况也需要各方努力及政策配合来解决，为零售企业跨区域发展创造良好的环境。

——完善零售业对外开放的法规环境，逐步有序地扩大零售业对外资的开放程度，充分利用对外开放提高中国零售企业的水平。

——完善与零售企业发展经营相关的市场法律体系：包括反垄断和公平交易关系法规等。

3. 坚持和扩大各项促进内需的政策，短期的各项有效措施包括家电下乡、消费补贴等政策，但更重要的是建立和完善促进消费长期发展的政策，包括鼓励消费金融计划和社会福利体系等。

2010 年，金融危机对中国的影响渐行渐远，中国零售行业再次显现出欣欣向荣的景象。在思考后危机时代中国零售业的发展时，我们不能忘记金融危机帮助我们认识到的零售企业的风险和困难，它们不会随着危机的离去而消失，它们的危险也许正在下一次经济萧条期等待着我们。在新一轮的增长周期来临时，希望零售企业能够继续坚持创新转型和管理提升，实现行业长期健康发展，也为在下一个经济低迷时期变危机为机遇做好准备。

三、零售企业盈利能力分析

（一）零售企业收入

1. 整体情况

受金融危机影响，零售企业收入同比增长率在 2009 年继续大幅放缓。然而 2009 年下半年起，零售企业收入的增长有了明显恢复。

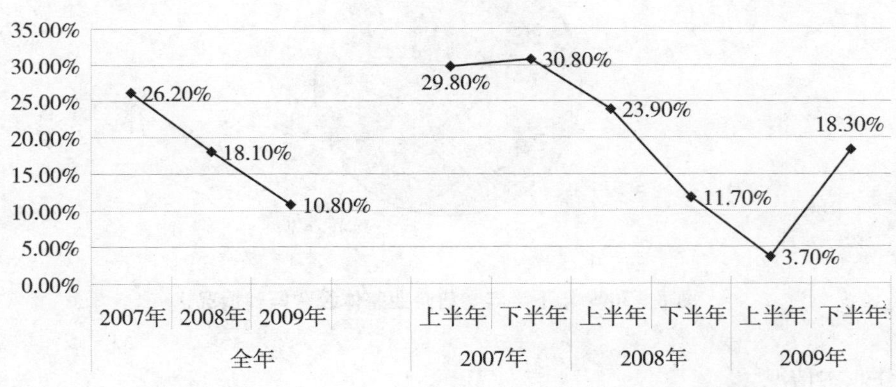

图 6 零售企业收入同比增长率分析

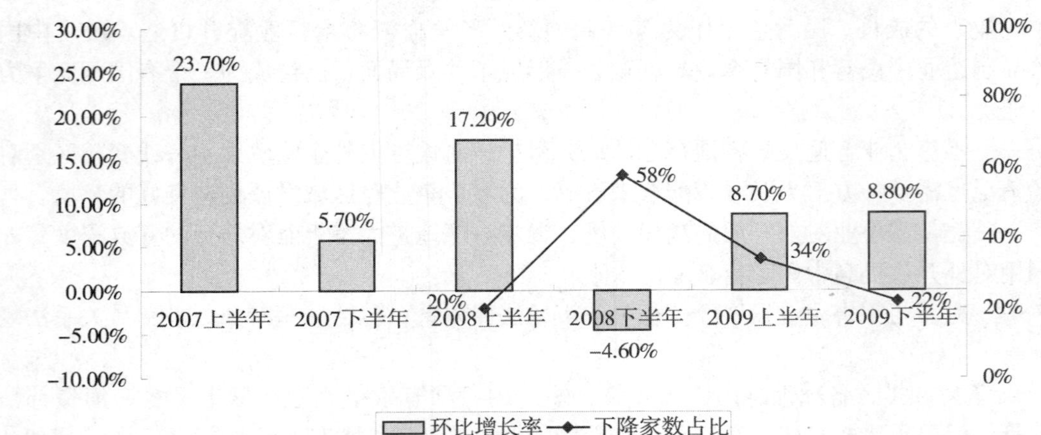

图 7 零售企业收入环比增长率分析

从零售企业年度主营收入来看，2009 年的增长率进一步放缓至 10.8%。在经济危机对中国零售企业的影响下，部分零售企业（如家电专业店等）也借此放缓了扩张步伐，同时将注意力从收入增长转移至提高单店经营绩效。

通过对半年度收入数据的分析，零售企业收入同比增长率从 2009 年上半年度的 3.7%大幅上升至下半年的 18.3%，恢复趋势明显。

通过对半年度收入增长率环比分析，2009 年下半年环比增长率达到 8.8%，超过了 2009 年上半年，而一般来说下半年的增速通常会减缓。2009 年下半年出现收入环比增长率下降的零售企业仅为五分之一。

同样，从问卷调查中了解到，超过 80%的受访零售企业认为 2009 年下半年较上半年情况好转。

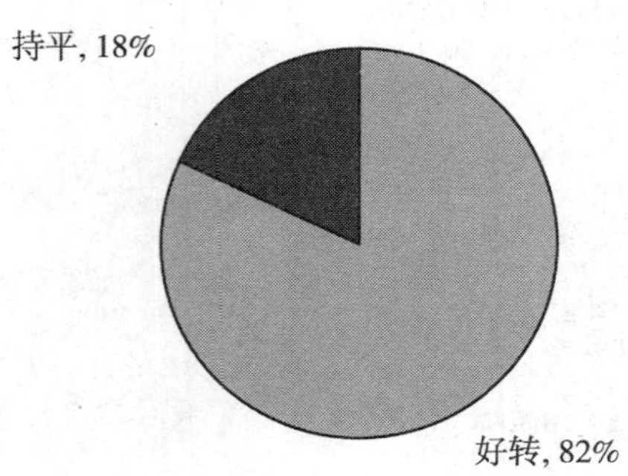

图 8 2009 年下半年零售企业整体经营好转情况

2. 分业态情况

2009 年下半年，各业态收入同比增长率已恢复到较高水平。数据显示，百货店收入增长率受宏观经济低迷的影响幅度较其他业态相对较小。

（1）同比情况

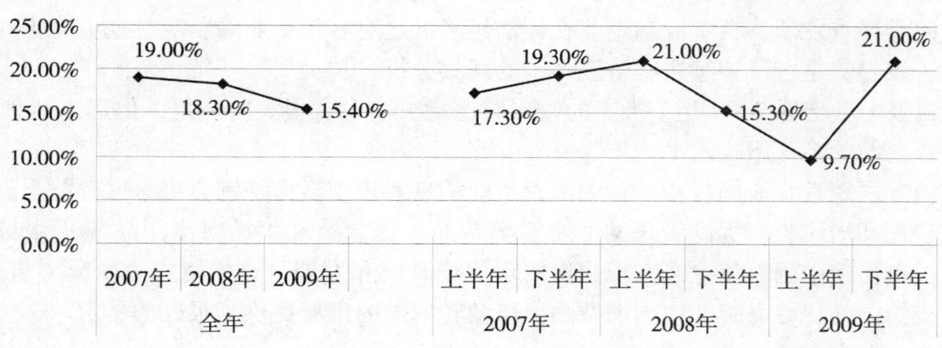

图 9 百货店收入同比增长情况

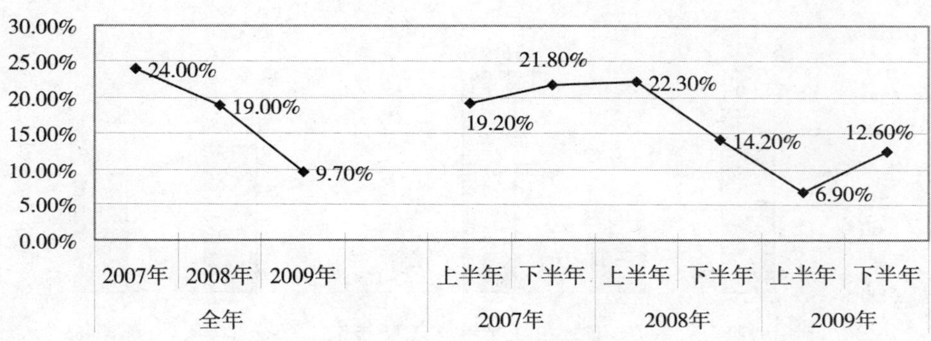

图 10 超市收入同比增长情况

虽然百货店收入增长率也受到经济低迷的负面影响，但影响幅度相对于其他两大业态较小。通过半年度收入同比增长率分析，2009 年下半年百货业的收入增长率不仅远高于上半年，更是达到了我们观察期内的较高水平。

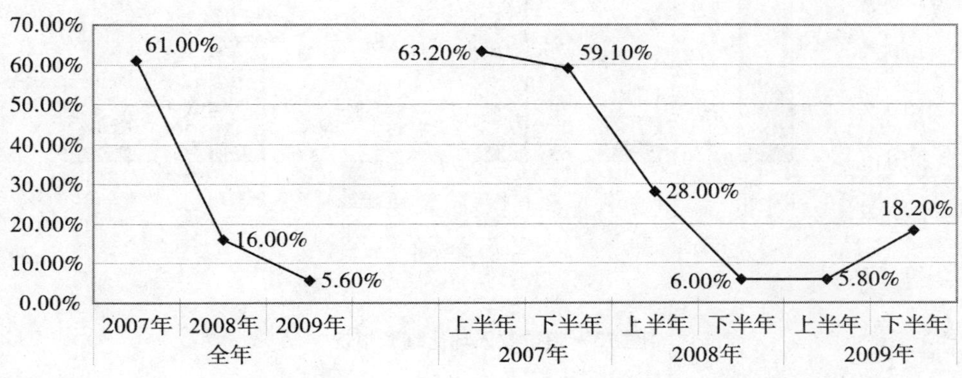

图 11 专业店收入同比增长情况

从问卷调查发现，百货业态企业在评估经济低迷对零售企业的影响时也更为乐观。当然，对于该趋势是否可持续还有待进一步的观察分析。

超市及专业店在 2009 年下半年的收入同比增长率也有很大的恢复，但远未达到 2008 年上半年之前的高速增长水平。

与西方国家百货业同行相比，中国百货业的良好表现显得特别突出。这得益于近年来中国城市化和居民收入提高带来的非必需消费品（如服装和生活时尚用品等）市场的迅速扩大，也促使中国百货业态实现快速的现代化升级和发展，并始终成为主流零售业态。同时，也给国外优秀品牌和中国消费品出口商转向国内市场提供了很好的平台。

（2）环比情况

环比分析也显示出 2009 年下半年零售企业营业收入增长的恢复。家电为主的专业店在 2009 年下半年的环比增长率持续攀升尤为明显。

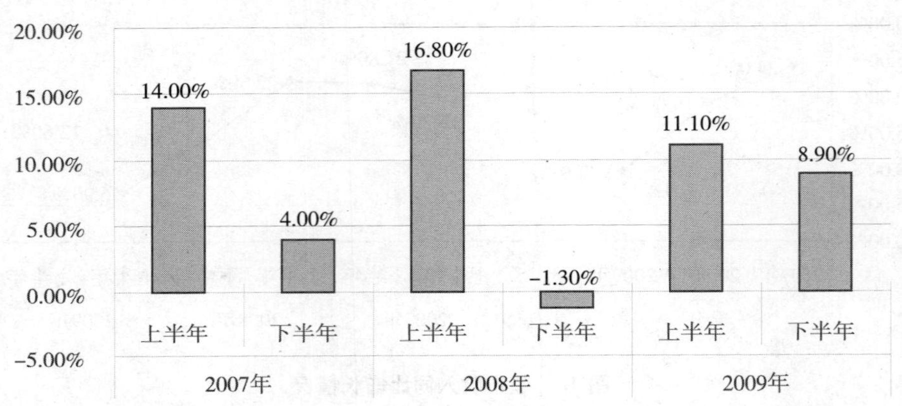

图 12　百货店收入环比增长情况

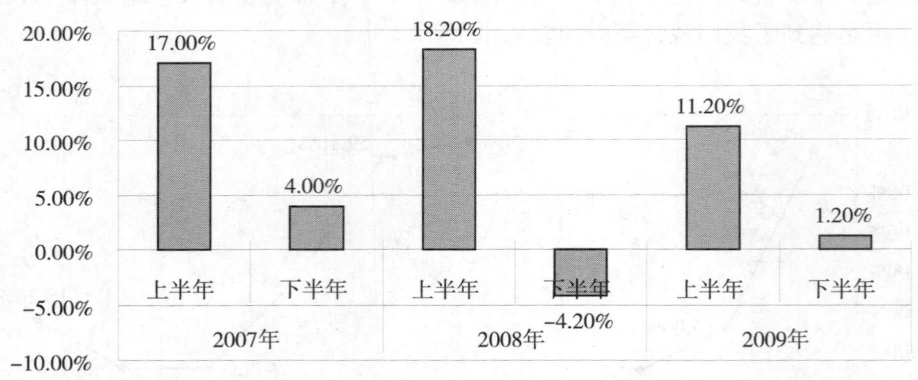

图 13　超市收入环比增长情况

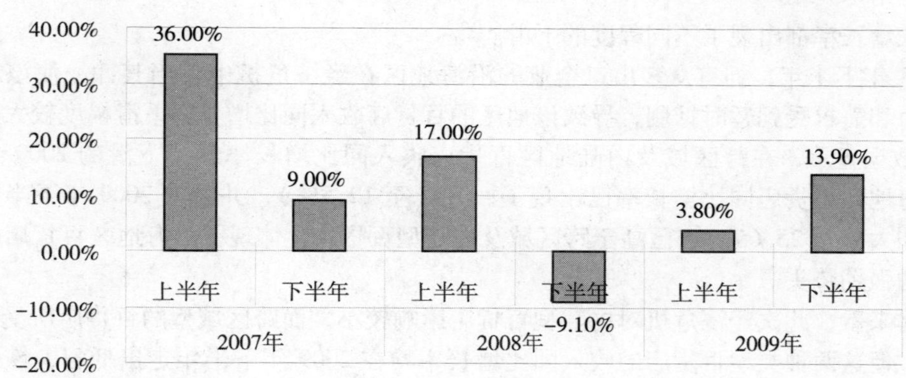

图 14　专业店收入环比增长情况

总体来说，半年度收入环比增长率具有一定周期性。一般地，上半年高于下半年。

本研究发现，2009 年下半年百货业态零售企业收入环比增长率不仅与上半年差距较小，更是双倍于宏观经济较为繁荣的 2007 年下半年。同时超市下半年的环比增长率也高于 2008 年同期水平。这也显示了百货及超市业态零售企业收入增长的恢复。

从环比分析看，2009 年下半年，以家电为主的专业店收入增长率持续攀升的趋势尤为明显，从 2008 年下半年的 9. 1% 的负增长上升至 2009 年下半年 13. 9% 的正增长。

从访谈中了解到，这种发展状况一方面受益于宏观经济的回暖，另一方面也受益于 2009 年下半年国内房地产行业的恢复。

2009 年年底起，国家为抑制房价的过快上涨，制定了收紧房屋贷款银根、限制房产投资，以及加强税赋等一系列措施，在一定程度上打击了房地产市场的活跃程度。受此影响，将对以家电为主的专业店的收入增长造成多大程度的影响尚待进一步的观察。

3. 分区域各主要业态情况

内陆型百货店营业收入增长率受经济低迷的影响较小，而沿海地区的百货店收入增长率的恢复更为强劲，其同比增长率在 2009 年上半年就超过了跨区域型和内陆型百货店。

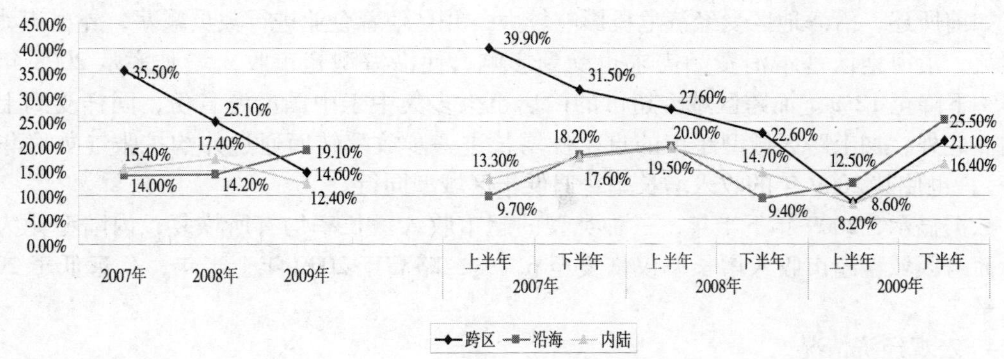

图 15　分区域百货店收入同比增长情况

沿海地区百货店在 2009 年营业收入增长率上升至 19. 1% ，而同时跨区域及内陆型同行的收入增长率都出现了不同程度的下滑。

2008 年下半年，拥有众多出口企业的沿海地区在经济危机中首当其冲，使该地区的消费能力和需求受到暂时抑制，导致该地区的百货店收入同比增长率下滑幅度较大。然而 2009 年数据显示，在跨区域及内陆地区百货店收入同比增长率继续下滑的 2009 年上半年，沿海地区百货店同比增长率已出现了回升（至 12.5%），并且在 2009 年下半年，回升幅度加大（至 25.6%），已高于跨区域及内陆型百货店，体现了沿海地区百货店收入恢复增长的强劲势头。

总体来看，此次经济危机对内陆型百货店影响较小，而跨区域型的百货店所受到的冲击较大。但这两种类型百货店的收入同比增长率均在 2009 年下半年走出低谷，恢复至两位数的增长。

较之跨区域和沿海型超市，内陆型超市的零售收入增长率更高；在经济低迷时期，内陆型超市所受的影响同样相对较小且最快得到恢复。

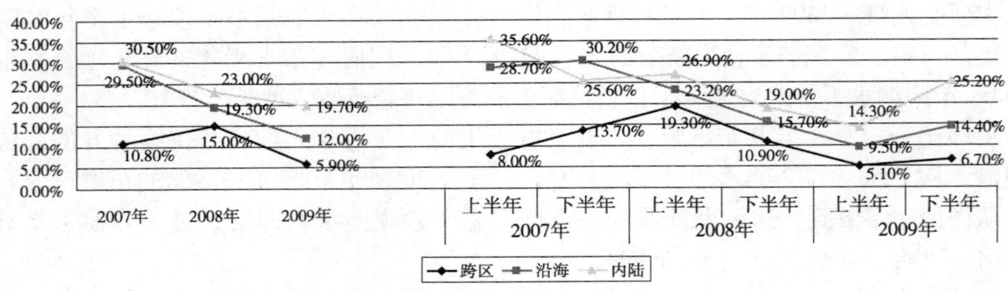

图 16　分区域超市收入同比增长情况

内陆型超市零售收入增长率在我们观察期内均高于沿海型及跨区域型同行，并且在经济低迷时期，收入增长率所受到的影响程度也较小。由于基础较为薄弱，中国内陆城市化进程增速较快，加上内陆居民基本生活水平的提高幅度也要高于沿海地区，使该地区以食品及日用消费品为主的超市企业获得了更快的增长机遇。

如前所述，沿海地区受经济危机影响较大，并且随着企业进行裁员减薪，外出劳动力的回流，沿海地区基本消费品需求也受到影响，使沿海型超市收入增长率从 2008 年的 19.3% 下降至 12%。而跨区域型超市的门店也大多集中于中国沿海省份，同样受到上述影响。此外，加上跨区域型超市的自生性增长进一步放缓转而通过并购扩张（如联华超市等），也使其 2009 年的收入增长率普遍低于区域型同行。

数据显示，2009 年下半年，三种类型的超市收入增长率均有所恢复，内陆型尤为强劲，而跨区域型超市收入增长率仅恢复至 6.7%，略高于 2009 年上半年，且远低于 2008 年水平。

4. 宏观经济情况

在经济整体低迷时期，社会消费品零售总额同比增长始终高于国内生产总值同比增长，显示零售行业对整体经济的稳定及恢复所显现的贡献不可忽视。

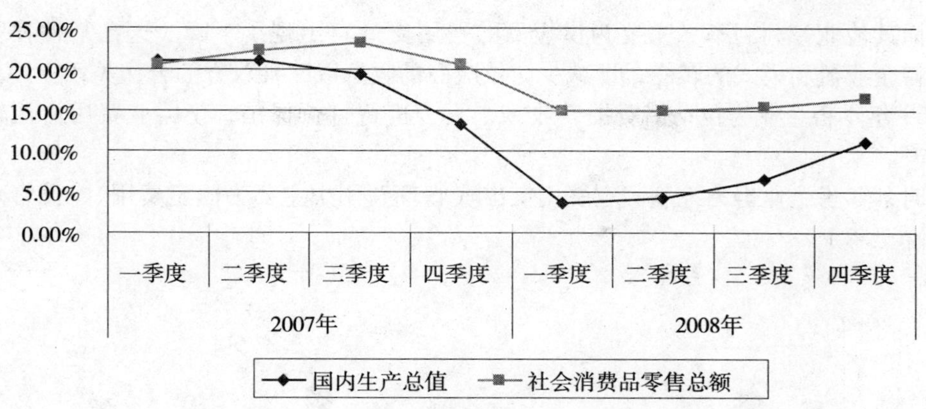

图 17 2008—2009 年社会消费品零售总额与国内生产总值同比增长情况

从 2009 年年初起，消费者信心指数与社会消费品零售总额同比增长率体现出一致的回升趋势。

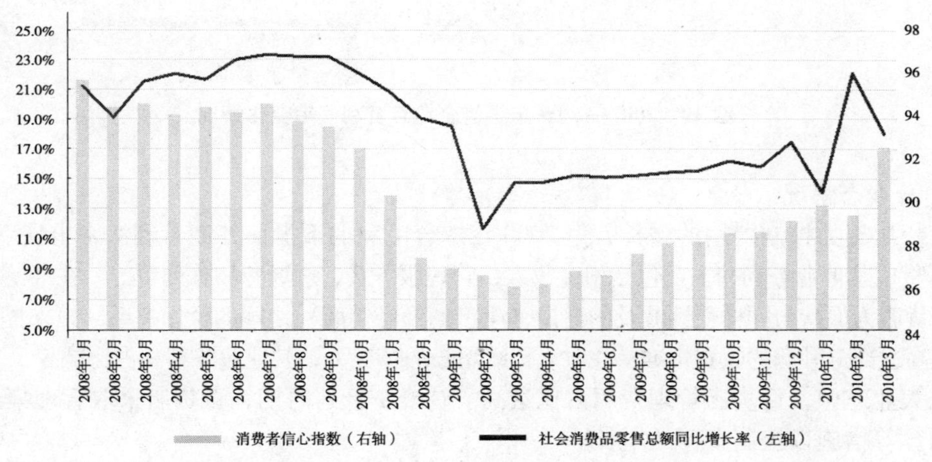

图 18 2008 年 1 月—2010 年 3 月消费者信心指数与社会消费品零售总额同比增长情况

（二）经营利润及费用

1. 整体情况

零售企业整体经营利润率在 2008 年下半年下降后，恢复情况并不稳定。而在费用控制方面，零售企业面临较大的挑战。

一般来说，其他业务利润率及营业费用占比具有一定周期性，下半年要高于上半年。

与 2007 年及 2008 年同期比较，2009 年上下半年的其他业务利润率都要偏低，但总体费用都比前两年同期偏高。特别是在销售收入大幅回升的情况下，费用率非但没有因为固定费用摊薄而下降反而上升了，反应出零售企业在费用控制方面的挑战。

2009 年，零售企业总体综合毛利率无明显变化，但从其构成中发现直接毛利率有所上升，而其他业务利润率（主要为供应商的费用支持）出现了下降。这在某种程度上体现了零售企业盈利模式的转变，即减少向供应商的收费以改善双方的合作关系。

2009 年零售企业为拉动消费提升收入，大力进行打折促销，使营业费用占比较往年有所上升。

同时，零售企业努力控制固定费用支出（管理费用中主要为固定费用），使管理费用占比下降至 4.1%。

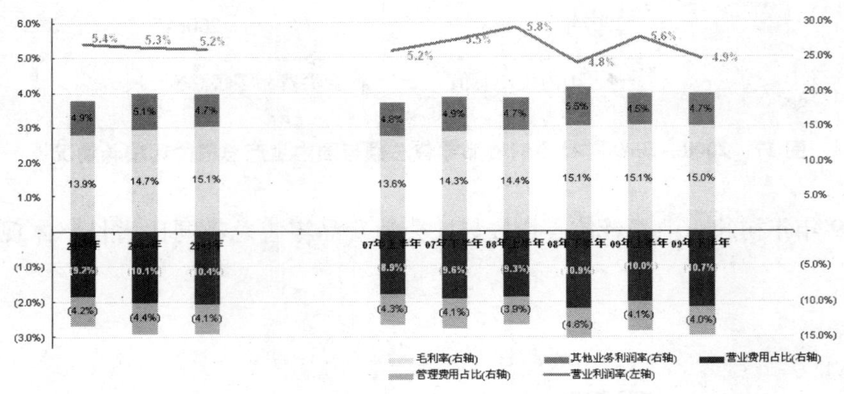

图 19　2007—2009 年零售企业经营利润率变化情况

2. 分业态情况

百货店努力控制费用的增长，但 2009 年综合毛利的下滑使其经营利润率出现下降。

百货店其他业务利润主要包括租金收入、管理服务费、进场费和陈列费等。在经济低迷时期，百货店为保持与同样受到波及的商户（生产商及经销商）之间的合作关系，并未提高或未显著提高这部分利润的收费标准。在收入持续增长的情况下，其他业务利润占比减少。

三大业态中，百货店管理费用占比最高。在经济低迷时期，百货店采取管理集约化并加紧预算等措施以控制费用的增长。

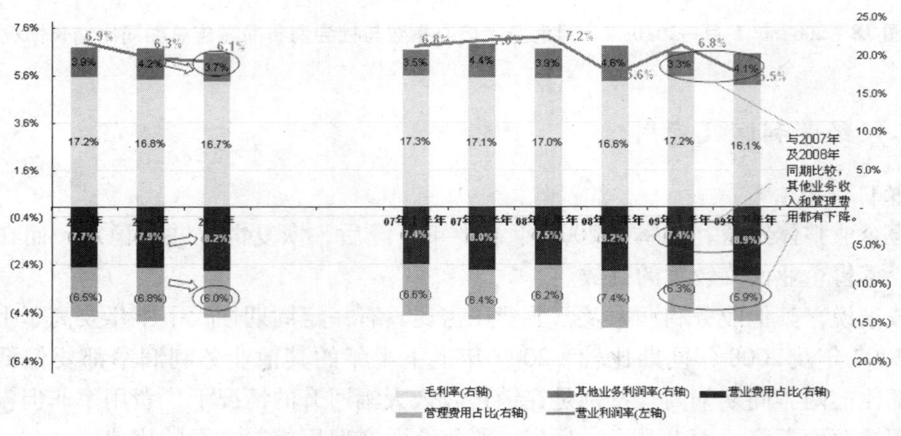

图 20　2007—2009 年百货业态经营利润率变化情况

2009 年下半年，供应商费用支持的下降及经营费用的持续攀升使超市的经营利润率降至金融危机以来的最低水平。

2008 年下半年至 2009 年上半年经济低迷时期，超市曾通过向供应商争取更多的费用以保证其经济利润率。但数据显示，这种措施在 2009 年下半年并未持续，其他业务利润率回落至 6.6%。我们所进行的问卷调查也反映出同样的情况。

在综合毛利下降的情况下，超市努力控制营业费用的增长，虽然 2009 年下半年营业费用占比较 2008 年同期有所下降，但从全年情况看依然上涨了 0.3%，使超市经营利润率下降至 1.7%，为三大业态中最低，也是金融危机影响以来的最低水平。

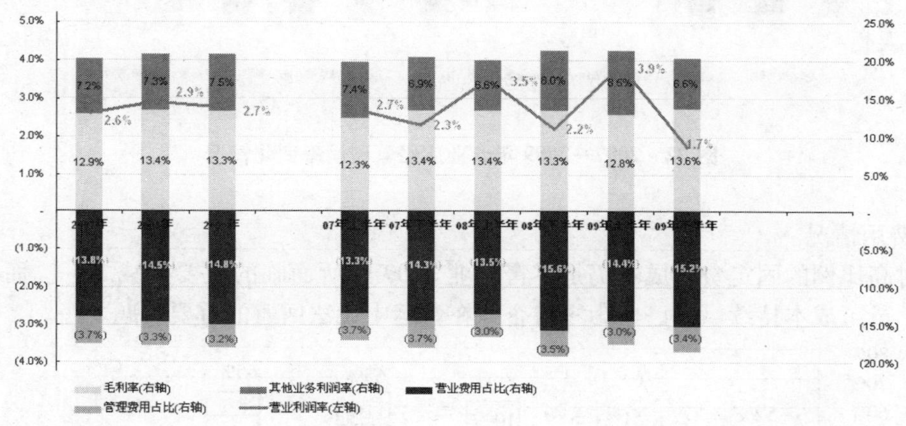

图 21　2007—2009 年超市经营利润率变化情况

2009 年，家电为主的专业店的利润结构显现较为明显的变化：毛利率升高而供应商费用为主的其他业务收入率下降，一定程度上反映专业店与供应商合作模式的变化。

数据显示，2009 年专业店其他业务利润率下降 0.8% 的同时，毛利率上升了 1.1%。从样本公司年报了解到，部分专业店持续推进与供应商合作模式的简单化，降低收费以获取更低的采购成本，从而提高毛利率水平。

同时，以家电为主的专业店开始更多的采用 ODM①、OEM②、定制及包销等采购方式以降低成本，使毛利率得到提升。

专业店同样对营业费用加强了控制，特别是 2009 年下半年，营业费用占比较 2008 年同期有所下降。

---

① ODM（Original Design Manufacturer）原始设计制造商，是指某制造商设计的某产品，被另外一些企业要求配上后者的品牌名称进行生产（或稍做设计修改后“贴牌”生产），这样可使后者减少自身研制时间。而前者（设计制造商）被称为 ODM 厂商，其产品就是 ODM 产品。ODM 厂商可采取买断或不买断方式将设计产品方案提供给品牌拥有方。

② OEM（Original Equipment Manufacturer）原始设备制造商，是指一厂家根据另一厂商的要求，为其生产产品和产品配件，亦称为定牌生产或授权贴牌生产，即委托加工或转包合同加工。

ODM 与 OEM 的区别就在于产品知识产权的归属。如果生产者拥有产品设计权属，那就是 ODM，俗称“贴牌”；如果委托方享有产品知识产权，那就是 OEM，俗称“代工”。

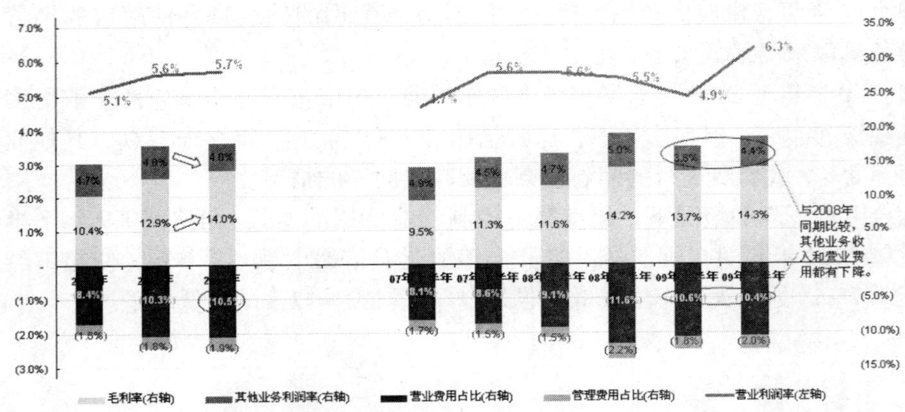

图 22　2007—2009 年专业店经营利润率变化情况

3. 费用情况

支付高比例的固定费用成本仍是零售企业 2009 年所面临的主要挑战之一。而房租居高不下、员工成本持续攀高已成为零售企业在营运中无法回避的首要问题之一。

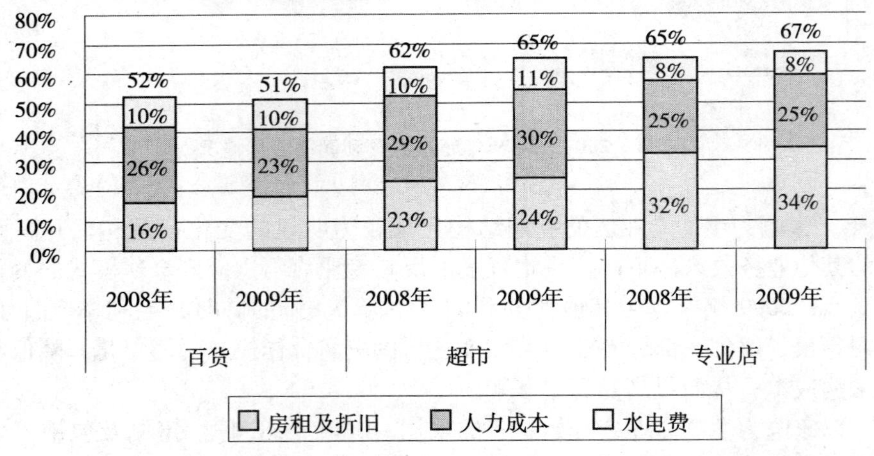

图 23　2008—2009 年零售企业固定费用占比情况

上图可见，除百货业外，租金及折旧、人力成本及水电费（三大固定费用）占总费用的比例均有所提高。而对零售企业总体而言，全部固定费用占比应更高。对此，本研究虽无法进行详细统计，但访谈中我们了解到一些零售企业的固定费用达到总经营费用的 80% 以上。

在问卷调查中，三分之一的受访零售企业认为支付固定成本（工资、租金等）是 2009 年公司所面临的最大挑战。

许多零售企业反映，房租居高不下，且每年不断递增，企业承受很大的支付压力。超市和电器专业店较多租赁物业经营，虽然租赁期一般都较长（10 年甚至 20 年），但是在快速扩张新店的情况下，市场租金水平的上涨仍给零售企业带来很大的压力；而且较早开业的店面，许多已到更新租约的时候。而百货店的物业则较多为自有物业，租金压力方面相对缓和。近期，超市和专业店也开始寻求购买自有物业来扩张发展（比如乐购和苏宁电器），反映出零售企业应对租金成本上升的一种发展趋势。

另外，人力成本上涨预期也是零售企业无法回避的首要问题之一。2009 年至 2010 年，各地方基本都出台了提高最低工资标准的政策，有些企业为防止员工流失也主动提高了工资标准。在此环境之下，零售企业只有不断提高经营效率才能保证经营利润率的稳定。相比其他业态，由于超市一线简单工种的劳动力（如收银员）结构比例相对较高，最低工资标准提高对其成本的影响更大。

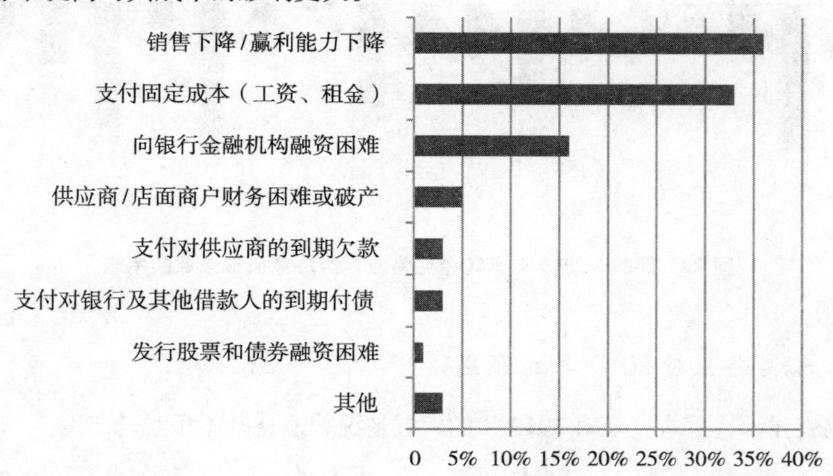

图 24　2009 年零售企业所面临的挑战

4. 应对措施

问卷调查显示：相对于 2008 年，零售企业在 2009 年更多采取关店以及控制人员成本的方式来应对危机，改善经营状况；同时，很少再向供应商收取更多的促销费用，而考虑压低采购价格的情况也大幅减少。

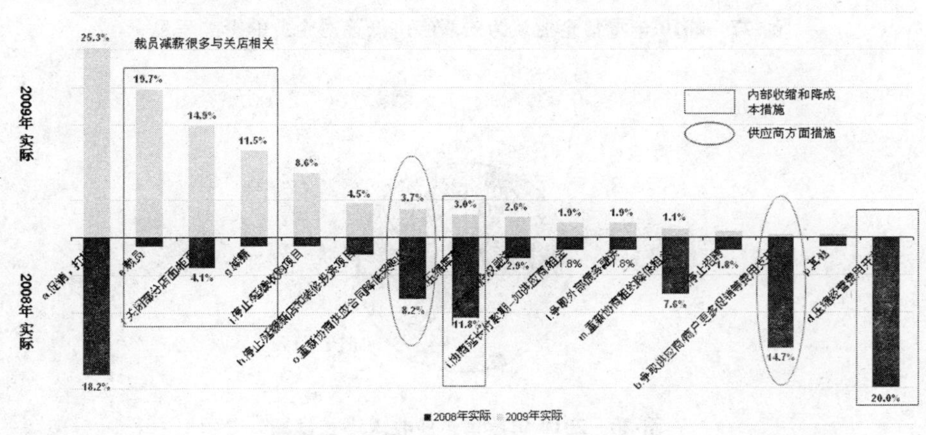

图 25　2008—2009 年零售企业为应对经济危机实际采取的措施

2010 年，零售企业准备采取的主要应对措施与 2009 年基本一致。

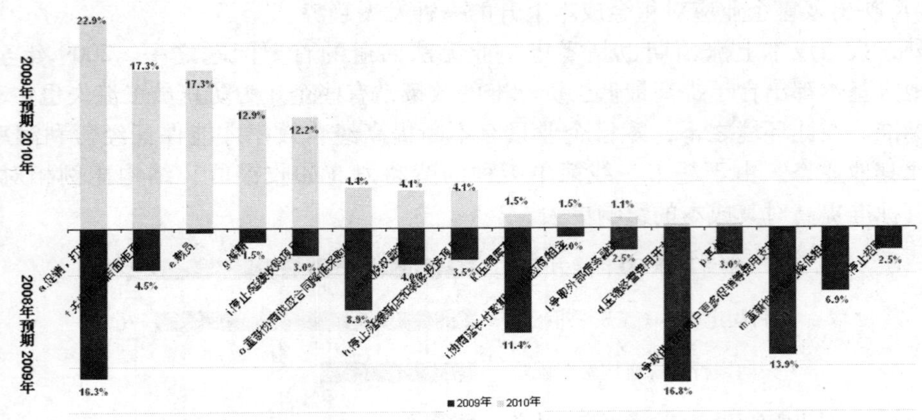

图 26　2009—2010 年零售企业为应对经济危机拟采取的措施

（三）零售企业对 2010 年的预期

问卷调查显示，零售企业对 2010 年的发展情况普遍持基本乐观的态度。

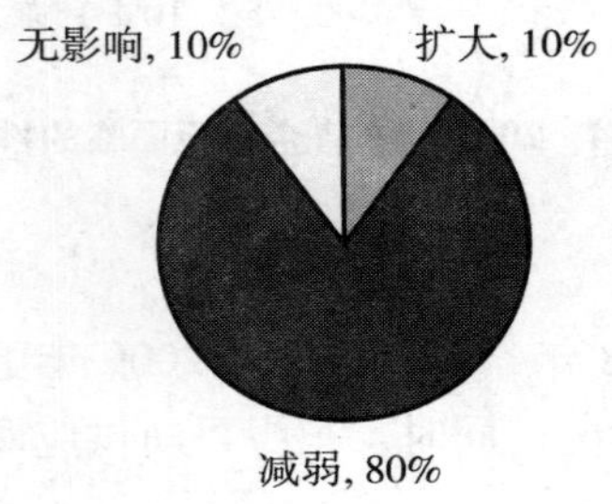

图 27　2010 年零售企业认为宏观经济低迷对企业的影响程度

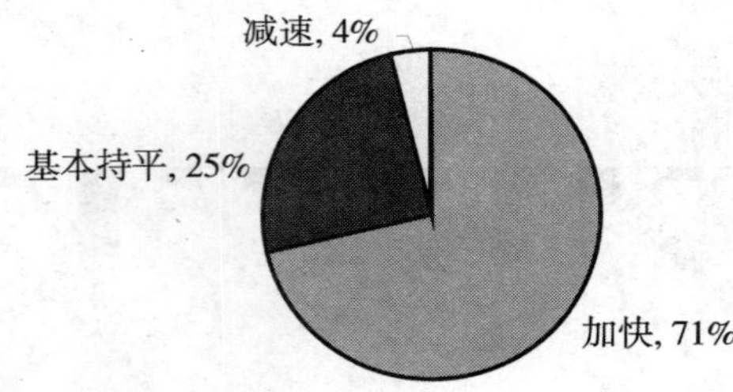

图 28　2010 年零售企业收入增长预期

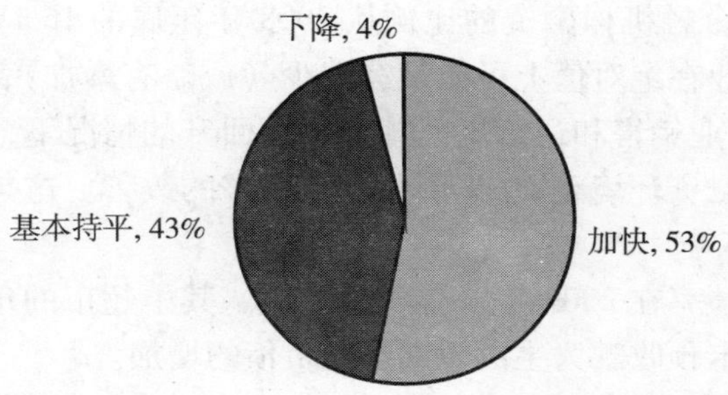

图 29 2010 年零售企业利润增长预期

四、零售企业偿债及融资能力分析

从供应商账款中所获得的资金仍旧是零售企业最重要的资金来源。截至 2009 年，其在总资金来源中的占比为 27%，而同时零售企业从金融机构融资资金所占比例却有所下降。

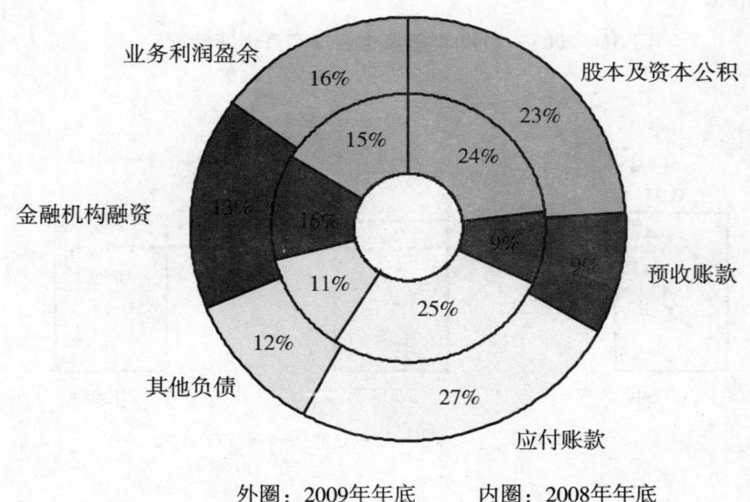

图 30 2008—2009 年零售企业资金来源构成

在以往的调研报告中曾得出，企业的资金来源主要由股权融资（股本及资本公积）、带息贷款（金融机构融资，包括银行借款及债券融资）、营运负债（应付账款、预收账款及其他负债）和业务利润盈余构成。2009 年年底零售企业的资金构成与 2008 年年底并没有大的变化。

但值得注意的是，中国零售企业从供应商账款中所获得的资金仍旧是企业最重要的资金来源，其所占比例上升两个百分点，至总额的 27%。比例的增加与零售企业销售增长恢复后业务规模扩大有关，供应商的平均账期没有很大变化。我们发现，大型电器专业店等企业则更多地获得银行票据对其支付供应商账款的支持。

此外，零售企业从金融机构融资的比例从 2008 年年底的 16% 下降至 2009 年年底的 13%。虽然对于单个企业在绝对值上可能没有减少（或略有增加），但在总体银根较为宽松的 2009 年，在零售企业销售和运营规模普遍大幅回升的情况下，金融机构融资比例的下降反映出零售企业的融资环境至 2009 年并未有明显的改善。这与我们问卷调查的结果也是一致的。

零售企业较高的负债率在 2009 年未有明显变化。其中超市的负债率有所上升，体现在以供应商账款和消费卡预收款为主的短期营运负债的增加。

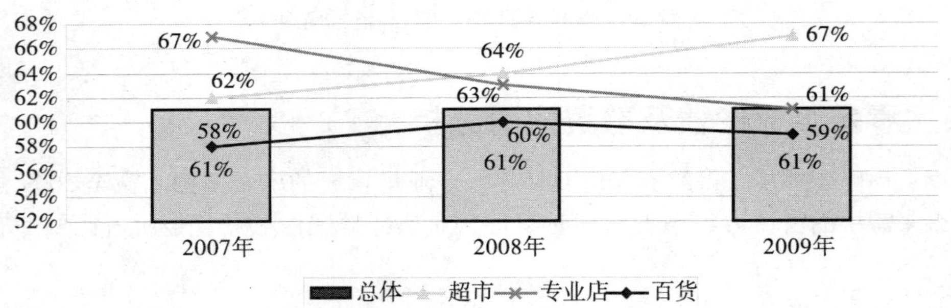

图 31　2007—2009 年零售企业资产负债率情况

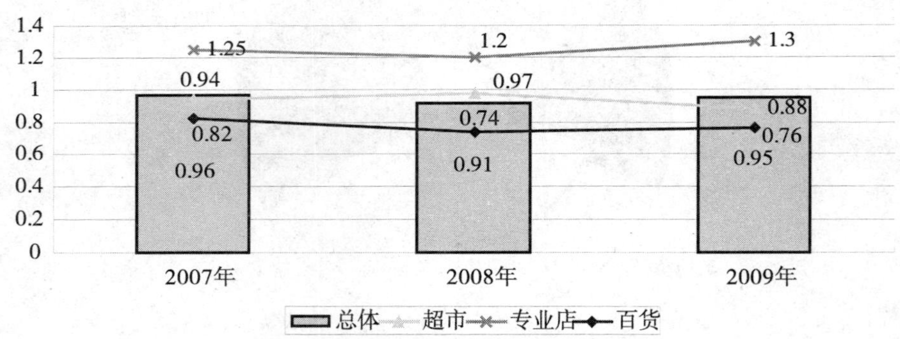

图 32　2007—2009 年零售企业流动比率情况

总体来说，零售企业资产负债率在最近三年基本稳定在 61% 左右。

超市企业的资产负债率逐年上升，2009 年年底升至 67%。超市企业的流动比率在 2009 年年底下降至 0.88。反映了超市负债率的提高主要体现在对来源于应付供应商账款及消费卡预收款等短期营运负债更多的资金依赖。

虽然超市应付账款周转天数并未有明显变化，但随着业务规模的扩大，其供应商账款的总量随之上升。同时，超市通过发行消费储值卡所获得的资金也随业务扩大而增长，2009 年年底时已占流动负债的 13.6%。同时，超市的持续扩张也更依靠来源于这些短期营运负债的融资。

与 2008 年年底比较，2009 年专业店样本企业相对有较多的股份增发。这使得专业店总体负债率下降至61%，流动比率上升至1.3，偿债能力有所提高。但零售企业整体在证券市场上的股权融资比例仍然十分微小。

（一）营运负债

1. 供应商账款账期

2009年，百货及超市企业的供应商账期并未有明显变化，而专业店则通过获取银行更多的票据融资增强其支付供应商账款能力。

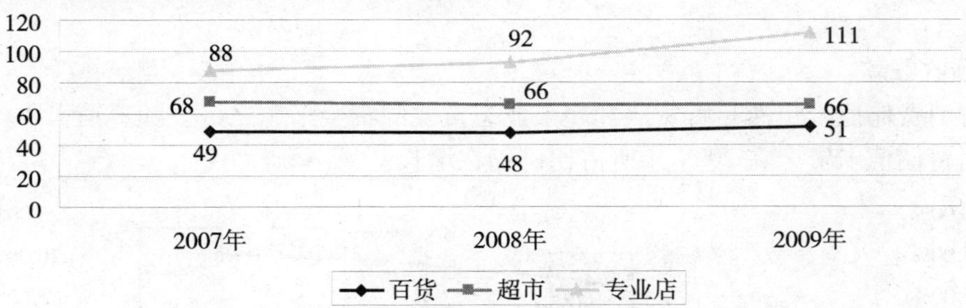

图33 2007—2009年三大业态供应商账期情况

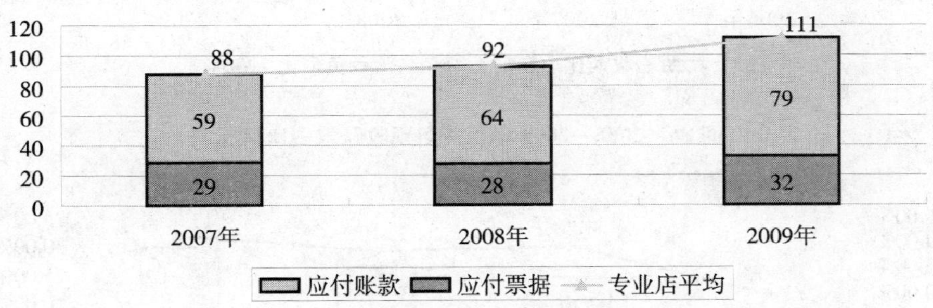

图34 2007—2009年专业店供应商账期情况

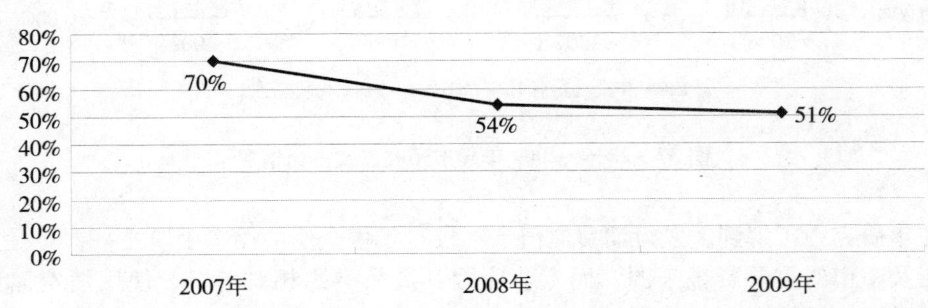

图35 2007—2009年专业店相关抵押资金占应付票据比例情况

上图中支付供应商账款包括应付账款以及向供应商开具的尚未兑现的应付银行票据。三大业态企业应付供应商账款周转天数有较大差异，百货店为一个半月，超市在两个月左右，而以家电为主的专业店则达三个月以上。

2009 年，百货店和超市应付供应商账款账期没有明显变化。专业店应付供应商账款周转天数在 2009 年大幅上升至 111 天，主要增长部分是专业店从银行获得更多的票据融资并用于支付供应商款项。从图 34 中可明显看到，周转天数增量主要是由应付票据构成。

同时，专业店的相关抵押资金占其应付票据的比例近年来一直在下降，至 2009 年年底已下降至 51%，也即企业能以更少的抵押资金获得更多的票据融资，体现了银行对专业店企业的融资支持。

相对而言，百货店及超市则较少使用票据支付供应商欠款，不及供应商账款总额的五分之一。

2. 预收账款

发行消费储值卡仍然是百货店和超市业态重要的资金来源之一。随着销售收入增速的恢复，消费储值卡资金在 2009 年所占比例仍在增长。

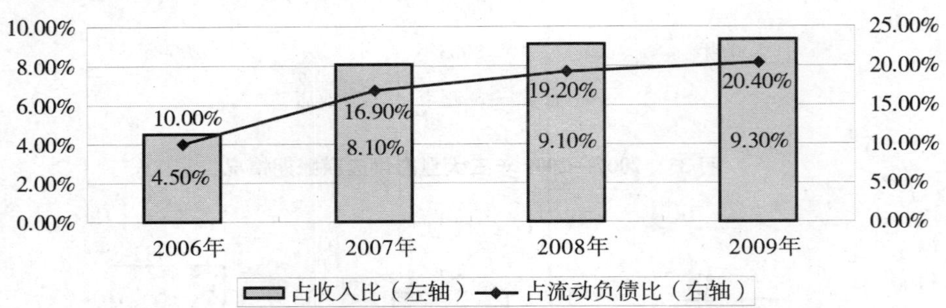

图 36　2006—2009 年百货店预收账款占比情况

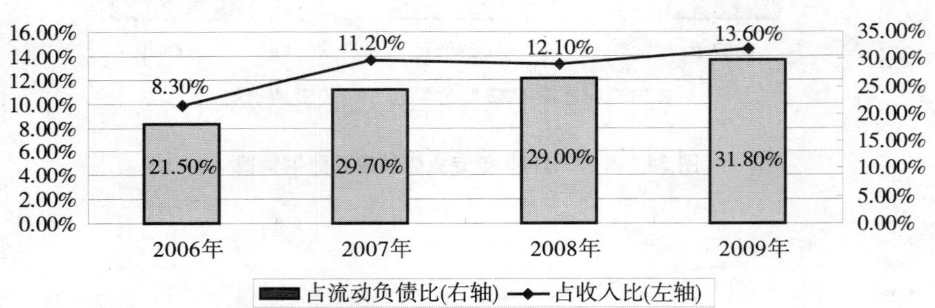

图 37　2006—2009 年超市预收账款占比情况

在往年研究中了解到，发行消费储值卡不仅是零售企业的促销手段之一，更是一些大型百货店及超市的重要资金来源，而专业店因其商品类别相对单一，使用消费储值卡受限，此类融资一般较少。

虽然近年来消费储值卡预收款的增幅有所放缓，但其增长趋势仍在持续。特别是超市，随着销售增速的回升，2009 年较 2008 年年底消费储值卡资金的增长较为明显（见图 37）。

消费储值卡仍在被越来越多的零售企业采用，包括过去使用并不多的专业店。在带来无息资金的同时，过度依赖这项资金来源的长期风险以及对它的监管应受到关注。

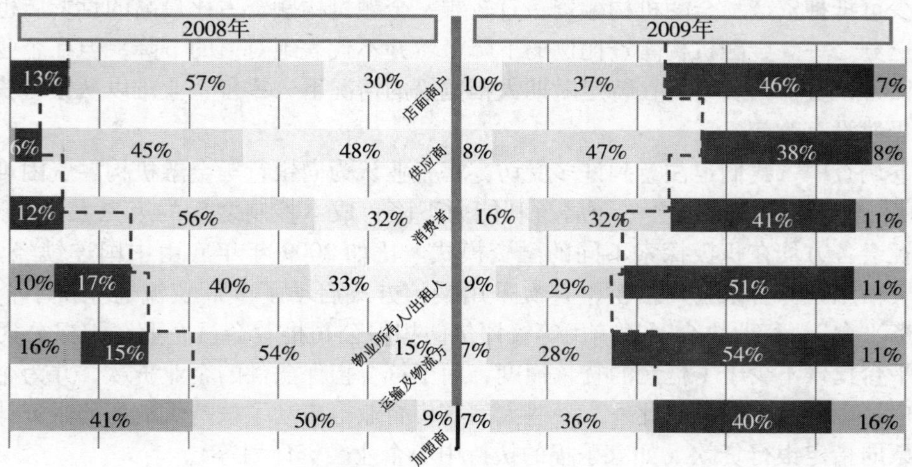

图 38 2008—2009 年零售企业经营活动相关各方受经济低迷影响程度

3. 经济低迷影响

零售企业认为 2009 年经济低迷对其经营活动相关各方（包括供应商）的影响程度已明显减弱（见图 38）。

（二）金融机构和证券市场融资

1. 金融机构融资情况

虽然 2009 年的银行信贷环境总体上大为宽松，但问卷调查显示，大部分零售企业并不认为它们的银行融资环境在当年有明显改善。数据显示，2009 年三大零售业态在金融机构借款占总负债的比例均有所减少。

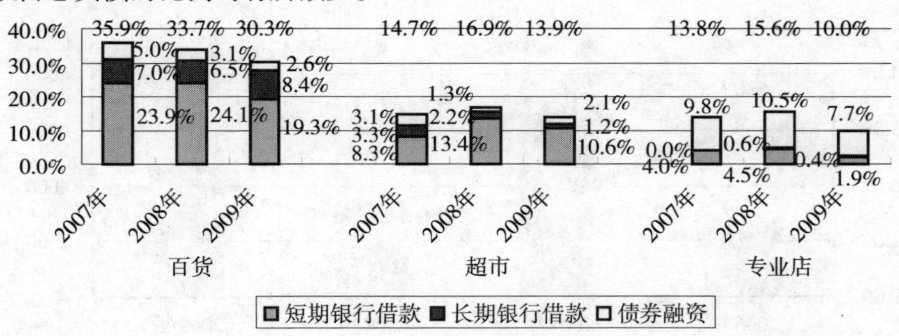

图 39 2007—2009 年三大零售业态在金融机构借贷情况

2009 年为促进经济复苏，我国总体信贷政策大为宽松。2009 年金融机构本外币新增贷款 9.4 万亿元，约为 2008 年新增贷款的两倍。但问卷调查显示，仅有 14% 的受访查企业认为 2009 年零售企业的银行融资环境得到明显改善（见图 40）。相反地，三大零售业态在金融机构融资的比例在 2009 年全部有所下降（见图 39）。中国零售企业相比其他行业因缺少可抵押资产，金融机构融资一直较难，金融机构融资占比最高的百货店也仅为总负债的三分之一。金融机构融资比例的下降虽然并不代表绝对值的下降，但在企业营业规模大幅回升，整体信贷环境在特定时期大幅宽松的情况下，零售企业难以从银行获得融资的问题仍然没有改变。

问卷调查中，我们也注意到许多受访零售企业认为向银行等金融机构融资困难是它们在2009 年遇到的最大挑战之一（居盈利能力下降、成本控制之后的第三大挑战）。面对挑战，社会各方均在积极探索不同的融资模式。比如 2009 年年底由中国连锁经营协会、中担投资信用担保有限公司搭桥，首次采用授信方式启动了“商贸流通业中小企业担保融资服务平台”，行业协会通过信用等级评价向担保公司推荐会员企业，担保公司授信融资服务平台提供不少于 1 亿元的贷款额度，用于符合担保条件的企业贷款，并为企业贷款担保费申请国家政策补贴。此外，一些大型零售企业也启动了扶持供应商的融资计划，以供货发票向指定银行贷款（如家乐福的扶持中小企业融资计划等）。

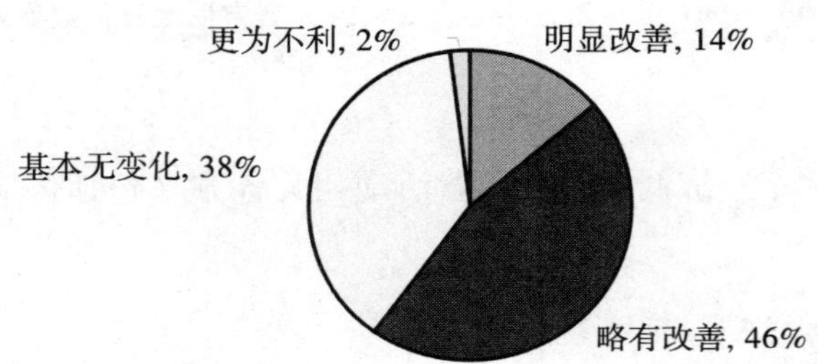

图 40　2009 年零售企业对金融机构融资环境感受情况

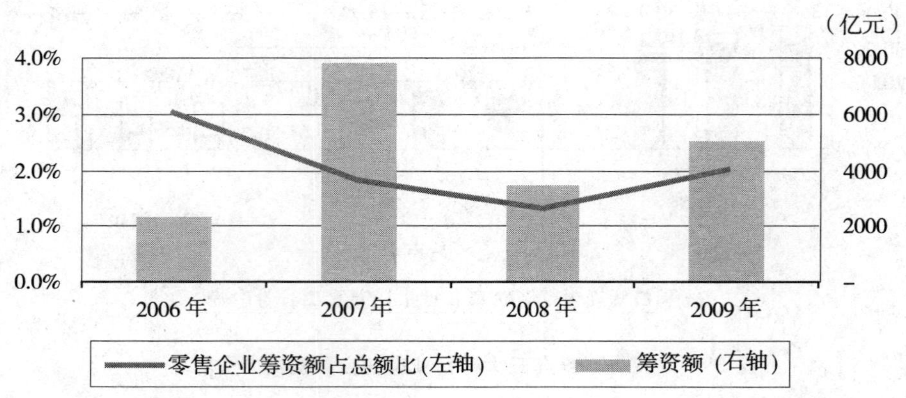

图 41　2006—2009 年零售企业证券市场融资情况

2. 证券市场融资情况

2009 年，零售企业从证券市场的股权融资有所恢复，但仅为市场融资总额的 2% 左右。对于证券市场融资环境，问卷调查显示，零售企业认为明显改善的比例不到 20%。

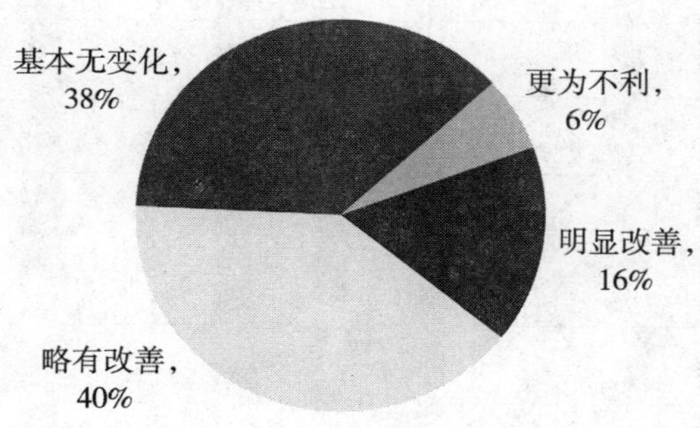

图 42　2009 年零售企业对证券市场融资环境感受情况

研究发现，零售企业样本公司通过公开市场所获得的融资额仅为总额的 2% 左右。此外，在问卷调查中，仅有 16% 的回复认为零售企业在证券市场的融资环境得到明显改善。

而往年的研究报告得出，前三年有过股权融资的零售企业其资产负债率要明显低于未进行股权融资的上市公司及非上市公司。因此，通过股权融资可以降低企业的财务风险，但目前零售企业在证券市场融资结构中仍占很小比例。

随着经济逐渐摆脱衰退，证券市场也出现明显好转。中国以及亚洲 IPO 市场都活跃起来，零售业的上市计划将会获得良好的市场需求的追捧。除此之外，包括风险资本和战略投资者也一直表现出对零售企业非常大的兴趣，特别是对新兴消费需求驱动的零售业态（如网络零售等）。即使在投资环境低迷的 2008 年及 2009 年，对零售企业的投资活动仍相对活跃。

2010 年第二季度起，沪深两地证券交易所的指数开始波动下跌，对正在准备或已经准备进行公开市场融资的零售企业来说无疑会产生一定的负面影响。通过公开市场股权融资以改善财务状况、降低财务风险对零售企业来说仍然有一定的困难。

五、零售企业资金用途分析

2009 年，超市通过股权收购及开设新店继续进行扩张，门店增长率远高于百货店、专业店两大业态，相关扩张支出消耗了大部分的经营性现金流。

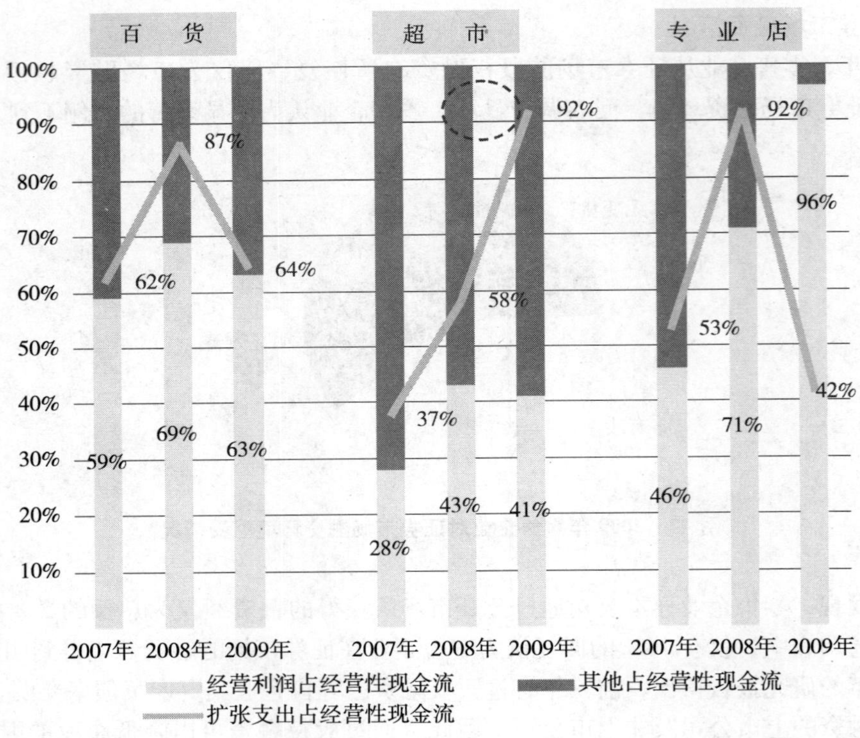

图 43　2007—2009 年零售企业扩张支出情况

2009 年，除超市保持高速增长状态外，百货以及专业店在继 2009 年的高速增长之后皆呈现一定幅度的回落。但是，超市仍在进行大规模的扩张，包括新店和并购活动。超市门店数量在 2009 年增长了 23%，扩张支出也达到了经营性现金流的 90% 以上。超市的竞争主要体现在价格及路途成本上，在价格挤压空间已较小的情况下，超市只有通过增开新店以减少消费者路途成本才能获得更多的市场份额。

从图 43“扩张支出占经营现金流比例”看到，超市的扩张支出消耗了绝大部分从经营活动中获得的资金。在没有有效的长期外部融资可以利用的情况下，这样大规模的扩张将给企业带来较大的压力。

调查了解到，不光中国本土的超市企业，外资超市在 2009 年也积极进行中国的业务拓展，包括在二、三级城市开设门店，并通过股权收购进行扩张。对于市场份额的争夺是零售企业扩张的重要动力之一。但零售企业在大幅扩张的同时，也应谨慎评估项目，并注重完善现有业务资产质量，提高经营效率。

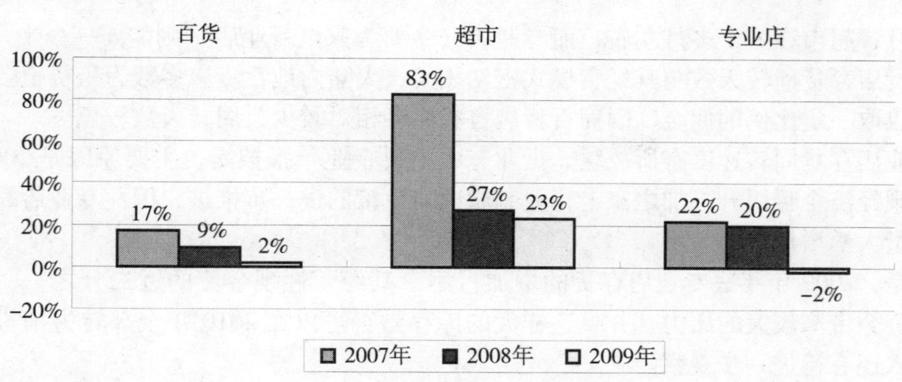

图 44　2007—2009 年零售三大业态企业门店增长情况

2009 年，专业店存货周转速度有所放慢，较大部分经营性现金流被存货的增加所占用。

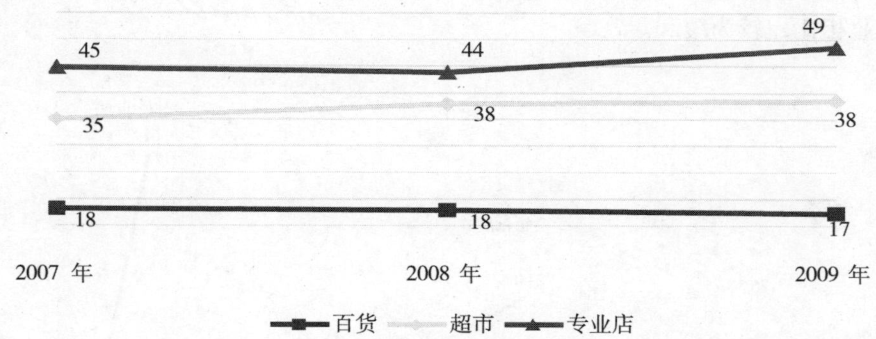

图 45　2007—2009 年零售三大业态存货周转天数情况

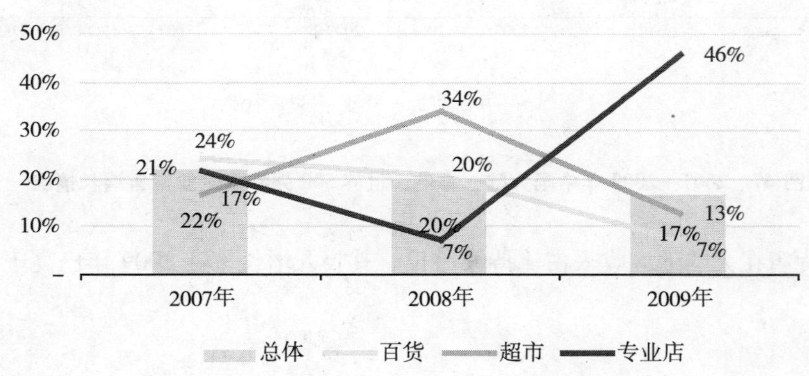

图 46　2007—2009 年零售三大业态存货增加占现金情况

零售企业存货周转天数因其业态不同存在较大差异，从图 45 可以看出，百货店大约为半个月，超市在 1 个多月左右，而专业店（主要为家电专业店）则需要一个半月左右。

百货店存货周转天数与其经营模式密切相关，大陆内地百货店多数为租赁柜台给商户经营并收取一定比例的佣金，因而百货店自有库存相对较少，周转天数较短。

专业店存货周转速度有所放缓，据业态中主要企业年报披露，主要原因是 2009 年下半年宏观经济企暖回升，加之家电行业刺激内需政策的进一步推进，因此专业店靠近年底的备货量大幅增加。

但是，2009 年年底专业店存货的增加占用了其经营性现金流的近二分之一，给企业的流动资金带来较大的压力，并且这样大的库存是否可以在 2010 年全部转为销售收入的现金流入还有待进一步观察。

六、国内外零售企业比较

（一）经营业绩比较

2009 年面对金融危机，中国大陆地区零售企业收入增长率的跌幅与香港和世界 500 强零售企业相比，较为缓和。

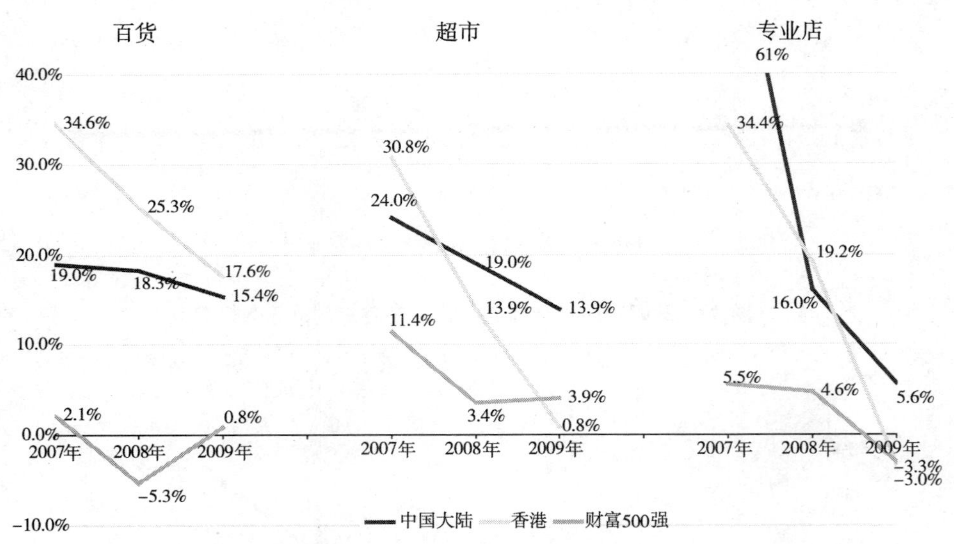

图 47　2007—2009 年中国大陆、香港、世界 500 强零售企业销售增长情况

香港百货店在大陆地区收入占比持续增长。其收入增长率在 2009 年已高于平均水平。

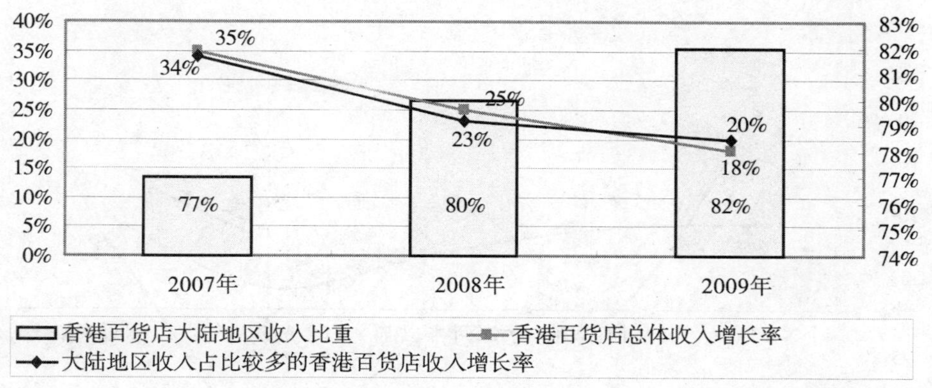

图 48　2007—2009 年香港百货业销售增长情况

从图 48 看到，香港百货店来自于大陆地区的收入占总收入的比例逐年上升，已从 2007 年的 77% 上升至 2009 年的 82%，显示出大陆地区市场不仅是香港百货店最大的区域市场，并且日趋重要。

2007 年及 2008 年，大陆地区收入占比较多的香港百货店收入增长率均低于香港百货店总体收入增长率，说明其他区域（主要为香港地区）的收入增长率要高于内地。而在 2009 年，受益于大陆地区消费市场的强劲复苏，大陆地区收入占比较多的香港百货店收入增长率超过了香港百货店总体收入增长率。

香港零售企业收入增长趋势最近半年来正逐渐走出低谷。

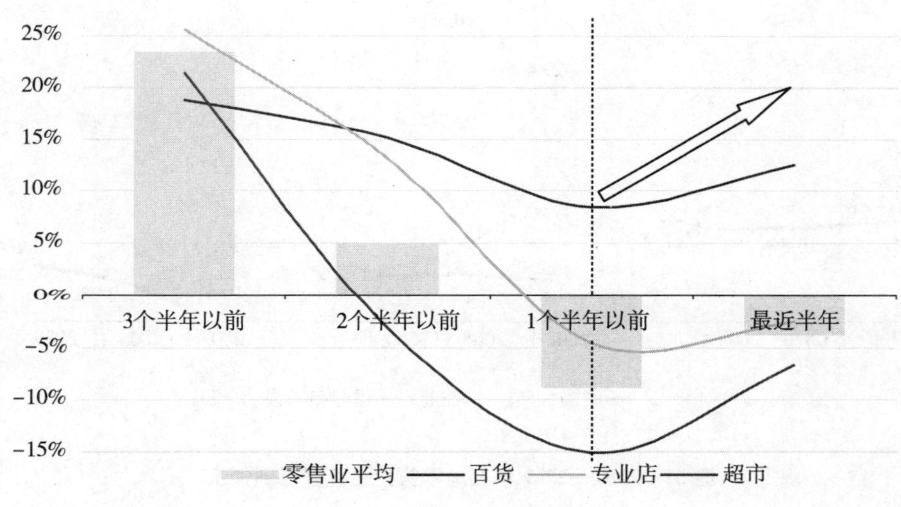

图 49　近期香港零售业同比销售增长情况

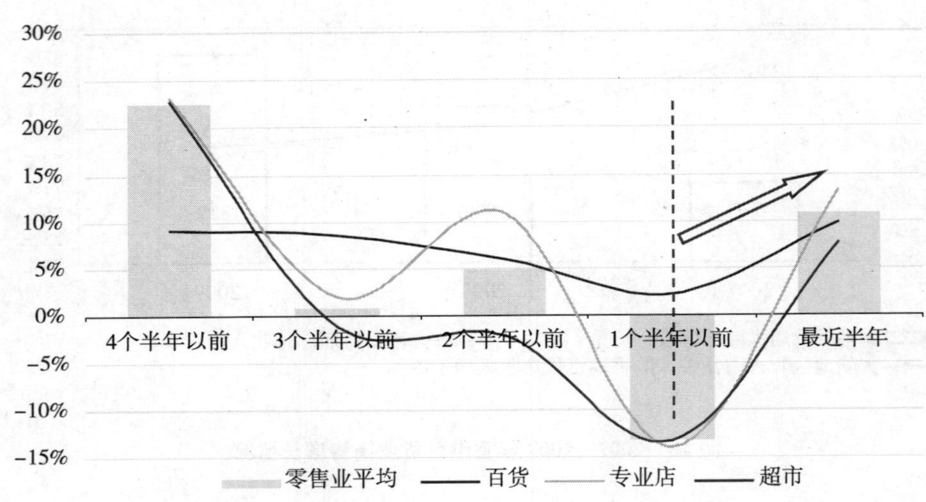

图 50 近期香港零售业环比销售增长情况

中国大陆样本企业毛利率水平大大低于香港及世界500强样本公司，大陆零售企业利润并不主要依靠商品销售毛利。

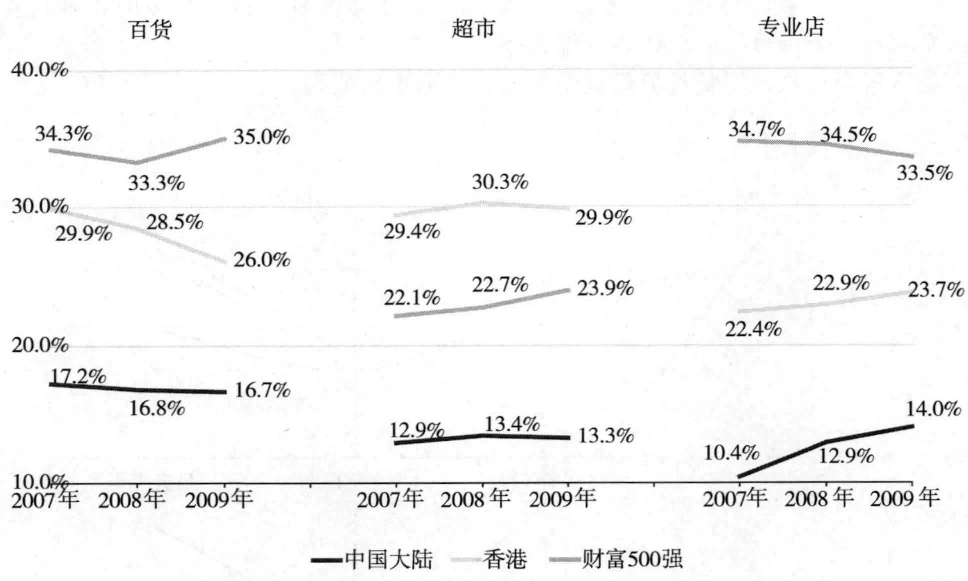

图 51 2007—2009 年三地零售企业经营毛利情况

百货店中，香港地区样本公司总体的盈利能力较强；而在超市业态中，世界500强样本公司的盈利能力要明显高于中国大陆及香港地区样本公司。

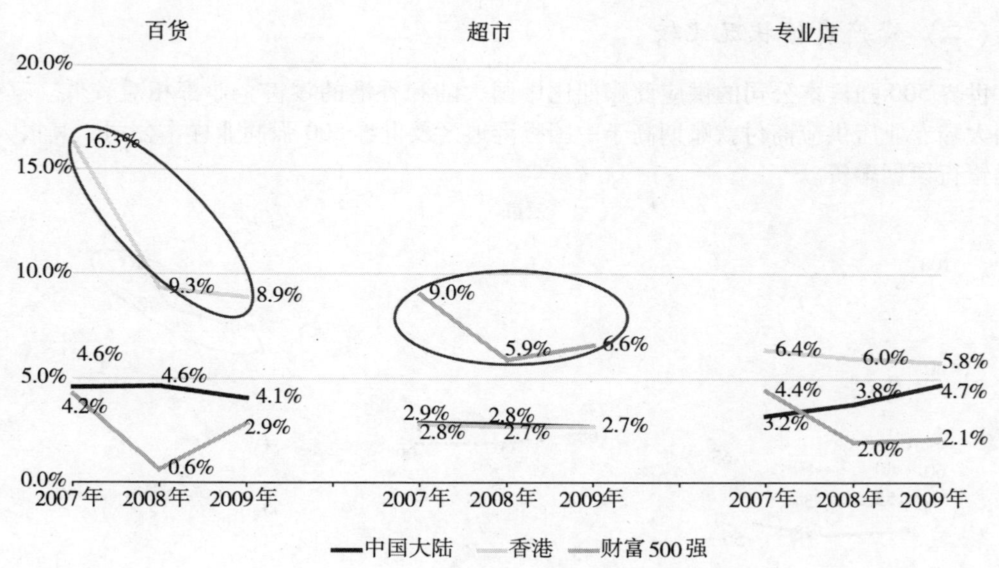

图 52　2007—2009 年三地零售企业净利率情况

在国际金融危机影响的两年间，财富500强零售企业遭受亏损的比例要大于其中国大陆及香港地区的同行。少数（3～4家）中国零售企业亏损原因主要包括人工成本、租金、财务费用等开支上升，不良资产减值损失等。

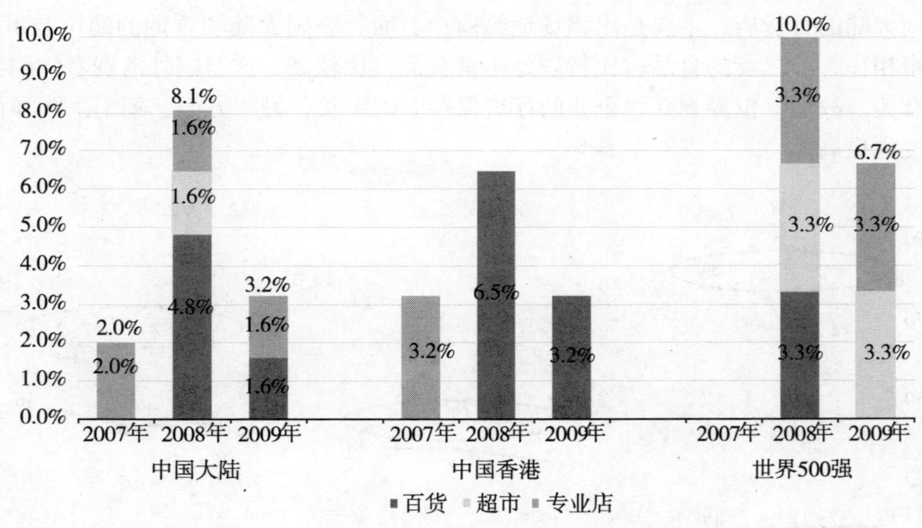

图 53　2007—2009 年三地零售企业经营亏损情况

（二）资产负债状况比较

世界500强样本公司的供应商账期比中国大陆和香港的零售企业都相对较低。其中，中国大陆专业店供应商付款账期高于中国香港地区及世界500强同业样本公司，其很大部分是银行票据融资。

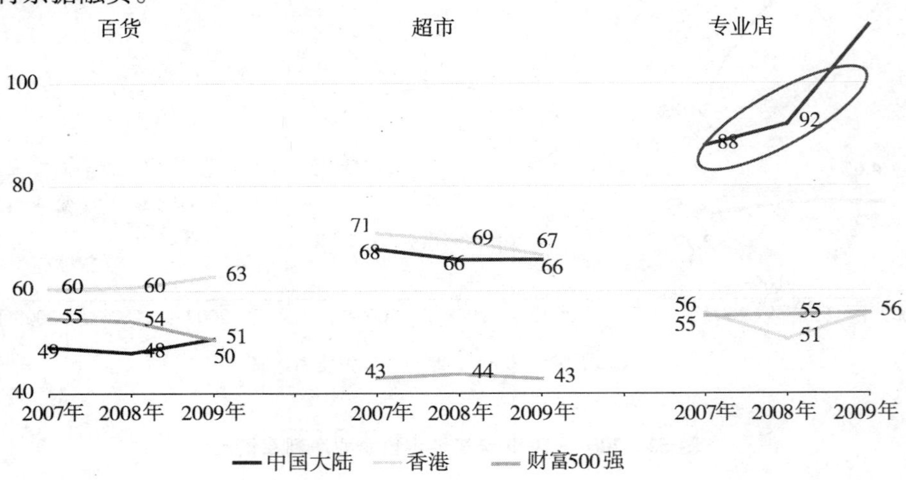

图54 2007—2009年三地零售企业应付账期比较（天数）

世界500强样本公司的周转天数均高于中国企业，更多的是反映了不同的业态模式和商品结构。其中，500强百货店企业主要是直接经营商品，即自己进货，并拥有库存。而不像中国大陆的百货店，主要是出租场地给商户。而就中国大陆和香港的超市与世界500强的超市相比，前二者的食品占比特别是生鲜食品占比较高，这与国外消费者的购物习惯和频率有关。故而，世界500强企业的存货保存时间更长，另一方面，集中采购和供应链整合程度也更高。

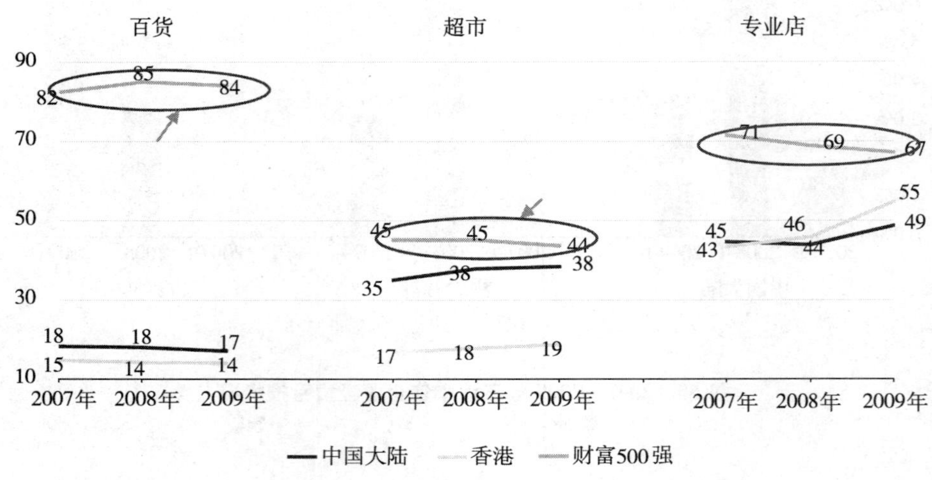

图55 2007—2009年三地零售企业存货周转天数比较

香港地区样本公司负债率水平相对较低；大陆地区样本公司负债主要由营运负债构成，而世界500强样本公司负债主要由向金融机构融资形成。

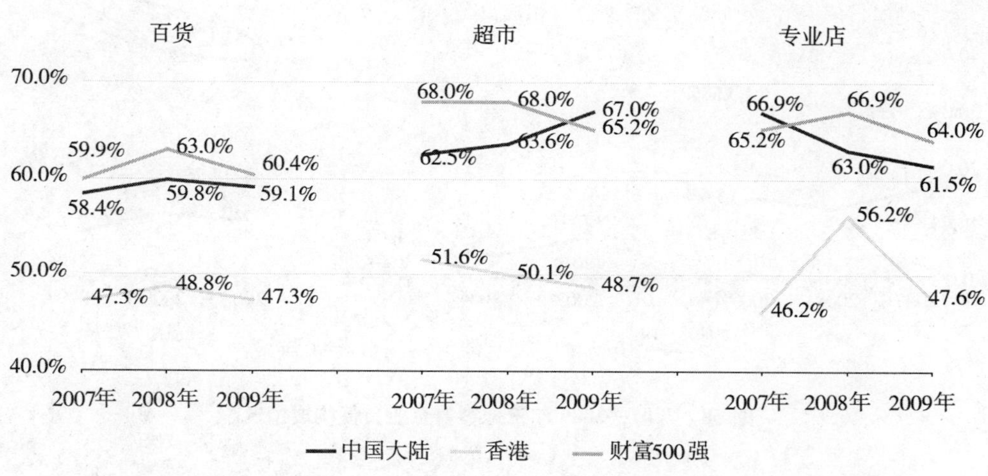

图 56　2007—2009 年三地零售企业资产负债率比较

世界500强样本公司扩张相对于中国企业其实更为激进。但是，其更稳健的长期负债（包括长期银行融资）为主的资金来源结构支持着其扩张的可持续性。

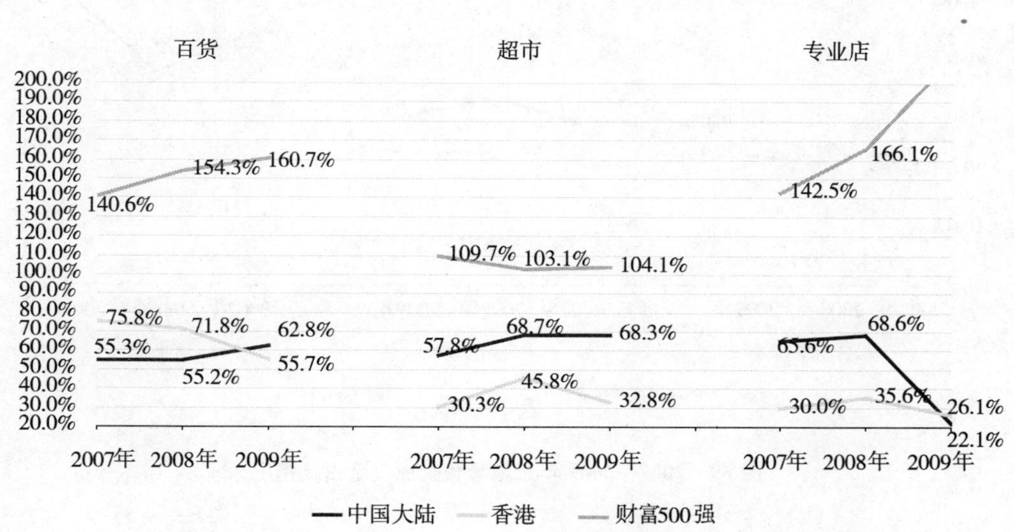

图 57　2007—2009 年三地零售企业扩张支出情况

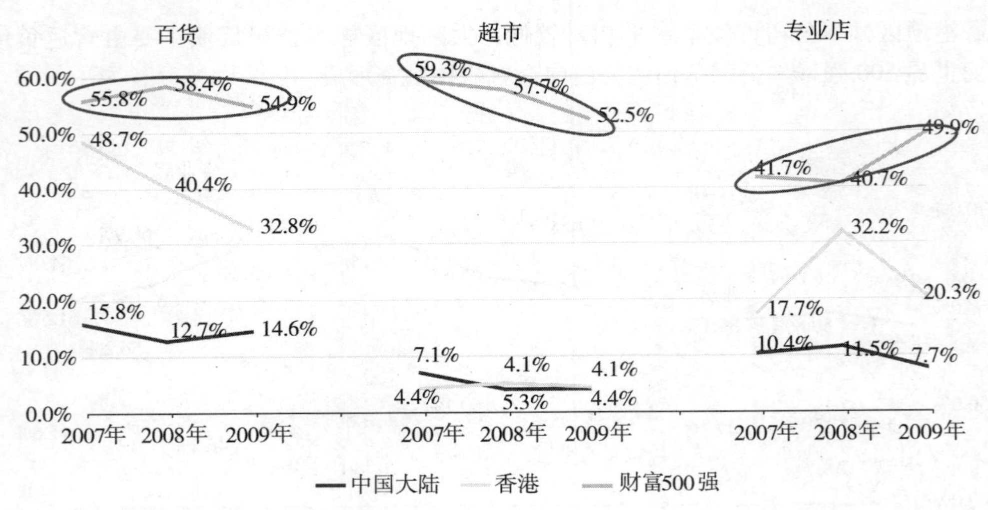

图 58　2007—2009 年三地零售企业负债构成情况

世界500强样本公司现金持有量较中国企业低，中国大陆零售企业现金持有量普遍较高，降低了相应的现金资产的使用效率及回报率。

图 59　2007—2009 年三地零售企业现金占比情况

七、零售企业的风险预警机制

（一）零售企业资金链状况评估指标体系综述

1. 零售企业资金链状况评估指标体系的确立

基于对零售企业的分析和研究，并借鉴国际上现有的评估模式，确定一系列零售企业资金链的评估指标。这些指标涵盖外部指标和内部指标两个部分。外部指标即宏观经济指标及与企业相关的经济指标（如股价），由于企业对外部指标不具有可控制性，因此，该部分指标不能作为企业发展状况的主要评估依据，仅具有参考作用。内部指标主要指企业的财务数据，用于直接分析企业的经营业绩和财务状况，以及抵御财务风险的能力，对企业的发展具有重要的指导作用。

2. 零售企业资金链状况评估指标体系的作用

通过对各项评估指标的统计和研究，可以了解我国零售企业的资金链现状，发现问题、找出解决方案，为企业的健康发展提供数据分析依据，并为国家主管部门制定促进零售行业发展政策提供参考。

（二）零售企业资金链状况评估指标体系的分类及典型指标

1. 外部指标分类及典型指标

外部指标：包括行业/宏观经济相关指标以及企业相关指标，共7项。

（1）行业和宏观经济指标

行业/宏观经济相关指标：主要指影响到零售消费品需求的因素指标，它们影响着消费者有多少钱和多大程度上愿意花钱。包括：人均可支配收入、消费价格指数、消费者信心指数和失业率。

——人均可支配收入：指个人收入扣除向政府缴纳的个人所得税、遗产税和赠与税、不动产税、人头税、汽车使用税以及交给政府的非商业性费用等以后的余额 。

——消费价格指数（CPI）：反映与居民生活有关的商品及劳务价格统计出来的物价变动指标，通常作为观察通货膨胀水平的重要指标。

——消费者信心指数：反映消费者信心强弱的指标，是综合反映并量化消费者对当前经济形势评价和对经济前景、收入水平、收入预期以及消费心理状态的主观感受，预测经济走势和消费趋向的一个先行指标。

——失业率：失业人口占劳动人口的比率（一定时期全部就业人口中有工作意愿而仍未有工作的劳动力数字），旨在衡量闲置中的劳动产能，是反映一个国家或地区失业状况的主要指标。

（2）企业相关指标

企业相关指标：仅适用于上市公司。主要是指那些与外部各方（如股东和评级机构）如何评价企业相关的指标。包括：股价波幅、市盈率、信用评级等。

——股价波幅：股价上下波动的幅度。主要针对股票一天股价变化。

——市盈率：在一个考察期（通常为12个月的时间）内，股票的价格和每股收益的比例。

——信用评级：信用评级又称资信评级，是一种社会中介服务，将为社会提供资信信息，或为单位自身提供决策参考。

2. 内部指标分类及典型指标

内部指标：是更直接的分析指标。内部指标用以直接了解企业的经营业绩和财务状况，了解企业产生或筹集足够资金支持其自身发展、抵御财务风险的能力。按照我们的研究框架，内部指标共28项。

（1）盈利能力指标

盈利能力指标：反映企业可持续性收入的增长和盈利能力，以及企业资产的使用效率，是企业盈利能力最重要的指标。包括：销售增长率、毛利率、经营利润率、经营性现金流比销售收入、税前利润率、净利润率、非经营性收益比税前利润、资产收入率、资产收益率、息税前利润比总资产、经营性现金流比总资产等。

（2）融资能力指标

融资能力指标：反映企业从外部融资的能力、短期和长期偿债能力、资产变现能力和承受财务状况恶化的能力。包括：资产负债率、带息负债比总资产、利息覆盖率、流动比率、速动比率、供应商周转天数、销售周转天数、存货周转天数、自由现金流与净债务比①、自由现金流与债务比②、现金与带息负债比、债务与息税折摊前经营利润比、营运资本与资产比。

（3）资金用途相关指标

资金用途相关指标：反映企业的支出（尤其是扩张支出）与其可持续资金来源的关系，以评价其发展的平衡度。包括：固定资产支出比息税折摊前经营利润、固定资产投资比经营现金流、固定资产投资比折旧、经营现金流比投资活动净现金流。

（三）零售企业资金链状况评估指标体系的应用

1. 指标体系应用的理论基础

评估指标体系应用的理论基础是动态二维评估和风险级别区域。

在应用指标体系评估单个企业时，是通过动态和相对的概念，所进行的二维评估。具体如下：

（1）在同业中所处的区间

单个企业的表现在同行业中属于平均水平之上，还是在平均水平之下。

在基础数据充分的情况下，行业水平数据区间的划分可以更细，如三分位和四分位区间。也即，将行业指标区间划分为高中低或者由高到低的四等分位，然后看单个企业的指标落于哪一个区间段。

（2）发展趋势

单个企业的相关指标在年度（定期）以来的发展趋势，即与上一年度（上一定期）相比是在逐渐恶化还是改善提高。

---

① 自由现金流与净债务比：是反映企业有多少自由现金流可以覆盖其净债务的指标。自由现金流是经营性净现金流减去资本性支出（即固定资产投资支出）及股利后的净现金流。净债务是企业向银行借款等带息负债扣去现金后的值。该指标可反映企业在支付资本性支出和股利后，是否还有足够的现金用于支付其到期的债务。其计算公式为：自由现金流与净债务比 =（经营现金流 - 固定资产支出 - 股利）/净债务。

② 自由现金流与债务比：是反映企业有多少自由现金流可以覆盖其带息债务。相对于自由现金流与净债务比指标，这里未用净债务也即未考虑企业现金留存。该指标可反映企业更长期和更持续性的带息债务偿还能力。其计算公式为：自由现金流与债务比 =（经营现金流 - 固定资产支出 - 股利）/（短期借款 + 一年内到期长期借款 + 长期借款）。

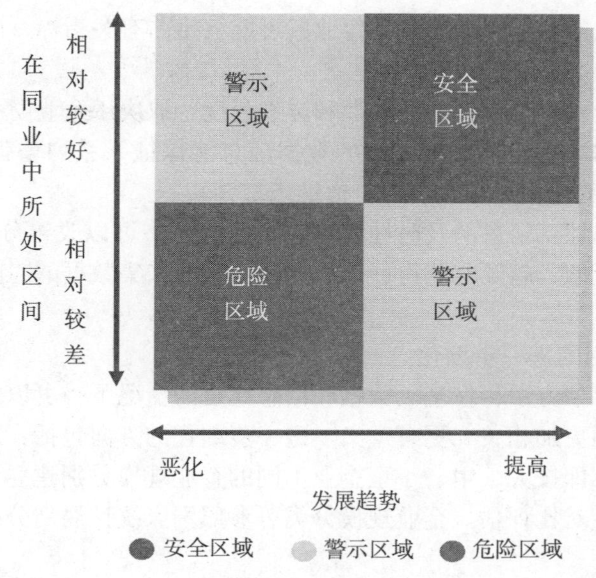

图 60　评估指标体系应用图示

在数据累计足够的条件下（如已经累计有连续三年的数据），也可以看数据连续平均变化趋势，比如单个企业各项指标近三年的平均变化是在恶化还是在提高。分析平均变化数据的好处是可以减少某一年度特殊原因波动带来的误导，可以以更长期的趋势来分析企业的财务风险。当然平均变化数据的不足也在于它可能忽视某一特殊困难年度对企业的致命风险（如金融危机情况下）。

指标体系的两维（即同业中所处区间和发展趋势）相互组合，形成了四个风险级别区域：

——比行业平均好并在提高：定义为安全区域；

——比行业平均好但在恶化：定义为警示区域；

——比行业平均差但有提高：定义为警示区域；

——比行业平均差并在恶化：定义为危险区域。

对于警示区域的指标应引起风险的关注，而危险区域的指标则应有立即的行动进行改善以防出现危机。

这一动态和相对的指标体系考虑了零售行业整体和企业自身不断变化发展的趋势，使评估标准具有更好的时效性和客观性。

2. 基础数据库的建立

整个评估指标体系的数据基础，是全体零售企业实际指标的集合。评估指标体系的应用依赖于所有零售企业的实际指标额从低到高所形成的区间（“指标区间”）。所以，首先需要搜集覆盖面尽可能广的零售企业资料，形成全面而完善的基础数据库。基础数据库的建立和完善主要基于：

——数据库企业的相关度：理想的数据库企业的组成应该涵盖各类规模和业态的零售企业已保证行业指标区间的代表性，同时也为指标体系应用的细化提供条件。此外，对于非零售业务比例较大的企业，由于非零售业务可能会扭曲有关指标，应考虑分业态部门填报或甚至排除在基础数据库外。

——信息的质量：包括信息的可靠性和详细程度，取决于企业财务信息系统的完善程度，也取决于企业的填报意愿。更详细的数据信息能保证一系列增强数据可比性的调整（如不同报表格式间的分类差异、表外负债纳入统计）。

——信息的时间性：信息的及时性和时间频率的提高可以改善分析的相关性和深度，也即：资料数据越近期、越及时获得、一段期间内资料采集数据的时间间隔越密集，则分析的价值也越高。

3. 评估体系应用的进一步细化

基于动态二维评估方法，在基础数据库信息充足的情况下，可以进一步细化评估体系的应用，使评估应用更加相关、更有意义。进一步细化的方向包括：

——企业规模。即按大、中、小型企业不同的企业规模分别建立评估指标子区间，供不同规模的零售企业对比评估。企业规模分类可参照国家统计局划分标准，也可用其他合理的划分方法。

——细分业态。即按零售业的各个细分业态（如超市类、百货店类、专业店类等）建立评估指标子区间。

——其他对企业性质有影响的分类（如：上市/非上市，国有/私营/外资等）。

附录　　**评估指标列表**

序号	指标名称	参考公式
盈利能力指标		
1	销售增长率	销售收入（当期）/销售收入（上期）
2	毛利率	（销售收入－销售成本）/销售收入
3	经营利润率（息税折摊前经营利润）	（息税折摊前）经营利润/销售收入
4	经营性现金流比销售收入	经营性现金流/销售收入
5	税前利润率	税前利润/销售收入
6	净利润率	净利润/销售收入
7	非经营性收益比税前利润	（营业外利润＋投资收益）/税前利润
8	资产收入率	销售收入/总资产
9	资产收益率	净利润/总资产
10	息税前利润比总资产	息税前利润/总资产
11	经营性现金流比总资产	经营性现金流/总资产
融资能力指标		
12	资产负债率	负债合计/资产合计
13	带息负债比总资产	（短期借款＋一年内到期长期借款＋长期借款）/资产合计
14	利息覆盖率（息税折摊前经营利润）	息税折摊前利润/利息支出
15	流动比率	流动资产合计/流动负债合计

续表

序号	指标名称	参考公式
16	速动比率（简化）	（货币资金＋短期投资）/流动负债合计
17	供应商资金周转天数	（应付账款＋应付票据）×360/主营业务成本
18	销售周转天数	（应收账款＋应收票据－预收账款）×360/主营业务收入
19	存货周转天数	存货×360/主营业务成本
20	自由现金流与净债务比	（经营现金流－固定资产支出－股利）/净债务
21	自由现金流与债务比	（经营现金流－固定资产支出－股利）/（短期借款＋一年内到期长期借款＋长期借款）
22	现金与带息负债比	货币资金/（短期借款＋一年内到期长期借款＋长期借款）
23	债务与息税折摊前经营利润比	（短期借款＋一年内到期长期借款＋长期借款）/息税折摊前经营利润
24	营运资本与资产比	（流动资产－流动负债）/总资产
资金使用指标		
25	固定资产支出比息税折摊前经营利润	固定资产支出（资本性支出）/息税折摊前利润
26	固定资产支出比经营现金流量	固定资产支出（资本性支出）/经营现金流
27	固定资产支出与折旧比	固定资产支出（资本性支出）/折旧
28	经营现金流比投资活动净现金流	经营现金流/投资现金流

（中国连锁经营协会　普华永道会计师事务所　2010年9月）

2010 年中国连锁零售业分销研究的主要发现

改革开放三十多年来，我国分销渠道[①]发生了历史性变革，传统的“生产商→各级批发商→零售商→消费者”分销渠道不断缩短、变宽，以直销最为典型的现代分销模式日渐兴起。这种历史转型与我国生产领域的规模化、零售业采购批量化、消费者需求多样化是分不开的，也顺应了我国经济发展的历史趋势。

分销渠道的历史性变革与连锁经营在国内零售领域的蓬勃发展紧密相关。在短短的十几年间，连锁经营凭借其独特的竞争优势，迅速在我国推广，并取得了较好的经济实效。连锁经营特有的运作方式对分销渠道转型具有积极的拉动作用，且仍具有极大的发展空间，必将成为我国零售业经营模式的主流，也将进一步促进分销渠道不断向高级化、现代化转变。

2008 年突如其来的金融危机给我国外贸业一个措手不及，至今余波未平。金融危机使我国对外贸易举步维艰，出口转内销成了外贸企业的无奈之举，但是苦于外贸企业在国内没有自己的分销团队，外贸产品“嫁接”国内渠道显得力不从心。

在这种经济背景下，如何发挥连锁经营模式的优势，加速推进我国分销渠道转型，如何建立外贸转内销的长效机制等问题显得十分迫切。如何解决这些问题是本研究的基本出发点。

一、我国分销渠道的历史转型

改革开放三十多年的实践证明，我国分销渠道从无到有、从小到大、从传统到现代一直发生着悄然变革。目前，这种变革在渠道形状、结构、多元化和内部关系等方面已表现出明显特征。

1. 中间环节逐渐减少，分销渠道日益扁平化

习惯上，人们将“生产商→各级批发商→零售商→消费者”模式的分销路径称为传统分销渠道，其形状呈金字塔结构。因其具有较强的辐射能力，曾为我国流通业发展发挥了巨大作用。但是，随着经济形势的发展变化，这种多层次分销渠道已经明显不能适应现代市场要求。于是，“短”而“宽”的现代分销模式应运而生。一方面，以国外生产企业（如雅芳、安利、戴尔等）的直销模式进入我国市场为契机，直销模式、“直销 + 经销”模式、助销模式纷纷被生产企业所采纳。其中，最为典型的当属直销模式，它实现了企业

① 分销是指在产品从生产商到消费者传递过程中涉及的一系列经营活动。分销渠道是指产品从生产商向消费者传递时，直接或间接转移所有权所经过的途径，通常由生产商、批发商、零售商、消费者组成。其中，批发商是指以批发业务为主的商业机构。批发是指将产品批量转售给为了转卖或者商业用途而购买的人的活动。

与消费者直接接触，免除了全部的中间环节，分销渠道演变为“点”对“点”的直线，产品流通路径大大缩短。另一方面，零售业规模扩大以及连锁经营模式的兴起，使零售终端采购规模加大，产品流通渠道变宽。以沃尔玛、家乐福、麦德龙等为首的外资零售巨头之所以是很多制造企业的“座上宾”，缘于其庞大的采购订单。本土零售企业也纷纷实施统一采购、联合采购的办法扩大了采购规模，采购目标也跨越了中小型批发商，直接奔向更高一级的经销商或生产商，以减少中间环节，节约交易成本。面临这种供应链两端直接接触的事实，处于中间地位的经销商或被淘汰，或被迫转型，尤其是二三级批发商的生存空间迅速缩小，导致分销渠道逐渐缩短、变宽，传统分销渠道“金字塔”向扁平化方向转变。

2. 渠道重心下移，零售终端更拥有主动权

在20世纪末期，经销商是整个分销渠道的核心，对上下游企业具有较大的话语权和控制力。进入21世纪，随着零售商规模的扩大、连锁经营模式的兴起，渠道主角发生了转换，渠道重心由经销商下移至零售终端，“终端为王”时代到来。零售企业站在市场的最前端，拥有最多、最准的前沿信息，正是这种优势使零售企业成为渠道的主角，甚至控制者。从来自供应商对零售商的各种抱怨和牢骚中，可以看出今日零售商地位之重要。这说明渠道重心向下移动，主动权逐渐转移到零售商手中。

3. 注重分享与协作，渠道商之间呈伙伴关系

在传统分销渠道中，渠道商之间的关系表现以“买”和“卖”为特征的简单交易关系。至于对方企业的文化、创新理念、管理模式等内部问题，大都被视为“你的事”，而不是“我的事”，也不是“我们的事”，就像同一瓶中的油和水一样，虽然紧密接触，但互不混淆、互不渗透。这种简单的渠道商间的关系随着竞争的加剧而加入新的内容，信息共享、共同制定业务计划、企业文化融合、联合培训、联合促销等新形式的分享与协作关系成为渠道商关系的重点，简单交易关系逐步向伙伴关系转型。在伙伴关系中，渠道商之间由“你”和“我”的关系转变为“我们”的关系，由油水关系变为鱼水关系。分销，在本质上就是一种分享与协作的过程，是需要各方共同努力才能实现的市场行为。因此可以说，渠道商关系由“交易关系”向“伙伴关系”的转型，是分销渠道的本质回归。

4. 分销手段创新，渠道多元化成必然趋势

电话、互联网等现代通讯技术的广泛应用标志着信息时代的到来，加上现代物流的兴起，使产品分销手段更加高效、快捷，更加符合现代生产和消费的需要。近几年，零售企业对网络分销、电话营销、目录营销等其他分销渠道进行了有益的探索，尤其是以互联网为媒介的网络分销取得了很大的进展。目前，我国已经形成B2B[①]、B2C[②]、C2C[③]G2C(Government To Citizen)[④]、G2B、G2G等网络分销模式。据专家预计，2010年全球B2B电子商务市场的规模将达到26万亿美元，未来几年全球年增长率将会保持在45%左右。

① B2B（Business To Business），是指零售市场领域企业与企业之间的电子商务。

② B2C（Business To Consumer），简称“商对客”，是指商家面向消费者的电子商务。

③ C2C（Consumer To Consumer），是指个人与个人之间的电子商务。

④ G2C（Government To Citizen），是指政府与公众之间的电子政务，是政府通过网络系统为公众提供各种服务的新模式，包含公众信息服务、电子身份认证、电子税务、电子社会保障服务等广泛的服务内容。相应地，G2B、G2G是指政府与企业之间、政府（行政机关）与政府（行政机关）之间的电子政务。

2009 年，我国连锁百强企业中，有 31 家已开展了网络零售业务，其中有近三分之一的企业是在 2009 年或 2010 年年初开通的。2010 年，连锁企业将拓展多种营销渠道，网络零售业务将是一个重点。同时，电话营销、电视购物、呼叫中心、目录营销等现代分销手段也在连锁企业中日益兴起，分销渠道向多元化趋势发展。

二、连锁经营与我国分销渠道转型

（一）我国连锁经营的发展现状

1. 整体规模迅速扩大

目前我国连锁业已具有相当规模。截止到 2008 年年底，我国连锁零售企业门店总数达到 168502 个，从业人员达到 197.08 万人，营业面积和销售额分别为 10197.8 万平方米、20466.5 亿元；销售额占国内社会消费品零售总额的比重达到 19.9%。以连锁百强企业为例，根据中国连锁经营协会统计，中国连锁百强企业年销售总额从 1998 年的 384 亿元扩大到 2008 年的 11999 亿元，11 年内增长了 30 倍（见图 1）。

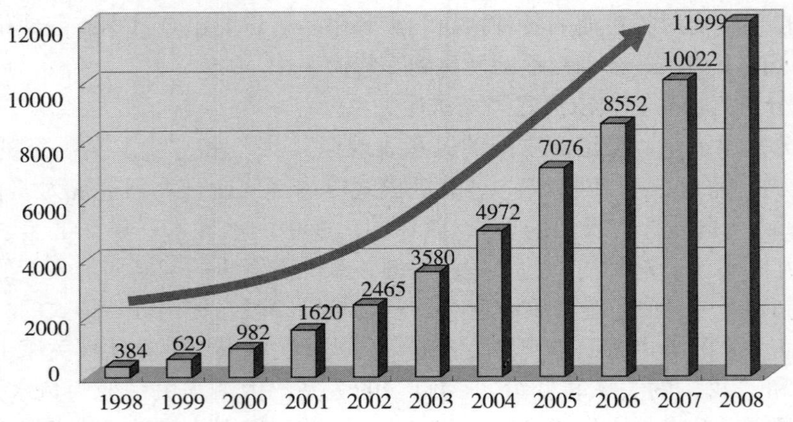

资料来源：《中国连锁零售企业经营状况分析报告（2008－2009）》（中国连锁经营协会）。

图 1　1998—2008 年中国连锁百强企业年销售额（亿元）

2. 行业集中度稳步提升

行业集中度是反映一个行业成熟程度的重要指标。近几年，连锁业行业集中度正稳步提升。以超市行业为例，中国连锁经营协会发布的《中国连锁零售企业经营状况分析报告（2008－2009）》显示，从 2005 年到 2008 年，CR4① 和 CR8 分别从 35.16%、56.90% 上升到 38.02% 和 59.56%（见图 2），已经达到相当高的水平。

① CR4，行业前四名份额集中度指标。

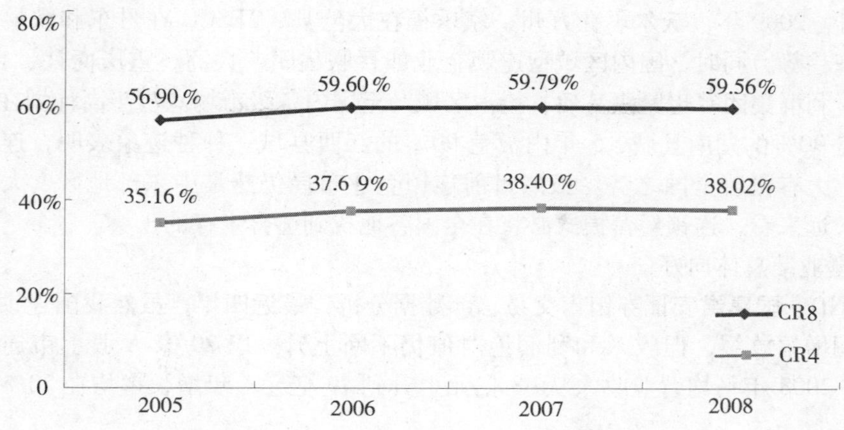

资料来源：《中国连锁零售企业经营状况分析报告（2008－2009）》。

图2　2005—2008年超市行业集中度

3. 业态覆盖日益齐全

连锁经营以其强大的竞争优势，迅速从超市业扩展到百货、便利店、仓储会员店及其他零售业态，涵盖家电、药店、建材、餐饮、化妆品等几乎所有的服务业种。目前，已经形成以专业店、大型超市、百货店为主，便利店、专卖店等为辅的连锁业态格局。据国家统计局资料，截止到2008年年底，超市、专业店、专卖店、便利店、百货商店、仓储会员店等业态都大量存在连锁经营形式，且门店数量、营业面积、从业人员、商品销售额均具相当规模（见表1）。

表1　2008年连锁经营在主流零售业态中的分布

业态类型	门店总数（个）	营业面积（万平方米）	从业人数（万人）	商品销售额（亿元）
专业店	93656	5111.2	74.48	12315.3
超市	38312	3284.3	77.79	4483.3
百货店	3805	1110.4	18.53	1943
专卖店	14651	319.6	12.42	1112.7
便利店	16196	184.2	9.79	276
其他	1882	188.1	4.07	336.2

注1：表中超市包含大型超市。

注2：数据来源于《中国统计年鉴2009》（中国统计出版社，2009），作者计算整理。

4. 连锁店分布区域不断扩大

在零售业开放的十几年间，连锁经营模式凭借其强大的区域辐射能力，不断从我国沿海到内地、从大城市向中小城市渗透。在零售业开放之初，外资商业企业首先在东部沿海地区和内地大都市圈地布网，以点取胜。随着中国加入WTO保护期结束，零售市场全面开放，以外资为首的大型超市、百货企业纷纷以连锁形式向我国内地推进，向中小城市所在地区铺开。2009 年，沃尔玛在万州、家乐福在大邑县、TESCO 在丹东和铁岭开店等都证明了这一趋势。同时，国内区域型连锁企业如百联集团、大商、重庆商社、合肥百货、山东银座、利群集团等也紧跟其后，抢占区域乃至国内各级市场。步步高计划在 3 年内将连锁店覆盖 90% 的湖南县城，5 年内覆盖 90% 的江西县城。种种迹象表明，连锁企业在地域分布上大有覆盖全国之势。虽然目前连锁企业布局仍然是中东部地区、大中城市占优，但从长远来看，连锁经营模式必将在全国各地找到适合生存的土壤。

5. 经营业绩总体向好

据 WIND、国泰君安证券销售交易总部数据分析，最近四年，虽然我国连锁企业经营收入和利润增幅放缓，但收入和利润绝对值仍不断上升。以 20 家 A 股上市连锁公司为例，2005—2008 年平均营业收入从 38 亿元上升到 79 亿元，年增长率均在 20% 以上（见图 3）。

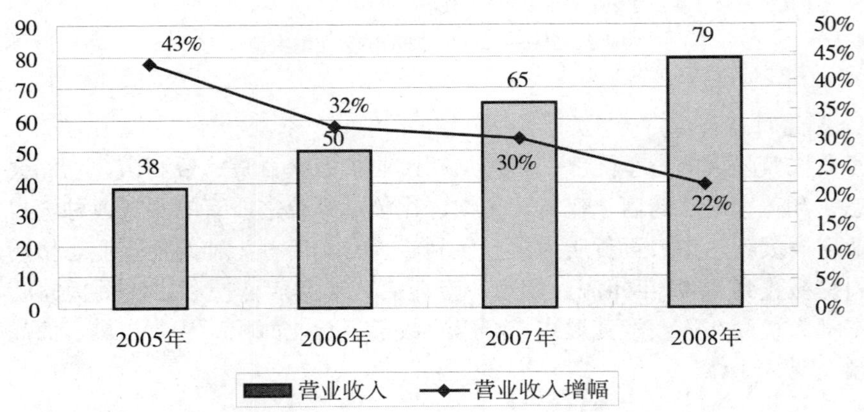

资料来源：《中国连锁零售企业经营状况分析报告（2008－2009）》。

图 3　20 家 A 股上市连锁公司营业收入（亿元，%）

其净利润从 2005 年的 0.76 亿元上涨到 2008 年的 3.15 亿元，年增长率均超过 20%（见图 4）。另外，盈利能力和偿债能力在 2005—2008 年间都有改善。总体上，在竞争日益加剧的环境下，连锁业取得这样的经营业绩是十分不容易的，也彰显连锁经营的强大生存能力和竞争能力。

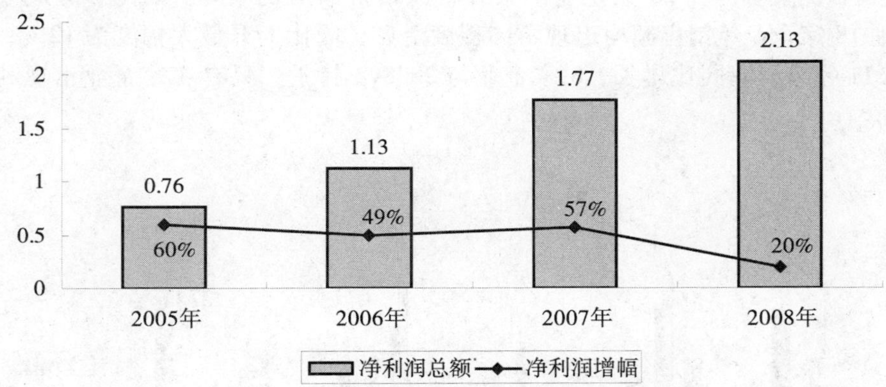

资料来源：《中国连锁零售企业经营状况分析报告（2008－2009）》。

图4　20家A股上市连锁公司净利润（亿元，%）

（二）问卷调查：从连锁经营视角透视分销渠道转型

在金融危机余波未平的背景下，为了深刻认识连锁经营在我国分销渠道转型中的地位和作用，促进我国分销业发展，由中国连锁经营协会和利丰研究中心合作发起了一项极具针对性的问卷调查，有关的问卷设计、问卷回收、分析方法等基本信息参见附录。问卷调查的基本结论主要有以下几个方面。

1. 连锁经营在分销渠道中的地位持续上升

销售额占社会消费品零售总额的比例，是衡量商业行业在经济体中地位的重要指标之一。本次问卷统计结果显示，2008年连锁企业销售总额占当年所在城市社会消费品零售总额的平均比例为22.62%，2009年这一数字为24.85%，预计2010年达到28%（见图5）。其中7家企业2009年这一指标数值超过30%，最高的3家企业达到35%，连锁经营在消费中的地位不断提升。

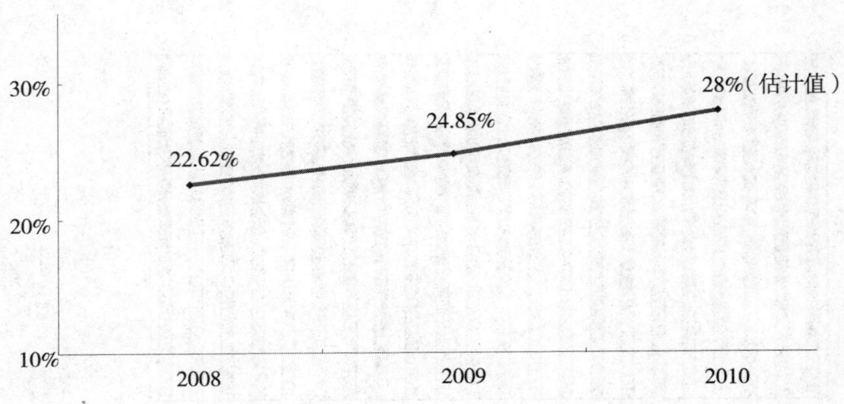

图5　连锁企业销售额占社会消费品零售总额比重

从经营状况来看，在 23 家企业中只有 5 家销售额出现下降，同比下降最大幅度为 5%，其他 18 家企业年销售额均出现不同程度上升，同比上升最大幅度为 12%；在盈利方面，有 11 家净利润同比增长，8 家企业与 2008 年持平，只有 4 家企业出现利润下降（见图 6）。

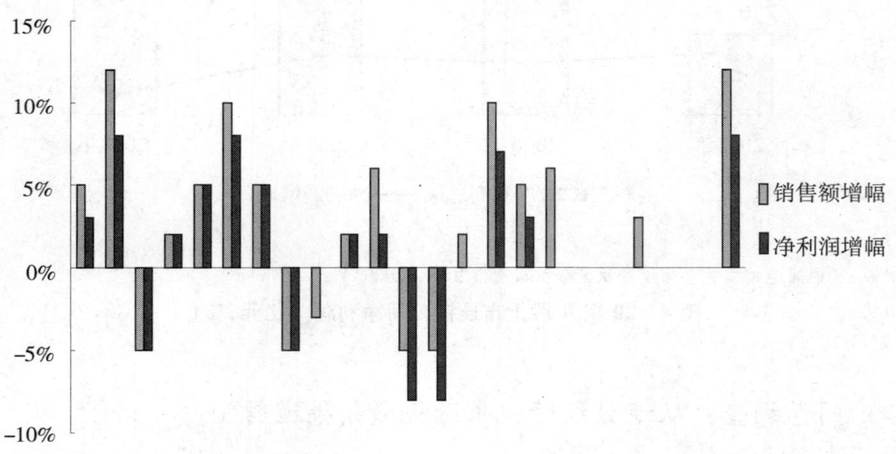

图 6　参与调查的 23 家连锁企业 2009 年经营情况

2. 批发环节不可忽视，且向“少而大”转变

从参与调查连锁企业的采购渠道看，虽然各个企业通过经销商采购的商品比例大小不尽相同，甚至相差很大，但平均而言，在总采购额中约超过 60% 的商品来自于经销商或代理商，仅有 40% 左右的商品直接采购自生产商（见图 7）。

从企业规模上看，规模越大采自经销商的比例越小，最小为 45%；规模越小，采自经销商的比例越大，最大为 82%。可以看出，向经销商采购仍然是连锁企业的主要渠道，批发环节的中介功能不容忽视，加大建设大型批发企业和批发市场，仍然是下一步渠道转型需要加强的重点。

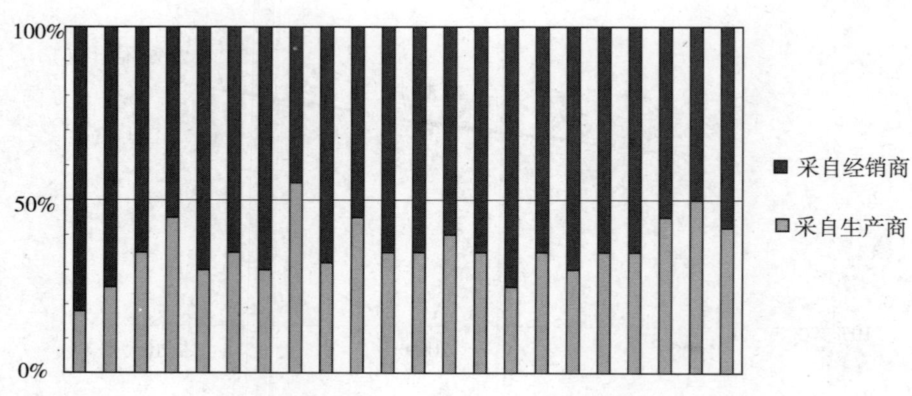

图 7　连锁企业采购渠道构成

就零售企业与供应商之间交易方式而言，代销[①]模式被广泛采用，这对传统渠道中的批发环节具有改造作用。在本次调查中，零售商平均约有82.05%的商品采用代销模式，买断经营的商品仅占11.22%，代销比例最大值为95%，最小也达到72%，与买断经营和联营相比，代销模式占交易方式的主导地位（见图8）。

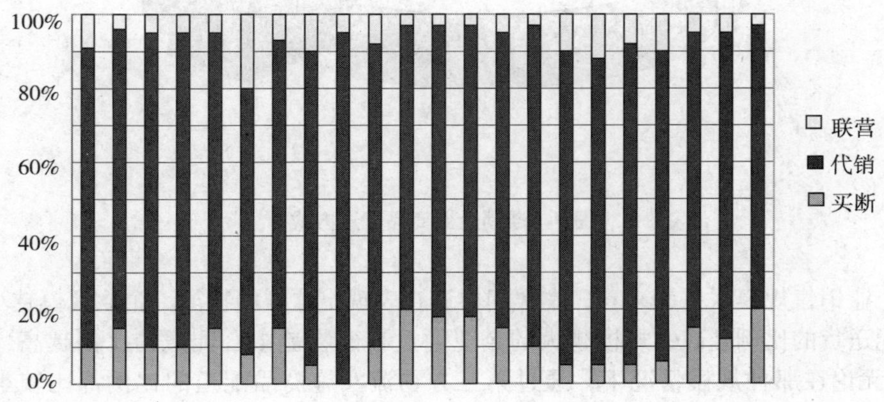

图8　连锁企业交易方式构成

在代销方式下，经销商要承担较大资金压力，以其中22家企业为例，在年采购总额1273亿元中，约有670亿元（1273×64%×82.05% = 668.5）的资金需要由经销商垫资，占采购总额的一半以上。即使平均到单个经销商，也会是一个很大的数字，尤其对于二三级经销商而言，这是它们被淘汰或转型的重要原因。这也印证了前文的分析，即在传统的分销渠道中，中间商数量不断减少，尤其是二三级经销商无法适应连锁经营模式下的大批量采购，从而被逐出批发市场，最终导致分销渠道变短、变宽。

3. 供应商配送仍然是连锁企业主流供货模式

本次问卷调查结果显示，在30家连锁企业的采购商品中，平均59.56%的商品是供应商完成配送的；31.87%的商品通过零售商自建配送中心完成配送，通过第三方物流完成配送的商品比例仅为8.57%（见图9）。

① 本报告中，代销（也称寄卖、寄售）是指供应商委托经销商代为销售商品，经销商不具有商品所有权，合同期结束后，经销商仅就已销商品进行货款清算，未售出商品可以退还给供应商；买断是指产品所有权买断，即经销商在收到供应商的商品后即期支付货款给供应商，做到银货两讫，并且，对所经销的商品，除有质量问题外，不再将商品向供应商退货；联营是指由经销商提供销售场所以及相关的店面管理办法，供应商自主实施如人员配备、采购、定价、促销、售后服务等销售活动的联合经营方式。在这种模式下，经销商不需要出资购买供应商商品，一般不参与供应商经营活动，而以获取场地租赁费和销售分成为主。

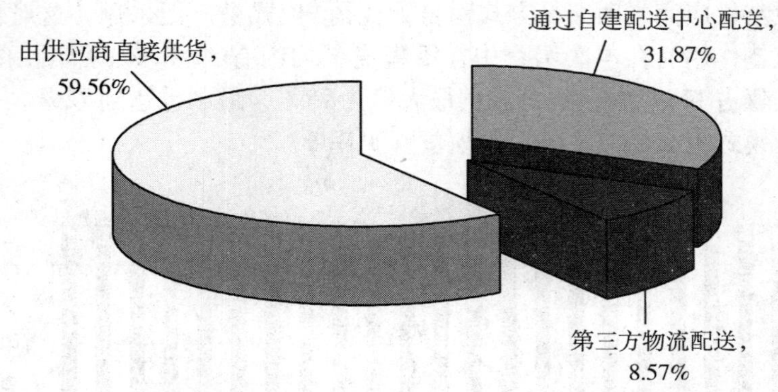

图 9　连锁企业商品配送方式

与企业销售规模联系起来看，本次问卷调查表现出这样的特征：企业规模越小选择由供应商配送货的比例越高；规模越大的企业通过自建物流中心配送的比例越高（但未占主导）；无论在那种规模情况下，通过第三方物流实施商品配送的比例都比较小（见图10）。

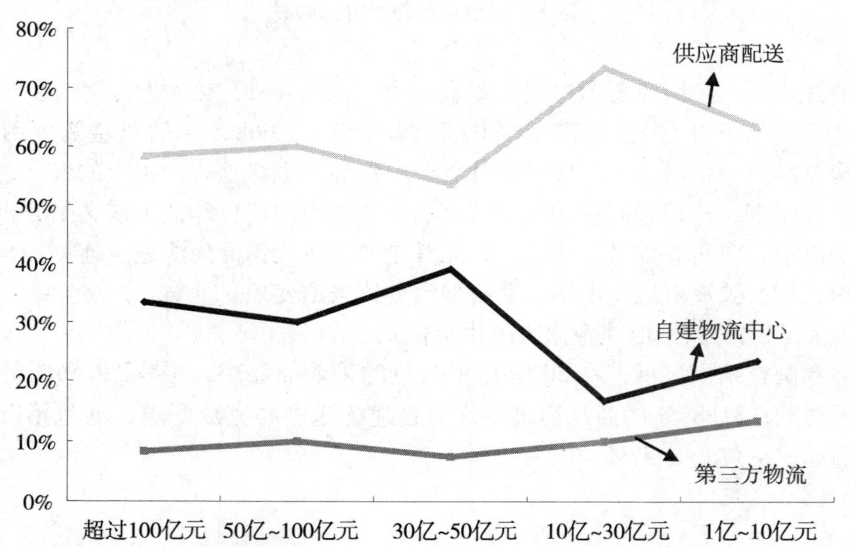

图 10　连锁企业规模与供货模式

4. 网络购物兴起，引领分销渠道向多元化方向发展

随着现代信息技术的广泛应用，以及新一代消费群体成长，方便、快捷的分销方式越来越受到消费者，尤其是35岁以下年轻消费者的推崇，甚至成为他们最主要的购物渠道之一。根据 iResearch 的研究，2009 年中国网络购物交易规模（实物类商品为主）继续高速增长，达到2630 亿元，较 2008 年增长 105.2%。网络购物兴起，给连锁经营企业极大的渠道转型动力，建立以网络销售为主的其他分销渠道纷纷被企业采纳，并付诸实践。本次问卷调查显示，在 30 家连锁企业中，建有网络销售平台的有 12 家，占样本总量的

40%，而且大部分是自主开发、独立运营。在另外18家（占样本总量的60%）没有实施网络销售的企业中，有8家企业明确表示有建设网络平台的计划。已经建设和计划建设网络销售平台的企业总数占样本总量的2/3（见图11）。

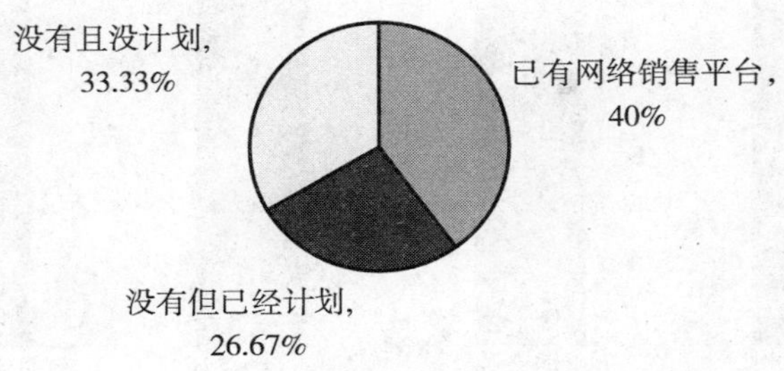

图11　连锁企业网络销售平台建设情况

另外，据调查结果，有40%的企业已经采用商品目录、网络、实体商店和呼叫中心等相结合的多元化销售方式。说明以网络分销为引领的新型分销手段已经起步，多元化趋势明显。

5. 渠道商之间合作满意度较高，关系较为融洽

本次调查问卷把合作满意度和相应分值分为五个等级，分别是不满意（1分）、比较不满意（2分）、一般（3分）、比较满意（4分）、满意（5分）。问卷调查结果分析表明，连锁企业与供应商合作的总体满意度为3.93分，处于中等偏上水平（见图12）。

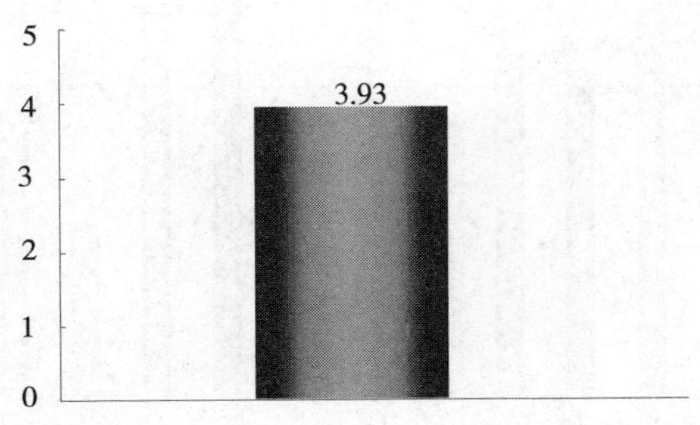

图12　总体合作满意度（分）

在决定总体满意度的“与供应商建立战略合作伙伴关系”、“与供应商在营销领域的合作”、“与供应商在供应链方面的合作”、“供应商客户服务能力”四个结构指标中，营销领域的合作表现最为满意，分值为4.43分，供应链方面合作满意度最低，为3.57分。通过回归分析，四个结构指标与总体合作满意度的相关系数分别为0.071、0.110、0.184、0.181。其中，供应链合作、客户服务能力对总体满意度的影响较为明显（见图13），但目前的满意度分值不高，应该是未来改进和完善的重点。

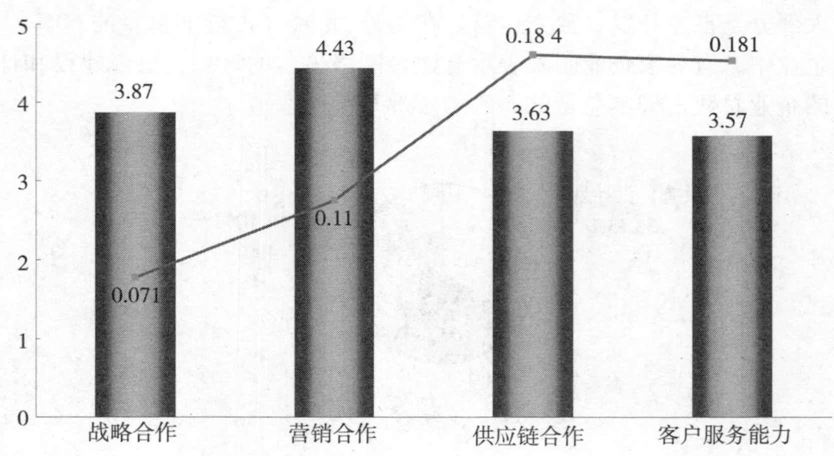

图 13　合作满意度的结构指标值及相关系数

为深入了解供应商在工商合作方面的总体表现，本次问卷调查特选择来自国内外包括日用化学品①、生理用品和食品饮料三个领域的 16 个知名品牌作为测评对象，要求被调查企业对其供应商合作表现打分。问卷统计结果显示，总体上，16 个品牌的平均得分为 3. 90 分，供应商在工商合作方面总体表现较好（见图 14）。

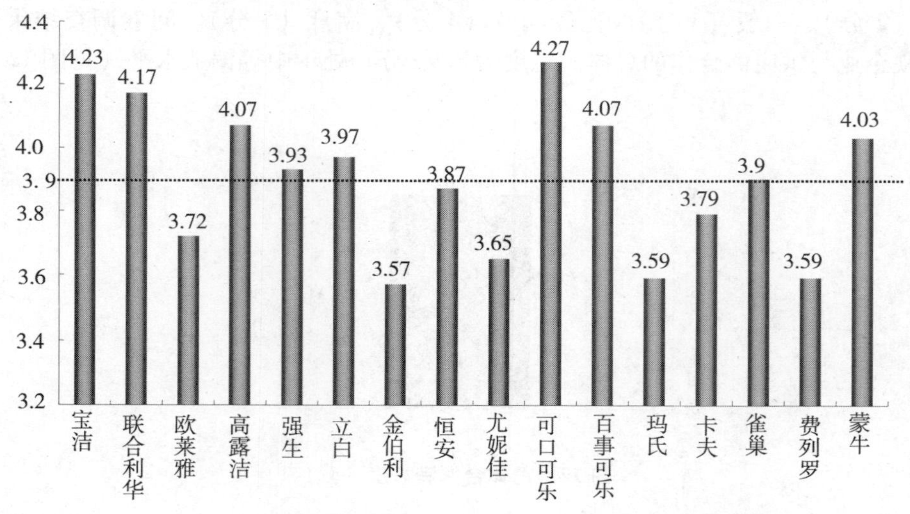

图 14　知名品牌供应商合作表现评分结果（分）

从产品类型看，按照品牌所述消费品类型划分，在日用化学品、生理用品、食品饮料三个领域的品牌中，日用化学品牌供应商合作表现最好，平均分为 4. 02 分；其次是食品品牌供应商，为 3. 89 分；生理用品分值为 3. 76 分（见图 15）。

---

① 日用化学品指人们平日常用的化学制品，包括洗涤用品、香精香料化妆品、口腔清洁护理用品等。

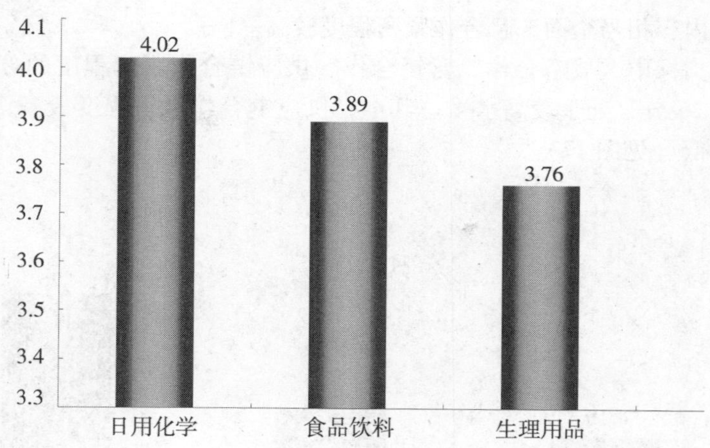

图 15　不同类别品牌的供应商合作总体表现评分结果（分）

按照品牌发源地分类，美国品牌的供应商合作表现最好，得分为 3.99 分，其次是国内品牌，得分为 3.86 分，欧盟为 3.84 分，日本品牌供应商合作表现最低，分值为 3.65 分（见图 16）。可以看出，美国品牌对我国渠道商合作具有重要的示范作用，是我国企业应该积极借鉴的。

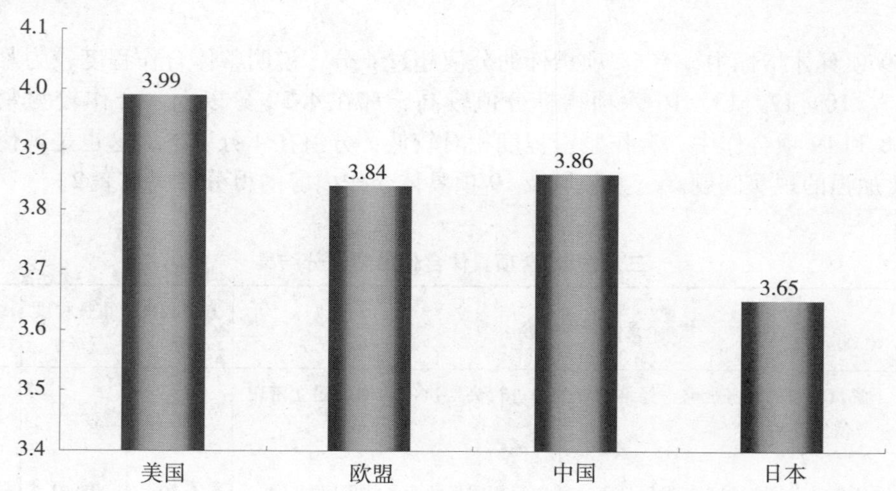

图 16　不同国家品牌的供应商合作总体表现评分结果（分）

以上分析可以看出，供应商与零售商之间的合作虽然在不同合作领域、不同产品类别、不同国家品牌之间仍存在差距，但总体而言，渠道商之间的关系正迈向和谐、共赢的“伙伴关系”，突破了原有的“交易关系”界限。

6. 渠道商之间的合作相当全面，关系较为紧密

本次调查问卷把合作紧密程度和相应分值分为五个等级，分别是没有合作（1 分）、很少合作（2 分）、较常合作（3 分）、密切（4 分）、非常密切（5 分）。通过对战略合作、营销合作和供应链合作三大领域中的 19 个具体项目的测评得出结论，连锁企业与供

应商之间的合作内容相当全面，且合作紧密程度较高。

在三大结构指标中，战略合作、营销合作、供应链合作紧密程度的分值分别为 4. 21 分、4. 22 分、4. 26 分，处于较高水平。其中，供应链合作紧密程度最高，其次是营销合作，战略合作略低（见图 17）。

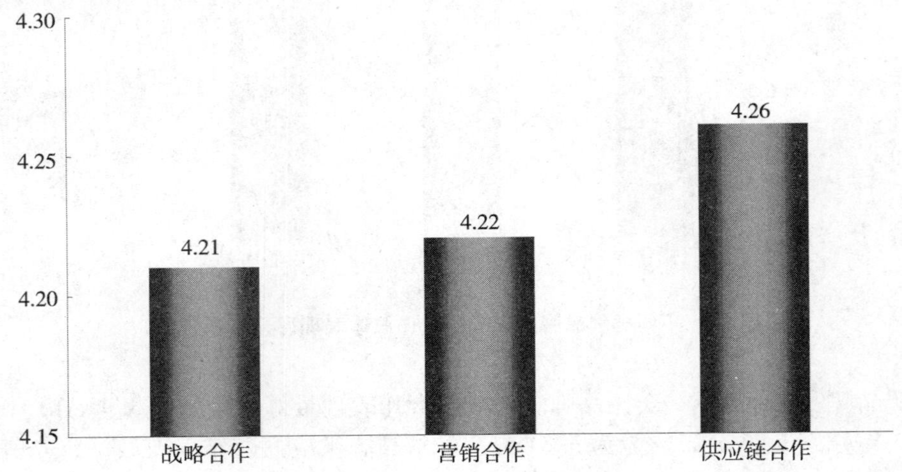

图 17　三大领域的合作密切程度

在 19 项具体指标中，有 17 项指标的分值超过 4 分，说明整体合作程度较为紧密。其中第 2、7、10、12、13、16 六项指标分值较高，都在 4. 30 分以上，合作较为紧密。但是，在 18 和 19 项合作中，合作紧密程度相对较低，分值在 4 分以下，这也是现代分销渠道中需要加强的现实问题。三大领域及 19 项具体合作内容的得分情况见表 2。

表 2　　三大领域 19 项具体合作内容评分结果

合作领域	具体合作内容	紧密程度（分）	重视程度（%）	综合得分（分）
战略合作	1. 了解贵公司的业务战略，经常与贵公司进行高层次的沟通，建立密切的业务伙伴关系	4. 27	12. 82	4. 21
	2. 与零售商共同制定业务发展计划，并进行高质量的业务结果回顾	4. 30	28. 21	
	3. 与贵公司积极开展项目合作，如消费者研究、联合促销、供应链优化、防损保护管理等	4. 17	15. 38	
	4. 关心双方的盈利情况，采取有效措施创造共同价值	4. 07	17. 95	
	5. 针对不同零售业态配合实施不同的营销策略	4. 10	7. 69	
	6. 能够根据零售商的需求，提供产品和服务的解决方案，帮助零售商扩大销售规模及提高盈利能力	4. 27	17. 95	

续表

合作领域	具体合作内容	紧密程度（分）	重视程度（%）	综合得分（分）
营销合作	7. 定期提供消费者购物习惯分析，帮助零售商更好地了解消费者需求	4.30	22.86	4.22
	8. 能够和零售商在品类管理方面紧密合作	4.03	14.29	
	9. 能为零售商进行数据分析，分享研究成果并提供建议	4.00	17.14	
	10. 及时分享新品推出、价格变化和促销等销售计划，与零售商共同制定订货预测和促销计划	4.30	22.86	
	11. 提供有效的吸引客流和提高顾客忠诚度的建议，制定品牌互动等活动计划	4.27	11.43	
	12. 能够加强促销员管理，减少零售商的人力和管理成本	4.33	11.43	
供应链合作	13. 主动与零售商分享供应链流程和核心考核指标，结合零售商实际，共同制定库存周转、缺货率、物流成本控制目标	4.33	25	4.26
	14. 能够与零售商共同进行销售预测，避免销售损失	4.23	19.44	
	15. 能够提供及时、准确、完整的商品信息给零售商，实现商品信息的一致性和同步性	4.13	11.11	
	16. 能够按照订单及时、准确、足额的交付商品	4.40	13.89	
	17. 对供货中出现的问题及时沟通并提出解决方案	4.27	25	
	18. 拥有高效的流程，避免损坏或包装短缺，与零售商共同制定“防损保护”的计划	3.8	0	
	19. 与零售商合作中注重数据管理和服务，不断改进物流技术的应用，以提高整体物流效率	3.97	5.56	

7. 品牌联合开发是生产商与制造商协作的重点之一

开发自有品牌已经成为商业企业提升自身竞争力的主要手段之一。联合开发商业企业自有品牌，不但有利于商业企业增强自身竞争力，还有利于加强与生产商之间的协作关系。目前，在我国大型超市中，以生鲜商品和日常用品为主的自有品牌已为数不少，但与外资企业如沃尔玛、家乐福等相比，仍有很大差距。

在本次参与调查的 30 家连锁企业中，有 27 家企业拥有自有品牌，占企业总数的 90%，并且在这 27 家企业中有 26 家（占参与调查企业的 86.67%）明确表示，在未来一段时期将继续加大自有品牌的开发力度。没有自有品牌的企业仅有 3 家，占企业总数的

10%，其中1家计划在一年内开发。如果计划实施，一年以后，在30家连锁企业中有28家将拥有自有品牌，占企业总数的93.33%。可以预计，在未来的一段时期，品牌联合开发是加强零售商与生产商相互协作的重点之一。

三、连锁经营与外贸转内销问题分析

（一）目前我国外贸遇到的困难

到2008年，我国经济对外贸的依存度已超过60%，大大超过同期国际平均水平。经济对外依存度越高，经济发展受到国际经济环境的影响越大，系统性风险越高，随之而来的贸易摩擦、反倾销制裁、汇率问题等麻烦也就越多。而2008年下半年金融危机爆发以来，我国外贸业的发展已面临诸多难题。

1. 进出口总额下降

据商务部统计数据，2008年7月起，我国进出口总额急速下降，当月进出口总额为2480.7亿美元，到2009年2月探至谷底，仅为1249.5亿美元，下降近50%，虽然此后几个月有所回升，但仍“风光难再”。外贸锐减给制造业和外贸商业企业带来了极大的挑战，甚至宏观经济形势也受到不利的影响。

2. 贸易保护主义抬头，“摩擦压力”加大

受国际金融危机影响，世界各国经济形势恶化，借此机会，以美国、欧盟为代表的国家和地区纷纷拿起贸易保护主义的大棒，打压我国产品出口，导致我国外贸受阻，面临的贸易救济调查越来越多。从数量上看，商务部相关资料显示，从2008年10月至2009年5月，我国遭遇来自十多个国家和地区的69起反倾销、反补贴、保障措施、特保措施（“两反两保”）等各类贸易救济调查，涉案金额91.56亿美元。从地域上看，2009年与我国发生贸易摩擦的国家遍及五大洲，其中美国、印度是最为突出的两个国家。另外，保护手段也出现了新的动向，除提高关税外，实施最低限价，以食品安全、气候和减排问题为借口，主张实施包括碳关税在内的新的贸易技术壁垒等，使我国外贸企业防不胜防。总之，目前我国面临的贸易摩擦范围之广、数量之多、金额之大，前所未有，“摩擦压力”巨大。

3. 内外贸对接仍存在“缝隙”，长效机制尚未形成

受本次金融危机影响，我国外贸企业纷纷在国内市场积极试水，但形势并不乐观，转型之路还面临诸多难题。主要表现在以下几个方面：

第一，从外贸企业自身情况看，多数外贸企业没有国内营销渠道，缺乏一支熟悉国内市场的销售队伍；所经营产品多是按照国外标准设计，且大都是贴牌产品，在国内缺乏知名度，不符合国内市场需求特点。

第二，从交易方式看，内地渠道商一般采用寄售方式，先销售后付款，使外贸企业的资金不能及时回流，资金风险加大。

第三，从分销渠道看，国内市场传统的“一、二、三”级批发体系已经不复存在，大型批发商为数不多，难以满足外贸企业大量出货的要求。

第四，对大量中小型外贸企业来说，补税是最直接也是最难过的门槛。

另外，在市场秩序方面，外贸产品被仿制的现象频发，也使外贸企业利益受损。如此

等等，都是我国外贸企业转内销过程中实际遇到的问题，致使出口转内销困难重重，建立长远的“无缝隙对接”机制仍任重道远。

（二）连锁经营在出口转内销中的积极作用

1. 统一采购，缓解外贸企业大销量之急

金融危机使外贸企业对外出口举步维艰，国内大型批发商“知音难觅”，临时组建自己的销售团队不太现实，“外贸大集”虽红红火火，但面对以集装箱为单位的库存压力，解决大销量仍然是外贸企业转内销最急切的问题之一，而连锁企业的规模采购可缓解外贸企业的大销量之困。统一采购是连锁经营模式的主要特征之一，相对于一般单体商店，采购规模较大。近几年，我国连锁门店日益增多，整体规模不断扩大，采购数量也大幅度增加，采购倾向越来越向上游延伸。连锁经营企业与外贸企业对接，不但可以使连锁企业自身享受批量采购的价格优惠，降低采购成本，而且可以缓解外贸企业在国内市场缺少大订单之急。

2. 统一销售，排除外贸企业渠道匮乏之困

在我国，长期的内外贸分割体制造就了企业的特殊分类：外贸企业和内贸企业。内贸企业只关注国内市场，几乎没有出口业务；外贸企业专做出口，国内没有市场，更没有自己的分销渠道。金融危机带给内外贸分割体制以深刻的启示，也使外贸企业在转内销过程中深刻感受渠道缺失带来的重重困难。如果外贸企业的内销商品“嫁接”到连锁企业巨大的销售网络，可使商品在不同市场同时上架，减少外贸企业销售成本。长远来看，只要条件允许，外贸企业应在国内市场同时建立自己的连锁经营商店，并纳入外贸企业转型战略。例如，以外销为主的帝语国际（控股）有限公司已经开始在国内走连锁之路，计划到2012年开出500家“帝语美居”连锁店。为了帮助出口转内销企业，政府部门也积极鼓励外贸企业在国内实施连锁经营。2009年4月，山东省青岛市工商局已专门出台有关政策，支持企业实施品牌连锁经营。可以说，连锁经营借助于规模销售优势，为缺乏国内分销渠道的外贸企业开拓国内市场找到了一个极佳的切入点。

3. 资金保障，降低外贸企业资金周转之险

相对而言，连锁经营销售规模大、商品周转率高、资金流动好，盈利能力和偿债能力较强。对于外贸企业而言，与连锁企业合作的资金风险相对较低。据悉，为了减轻供应商与零售商之间的账期问题，由银行、零售商、供应商三方合作实施的“供应链金融”已开始试点。其基本模式是，零售商担保，由银行先支付供应商部分货款，销售完成后，零售商偿还剩余货款及银行账款。另外，从信誉方面而言，连锁企业信誉好于整体零售业水平。2006—2009年，国际信誉研究院发布的“中国企业信誉100排行榜”中，苏宁电器连续居于中国零售企业信誉第一位。目前“以信誉求发展”几乎是所有连锁企业的头条标语。连锁企业较好的信誉基础是外贸企业实施内销战略的重要保障，可以有效减少呆账、坏账等相关难题，降低资金风险。

四、促进分销渠道转型的政策建议

1. 促进内外贸一体化与流通业发展

目前，中国政府对内外贸易仍采取不同的政策，外贸企业可以享有出口退税等优惠，

待遇较内贸企业为佳。但是，随着国民生活水平不断提升，可支配收入和购买能力增加，政府可考虑适当调整内外贸政策，以鼓励外贸企业内销，平衡过去依赖出口的经济结构。

政府应重视建立一批具国际竞争力的流通企业，强化批发分销商的功能，藉此促进内外贸市场一体化发展。在出口加工企业打入内销市场的过程中，批发代理商可扮演更积极的角色，协助企业理顺和解决各种资金或瓶颈问题，从而实现内外贸对接，综合协调国内外市场资源的调配和运用。此举一方面可促进内销，平衡中国经济结构，对整体经济发展有利，另一方面可促进外贸商品对内销售，丰富国内市场商品种类和消费者的选择，在带给国内居民直接利益的同时，促进流通业的整体发展。

2. 重视连锁业发展，发挥其对分销渠道的改造作用

十多年来，虽然连锁经营在我国迅速发展，也取得了不小的成绩，但与国际连锁巨头相比，仍有很大的差距。并且，连锁业内部仍存在严重的同质化竞争，以及管理水平落后、技术进步缓慢、乱收费等共性问题。所以无论从企业微观层面，还是政府宏观层面都应该首先在观念上重视连锁经营模式的发展。在企业层面，应积极学习西方成功的管理经验，自觉规范企业行为，提升企业自身品牌形象和商誉，加强现代科技水平在分销领域的应用，打造企业未来成长的广阔空间；在宏观层面，政府部门应加强连锁经营领域相关政策法规的出台与实施，强化政府与行业监管，为连锁业发展提供优良的市场环境。

3. 深化“双百市场工程”，继续发挥批发环节的中介功能

为加强农产品现代流通体系建设，商务部从 2006 年起在全国实施了“双百市场工程”。该工程计划重点改造 100 家大型农产品批发市场，培育 100 家大型农产品流通企业。可以此为契机，将更广泛的消费品大型批发市场和大型批发企业纳入规划，使“双百市场工程”不仅涵盖农产品，也包含整个消费品领域，做大做强批发环节。其重点是，政府应重视建立一批具备国际竞争力的流通企业，强化批发分销商的功能，藉此促进内外贸市场一体化发展。在出口加工企业打入内销市场的过程中，批发代理商可扮演更积极的角色，协助企业理顺和解决各种资金或瓶颈问题，从而实现内外贸对接，综合协调国内外市场资源的调配和运用。此举同样既可促进内销，平衡中国经济结构，对整体经济发展有利，也可促进外贸商品对内销售，丰富国内市场商品种类和消费者的选择，在带给国内居民直接利益的同时，促进流通业的整体发展。

4. 搭建可持续的内外贸对接平台，建立长效机制

出口转内销已经不再是临时性问题，也不能用权宜之计来解决，而需要建立相应的可持续发展的机制来扭转，这也是我国实现内外贸一体化，避免国际经济局势动荡带来不确定影响的客观要求。长远来看，可以从以下几个方面入手：

第一，政府出资建设外贸城，接入外贸企业，打造外贸转内销产品批发零售集散地，发挥集聚效应。

第二，搭建电子商务平台，实现外贸产品分销渠道多元化。筹建模式可以采用企业自建，政府补贴；政府出资筹建；与第三方联合开展业务等方式，帮助外贸企业，尤其是中小外贸企业拓宽分销渠道。

第三，引导外贸企业转型求变，不但要向高增值转型，而且还要加强自有品牌开发，建立自己的营销团队，培养核心竞争力，开拓国内渠道。

第四，创新渠道商之间的结算方式，减轻外贸企业转内销过程中的资金压力。引入第

三方金融机构的“供应链金融”就是一个很好的尝试。

第五，出台针对出口转内销企业的税收优惠政策，化解中小企业外贸转内销的资金困难，并加强监管。

第六，出台外贸企业做内销的优惠政策。多年来，中国政府对内外贸易仍采取不同的政策，外贸企业可以享有出口退税等优惠，待遇较内贸企业为佳。但是，随着国民生活水平不断提升，可支配收入和购买能力增加，政府可考虑适当调整内外贸政策，给外贸企业做内销提供优惠条件，以鼓励外贸企业内销，平衡过去依赖出口的经济结构。

5. 推行总经销或总代理经营模式，化解零供矛盾

目前，在百货业内最为流行的品牌联营模式所引发的零供矛盾问题备受各方关注，联营模式也备受争议。2009 年 5 月，晨曦百货与其供应商琮意盛世对簿公堂，让人对国际金融危机下的零供现状有了更真实的认识。商务部门也坦承，中国百货业目前普遍采用的联营扣点制度造成了巨大的经营弊端。因此，在渠道商关系由“交易关系”向“伙伴关系”转型时期，化解零供矛盾十分迫切。在这种形势下，规范百货零售企业行为，积极推进总经销或总代理经营模式①，提高自营比率，是化解目前渠道商关系危机的有效方法之一，也是顺应分销渠道历史转型的必然要求。

6. 注重科技手段在分销中的应用，实现渠道多元化

进入 21 世纪，现代通信技术的应用和消费者需求的变化使分销渠道多元化成为可能。尤其是以互联网技术为基础的新型分销渠道日益兴起，以 B2B、B2C、C2C 等为代表的电子商务模式纷纷涌现。以此为契机，实体商店加网络销售、电视购物、电话营销、目录营销的多元化的分销渠道将更加流行。所以，从企业层面看，应该积极学习、吸收现代科学技术，并尽快应用到现代分销渠道中去。从政府层面看，相关部门应顺势出台鼓励政策和监管措施，在税收、管理、资金等方面给予支持，并加强监管。

7. 企业应转型求变

虽然中国政府对加工贸易政策在金融危机严重影响期间有所放松，以解加工贸易企业的燃眉之急，但在经济回稳后，政府可能会重新调整其对加工出口贸易政策的方向。故此，出口加工企业须把握时机，向高增值转型，并应寻求内销市场的发展潜力和空间，探寻内外贸一体化发展的可行性。外贸企业做好内销的关键，是建立自主品牌和专业设计及营销队伍，培养核心竞争力，而不应视为在外贸困难之时，清理库存的权宜之计。

8. 推广“农超对接”，提高超市生鲜产品经营效率

实施“农超对接”，建立生鲜加工配送中心，是大型连锁超市提高生鲜产品经营效率的有效途径。在采购方面，“农超对接”省去了流通中间环节，有效缩短了果蔬从采摘到上架的时间，还可以减少采购成本。在物流方面，生鲜加工配送体系可保证采购规模化、运输专业化、配送快捷化，从而减少物流环节的损耗，节约物流成本，优化分销渠道。目前，“农超对接”在某些连锁超市已经成功运行，并取得明显实效。当前，应该把它作为

① 此处，总经销经营模式（或称总代理经营模式）是指供应商在指定区域内授权某商业企业（多为批发企业）为总的出货平台，并由其承担下游销售网络开发与建设、经销商的培训、广告投入、售后服务等活动的经营模式。在这种模式下，供应商与经销商之间的交易方式多为买断经营。这样，即克服了联营模式的种种弊端，又可以引导批发商向大而强的方向发展。

一种新型的运作模式在大型超市中推广，并根据企业实际情况建立生鲜配送中心。通过这种模式的实施，继续发挥生鲜产品吸引客流的积极作用，提高经营效率。

在以上政策建议中，已经试点成功的模式可以向珠三角地区重点推广；尚未付诸实践的，尤其是关于外贸转内销的优惠政策，可以在珠三角地区先行先试。广东是中国的外贸大省，但是在出口转内销方面面临着诸多行政壁垒，申批程序繁琐等问题。政府可以珠三角为试点，透过粤港合作“先行先试”、优化现有的政策措施，待有关措施成熟后再在全国其他省份推广。例如，针对内外贸商品检测标准不一的问题，粤港两地政府可就检测认证服务建立互认机制和信息共享制度，促使两地商品及进出口监管部门互相承认，并由中国合格评定认可委员会（China National Accreditation Service for Conformity Assessment - CNAS）或香港认可处（Hong Kong Accreditation Service - HKAS）发出检测验证报告，实行在粤港一证两地互通。这不仅有助于优化商品进出口的整体流程，减省行政成本，亦可协助国家在产品检测和认证标准方面，了解国际的惯常做法，促进与国际的接轨。此外，根据既往内销展览会的成功经验，粤港两地亦可加强合作，与内地重点城市设立长期批发及展销中心，提供平台让中小企业以合适的价格参与，从而协助它们发展内销市场。

附录：调查问卷背景资料

一、调查背景及目的

近年来，分销发展迅速。2008 年开始的全球性金融危机给内外贸的分销模式带来了深刻的影响。在此背景下，本次以连锁经营企业为对象的问卷调查，是为发现连锁经营对分销渠道转型的积极作用及存在问题，促进分销发展。

二、问卷设计方法

本次调查问卷由中国连锁经营协会和利丰研究中心合作设计，属于自填式问卷类型，问卷结构主要包括基本信息、合作的关注重点、协作相关信息三个部分，共 17 个题目。

三、分析工具与方法

主要使用的分析工具有 Excel 和 SPSS 统计软件，主要分析方法有频数分析、线性回归分析、描述性统计分析。

四、样本特征

在参与调查的 30 家连锁企业中，填写企业基本信息的有 29 家。包括国有、外商独资、民营、中外合资、国有股份、股份有限等类型，其分布情况见附表 1。

附表 1　　　　参与调查企业的性质结构

企业性质	个数（个）	占样本总数比例
国有	6	20.69%
外商独资	5	17.24%
民营	14	48.27%
合资	1	3.45%
国有股份	1	3.45%
股份有限	2	6.90%
合计	29	100%

从企业规模看，29 家连锁企业中年销售额超过 100 亿元的企业数量最多，有 11 家，占 37.93%；没有年销售额小于 1 亿元的企业。见附表 2。

附表 2　　　　参与调查企业规模结构

当年销售额	企业个数	占样本总量的比例
1 亿元以下	0	0.00%
1 亿～10 亿元	3	10.34%
10 亿～30 亿元	5	17.24%
30 亿～50 亿元	7	24.14%
50 亿～100 亿元	3	10.34%
100 亿元以上	11	37.93%
合计	29	100%

参与问卷调查的 30 家企业中，有 25 家是 2008 年连锁百强企业，占样本总数的 83.33%，这些连锁百强企业具有较高的市场占有率、较广的地域分布、较高的品牌知名度、较先进的技术和组织水平，基本能够代表我国连锁企业的发展现状和趋势。

综上所述，本次调查问卷在设计、发放与回收、分析工具的使用、样本选择等方面比较合理，能够保证研究的科学性和可行性。

（中国连锁经营协会　利丰研究中心）

2010 年中国零售业 IT 基准（Benchmark）研究报告

一、调研背景

中国连锁经营协会发布的《2009 年中国连锁百强报告》显示，2009 年连锁百强销售同比增长 13.5%，是近 10 年增幅最低的一年。究其原因，一方面源自金融风暴的影响，另一方面也是企业在高速扩张后回归理性调整期的反映。目前阶段，中国零售业处于精细化管理时代，企业对效率和效益的关注远高于对数量和规模的关注，而信息化建设及其贡献在其中发挥着举足轻重的作用。

经过十多年的发展，中国零售业的 IT 应用价值越来越被重视，IT 应用水平也有了较大地提升，但真正对其价值的认识大都还停留在概念层面上。对于 IT 应用的投入产出评估模型的建立尚未成熟，这样在没有参考基准的条件下，很多零售企业在真实投资引进 IT 应用项目时大多会犹豫不决，徘徊不前，迟迟难以付诸实施。另外，作为 IT 部门的负责人，CIO 们也往往面临着缺失“标准”的窘境，在 IT 应用项目可行性评估中只能给管理层以愿景式的描述，缺乏说服力。

基于上述现实需求，中国连锁经营协会（CCFA）与埃森哲（ACCENTURE）自 2009 年发起了中国零售业 IT 应用基准研究，旨在为国内零售企业提供以指标数据分析为依据的中国零售业 IT 应用基准，为零售企业的 IT 建设提供参考。

2009 年 6 月，中国连锁经营协会与埃森哲第一次共同发布的《中国零售 IT 基准（Benchmark）研究（2009）》，在行业内产生了广泛的影响。报告对零售企业 IT 的投入与应用起到了一定的参考价值。2010 年为第二次发布。

为便于比较，本报告在各项指标的后面，用【】括号标示出 2009 年相对应指标的数值，未加括号标注的，表明上年没有进行该指标的分析。

因样本企业均为行业内领先企业，故各项指标均处于行业中较好的水平。

二、报告的主要发现

（一）从 IT 支出看

1. 2009 财年 IT 支出相对销售收入比例

$$2009\text{ 财年 IT 支出相对销售收入比例} = \frac{\text{零售业务中 IT 总支出}}{\text{销售收入}} \times 100\%$$

餐饮企业支出比例最高为 0.5%（与样本企业重视 IT 工作有一定关系），超市最低为 0.25%【0.21%】，平均为 0.41%【0.47%】。

2. IT 资本性支出

指用于购买使用年限在一年以上的耐用品所需的支出，包括设备、长期服务等。计算公式为：

$$\frac{\text{零售业务的资本性支出}}{\text{零售业务中 IT 总支出（资本性支出 + 营运成本）}} \times 100\%$$

平均支出比例为55%【60%】。表明2009年在零售企业的总IT支出中，用于设备和长期服务等方面的费用占据了IT支出的大部分。

3. IT 资本性支出的构成

首先，硬件在IT资本性支出中占据绝大部分，比例为51.5%【57.8%】（包括门店POS及外围设备等占17.2%【18.4%】，总部硬件/处理设备占14.7%【17%】，数据中心的硬件/处理设备占12.7%【14.8%】，门店的其他硬件/处理设备占6.9%【7.6%】)，硬件投入的减少与2010年零售企业新开店减少有直接关系。

其次，项目人力资源相关费用8.9%【4.8%】，软件开发费用占12.8%【15.2%】，软件许可证及基础设施费用占11.6%【10%】，电信通讯及网路费用支出占9.2%【5.2%】，其他费用支出占6%。

4. 外包支出占总IT支出的比例

外包支出占总IT支出的比例计算公式为：

$$\frac{\text{零售业务的外包服务支出}}{\text{零售业务的总 IT 支出}} \times 100\%$$

在采用外包的企业中，62.5%【73%】的企业外包支出占总IT支出的比例在1%~10%，外包比例不到1%的为零，而其余37.5%【18%】的企业外包支出比例超过10%。

（二）从IT机构看

1. 从事项目维护/支持的IT人员比例过大

75%【78%】的企业其IT人员中从事项目维护/支持的人员比例在30%以上；25%【22%】的企业，该部分人员占比在30%以下。这说明，日常IT维护/支持工作，在IT部门的工作中占据了相当大的比例。

2. 外包的IT人员占总体IT人员比例

外包的IT人员占总体IT人员比例平均为17.2%，只有25%的企业超过此平均值。表明更多的企业正逐步培养自己的IT人员队伍。

（三）从应用软件/技术基础设施蓝图看

1. 产品生命周期管理

57%【62%】的企业在两年内不会采用，29%【32%】的企业已经应用，14%【6%】的企业正在实施。此状况表明，产品生命周期管理应用目前在企业的实施还不普遍。

2. 采购管理

90%【89%】的企业已经实施采购管理应用（其中83%【68%】的企业在一年前实施，17%【32%】的企业正在实施）。其余企业表示，两年内将添加该系统。这充分说明采购在零售企业的重要地位及企业在采购管理 IT 技术应用上的重视。

3. 商品/财务计划

95%【95%】的企业已经实施该应用（其中 68% 的企业在一年前就已实施，16% 的企业已实施并正在更换新系统，16% 的企业正在实施）；其余的企业表示，在未来 2 年内，处于评估阶段。由此说明，目前商品/财务计划在企业中的 IT 应用也得到企业的重视。

4. 空间/品种计划

78%【76%】的企业已经实施（其中 55%【47%】的企业一年多前实施，23%【29%】的企业将更换）；14%【12%】的企业考虑两年内应用；8%【6%】的企业表示近期不会进行该应用。表明大部分企业都通过或将通过 IT 手段进行商品的空间管理。

5. 促销/价格优化

75%【73%】的零售企业已经通过 IT 手段进行促销及价格优化，25%【11%】的企业正在增加该应用，5% 的企业考虑两年内进行实施，11% 的企业表示未来两年内不会实施该应用。

6. 商品运营管理

商品运营管理，包括主数据维护、成本/价格/促销管理、订货、分配、库存管理、发票核对、库存分类账等。

90%【90%】的企业应用 IT 技术来进行商品运营管理，10% 的企业将在未来 2 年内进行评估。

7. 批发管理

86%【84%】的企业已经实施了该应用（其中，58% 的企业一年前已实施，18% 的企业上年实施并已应用，5% 的企业正在更换，5% 的企业两年内将更换），还有 14% 的企业【还有 11% 的企业正在增加该应用，5% 的企业考虑两年内进行实施】在未来 2 年内考虑更换。

8. 库存计划与补货

已实施此项应用的企业占 80%【79%】，另有 20% 的企业正在实施。此状况反映了零售企业对库存计划与补货的重视与关注，也表明企业在此方面的 IT 应用已经相当普遍。

9. 需求预测

72%【60%】的企业已经实施了这项应用，16%【22%】的企业考虑在两年内使用，12%【17%】的企业明确表示两年内不会采用，这反映在以市场需求为导向的经营中需求预测的重要性及 IT 技术在该项目应用的广泛性。

10. 客户订单管理

92%【73%】的企业已经采用 IT 技术来进行客户订单管理，反映出企业对客户需求的重视程度，以及 IT 手段在该项目中的重要作用。

11. POS 系统及加标签系统

91%【90%】的企业已采用该技术（其中，74% 的企业已于一年前实施，17% 的企业正在实施），只有 9% 的企业表示在未来 2 年内进行评估。

12. 电子商务（涉及交易）

25% 的企业已经实施，29% 的企业表示在未来 2 年内进行评估，只有 36% 的企业表示未来2年内不考虑采用，另有10%的企业尚未明确。这反映出企业对网络零售的关注度比较高，但是由于目前市场处于起步阶段，观望及等待可借鉴模式的企业不在少数。

13. 数据仓库

57%【56%】的企业已经应用，20%的企业正在实施（其中，上新系统和更换系统的各占一半），13%的企业表示未来2年内进行评估，10%的企业表示未来2年内不考虑。反映出，企业对这一技术的需求或认识不同。此外，也与企业规模有一定的关系。

14. 人力资源及员工管理

76%【76%】的企业已经在应用，14%的企业正在实施（更换新系统），10%的企业表示会在未来2年内进行评估。这说明在人力资源管理上IT正发挥着重要的作用，企业也都比较重视。

15. 财务管理

财务管理应用上，95%的企业均已在一年以前进行了应用，一方面表明企业对这部分工作的重视，另一方面也表明财务工作对IT技术的依赖性。

（四）各类IT技术应用程度

1. 条码在仓储、运输及门店运营技术方面的应用

条码在仓储、运输及门店运营等技术方面的应用上，75%的企业已经应用1年以上，其余25%的企业（主要是餐饮和电子零售企业）在未来2年内处于评估阶段。

2. 无线射频技术的应用

在无线射频技术的应用方面，有42.5%的企业未来2年内不会采用，10%的企业已经处于实施或使用状态，另外47.5%的企业在未来2年内会对此技术进行评估。

3. 网络技术应用

在网络技术应用方面，有62.55%的企业已经使用，其余企业正处于实施阶段。

（五）与外部各方交换数据的方式

1. 传真使用率100%，电子邮件使用率100%，通过标准传送协议（网络上传、文件传送协议（FTP））传送文件则有62.5%的企业已开展。

2. 通过EDI网络实现EDI信息交换的企业占29%，而14%的企业正处于实施阶段，29%的企业在未来2年内进行评估，还有28%的企业不会采用EDI。

（六）项目交付

1. 2009财年按时交付的项目

2009财年能按时交付的项目比例是：93%。即：

$$\frac{\text{能在预计的时间内完成交付的项目数目}}{\text{总完成交付的项目}}\times 100\%$$

2. 2009财年整体完成的项目

2009财年整体完成的项目进度表现指标是：92%。即：

$$\frac{\text{总实际实施项目的时间}}{\text{总预计项目的时间}}\times 100\%$$

3. 2009 财年能按预算成功交付的项目

2009 财年能按预算成功交付的项目比例是：95%。即：

$$\frac{\text{能按预算成功交付的项目数目}}{\text{总完成交付的项目}}\times 100\%$$

4. 2009 财年项目总体交付质量

2009 财年的项目总体交付质量为：88%。即：

$$\frac{\text{交付后得到用户认可的“功能点”}}{\text{项目范围内所包括的功能点总数}}\times 100\%$$

（七）服务效率及稳定性

1. 2009 财年门店内 POS 机的相对数量

门店总面积（以 1000 平方米为核算单位）所平均拥有 POS 机的数量，超市为 3.06 台/千平方米【3.04 台 /千平方米】，百货为 2.48 台/千平方米【2.32 台/千平方米】，家电零售为 1.78 台/千平方米。平均为 2.72 台/千平方米。

2. 2009 财年 POS 的效率

2009 财年 POS 的效率（购物小票，张），超市为 156 张，百货为 106 张，家电为 111 张。平均每台 POS 机每天出票 124 张。计算公式为：

$$\frac{\text{每年的交易小票数量}}{\text{（365 天）（POS 机总数）}}$$

3. 2009 财年各服务项目的服务水平

2009 财年各服务项目、服务水平的计算公式为：

$$\frac{\text{366 天 24 小时 60 分钟 －宕机时间（分钟数）}}{366\times 24\times 60}\times 100\%$$

（1）硬件平均得分：87%。

（2）局域网平均得分：85%。

（3）广域网（包括门店网络）平均得分：82%。

（4）应用软件服务平均得分：87%。

（5）邮件服务平均得分：87%。

4. 2009 财年 IT 部门的服务比率

$$\text{2009 财年 IT 部门的服务比率（每百万元收入需全职人员数量）}=\frac{\text{零售业务的 IT 全职人员数目（内部和外部）}}{\text{销售收入}}$$

超市为 0.015 名，百货为 0.012 名，家电为 0.009 名，平均水平为 0.013 名。

（中国连锁经营协会　2010 年 9 月）

2010年中国传统零售企业开展网络零售[①]业务研究报告

一、研究背景

目前，网络零售常呈现这样的画面：

在街角的服装零售店里，两个年轻人试了很多件衣服，但没有买就离开了，他们已记下最适合自己的货号，转而到网上购买了。售货员对越来越多的这样的情况毫无办法，而他们的高层已经开始研究是不是自己也要开个网店。

在城市中心一处高高的办公楼会议室中，风险投资公司正在和电子商务公司就第二轮融资事宜讨价还价。这一两年，电子商务公司是最能够得到风投青睐的行业之一，但风投也在想，他们到底什么时候才能赚钱？投进去的钱是否拿得出来？

在一处偏僻而拥挤的办公室中，一家连锁超市企业的高层正在开会，商量如何开展网络零售问题。管理层的意见并不统一，问题也很多：是不是要做？到底要多少资金？要派谁去管理？要上什么商品？物流和支付如何解决？

1. 研究目的和对象

网络零售的发展悄然无声，但速度很快，尤其是中国市场近几年几乎都是成倍增长。

网络零售来势汹汹，是否真的危及传统零售？网络销售是否成本很低而存储和展示空间无边界？网上销售和网下销售渠道是否可以完美结合？

本研究，主要结合这些问题，考察传统零售商开展网络零售的现状、与纯粹电子商务企业相比的优劣势、存在的主要问题以及解决方案建议。

2. 研究结果概述

电子商务快速发展，一方面纯粹网络零售企业持续发力，另一方面传统零售商纷纷触网，同时上游厂家也不断加入。

从国外电子商务发展的情况看，传统零售商开展网络零售业务始终站有非常重要的地位，这是与我国电子商务的发展不同的地方。

传统零售商开展网络零售业务的内部管理层面（稳定的进货渠道、较为完善的物流体系、强大的品牌影响）、消费者层面（丰富的购物体验、健全的售后服务）、监管层面都有很多纯粹电子商务企业不可比拟的优势。

同时，其开展电子商务业务的劣势也不可忽视，包括：技术水平不足、专业团队欠

---

① 网络零售：本文所指的“网络零售”，主要是指由企业开办的网络零售业务，是电子商务中B2C的一种重要形式，也被称为“网上零售”、“电子零售”、“线上销售”等。而由个人开设的“网店”等形式的网络零售，本文没有进行考察。

缺、营销经验不足、业务方向和定位不清等。

最后报告对传统零售商开展网络零售业务提出建议，一方面在战略上：要有明确的功能定位、有清楚的成本认识、在周密研究的基础上循序渐进、在有足够能力的前提下适机切入。另一方面在战术上：现有资源与所需要资源的结合、线上产品与线下产品的组合、线上营销与线下营销的融合、关注网购的细节和独特之处、注意建立良好的口碑等方面。

二、国内网络零售发展现状

1. 行业爆发式增长

近几年，电子商务快速发展，特别是网络零售，增幅迅速。2009 年，从网购用户规模、交易规模及电子商务网站规模都急剧增长，更是网络购物的“爆发之年”。据 CNNIC[①] 数据显示，2009 年中国网络购物市场交易规模达 2483.5 亿元，占社会消费品零售总额 1.98%，同比增长 93.7%，预计 2013 年网购交易规模有望突破 1 万亿元。

2010 年 5 月，中国社会科学院财贸所和利丰研究中心共同发布的商业蓝皮书——《中国商业发展报告（2009—2010）》预测，2010 年我国网络购物零售总额或将实现 5000 亿元。蓝皮书分析，中国的网络购物额在 2008 年突破社会消费品零售总额的 1%，2009 年达到 2%，2010 年占比将提高到 3% 以上，即能够实现 5000 亿元左右的规模。

统计数据显示，近五年全国社会消费品零售总额平均增长约 15%，而网络零售的增长几乎是百分之百。越来越多的人选择在网上购物，主要是二三十岁的年轻人，现在中老年人也开始上网购物；购物的种类也越来越宽泛，初期在网上买的最多的是图书，现在可以买笔记本电脑、手机、服装、食品等，有着丰富的购买选择。

2. 单纯网络零售企业持续发力

经过十年左右的发展，已经出现了一批具有一定知名度的 B2C 企业，例如京东商城、当当、卓越亚马逊、红孩子、1 号店等。它们有的奋斗了十几年，有的是近几年才崭露头角。除了上述几家大型 B2C 企业外，其他规模相对较小，大多为年销售额几百万元到几千万元，超过十亿元的不多。

很多电子商务企业在发展初期得到了风险资本的支持，甚至是多达几轮的融资。以京东商城为例，2007 年 4 月，京东商城获今日资本 1000 万美元投资；2008 年 12 月，获得来自今日资本、雄牛资本以及投资银行家梁伯韬私人公司的 2100 万美元的第二轮融资；2010 年 1 月 28 日，京东确认第三轮融资，金额高达 1.5 亿美元，成为金融危机后互联网第一大融资方。

有美好前景的吸引，有资本的推动，新的进入者不断出现。2010 年 1 月，百度宣布与日本乐天联合注资 5000 万美元组建合资公司，推出电子商务网站。国内电子商务的“老大”阿里巴巴也确立了打造“大淘宝概念”，富士康的“飞虎乐购”已在内部试运行。

3. 传统零售商纷纷触网

在单纯电子商务企业大兴土木之时，传统零售商也暗中发力。根据中国连锁经营协会的统计，在 2009 年中国连锁百强企业中，共有 31 家企业（截至 2010 年 5 月底）开展了

① CNNIC：中国互联网络信息中心（China Internet Network Information Center，简称 CNNIC）。

网络零售业务（详见文末附表1）。31家企业中，近一半的企业为近两年上线，有一些还处于实验性阶段。31家企业中，有18家为连锁百强的前50名。

（1）典型企业情况

苏宁是准备最充分、网络规划最周全的"触网"企业。2010年1月25日，苏宁"易购"上线，其目标是三年内占领中国家电网购市场20%以上的份额，做"中国最大的3C家电B2C网站"。从正式上线以来，苏宁易购每天的销售额达300万~400万元，考虑到一定的增幅，一年的销售额应不低于15亿元，约占2009年苏宁全部销售额的1.3%。苏宁加大网购力度主要出于三方面的原因：一是一部分消费群体现实存在的需求；二是通过网站点击、浏览，有助于苏宁品牌的宣传，并对实体店的销售产生促进作用；三是易购未来将成为苏宁员工学习、培训、工作的平台。

百联集团于2009年12月推出了B2C电子商务平台"百联股份网上商城"。据百联股份公司相关负责人介绍，百联股份网上商城是实体经营网点的补充和扩展，将充分利用其经营网点和供应商的支撑；网上商店的运营可实行线上购物，就近提货；线上购物，送货到家的运营模式。

利群电子商务立意长远。2004年年底，利群网上商场正式发布，2008年下半年利群集团正式成立电子商务公司，开始探索电子商务多渠道销售。目前，多渠道销售主要包括四方面内容。一是网上商城。目前有10个专区，经营200个小类、在线销售超过20000个单品。二是目录及媒体。面向利群集团150万会员中按消费和积分分类的高端会员中发行。三是呼叫中心。承担客户服务、售后服务、销售、推广等业务。四是综合服务点。涵盖十二大服务体系。

农工商发展网络零售的目标明确。2009年12月，上海农工商超市斥资上亿元打造的"便利通网上商城"正式上线。其计划在未来几年中，网上销售规模达到其实体店的销售规模。

（2）部分企业处于试点阶段

沃尔玛于2010年3月提出，计划在中国和日本推出电子商务业务，拟把部分成熟市场已有的网上业务扩展至新市场，通过网上业务提高全球整体销售额。此前很早，沃尔玛就在美国推出了网上零售业务，近几年一直是最受欢迎的网络零售商之一（见附表2）。2008年沃尔玛还在巴西推出了网络零售业务。

家乐福也已悄然启动在线商城"试点"。针对家乐福的在线会员，只要在线就可以下单，可选择"货到付款刷卡消费"的支付方式，且网上商城价格几乎与实体店价格同步，但此项业务目前只在京沪两地开通。北京地区只接受500元以上购物订单，并不附加额外的运输费用；而上海地区只需超过100元就可免费递送，低于100元将收取相应运输费用。家乐福官网提出，未来也将在其他城市陆续推出在线购物服务。

另外，多家零售企业的电子商务业务已在计划或实施准备中。

2010年6月1日，物美"便利购"业务在其便利店全面登场，首期精选50种商品独立成册。这样，在物美任意一家便利店可随意调取在册信息，选中目录中的商品，并在物美便利店完成订货、缴款等手续，然后按照店铺约定的时间到店取货。毫无疑问，便利购业务是在为物美网络零售业务进行铺垫。

总体上看，传统零售商的网络零售业务大多起步较晚，有的网站设计还比较简单，功能不完整，物流配送区域也比较小。

（3）上游厂家不断加入

为更好地宣传企业品牌，建立终端销售渠道，一些大型上游生产厂商也不断加入到网络零售的行列。如中粮集团的“我买网”（www. womai. com）、蒙牛集团的“蒙牛商城”（www. emengniu. com/bj/index. html）、海尔集团的“海尔商场”（www. ehaier. com）、李宁商城（www. e－lining. com）等，在近一两年内也开始构建自己的电子购物平台。但因其电子购物平台建设时间较短，这些生产商的网络零售业务所占总体销售的比重都不高，一般在1%～2%。

三、国外网络零售发展情况

1. 总体情况

美国网络销售起步于十多年以前，如今已成为其重要的零售渠道。在网上不但可以买到计算机产品、消费电子产品、音像产品、化妆品，也可买到服装服饰、食品饮料、杂货、宠物食品，甚至汽车、珠宝、医药保健等商品，人们都可足不出户、方便地满足日常生活所需。

2009年，美国市场通过网络购买的消费产品总价值为1550亿美元，较2008年的1410亿美元增长11%，增幅远高于其整体零售业的2.5%。但由于国际金融及经济危机的影响，其增速低于2008年的13%以及2007年的18%。市场研究公司Forrester Research（以下简称“Forrester”）预计，美国网络零售销售将在未来五年中维持10%的复合年增长率，到2014年网络零售销售额将接近2500亿美元。网络零售销售在美国整体零售销售业中所占份额将从2009年的6%上升至8%；经估算，2009年美国市场有1.54亿人曾通过网络购物，占网络人口的67%，比2008年高出4个百分点；2009年，三种产品类别（PC、服装和消费电子产品）的网络销售额（676亿美元）已占销售总额的44%。

另一家研究机构Jupiter Research的预测比Forrester更乐观，它认为：到2012年，将有37%的音乐、超过一半的消费电子产品经由网络渠道销售。到2012年，至少有一半的零售交易将通过网络进行，或受网络的影响，网络零售额将占全部零售额的8%，其余的部分或多或少都会受到网络的影响。

2009年美国消费市场引人关注的是，一方面是直接的网络销售，另一方面是受到网络搜索影响的线下销售所占比例在提高。根据Forrester的估测，2009年网络销售和受到网络影响的传统零售销售在零售销售总额中所占比例为42%，到2014年预计将增至53%。届时，受到网络影响的线下零售销售价值将为14亿美元。

西欧市场，Forrester预测，未来五年中网络零售销售额的复合年增长率将为11%，从2009年的6800万欧元（约合9300万美元）增长至2014年的1.145亿欧元（约合1.56亿美元）①。

2. 典型企业

纵观西方国家的电子商务发展历史，B2C销售额占据了全美网购市场的80%，而C2C只占20%，同时在线零售排名前十位中有一多半是实体连锁企业运营的B2C网站。

---

① 注：Forrester的预测数据不含汽车、旅游及处方药等产品的网络销售数字。

NRF（美国国家零售联盟）评选出的2009年最受欢迎的网上零售商（见附表2）显示，传统零售商占据6家（见附表3），即沃尔玛（Wal－Mart）、百思买（BestBuy）、JC彭尼（JCPenney）、塔吉特（Target）、科尔斯（Kohls）、西尔斯（Sears）。2008年同样为这6家，只不过排名的位次略有不同。比如，Wal－Mart在2008年排名第1位，而在2009年排名为第2位，仅次于亚马逊（Amazon）。

根据IMRG（互动媒体零售集团，英国电子零售商的行业组织）统计，2010年英国网上零售企业中，访问数量排名前十家的企业（见附表4）中，有6家开设有实体店，分别是：苹果电脑（Apple Computer）、特易购（Tesco）、玛莎（Marks & Spencer）、约翰利维斯（John Lewis英国传统老牌百货店）、奈斯特（Next服装专业店）、阿哥斯（Argos）。从进入前10位的有店铺企业数量上看，与2009年的名单基本一致。

它们虽然起步都晚于单纯网络零售企业，但凭借其品牌和资源的优势，迅速占据市场优势地位。

四、传统零售商开展网络零售业务优劣势对比

网络零售快速发展的原因，无外乎技术的进步与成熟、消费者的个性化需求、实体店的成本压力、良好预期等几个方面。传统零售商开展网络零售业务的优劣势与单纯网络零售企业对比基本处于相对立状况。

（一）传统零售商开展网络零售的优势明显

网络零售与传统零售相比，在消费者订货方式、产品展示形式、营销手段、物流形式等方面有所不同，但从根本上说都是一种零售方式，都离不开传统零售的一些基本环节和传统因素，如采购、物流、售后服务等，这些基本环节决定了企业的生存发展，而不是那些相互不同的地方。而网络零售业务是建立在具有一定的物理网络基础上，采购可以获得更低的价格，可以提供更快捷的物流服务，提供更好的客户体验。

具体来看，传统零售商开展网络零售业务的优势主要体现在：

1. 内部管理层面

（1）稳定的进货渠道

进货渠道的建设不完全是签合同、下订单那样简单迅速，它需要时间的磨合。传统零售企业大多经过多年的经营，已经建立起相对稳定的供货渠道，这意味着货源有持续供应的能力、质量有明确的保障、价格与市场同类商品相近，这些是多年合作关系的基础，而且对消费者意义重大。特别是已经有较大销售规模的传统零售商，在渠道方面，更具优势，可以获得更低的价格。

单纯网络零售企业发展时间短，销售规模大多较小，面临供货渠道不稳定（有的供应商甚至因为价格体系问题，抵触这一渠道）、价格居高不下、谈判成本高等问题。

商品价格是零售企业争夺消费者最重要的因素，网络零售供货渠道相对不稳定，采购量小，个别企业为维持低价，在商品经营中有假货、“水”货，以次充好、不提供正规发票等现象，为消费者诟病。

（2）较为完善的物流体系

具有一定规模的传统零售商，大多建立了较为健全的物流体系，一般都有自己的、具

一定规模的大型配送中心和物流车辆，有分布各处的门店网络，有合作密切的厂家物流。以苏宁易购为例，其物流所依托的是线下千家连锁门店、100 个物流中心、3000 多个售后服务网点。完善的连锁门店和物流体系建设是其最大的优势之一。其中，根据苏宁发展三年规划，2009 年至 2010 年，仅区域性物流基地就完成 60 座，而且凭订单直接到苏宁线下门店提货，也是其特有的物流配送服务。

上述优势是目前网上商城模式企业所不具备的。因为单纯网络零售企业大多依赖第三方物流，而第三方物流的发展水平参差不齐，在双方合作过程中有很多需要解决的实际问题，如物流配送作业成本、配送周期与时长、货物破损处理、送货人员服务态度等。这些已成为消费者投诉的热点。

改善物流，成为达到一定规模的网络零售企业的必经之路。京东商城将近期融资的 1.5 亿美元中的 50% 用于仓储、配送、售后等服务能力的提升。其计划于 2010 年下半年陆续在北京、上海、成都三个城市兴建单体面积超过 10 万平方米的超大型物流中心，加上广州原有的物流中心，全国将拥有 4 个一级库房；同时还规划在全国范围内建立 15 ~ 20 个二级库房。届时，京东商城将实现每 600 公里配有一座仓储中心或库房的目标。但其规模超常的资金投入不是每家 B2C 企业能效仿的，大多数企业仍只能依靠第三方物流来解决燃眉之急。

（3）强大的品牌影响

从已开展网络零售的传统零售企业看，大多数是全国或区域的领先企业，在所经营的区域有较高的品牌知名度和美誉度，其品牌的影响力自然可以过渡到网络零售业务中去。

尽管电子商务发展多年，但信用评价、资金安全、支付方式、物流等仍然是制约其发展的主要因素。特别是信用问题，尽管有一些技术和方法上的进步，但有过不愉快购物经历的网购者不在少数。而已建立起来的实体网络，可以提高消费者的认知度，打消其顾虑，减少交易成本。

2. 消费者层面

（1）丰富的购物体验

一家权威消费者研究机构的调查显示，中国消费者忠诚度最低。主要是因为中国消费者面临太多选择，大家都很愿意到不同的模式中尝试。同样，大家也愿意在购买商品时多些挑选、触摸、试穿等体验。从整体上说，中国消费者是一个不成熟的消费群体，对于这个群体来说，体验式消费仍然是最重要的。

实体商店能够向消费者提供体验带来的购物乐趣，网络商店则缺乏一种面对面交流的亲切感，以及触摸商品的机会。当然，如果消费者采用文前提到的“试穿族”的做法，可以在一定程度上解决此问题，但这并不是主流的消费群众。

（2）健全的售后服务

商品售出并不是交易的完结，售后服务是零售的重要环节，特别是类似于家电类的商品。其具有一定的技术含量，使用寿命较长，消费者在购买后，一般都会有安装、咨询、检测、保养、维修、延保、以旧换新等方面的需求。对传统零售商来说，由于其自有的网点资源、厂家网络和服务网络，在提供售后服务、退换货等方面，具有单纯网上商城短期内达不到的优势。

一些网络零售企业虽逐渐重视售后服务，但能提供便捷售后服务的网点有限，而且大多数网点是松散的合作模式，缺少统一的服务标准，往往存在退换货流程复杂、处理时间长、维修响应不及时等状况，致使用户投诉抱怨较多。

3. 监管层面

零售企业经过近20年的发展，法律规范性相对提升和健全，企业管理也比较符合政策要求。因此，政策性风险相对较低。而网络零售业务，由于其近年的快速发展，有关纳税、财务管理、消费者权益保障等方面的问题已引起监管层面的重视。但是否应对电子商务加强监管，理论界和政府部门都在探讨，有的建议先把产业做大再规范，有的建议从现在就要从严管理。如果是后者，当然会更好地规范发展，同时也将压低网络零售的利润。

目前，政府已出台的政策主要包括《非金融机构支付服务管理办法》、《网络商品交易及有关服务行为管理暂行办法》。前者对我国非金融机构提供支付服务做出明确规定，任何非金融机构和个人只有在取得《支付业务许可证》的前提下才能从事非金融机构支付服务。而后者，表明备受关注的网店实名制已经开始实施，相应各大电子商务网站都陆续进入了不同以往的实名改制，这也引发了政府可能会对网络零售征税进而提高经营成本的担忧。

传统零售企业相对规范的管理为开展网络零售业务奠定了较好的基础，在其经营中对税收、商品质量、消费者权益保障等方面会更加注重。

表1　　传统零售商的优势，即单纯网络零售商的劣势

序号		传统零售	电子商务
1	内部管理层面	进货渠道稳定，货源有持续供应能力，质量有明确的保障	渠道不稳定、采购价格较高、谈判成本高
		较为完善的物流体系	物流水平参差不齐，标准化程度低
		强大的品牌影响，在所经营的区域有较高的品牌知名度和美誉度	仍然存在较大的信用问题，有过不愉快购物经历的网购者不在少数
2	消费者层面	丰富的购物体验，体验式消费仍然是最重要的	缺乏一种面对面交流的亲切感，以及触摸商品的机会
		健全的售后服务、退换货等服务	售后服务和退换货流程复杂、处理周期长、维修时间响应不及时
3	监管层面	企业管理比较符合规范要求，政策性风险低	纳税问题、财务管理、消费者权益保障等尚无明确的制度规范

（二）劣势不可忽视

尽管与传统零售方式相比，B2C有很多共性之处，但它仍然是一项专业性很强的业务。即使是具有良好资源、强大基础的传统零售商，也不见得就可以理所当然地做好B2C。在开展B2C业务中，传统零售商主要有以下劣势：

1. 技术水平不足

与传统零售相比，网络零售对技术的要求更强，要求系统更加强大、稳定、安全。在网络建设、营销技术手段、消费者分析和数据挖掘技术等方面都有着与传统零售商的信息系统不同的做法。传统零售企业一般都建立了健全的企业信息化的系统，但这和网上零售系统所要求的技术条件有很大的不同。

纯粹网络零售企业从组建开始，就对相关技术有了足够的重视和投入，这是它们的立足之本，因此这类企业也积累了较为丰富的技术实施和管理经验。

2. 专业团队欠缺

专业的事要有专业的人来做。传统零售商近年在人才培养和管理水平上有了很大的提升，大多数企业具有较为专业的管理团队和较高的管理水平。但对于网络零售业务，绝大多数是生手，以前我们认为自己“懂零售”，但其实我们不懂网络零售。

目前，传统零售企业一般把最优秀的人才投入到店铺营运或和商品管理中去，但对于网络零售的人员投入和配备则明显不够，有的仅仅是把网络零售业务交给信息部门来做，但企业赋予信息部门的商品配置、物流规划等方面的权限是远远不够的。

同样，对于如何考核网络零售业务，传统零售也没有清晰的手段。对于传统零售，我们可以要求来客数、客单价、毛利率等，但对于网络零售，有些并不实用，要用更专业的指标来考核。

3. 营销经验不足

营销方式的不同是传统零售商与网络零售业务最主要的不同点之一，在网站推广、商品展示和促销、顾客服务细节等方面均有明显的不同。传统零售商在实体店的营销方面已经有了非常多的经验，但对于网络营销的认识大多数还没有起步。

网络零售在满足消费者个性化“长尾”的需求上，其思绪方式早已脱离了传统零售商有限的货架空间，这是传统零售商短期内难以调整过来的。

4. 业务方向和定位不清

为什么做网络零售业务？要做到什么样的规模？网络零售在企业业务中是什么样的地位？大多数企业的决策者这些问题并没有清晰的认识。有的是看竞争对手在做，有的认为做网络零售会增加企业的时尚感，总体上缺乏清楚的方向和定位。

能够做网络零售的传统零售商，大多是主业开展比较好的零售商，目前把网络零售基本都作为传统零售的补充或提升传统零售的一个手段。

表 2　　传统零售商的劣势，即单纯网络零售商的优势

序号	传统零售	电子商务
1	技术水平不足，健全的企业信息化的系统与网络零售技术相关性不大	从初期即重视，积累了经验
2	专业团队欠缺	专业能力强
3	营销经验不足，局限于货架有限的展示空间	精确个性化营销宣传，满足“长尾”需求
4	业务方向和定位不清，是现有主业的补充	是企业主业，生存根本

（三）相互借鉴，多渠道发展

在开展网络零售业务中，传统零售商具有很多优势，同时也有很多需要向纯粹网络零售企业学习和借鉴的地方。从发达国家的零售业发展和电子商务发展的经验看，线下在向线上扩张，线上也在向线下发展，二者的相互融合是必然趋势。并且从实际的结果看，传统零售商尽管起步较晚，但企业的销售规模和市场的份额并没有相差太多。具体见附表2及附表3。

对于企业来说，线上与线下融合后，面向消费者的末端环节将更加开放，宣传将更加全面和个性化，企业可以更好地利用企业平台采购、物流、营销等方面的资源。对于消费者来说，也有了更多了解商品信息的渠道和更便捷的购物选择。

表3　实体零售与网络零售经营要素对比

项目	实体零售	网络零售
选址	商圈	域名
商品	品牌招商	单品选品
卖场	实体卖场	网站
商品寻找	动线规划	搜索导航
需求匹配	营业员服务	信息化自助服务
支付	现场支付	在线支付
交付	现场交付	送货上门
售后服务	退换货为主	交流互动多样化

综上所述，对传统零售商开展网络零售业务进行的SWOT分析如下：

表4　传统零售商开展网络零售业务的SWOT分析

优势S	劣势W
见表1	见表2
机遇O	威胁T
消费者日趋个性化 网络技术的成熟 外围服务的逐渐成熟：支付手段等	已有网络零售企业的规模和品牌影响 投入到网络零售业务中的高额成本 上游厂商建立网络零售业务

五、需要关注的问题及建议

越来越多的实体零售商将加入到网络零售的行列，这是一个快速发展且不可逆转的趋势。传统零售商多年来开展业务，形成了相对强势的地位和思维，有时也会自视过高，认为自己的品牌影响力已足够强大，资源足够充足，成功地开展网络零售业务是顺理成章的事，但这是一个很大的误区。

对于传统零售企业如何做好这一新的业务，本报告提出以下建议：

（一）战略决策上

1. 有明确的功能定位

传统零售商开展网络零售业务，首先要对其功能定位有清晰的界定。是使企业看起来更时尚？是丰富消费者购物选择？是对传统渠道的补充？还是要超过甚至取代现有实体网络？

可以确认的是，首先，网络零售虽然发展很快，但不可能取代实体店；其次，网络购物本身不是时尚品，而是奢侈品，需要大量的投入；第三，网络购物的销售额在一定时间内也不可能超越实体零售，短期内销售不要过高估计。

所以最重要的是避免头脑发热的投入，在清晰的定位基础上，建立起适合的商业模型。

2. 有清楚的成本认识

网络零售有很多诱惑人的地方，比如，没有店面租金、销售人员少、仓储费用低、展示空间无限……实际上，B2C 业务投资大，并且短时间看不到效益。从现有几家大型 B2C 企业的发展历程我们可以有很多借鉴。

一般而言，对 B2C 业务的投入主要有三个大的方向，一是技术开发，包括网页制定与维护、数据库、客户管理、订单管理等，以及相关软硬件的支持；二是网站推广，包括广告支出、人员投入等；三是日常的运营维护，主要是人工成本的支出。

如果要建设一个业务覆盖全国、达到亿元销售规模的网络零售业务，初始投入应在 3000 万元以上。如果这笔钱投在一家卖场，它三年后盈利的可能性很大，但如果投入到 B2C 业务中，它仅仅是个开始。所以投入前一定要了解真实的成本，详细计划，慎重投入。

3. 周密研究，循序渐进

作为一项投入较大的业务，网络零售也一定不是一蹴而就的。已开展的企业都采取了非常谨慎的步骤。国内以苏宁为例：从开始试验到正式上线历经 2 年多时间。2007 年年底，以和第三方合作的形式开始，与中国电信互联星空合作，后者开设苏宁商城频道；2009 年 6 月 7 月，公开推广网上商城，开通 32 个城市用户网购子平台；8 月，网上商城升级投入运营，更名为“苏宁易购”；2010 年 2 月，“苏宁易购”正式上线，自主采购、独立运营。苏宁的计划是准备在 3 年内组建 1000 人的 B2C 专业运营团队，在中国家电网购市场上占据超过 20% 的份额，成为中国最大的 3C 家电 B2C 网站。

同样，国外零售企业在国内开展 B2C 业务也非常慎重，例如沃尔玛在其网站上对消费者的调查信息多达几页，调查内容包括：网络购物的动机（比较产品、节约时间、寻找便宜价格、更多选择……）、购物行为特征（购买频率、信息来源、信息安全……）、网站功能（网页设计、支付方式、物流方式……）等几个方面。

4. 培养能力，适机切入

传统零售商开展网络零售业务，重要基础是其已有的资源和形成的能力。要考虑主业是否成熟和稳定？企业网点数量是否能够部分支持将来的网络零售物流？产品的品种和规格是否适合上网？自有资金是否能承担持续的投入？高层是否有足够的精力分配？……这些是企业开展网络零售业务能力的体现，如果我们具备了较强的实力，剩下的就是找一个合适的机会切入。

切入时间同样非常重要。不要以为已经有实体店铺的品牌影响，消费者就可以自然到网上购物，而不必进行网站的推广。网站与实体店的目标顾客群有很大差异，进行网站的推广是开展网络零售业务的第一步，除非只是想把购物网站作一个类似时尚品的摆设。

（二）战术选择上

1. 现有资源与所需要资源的结合

传统零售商的优势就是其掌握的重要资源。开展网络零售业务，重要的是后台资源利用率的最大化，如门店网络、供应商资源、商品数据、消费者数据、呼叫中心等。所需要资源包括专业的人才、专门的技术、网络营销手段、业务拓展等。

有的网络零售企业在销售商品的同时，尝试和旅游公司、家政公司、金融等机构合作，整合不同行业的优势资源，为消费者提供售卖商品之外的服务。

2. 线上产品与线下产品的组合

网上销售看上去很美，网上和网下销售渠道理论上可以完美结合，但是这种结合是有条件的，如果现在将大量精力放在线上渠道的发展上，企业会走弯路，线上和线下的渠道融合需要一段很长的时间。

网上销售的产品主要是过季的库存产品和网络特供产品，过季产品占到30%左右，网络特供产品约占30%，线下实体门店不再销售库存商品，这样线上和线下的产品互不交叉，是两套不同的价格体系，两种销售渠道可以并行不悖。

3. 线上营销与线下营销的融合

多渠道营销是近年来欧美零售企业热衷的话题，主要包括实体渠道、网上渠道、目录销售、电视购物等方面，几个渠道相互促进，最终共同提高企业的总体销售额。例如，英国的TESCO公司，在前三个渠道上都占有重要的市场份额。

线上与线下营销的融合体现在多个方面，包括消费者线上查询，了解信息，线下试用试穿，体验消费；比较网上价格与商店内价格（对于有价格优势的实体店非常重要）；通过网络查询确认产品是否在商店有库存，节省购物时间；消费者可以得到关于商品更多的信息（例如：客户评论，产品技术详解）；实体店提供基本选择，网上有更多的选择；消费者可以网上购买，店中取货，也可在当地商店里退货；在线阅览商店广告或传单，了解店内特价优惠产品。

4. 关注网购的细节和独特之处

零售即是细节（Retail is Detail），这句话同样适用于网络零售。网络零售是建立在一定的信用基础上，因此成败往往决定于我们看似无足轻重，但消费者认为至关重要的细微之处。

例如，与实体店的营销类似，海报的灵魂是商品的照片，同样对于网络零售，一张好的照片不仅仅可以表现出产品的面貌，更可以让顾客产生购买的欲望。产品的说明要全面，将所有的商品基本特性标注清楚。网络零售商还可以利用最新信息技术进一步提高网络视频效果，完善产品资料，提高网络运行和客服水平，创造更为真实怡人的网络商业环境。

详细的“新手上路”和销售帮助对建立消费者的亲切感是很有帮助的，查看一些成熟网站的做法可以提高我们的认识。

5. 注意建立良好的口碑

口碑决定命运，网络口碑对网购群体购买行为的影响力正逐渐扩大。中国互联网信息中心2008年《中国网络购物调查报告》显示，超过9成的网民会在原购物网站商品下方发表评论，有近10%的网民在原购物网站社区中发表评论，另有部分网民在其他网站上或自己的博客中发表商品评论。78.9%的网购网民在购买商品前都会查看商品评论。学历较高、年龄在25至35岁之间的高价值用户更为看重商品评论。此外，女性更易受商品评论影响。

有的电子商务网站，为了树立自己的“口碑”，更改或删除对自己不利的留言，从而失去了基本的诚信。

传统零售商开展网络零售业务，最根本的竞争对手是自己。从目前企业的销售和影响力看，京东商城并没有对苏宁、国美产生实际的威胁，“1号店”也不会对任何一家连锁超市的销售额产生实际影响，如果说影响，是心理上和对未来的预期。

传统零售商开展网络零售业务，不是为了应对这些单纯电子商务企业的竞争而仓促应战，也不应是为了给自己传统的形象上增加一朵时尚的花瓶，更不是为了让网络零售超越或替代实体零售，开展这一业务，是对已看得到和不断成为现实的预期的反应，这些预期包括越来越个性化的消费者选择、越来越高的网络购物比例、越来越综合的营销渠道。

传统零售商开展网络零售业务，有优势，有劣势，有威胁，也有机遇，相信会通过企业的努力，创造出后发优势。

附表1　国内部分传统零售商开办网络零售业务的网站名单（截止到2010年5月底）

序	公司简称	网店名	网址
1	苏宁电器	苏宁易购	http：//www. suning. cn
2	国美电器	国美电器网上商城	http：//www. gome. com. cn
3	百联集团	百联E城	http：//www. blemall. com
4	家乐福	家乐福在线商城	http：//e－shop. carrefour. com. cn/cn/index. do
5	金鹰商贸集团	时尚金鹰网	http：//www. goodee. cn/eshop
6	王府井集团	劲购网	http：//www. goonow. com
7	大商集团	大商网上商城	http：//www. 66buy. cn
8	迪信通	迪信通商城	http：//www. dixintong. com
9	欧尚（中国）	欧尚网购	http：//www. auchan. com. cn
10	成都伊藤洋华堂	伊藤洋华堂网络超市	http：//shop. iy－cd. com
11	宏图三胞	宏图三胞网上商城	http：//www. pcarm. com
12	北京西单友谊集团	西单igo5	http：//www. igo5. com
13	天虹商场	网上天虹	http：//www. myrainbow. cn
14	银泰百货	银泰百货网上购物	http：//www. intime. com. cn：8000/shop
15	农工商	便利通商城	http：//www. chblt. com
16	广百股份有限公司	网上广百	http：//eshop. grandbuy. com. cn/index. jsp

续表

序	公司简称	网店名	网址
17	宁波三江	三江购物网	http：//www. sanjiang. com
18	利群集团	利群商城	http：//www. liqunshop. com
19	友谊阿波罗	商虎网	http：//www. 9448. net/jrdshop
20	中百集团	中百网	http：//www. zon100. com
21	北京翠微大厦	翠微百货网上奥特莱斯	http：//cwjt. com
22	青岛维客	点点网	http：//www. weeklydd. com
23	中央商场	中央商场	http：//www. njzysc. com/shop. php
24	话机世界数码连锁	手机世界	http：//www. 3chot. com
25	文峰大世界	文峰大世界网上商城	http：//www. wfdsj. com. cn/shop
26	全福元商业集团	全福元商业集团	http：//www. sgbhdl. com：8080/ehdshop
27	哈尔滨中央红	哈尔滨中央商城	http：//www. zysc. com
28	石家庄北国人百	如意购物	http：//www. ruyigou. cn
29	邯郸市阳光百货	阳光百货购物街区	http：//www. hdyg. com
30	沃尔玛	3 月宣布，计划在中国和日本推出电子商务业务	
31	广州友谊集团	广州友谊商店	http：//121. 8. 125. 2：6090

来源：中国连锁经营协会（本表排序根据 Alexa 的排名统计结果形成）。

附表 2

2009 年美国最受欢迎网上零售商

（The Online Retailers Shopper Like Most 2009）

序	网站名称	总部所在地	产品
1	Amazon. com	西雅图	杂货、日用品
2	WalMart. com	本顿维尔（阿肯色州）	杂货、日用品
3	eBay. com	圣何赛（加利福尼亚州）	拍卖
4	BestBuy. com	瑞池菲尔德（明尼苏达州）	电器
5	JCPenney. com	普莱诺（德克萨斯州）	家居服饰
6	Target. com	明尼阿波利斯	杂货、日用品
7	Kohls. com	米诺莫尼（威斯康星州）	家居服饰
8	Google. com	山景（加利福尼亚州）	信息
9	Overstock. com	盐湖城	杂货、日用品
10	Sears. com	霍夫曼（伊里诺斯州）	杂货、日用品

来源：www. stores. org。

附表 3 **2008 年美国最受欢迎网上零售商**

(The Online Retailers Shopper Like Most 2008)

序	网站名称	总部所在地	产品
1	Amazon. com	西雅图	杂货、日用品
2	eBay. com	圣何赛（加利福尼亚州）	拍卖
3	WalMart. com	本顿维尔（阿肯色州）	杂货、日用品
4	BestBuy. com	瑞池菲尔德（明尼苏达州）	电器
5	JCPenney. com	普莱诺（德克萨斯州）	家居服饰
6	Target. com	明尼阿波利斯	杂货、日用品
7	Google. com	山景（加利福尼亚州）	信息
8	Overstock. com	盐湖城	杂货、日用品
9	Kohls. com	米诺莫尼（威斯康星州）	家居服饰
10	Sears. com	霍夫曼（伊里诺斯州）	杂货、日用品

来源：www. stores. org。

附表 4 **2010 年英国领先的网络零售商**

(Hot Shops List, February 2010)

序	公司名称	网址
1	Amazon UK	www. amazon. co. uk
2	Argos	www. argos. co. uk
3	Play. com	www. play. com
4	Apple Computer	www. apple. com
5	Amazon. com	www. amazon. com
6	Tesco. com	www. tesco. com
7	Marks & Spencer	www. marksandspencer. com
8	John Lewis	www. johnlewis. com
9	Next	www. next. co. uk
10	easyJet	www. easyjet. co. uk

来源：IMRG – Hitwise。

注：Amazon UK 与 Amazon. com 都是 Amazon 品牌，Amazon UK 是在英国的独立运营公司。

2010 年中国快速消费品行业零售商与供应商协作调查报告

一、调研综述

（一）调研背景

2010 年，零售商与供应商在博弈中前行。一年中，既发生了令行业关注的纠纷，如卡夫与联华、康师傅与家乐福，也出现了一些优秀的合作创新案例，如宝洁与沃尔玛在托盘上的合作创新，获得了由中国连锁经营协会颁发的“年度零售创新奖”。

在当今的快速消费品市场，似乎存在比以往更多的潜在价值。零售商与供应商们认为，合作是获取更多客户价值的关键，但又应该怎样合作呢？传统的合作关系已不再适用，只有从根本上重新思考价值链和业务模式方能为当今更多样化、要求更高且更加富有的消费者创造真正的价值。同时，后危机时代的中国零售业，在内部经营方式转变和外部经营环境的变化影响下，零售商和供应商的价值观逐渐分化。已经有越来越多的零售商开始更多的兼顾供货商的利益，思考着如何深入研究消费者，加强品类管理，提高企业信息化建设水平，整合和优化供应链，以更富实际意义的战略联盟方式“抱团”打天下，共同挖掘“消费者”价值。

尤其是在 CPI 不断攀升的经济背景下，2010 年的中国零售市场表现得相当“亢奋”，通胀也在改变着商业行为。随着人工、原材料和租金成本的增加，通货膨胀的压力正在供应链上下游发生连锁反应。在食品涨价空间有限的约束条件下，零供如何通过协作提高供应链整体效率，创造更大的共同价值应是双方的当务之急，而不是把焦点放在相互转嫁通涨成本上。

在此情形下，零售业要改变零供相互挤压对方价值的盈利模式，与供应商建立协作性交易关系，从而达到：

1. 通过信息、物流等协作，降低双方的共同交易成本。
2. 通过差异化商品的协作开发，实现高毛利。
3. 零售商降低对供应商收费的依存度。
4. 减少双方对抗与冲突的机会。
5. 零售商合理合法地利用优势地位。

基于包括上述种种现实在内的各种零供协作交易需求，中国连锁经营协会（CCFA）与相关单位自 2003 年起连续开展了“中国零售与快速消费品行业工商协作（年度）调查”，在业界产生了积极的影响，本年为第八次发布。在后经济危机背景下，2010 年的工商协作面临新的课题，同时也赋予本项研究新的价值。

（二）调研样本分析

本次问卷调查样本企业共计 50 家，本土零售企业占 80%，外资零售企业占 20%，在工商协作方面都较具代表性。规模上，年销售收入 1 亿 ~ 10 亿元的占 22.4%，10 亿 ~ 30 亿元的占 27.2%，30 亿 ~ 50 亿元的占 28.2%，50 亿 ~ 100 亿元的占 12.1%，100 亿元以上的占 10.1%，基本覆盖了国内各种规模的零售企业，也较有广泛性。另外，为了确保本次调查的深入性，协会对 20 多家零售企业的高层进行了面对面的访谈，全面了解了当前工商协作的新动态和存在的关键问题，并认真听取他们的见解与意见，访谈内容将结合问卷调查体现在本报告中。

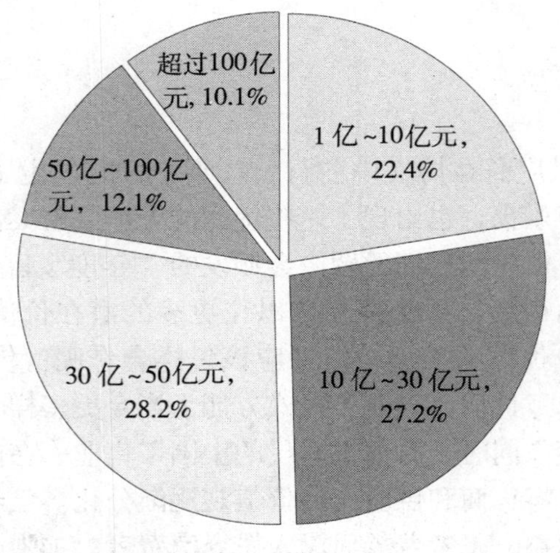

图 1 样本企业规模分布

二、转型中的中国零售业

国家统计局数据显示，我国 2010 年 1—10 月社会消费品零售总额比上年同期增长 18.3%，比 2009 年全年的 15.5% 增幅提高了 2.8%，但同期累计商品零售价格指数上涨了 2.8%（全年预计为 3.2%）。总体上，考虑通胀影响，2010 年零售业依然保持高速增长，与 2009 年增速基本持平，远超过 2010 年 1 - 3 季度国内生产总值 10.6% 的增幅。与零售业“量”的高速增长相比，在高速扩张之后其“质”也在发生着重要的变化，增长方式正由外延式向内涵式转变。

中国零售业正在经历转型，主要有表现为：零售经营方式和盈利模式多元化；兼并收购步伐加快，行业集中度不断提高；信息技术得到广泛应用，网络零售正在兴起；供应链思想逐渐形成，整体价值创造成为重点目标。

尤其是在物价上扬、生产成本不断攀升的经济环境下，加强供应链管理成为转型中的中国零售业突出的表现。供应链的优化管理能够通过降低流通成本、提高商品周转效率、优化商品品类，从而降低商品价格，增加价值链条上利益相关者的整体利益。在加强供应链管理方面，主要体现在：

（一）优化供应链，提高协同效率

当今，零售企业组织发生了深刻的变革。在企业内部将过去职能型和事业部制的企业组织结构打破，逐渐将采购、生产、物流、营销职能重新整合，建立以客户需求为导向的产品及服务供给顺畅的流程型企业组织结构，使产品及服务的交易以及价值增值过程得以顺利实现。

供应链管理不仅是提高供应链效率、降低流通成本、获得更丰厚利润的管理工具，而且也是企业的管理理念、思想和管理模式的载体，是形成企业核心竞争力的有效手段。供应链管理成为关系企业生存和发展的关键。如今，供应链得到越来越多企业的重视，供应链战略已经成为企业战略的重要组成部分。

零供在供应链思想的基础上也出现了新的协作模式，比较突出的有战略联盟和契约关系两种。零供双方在这两种模式引导下，形成了统一的供应链管理思想，并借助信息技术平台协调双方关系，通过业务流程的调整、合理的激励机制以及相关人才的培养，逐渐改变过去凭借零供双方之间的默契形成的关系，从而改善各自为战所导致的供应链效率低下的现状。同时在供应链整合优化的环节中，协同也变得越来越重要，体现为以下几方面：

1. 预测协同

零售商把对最终商品的中长期预测和期望的客户服务水平传达给相关供应链上的供应商，供应商根据自身的能力将所能做的承诺，反映给零售企业，使零售商能够对自己供应链上的企业有一个非常清晰的了解。

2. 采购计划协同

零售商将自己近期的采购计划定期下达给供应链上的上游供应商，供应商可以根据该采购计划进行生产计划的安排和备货，最大限度地保证快速、足额交付商品。

3. 存货协同

零售商将自己的库存信息和供应商形成共享，使得供应商对零售企业的库存有很好的可视性，有利于实现最优库存量，以降低存货成本、商品损耗和提高库存周转率，达到零供双方在整个供应链上的存货经济性。

4. 产品的设计协同

顾客或企业内部销售部门设计个性化的商品同时，将设计的创意及时与供应链上的供应商共享，以提高产品设计的成本和生产工艺的可行性，在第一时间进行产品开发。

转型中的中国零售业，为工商之间加强合作奠定了比以往更加坚实的基础，也提供了深入合作的契机。

（二）关注消费者，深入研究消费需求

随着经济的发展、人口结构的变迁和消费观念的改变，我国的消费需求也发生着诸多变化，主要体现为以下几点：

1. 消费结构

消费呈个性化、多元化；消费群体逐渐分化，部分人群正由利基①成为主流，而主流阶层则正在转变为利基。

2. 消费水平

随着生活水平的提高和生活方式的变化，消费群体从日常必需品的保障性需求转移到了注重品牌、品位的改善性需求，消费者更注重个性化消费、自我定位和情感体验。

3. 消费数量

我国的消费品基础性需求巨大，随着经济增长逐渐由外向型向内向型转变，营造了刺激消费、扩大内需的政策环境。社会消费品零售总额的增长远超过 GDP 的增长速度，消费数量不断增加，潜在消费市场巨大。

随着上述消费者需求的变化，零售商也经历了从争夺地盘，到争夺品牌商品，再到争夺顾客的三个发展进步阶段，中国零售业已经开始步入经营顾客的历史新阶段。为及时准确地把握市场脉搏，在竞争中立于不败之地，零售企业也就更加关注消费者，重视对消费者需求进行深入研究，主要反映在：

1. 商品定位清晰

根据消费者收入、年龄、性别、职业、文化、兴趣等差异，在产品设计和定位上更加清晰，以满足消费者个性化的需求。

2. 消费体验增强

打造卖场的品位、格调、空间视觉、背景音乐、气氛等组合，增强消费者体验，创造消费新价值。

3. 经营理念提升

以消费者为中心，零售企业从单纯的商品经营转向经营消费者需求，提供增值服务，经营理念发生了重大变化。

（三）加强品类管理，开发自有品牌

经历了金融危机洗礼的中国零售业，开始进入精细化管理时代。对 ECR（有效客户反应或高效消费者响应）的四大策略（高效率促销、高效率补货、高效率的新品推介和高效率的商品结构）具有决定性影响的品类管理，越来越受到重视。在有限资源约束下的品类管理实践使企业认识到：经过商品结构优化，没有生产力的品种被淘汰，若干新品种被引进，品种类别、总数减少了，但整个品类的销量、销售额及利润都有所增长，且库存也有所减少，企业的经营绩效大为提升。

目前，国内大部分零售企业已把品类管理提上日程，也都在不同程度的进行试点。尽管国内零售业实施品类管理的整体情况参差不齐，在中国的跨国零售企业具有明显的优势，如沃尔玛、特易购等，但部分国内零售企业在此方面已有令人刮目的表现，大部分国内零售企业也都有不同程度的进步。

---

① 利基（Niche），是指更窄地确定某些群体，这是一个小市场，并且它的需求没有被服务好，或者说“有获取利益的基础”，这种有利的市场位置被称为“Niche”。在商品零售领域是指针对企业的优势（如特定的、针对性和专业性很强的产品等）细分出来的市场，这个市场不大，而且没有得到令人满意的服务，当特定产品推进这个市场时，是有盈利基础的。利基企业在确定利基市场后往往用更加专业化的经营来获取最大限度的收益，以此为手段在强大的市场夹缝中寻求自己的出路。

此外，自有品牌也成为零售业一道亮丽的风景线。数据显示，欧洲零售企业自有品牌的销售额平均占到企业总销售额的30%以上，其中位列前三名的分别是瑞士47%、英国43%和德国37%。美国前三名食品零售商（沃尔玛、克罗格和塞夫韦）自有品牌的销量均超过企业销售额的20%，自有品牌单品数在5000个左右；日本零售企业自有品牌的比例也达到6%。

与发达国家相比，我国连锁企业自有品牌的开发还处于起步期，目前的销售规模仅占企业总销售的1%~2%，并且以外资企业为主。同时我们也看到，本土企业的自有品牌开发速度正在加快，也在摆脱一些认识和实践上的误区，包括片面追求低价、忽视品质等，力图树立消费者对自有品牌商品的信赖感。

尤其是随着CPI的上涨，促使超市自有品牌的发展进入了快车道。开发自有品牌可以降低流通成本和推广费用，保证商品质量和稳定货源供应，从而拓宽零售企业的利润空间。尤其在价格竞争力方面，更具优势。

三、零供寻求供应链效率的提高是调查的主要发现

本次调查涉及8个主要关注度和满意度指标，如图2所示。首先，最受关注的两个指标为“供应商的客户服务能力”和“营销合作”，平均关注度分别为达到了93.2%和90.2%，均超过了90%；其次，关注度比较高的指标是“品类管理要素”、“供应链合作”和“与采购部门建立协调沟通、利益共享机制”，三个指标的平均关注度分别为90.1%、89.6%和89.2%，均在89%以上；最后，关注度或满意度比较低的指标是“合作模式”、“新品引进流程与控制”和“新品引进”，分别为79.5%、77.7%和72.1%。

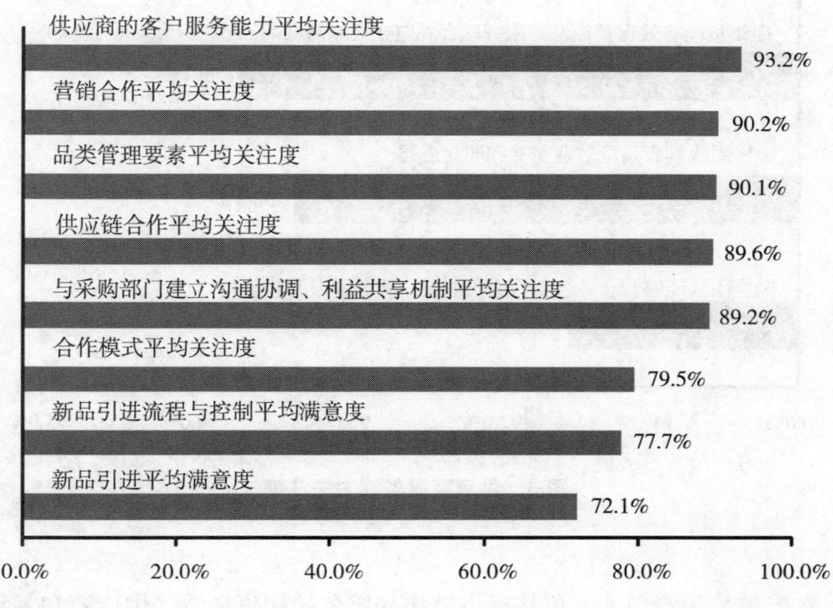

图2　各调查指标的平均关注度

通过对以上8个调查指标的分析，表现出一个共同点，即：零供正逐渐从相互挤压争

利的博弈转变到共同提升供应链效率、创造更大共同价值的协作。在传统的供应链上，零售商通过压低进货价格、增加收费和提高销售价格，把上涨的成本向上转嫁给供应商和向下转嫁给消费者，以获得更多的利润。而在现代供应链管理上，零售商逐渐在改变以往的盈利模式，更多的谋求与供应商在消费者研究、新品开发、品类管理、客户服务能力、采购、物流、库存管理、信息化建设等方面的协作，以提高供应链效率，拓展更广阔的利润空间。

下面分别对上述 8 个指标的分项进行分析，阐述调查的主要发现。

（一）供应商的客户服务能力倍受关注，销售团队管理是其关键

供应商客户服务能力关注度调查显示，零售商对该指标非常关注，平均关注度达到 93.2%。其中在分项指标中对“销售团队具有专业素质和知识”的关注度最高，为 94.4%；其次为“促销员有效地促销商品，服务顾客并遵守规章制度”，关注度也比较高，为 93.7%；零售商除了对促销员的销售能力和服务水平比较关注外，销售员的敬业精神、职业道德和与企业的沟通能力也受到了比较大的关注，指标的关注度分别为 93.3% 和 91.5%。这些都反映了零售商比较重视零售终端的销售和服务，而销售团队在其中又发挥着关键性的作用，尤其是销售团队中的主力军促销员扮演着重要的角色，对促销员的有效管理也成为工商协作的重要一环。

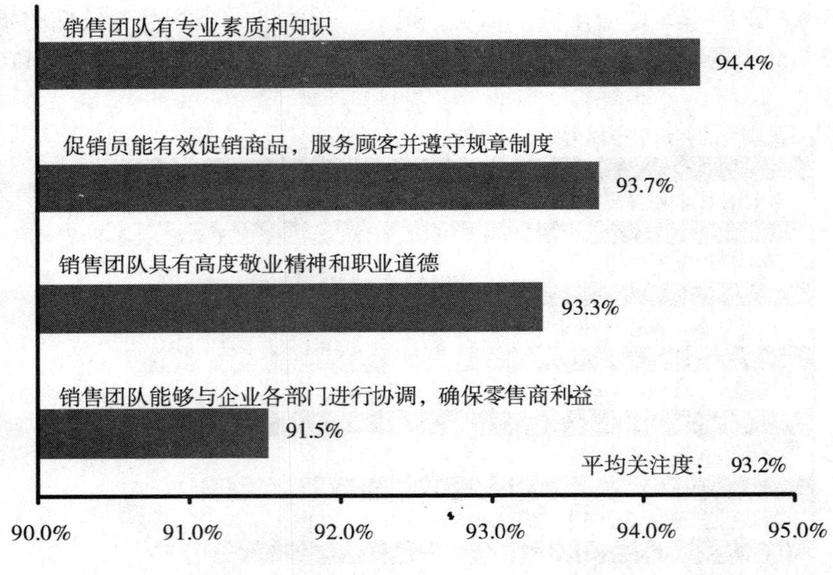

图 3　供应商服务能力关注度

然而，在促销员的管理上，单从提供销售和服务的初衷来看，供应商和零售商的目标是一致的。但在日常工作中，零售企业与供应商对促销员的期望不完全一致，在对促销员的双重管理中常常发生冲突，这也集中反映了零供之间的矛盾。

例如：

供应商对促销员的期望：

1. 缺货提醒、订货建议、收货。
2. 补货。
3. 清洁与理货、促销品整理。
4. 演示、沟通与促销。
5. 防损。
6. 信息收集与统计。
7. 退换货。

零售商对促销员的期望：

1. 包括上面供应商的全部7条期望。
2. 不单自己品牌，还有整个区域的所有品牌的促销。
3. 不但负责商品相关工作，还参与整个卖场的其他工作。

对比来看，供应商与大卖场都希望做好商品销售相关工作，这一点上双方有着共同语言，面临共同的问题；但大卖场还希望促销员承担整个区域甚至整个卖场的促销工作，这里冲突又是明显的。所以，在促销员的有效管理上，零供合作需要处理以下问题：

1. 如何协调品牌间的竞争合作，平衡单个品牌与整个卖场销售的关系。
2. 如何处理自己品牌工作与看似无关的其他工作的关系。
3. 促销员的劳动权益及劳动纠纷处理。

（二）营销领域合作关注度较高，促销和价格是其重点

调查显示，零售商对营销合作的平均关注度为90.2%，关注度仅次于供应商服务能力指标，反映了目前零供对营销领域方面的合作比较重视，尤其是“价格变化”和“促销”又是零供在营销领域关注的重点。

主要分项指标描述如下：

1. 对“及时分享新品推出、促销计划、价格变化”的关注度最高，为93.7%。这表明，在竞争日益激烈的环境下，零售企业已把“促销”和“价格”作为吸引消费者和打击竞争对手的重要手段，尤其是节假日和新品推出时期促销更是变成了竞争的一种策略。事实上，现阶段的市场促销，很大程度上是由上游供应商主导的。顾虑到统一调价会影响到商品的整个价格体系，他们宁可将这部分利润转变成促销，不愿对零售商降低进货价。

2. “对促销员进行有效管理，以提高销售、降低管理成本”的关注度也比较高，为92.7%。主要原因是，促销员作为卖场的一线销售人员，对促进销售、提升服务至关重要。另外，促销员作为信息上传下达的纽带，向上连接供应商，向下连接零售商，对改善零供关系的作用也是举足轻重的。

3. “提供吸引客流、提高顾客忠诚度和品牌互动计划”也受到零售商的重视，其关注度为90.7%。这表明，零供不只满足于短暂促销的轰动效应上，而是希望通过与顾客的互动和服务的提升，提高顾客的忠诚度，实现可持续销售增长，共同把利益蛋糕做大。

4. 对“数据共享，共同分享研究成果并提出建议”，相对于其他指标，关注度较低，为85.6%。在销售方面的“数据共享”，目前受到了零供双方一定程度的重视，但多是集中在库存信息方面，销售数据的分享尚有待加强。

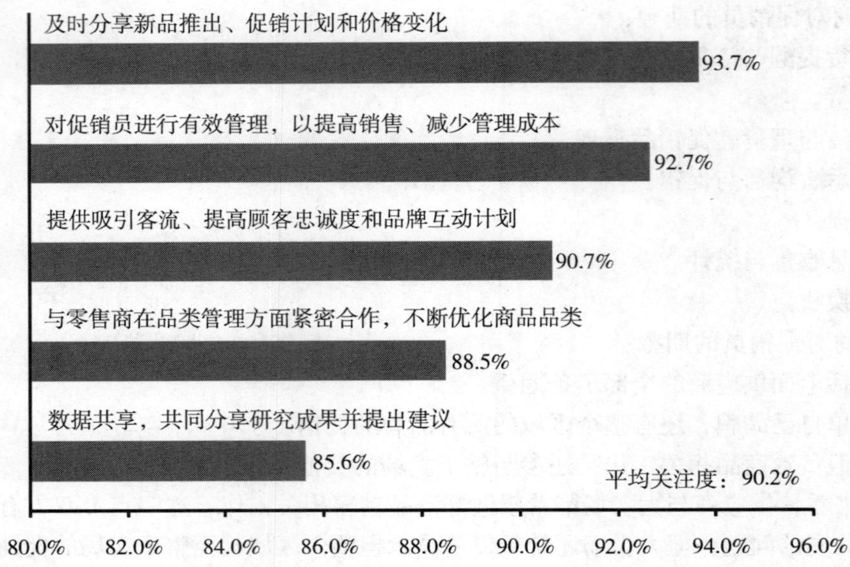

图 4　营销领域合作指标关注度

(三) 品类管理受到重视，可作为零供深入协作的切入点

调查显示，零售商对品类管理各要素的平均关注度为 90.1%，在众多考察指标中仅次于营销合作平均关注度和供应商客户服务能力平均关注度。

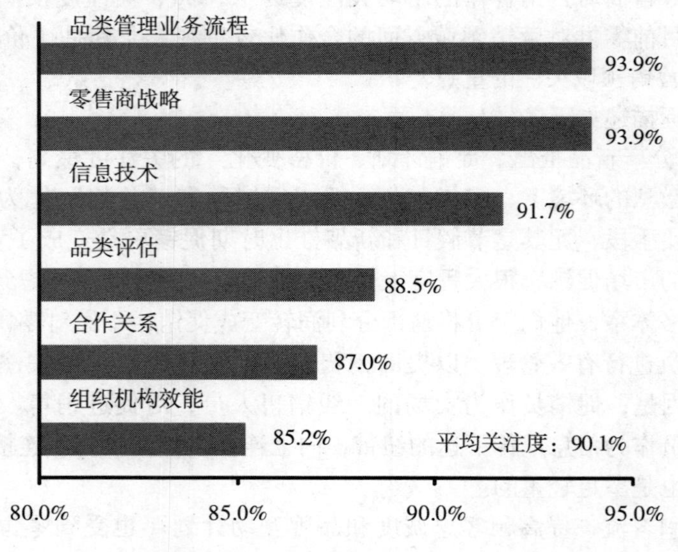

图 5　品类管理要素指标关注度

主要分项指标分析如下：

1. 对“零售商战略”和“品类管理业务流程”两个要素的关注度最高，均为 93.9%。可见，品类管理作为优化商品结构、高效满足消费需求的重要手段，对 ECR 的

四大策略具有决定性的影响，受到了零售企业较高的关注，已被提升到零售经营的战略高度，并成为日常经营管理业务流程的重要组成部分。品类优化管理有以下作用：

（1）更加迎合消费者需求，增加商品的消费价值。

（2）减少脱销，使商品的供应更及时、更有序。

（3）增加品类营业额及利润，提高商品的产出率。

（4）有利于品类业绩评估。

（5）更高效地运用货架、资金等资源。

2. 对“信息技术”的关注度达到91.7%。作为品类管理的数据支撑，信息技术能够通过提供相关数据支持品类管理的决策，提高品类管理业务流程的运营效率，因此受到零售企业的重视。通常，品类管理需要信息系统提供企业内部数据的加工、优化后的信息分析资料，并运用信息系统对品类规划、商场空间管理进行有效的控制，以确保品类管理以数据为基础的决策和管理。所以在“精细化”的品类管理的驱动下，企业信息技术的应用就变得举足轻重。

3. 在“组织机构效能”、“品类评估”等机构设置和后期流程控制上，关注度略有降低，分别为88.5%和85.2%，这表明大多数零售企业还没有真正通过品类流程的导向作用提升组织制度变革和人力资源，没有实现真正意义上的品类管理。

品类管理流程在本质上是一种组织功能再造，需要企业在实施品类管理的过程中实现组织制度变革以及人力资源能力提升。同时也需要以品类业绩指标为主体的预算、考核、评价体系的变革和以周期性品类、跨品类分析、回顾、改善为主线的管理控制体系的变革。目前，零售企业在品类管理的组织机构的设置上主要有以下两种形式：

（1）以品类经理为核心的组织设计。品类经理既负责商品采购也负责品类管理。其优点是易将品类管理的思想贯彻落实到商品上，组织架构也相对简单，管理成本低。难点是对品类经理的个体专业素质要求较高，而就管理的品类，如果幅面过宽，易导致所辖工作顾此失彼；如幅面过窄，又易产生同一个部类不同品类之间的角色、策略、战术难以协调。

（2）以职能划分为核心的组织设计。商品采购经理与品类经理职能分设，品类经理通常以部类划分，属于宽幅度品类划分，强调专业化。其优点是专业化分工，品类管理专业人员能较好地为本部类品类服务。缺点是沟通成本增加，要协调商品经理和品类管理人员之间的矛盾冲突。

4. 对“合作关系”的关注度相对其他指标较低，为87.0%。这表明，虽然零供都比较重视品类管理，但在实际操作中往往由单方主导，合作关系尚待加强。零供双方在品类管理领域的有效合作，只有良好的愿望是远远不够的，需要解决诸多实质性的问题，主要有：

（1）零售商与供应商双方高层应对品类管理有良好的共识与领导，双方需围绕“品类”而非“品牌”进行组织机构职能的组合。

（2）在企业战略方面，双方都要考虑企业战略及策略层面的开发与集成，包括：公司目标（宗旨）、财务目标、公司市场目标、消费者、产品服务、核心活动、后援活动（信息及财务）、人力资源及合作关系等。

（3）双方需要一个正式的实施计划，包括：目前的状态、未来期望达到的状态、新的组织架构、转型设计方案及计划落实步骤。

由此可见，品类管理是个复杂的过程，且品类管理的相关费用颇高，需要投入大量的人力和财力，而且短期内不能直接产生效益，协作中双方还存在着“利益分配”的症结。零供合作下的品类管理取得显著成效，绝非一日之功，探索之路还很长。关于这一点，在访谈中也有同样的反映：企业想做的多，实际行动的少；虎头蛇尾的多，坚持不懈深入推进的少；局部取得成绩的有，上升为系统成果的不多。

国内大多数零售企业对“牵一发而动全身”的品类管理工作普遍有心有余而力不足的感慨。但是，品类管理是大势所趋，尤其是零售业在面临日趋强烈的竞争和复杂多变的消费需求的环境下，实施品类管理是企业“克敌制胜”的法宝，零供协作可以此为切入点进行深层次的协作。

（四）零供开启围绕供应链的合作，“准确、足额交付商品”是重点

传统分销渠道上的成员是独立的经济实体，他们之间是纯粹的交易关系，各方遵循的是“单向有利”原则，并不过多考虑供应链上其他成员的利益。每个企业分别处于供应链中的一个阶段，都有自己相对独立的目标，这些目标与其上下游企业往往存在着一些冲突，这些目标的冲突无疑会加大供应链的整体成本。在这种情况下，供应链管理就成为完善零供关系的有效模式。

调查显示，供应链合作项目关注度平均为89.6%，零供正在转变相互之间纯粹的交易关系，着眼于通过协作降低流通成本、控制商品质量和确保商品准确足额交付，围绕供应链创造共同的价值增值。

主要分项指标分析如下：

1. 对“共同进行销售预测，确保准确、足额的交付商品”的关注度比较高，达到93.9%，其他如“共同制定库存周转、缺货率、物流成本的控制目标”的关注度为90.9%，“对供货中出现的问题及时与零售商进行沟通并提出解决方案”的关注度为90.6%，“不断改进物流方面的技术，提高整体物流效率”的关注度为87.9%，这4项的平均关注度在90%以上。说明零售商比较重视供应链环节中的订单效率、物流成本和库存管理。这和目前零售商普遍面临缺货问题有关。因为，随着现代零售业态的快速发展和店面面积的迅速扩大，给支持零售运营的系统和流程带来极大的压力，对物流配送、门店和总部的协调、零供的合作也是不小的考验。

2. “联合控制商品质量，确保商品安全”的关注度为93.1%，显示出零售商对商品质量安全非常重视，也希望在这方面和供应商有更多的合作。商品质量作为企业经营的生命线，需要零供在生产、运输、存储和销售等环节共同监控，建立商品质量追溯机制，从而避免商品质量危机的发生。

3. 对“拥有高效流程避免货物毁损，共同制定防损保护计划”的关注度最低，为85.8%，表明零供双方还没有把控制商品损耗作为一项重要的协作内容。由于商品损耗的责任和分摊不明确、不平衡，往往导致零供双方对商品损耗控制的目标不一致，合作的迫切性也就有所不同。实际上，零售商与供应商是利益共同体，需要双方协作共同研究防损措施，明确双方在商品交付零售商后的仓储、上架、销售过程中损耗的承担比例。

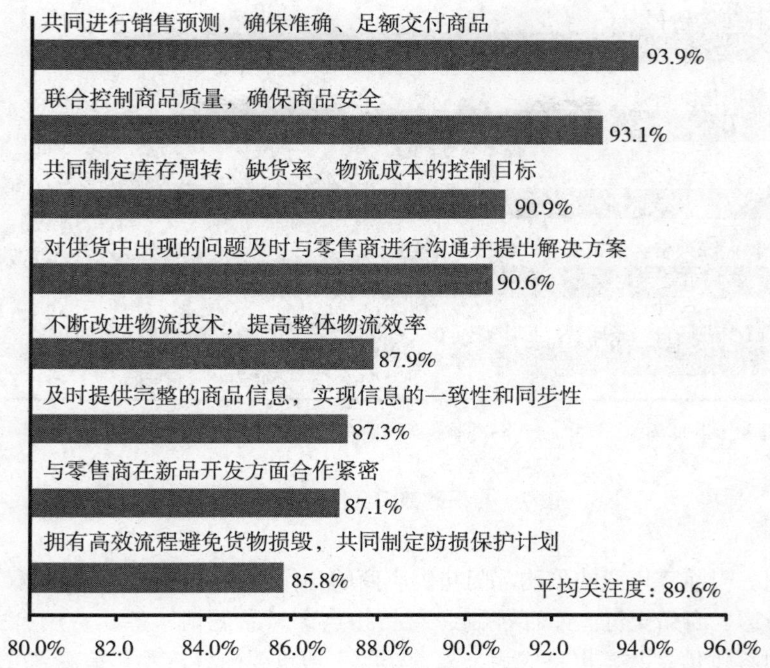

图 6　供应链合作项目指标关注度

综上所述，订单下达顺畅、商品足额交付、商品质量严格控制、库存快速周转依然是零售业关注的重点和运营管理的基本要求，相关指标的关注度都在 90% 以上，表明零售商关注点开始从与供应商争利的诸如收取更多费用和增加返点方面，逐渐转向能够创造共同价值的供应链管理领域，通过协作优化供应链，把共同利益的蛋糕做大，而不仅仅局限在有限利益的相互挤压上。

但是，不能期望零供在供应链上的深入协作能一蹴而就，目前只是双方协作认识的初始，还远未形成主流行为，收费和返点依旧是大多数零售商热衷获利的手段。另外，在优化供应链等提高效率的工商协作中，需要零供双方在业务流程和组织结构上进行重组衔接，这就要付出成本，那么“利益分配”又依然成为双方博弈的焦点。在零供实力不对等的条件下博弈的结果会阻碍双方的合作，真正有深度的高效工商协作将会出现在零售商与其实力旗鼓相当的供应商或有实力的代理商之间（一般代理退缩成为大企业的配送商和存储商中转站，而同类产品的代理商形成自发的采购、供应联盟，增加谈判的话语权）。

（五）采购部门是零供合作的纽带，标准化流程、协议是关注重点

在多部门多层次合作调查中，对“与采购部门建立沟通协调、利益共享机制”的关注度最高，平均为 89.2%；其他如“与业务部门联合进行销售管理”的平均关注度次之，为 89.0%，“与信息部门建立数据共享”平均关注度为 88.2%，“建立战略合作伙伴”的关注度为 87.7%。

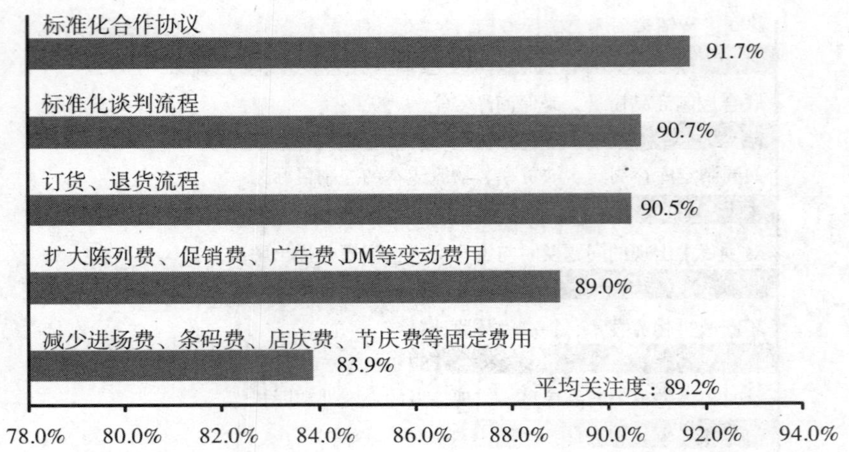

图 7　与采购部门合作指标关注度

调查表明，当前零售商的采购部门与供应商的合作内容比较多，这也和双方在日常运营中重视订单下达、商品交付、库存控制、商品扣点、商品促销、各项费用有关，显得比较"务实"；同时零供信息共享也将成为未来合作的一项重要内容，尤其是双方分享库存数据。

主要分项指标分析如下：

1. 在与采购部门合作的分项指标中，对"标准化合同协议"的关注度最高，为91.7%，表明零售商和每个供应商的业务合作大都是通过法律合同来明确规定的，现已逐步摒弃了过去零售商与供应商签署个别合同或达成口头协定的做法。零售商以更加透明的方式管理众多供应商需要严格的标准化管理、绩效考核以及内部标杆比较。对于不同级别的供应商（如主要供应商或季节性供应商），必须制定标准化并且易于控制的合同，以实现对供应商有效的分级管理。

2. 对"标准化谈判流程"的关注度也比较高，为90.7%。采购谈判流程标准化，主要包括谈判频率和内容的标准化。标准化谈判流程的出现，提高了采购人员的谈判效率和谈判内容的透明度，同时也使供应商在谈判中有章可循，有利于零供之间的沟通与协作。

3. 对"订货、退货流程"的关注度为90.5%，表明零供双方都比较清楚地界定了采购、订货和退货的责任，减少交易成本，提高供应效率，进一步完善了供应商与零售商的关系。这些责任的界定一般是通过一系列的关键绩效考核指标（KPl）来考核，而不仅仅只是考核价格指标。

4. 零售商对"减少进场、条码、店庆、节庆等固定费用"的意愿不高，关注度仅为83.9%，这说明零售商依旧注重上述费用的提取，并作为盈利的一部分。"收费"虽然在短期内不可能被完全取消，但调查显示，对"扩大陈列费、促销费、广告费、DM 单等变动费用"的关注度比较高，为89.0%。费用的内容逐渐由收取固定费用转向了与销售有关的变动费用，这种转变对减少双方摩擦、促进零供协作有积极意义。

零售商也逐渐意识到在费用项目上应与供应商协调、相互妥协，最终形成降低一次性固定费用，扩大变动费用。比如，减少进场费、条码费、店庆费、节庆费等项费用。这样，零售商就可以通过提高销售降低供应商费用的负担，减少零供由于费用问题而产生的冲突。

（六）工商协作模式比较单一，供应商以与采购部门沟通为主

工商协作模式调查显示，对各合作模式指标的关注度呈现出两个极端，其中对“供应商主要与采购部门沟通合作，其他部门由采购部门协调”的关注度最高，为 88.4%，而对其他指标的关注度都在 80% 左右或以下。

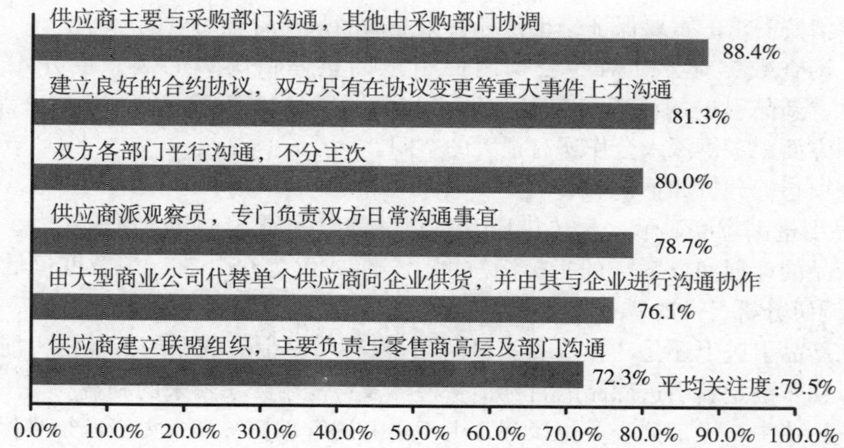

图 8　合作模式指标关注度

主要分项指标分析如下：

1. 对“供应商主要与采购部门沟通合作，其他部门由采购部门协调”的关注度最高，为 88.4%，而对“双方各部门平行沟通，不分主次”的关注度只有 80.0%。这说明零售企业比较重视以采购部门为核心，而其他通过采购部门协调与供应商进行沟通协作的沟通合作方式也是在实践中普遍采用的。

2. 对“供应商派观察员（日常在零售企业，由供应商管理），专门负责双方的沟通协作事宜”的关注度不高，仅为 78.7%。尽管近年来有的零售企业实行了聘供应商“特约观察员”的方式进行日常沟通协作，使观察员可以无障碍地进入门店的前台和后台、与店长交流、提出合理化建议、发现的问题可以及时反馈给集团高层等，这样也避免了因中间环节传输失真导致的信息不对称，在一定程度上促进了零供协作。但大多数零售商对此并不“感冒”，尤其是一些大的供应商的“特约观察员”更是少之又少。原因是，目前零售商面临的供应商数量大，如果都采用“观察员”的方式，则人力成本太高，在没有合理的协作机制状况下，可谓是治标不治本。

3. 在工商协作模式重要性评价中显示，零售商乐于当前的合作模式——与单个供应商合作，以便维持自身在渠道中的主导和控制地位。而零售商与大型商业公司供货商（替代单个供应商向企业供货，并与企业进行协作）或与供应商联盟进行协作的关注度则比较低，平均只有 74.2%。

零供间的矛盾、合作效率的提升最终要以市场为基础来解决，但博弈双方在力量不均衡的条件下，协作很难走向深入，合作效率的提升也会遇到瓶颈。既然零供深入高效的合

作最终要建立在双方力量的均衡基础上，可以预测工商协作未来的模式是零售商与大型商业公司供货商（替代单个供应商向企业供货，并与企业进行协作）或与供应商联盟进行协作。

（七）新品引进满意度不高，流程与控制有待提升

新商品引进是零售企业经营活力的重要体现，保持和强化公司经营特色的重要手段，创造和引导消费需求的重要保证，也是零售企业商品采购管理的重要内容。

然而，调查数据显示，对“公司新品引进的整体情况”的满意度并不高，仅为77.5%；对“新品引进的流程与控制”的平均满意度也只有77.7%。所以在新品引进、流程与控制方面，零供深入合作还有很大的空间。

主要分项指标分析如下：

1. 新品引进满意度显示，对“供应商有很强的新品研发、市场预测能力，并能及时提出增加新品的计划和方案”的指标满意度比较低，仅为63.6%；满意度最低的指标是“联合进行调研分析，及时掌握和预测消费者需求”，只有59.4%。这些表明，目前多数零售企业在新品引进上还是“摸着石头过河”，没有对新引进商品的市场销售前景进行充分预测，以初步确定新引进商品的目标消费群体及可能给公司带来的利益。

在调查访谈中，大部分企业也谈到，由于企业的管理系统和人力资源很难保障，国内也还没有这种专业的调研机构，关于消费者的很多资料难以获得，对顾客消费行为的研究比较困难；即便是调查，也只是采取消费者调查表的方式，但失真较大，对决策的参考意义不是很大。由于零供双方在消费者行为研究方面有共同的利益点，在实际操作中除了对零售企业信息系统进行升级外，更多的需要零供双方的合作。可以在改进调研方法，增加人力投入的前提下，利用样本量大、体验丰富的零售终端数据进行顾客消费行为的研究。

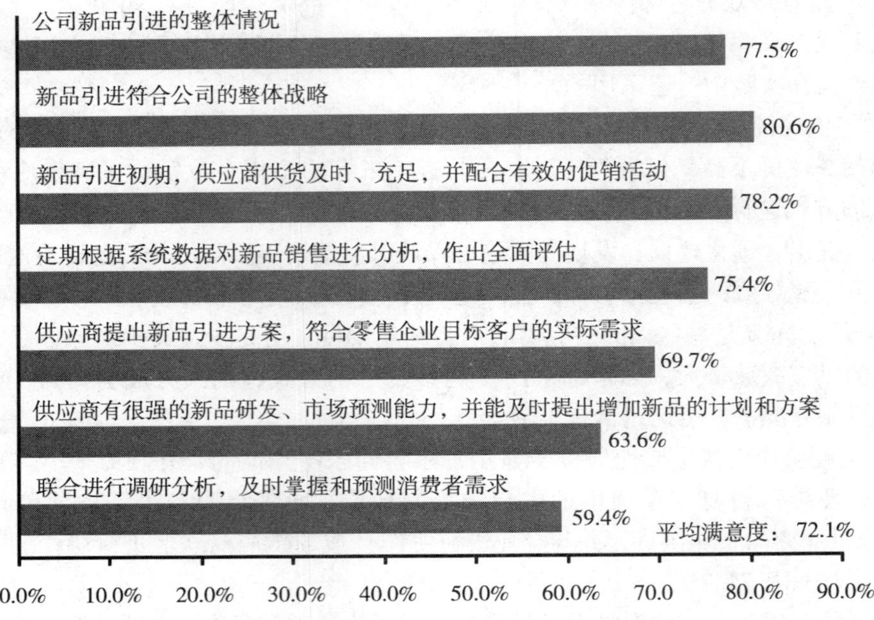

图9　新品引进指标满意度

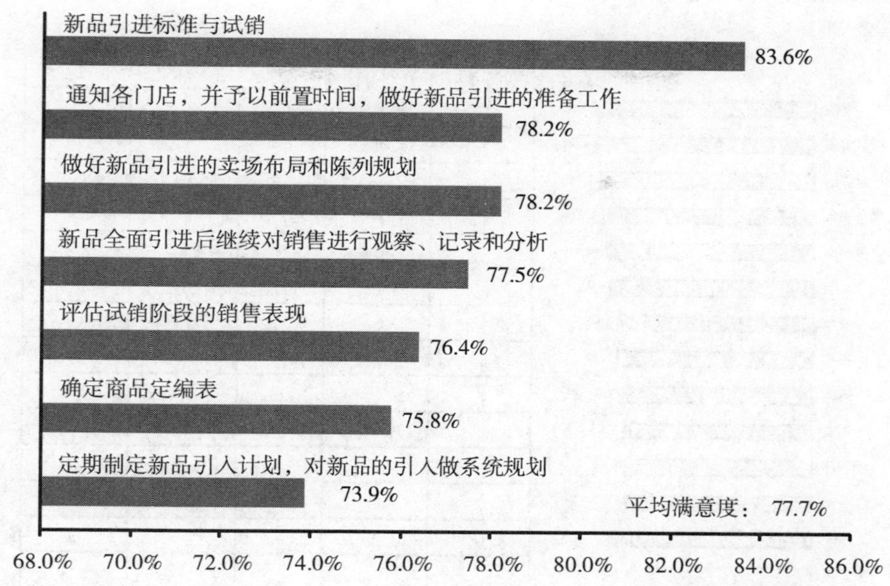

图 10　新品引进与流程控制指标满意度

2. 对"新品引进初期，供应商供货及时、充足，并配合有效的促销活动"的满意度相对较高，达到 78.2%；同样在新品引进流程与控制调查中也显示，对"新品引进标准和促销"的关注度最高，达到了 83.6%，是满意度中惟一超过 80% 的指标。供货和促销是新品推广成功的关键因素，充足的商品供应能够为促销提供货源保障，促销又是吸引顾客、聚集人气的重要手段，所以在新品引进时零供都不惜倾入大量财力和人力，相互积极配合。

3. 新品引进流程与控制调查显示，对"全面引进后继续对销售情况进行观察、记录和分析"和"评估试销阶段的销售表现"（包括销售额、毛利率、价格竞争力、配送水平、售后服务和促销配合等指标）的满意度相对较低，分别只有 77.5% 和 76.4%。这些表明，零供在新品引进后期缺乏跟踪和系统分析，不能有效地对销售、利润、库存、物流配送、售后服务和促销配合等指标做出全面的数据分析。因此，也就无法深入地分析新品引进的状况，找出零售商与市场、竞争对手的差距，寻求新品引进战略发展的机会点，为下一步新品引进评分和制定品类策略提供数据支持。

4. 在新品引进流程与控制的调查指标中，对"定期制定新品引进计划，对新品的引入做系统规划"的满意度最低，仅为 73.9%。这说明大多数零售企业对新品引进并不具有系统性和长效规划性。

四、供应商工商协作满意度排名

在供应商满意度调查中，本次问卷调查特选择来自国内外包括日用化学品、生理用品和食品饮料三个领域的 16 个知名品牌作为测评对象，并分别对其合作表现打分。问卷统计结果显示，16 个品牌的平均得分为 3.97 分，较 2009 年提高了 0.07 分，表明供应商在工商合作方面总体表现较好。

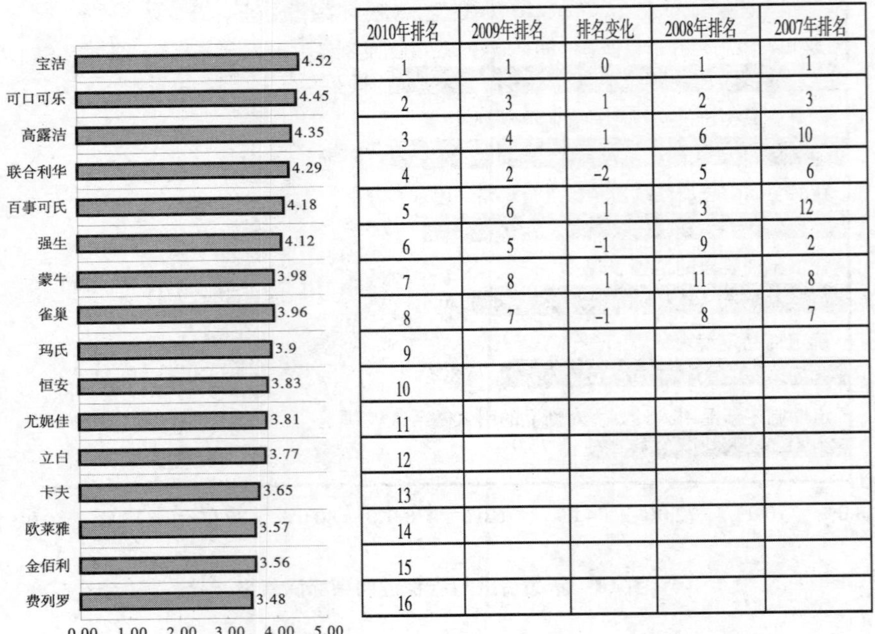

2010年排名	2009年排名	排名变化	2008年排名	2007年排名
1	1	0	1	1
2	3	1	2	3
3	4	1	6	10
4	2	-2	5	6
5	6	1	3	12
6	5	-1	9	2
7	8	1	11	8
8	7	-1	8	7
9				
10				
11				
12				
13				
14				
15				
16				

图 11　工商协作中对供应商的评分及排名

1. 按照品牌发源地分类，美国品牌的供应商合作表现最好，得分为 4. 09 分；其次是国内品牌，得分为 3. 86 分；欧盟为 3. 83 分；日本品牌供应商合作表现最低，为 3. 81 分。可以看出，美国品牌对我国渠道商合作具有重要的示范作用，值得我国企业借鉴。

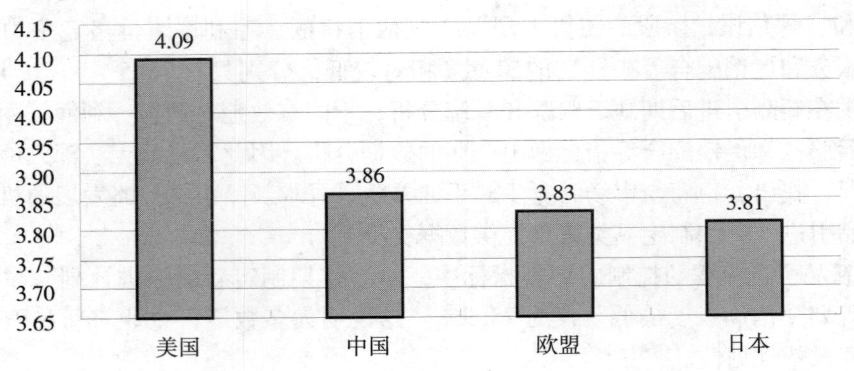

图 12　不同国家（地区）品牌的供应商合作表现评分比较

2. 从产品类型看，在日用化学品、生理用品、食品饮料三个领域的品牌中，日用化学品牌供应商合作表现最好，平均得分为 4. 10 分；其次是食品品牌供应商，得分为 3. 95 分；生理用品分值最低，为 3. 73 分。

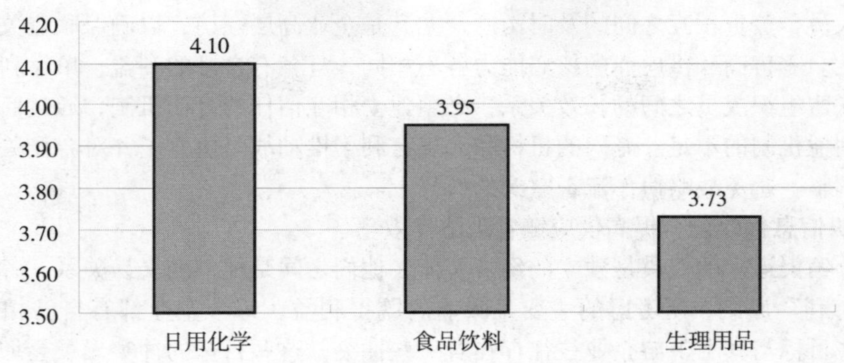

图 13　不同类别品牌的供应商合作表现评分比较

从以上分析可以看出，供应商与零售商之间的合作虽然在不同合作领域、不同产品类别、不同国家品牌之间仍存在差距，但总体而言，渠道商之间的关系正迈向和谐、共赢的“伙伴关系”，突破了原有的“交易关系”。

五、针对性建议

（一）业务层面

1. 构建基于战略协作的交易平台和机制

零供矛盾冲突频频发生，这与目前双方还停留在组织外部的市场交易关系有关，即离散型交易关系。这种交易关系具有以下三个基本特点：

（1）以明确的产销分工为前提，即供应商原则上只负责生产，零售商只承担采购和零售职能。

（2）遵循竞争择优原则，即双方均采取开放式的渠道模式，通过价格谈判的市场竞争机制，选择对自己最有利的交易价格和条件。

（3）谈判效果以企业实力为基础，多具有一对一和短期交易的特点，交易关系不稳定。其结果，必然导致双方都会更多地将注意力放在交易利益分配方式和分配比例上。

打破传统的工商关系格局，建立基于战略协作的交易平台是消除零供矛盾冲突比较有效的方法。

首先要解决的是构筑双方合作载体，包括：

（1）平等协商的采购平台。

（2）与供应商平等、友好地洽谈销售计划、交易条件。

（3）双方沟通商品信息、订货信息及门店的存货信息。

（4）供需双方共同开发产品平台。

在采购、沟通、新品引进、品牌推广等方面给供需双方搭建公开、透明、易操作的信息平台，使双方充分利用各自的销售数据、产品数据、消费者数据等方面的信息进行沟通和共享，以获取利润和效益的最大化。

其次是，零供双方合作建立相互信任的机制和组织架构。建议零供双方设立专门的机构并配置人员，负责相互之间的及时沟通，尤其是企业高层互访，以确保联盟关系的稳定性与有效性。零售商和供应商的核心能力各不相同，且各有自己的利益，单靠利益机制不足以维系联盟组织成员之间的长效关系，必须建立相互信任的合作机制，通过商业道德的力量弥补利益机制的不足。专门的机构和人员有利于推动战略协作，并对合作关系做出相应的动态调整，避免战略协作流于空洞的口号上。

2. 加快信息化建设，提高供应链管理协作效率

传统分销渠道上的成员是独立的经济实体，他们之间是纯粹的交易关系，各方遵循的是“单向有利”原则，所考虑的主要是眼前的既得利益，每个企业都有自己相对独立的目标，这些目标与其上下游企业往往存在着一些冲突，这些目标的冲突无疑会加大供应链的整体成本。

供应链管理认为：公司从采购原材料到向最终消费者提供产品是一个环环相扣的服务链，这一服务链没有公司内部资源和外部资源之分，在同一条供应链上，各环节相互合作，并具有同一战略利益目标，真正的市场竞争不是公司与公司的竞争，而是供应链与供应链之间的竞争。为此，基于供应链管理背景下促进零供关系方面的建议，本报告提出以下几点具体措施。

（1）开发安全快捷的供应链信息支持平台，实现零供信息共享。在信息社会中，信息已成为零售商和供应商企业生存和发展的最重要的资源。建立面向供应链管理的信息系统是有效解决零供冲突问题的前提和保证。网络和信息技术的发展为零供关系这一运作模式提供了良好的技术基础。通过网络和信息化运行，可以有效实现不同地域企业间的协作，提高供应链的协同性。开发供应链信息技术系统，关键是要实现零供双方信息的集成和共享。

具体操作方面，零售企业供应链信息化建设需要注意以下几点：

一是，要明确自身的供应链定位。一条供应链需要有一个主导企业，其他企业在供应链中处于从属地位，任何企业都不可能包揽供应链的所有环节，必须根据自己的优势来确定自己的位置和相关的发展战略，从而进一步明确主业，确定核心竞争力。

二是，要树立集成化供应链管理观念。供应链管理是建立在“双赢”基础上的，各节点企业要乐于与其他企业进行合作，加强信息共享的观念，在合作方之间建立利益共享、风险共担的合作关系。

三是，信息化要与管理相结合。信息系统的建设首先是一个管理思想的建设，要管理改革在先，技术实施在后。实施信息化是为了提高企业的运营效率，而提高企业运营效率的关键就是要强化管理。为了使供应链对市场变化做出快速反应，企业可以引入 JIT（即时服务）、QR（快速反应）、ECR（有效客户反应）、ERP（企业资源计划）等先进的管理方式，通过这些管理方式真正达到供应链的革新。

（2）提高物流效率，联合加强库存管理。随着零售市场竞争日趋激烈，企业为了提高竞争力，不断寻求各种措施提高企业对市场需求的响应速度。零供之间应当交换某些决策权、工作职责和资源，以加强协作，提高物流效率，对库存进行最优化管理。供应链上的一方可能处于更适合的位置来执行某个通常由另一方拥有的决策权，如果把这个决策权从一方转给更适合的另一方合作伙伴，那么整个供应链的效率将得到改善。

VMI（供应商库存管理系统）就是在用户和供应商之间的流程合作策略，以双方都是最低的成本来优化库存。在一个达成共识的目标框架下由供应商来管理库存，是以掌握零售企业库存量作为市场需求预测和库存补货的解决方法，可以更有效地计划、更快速地反应市场变化和消费者需求。因此，VMI 可以用来降低库存量、改善库存周转，进而保持库存水平的最优化，而且供应商与零售商分享重要信息，双方都可以改善需求预测、补货计划、促销管理和装运计划等。从零售业发展的趋势看，VMI 是零供协作提高物流效率、优化库存管理的重要方式之一，其最终使零供获得双赢。

VMI 实施中，零供需要注意以下环节：

首先，要改变订单的处理方式，建立基于标准的托付订单处理模式。供应商和用户一起确定供应商的订单业务处理过程所需要的信息和库存控制参数，然后建立订单处理标准模式，最后把订货、交货和票据处理各项业务功能集成于供应商一方。

其次，正确选择合作伙伴是最关键的一步。一方面，企业对 VMI 流程不够了解，怀疑它的运作能力，另一方面，企业之间存在理念上的较大差异，这时选择合作伙伴是很关键的。只有双方对 VMI 都感兴趣，并且对管理，尤其是生产和库存管理基本一致，才能就建立 VMI 的控制策略和方式达成一致。同时，在实施该策略中，相互信任与信息透明是很重要的，供应商和零售商都要有较好的合作精神，才能相互保持较好的合作。

最后，要有流程的标准化管理和质量保证。流程管理和质量体系是关系 VMI 成败的重要因素。流程的管理由供应商和零售商共同负责，运用 ERP 确定流程的标准化，管理需求计划、补货规则、配送规则等。质量保证则应由供应商来完成，在出厂之前确保原材料已被检验合格。

3. 发展自有品牌，拓展零供新的合作领域

作为新的利润增长点和规避竞争或获取竞争优势的手段，自有品牌战略越来越多地被零售商所采用。自有品牌的出现，可在一定程度上减少零供间的冲突，且能够拓展零供新的合作领域。

对零售商而言，发展自有品牌能够：（1）通过差异化经营降低同质化竞争，避免“价格战”；（2）减少中间环节，节约交易费用、流通成本和渠道费用，获得价格优势，提升利润空间；（3）更好地打造自身终端销售平台，增强对市场的掌控力和与供应商的谈判能力。

零售商发展自有品牌，不完全都是对供应商的挑战，同时也会产生新的协作契机：（1）对中小供应商而言，可以为零售商定牌加工，既免于承担创立品牌的风险，又可以稳赚加工费，未尝不是稳妥可行的发展方式；（2）对一些大型供应商，也可为零售商贴牌生产，释放过剩的产能，实现资源的优化配置。

然而并不是所有的零售企业都适合发展自有品牌，其需要具备以下条件：

（1）具有一定的规模和销售网络。规模和销售网络决定了零售商自有品牌能够产生影响的范围。自有品牌产品只在零售商自己的卖场中销售，潜在消费群要比制造商品牌狭窄得多。销售规模不足会导致产品利润降低，且销售量太小，也难以在消费者心中形成大的影响，最终影响自有品牌的成长。

（2）良好的企业声誉。制造不是零售商的专长，加上消费者对制造商和零售商分工角色的认识根深蒂固，消费者一般会更倾向于选择制造商产品，他们对制造商的专业化制

造能力更加信任。而如果零售企业具有良好声誉，就可以通过消费者对卖场的忠诚，影响消费者的购买决策。

（3）较强的产品设计开发能力。零售商的自有品牌商品不应当只是制造商品牌商品的复制和模仿，还应该是制造商品牌商品的补充。要想获得消费者的认可，不仅要在价格和质量上取胜，还要有独特性和新颖性，具有差异化的产品才能使自有品牌产品脱颖而出。因此，要求零售商具备一定的产品设计开发能力，形成产品差异化特性，更好地满足消费者需求，增强产品的竞争力。

4. 加强促销员管理，发挥其在工商协作中的桥梁作用

具有双重身份的促销员，是终端销售的具体执行者，上连供应商，下接零售商，在零供沟通协作中起着桥梁作用。然而，近年来频频发生的不同供应商促销员之间、促销员与零售商之间的冲突严重影响了卖场销售效率和顾客服务水平，也在很大程度上影响了零供关系。因此，共同加强对促销员的有效管理，提高销售效率和顾客服务水平，是工商协作的一项重要内容。具体管理环节如下：

（1）引进与招聘。促销员的引进是有成本的，所以零供双方都要评估引进的经济性。在确定引进后，供应商应在充分理解卖场关于促销员的要求后，按标准招募选择，让促销员的素质能达到双方良好合作的基本要求。

（2）培训。促销员入职后，供应商与零售商都要对其进行培训。供应商的培训往往偏重在商品知识与促销技巧上，零售商的培训则偏重于货物流转与客户服务上，均缺乏系统性。所以，在制定培训计划和培训内容上，需要零供双方协同，以提升培训的系统性和高效率，提高共同管理的一致性。

（3）日常管理（包括排班、考勤、仪容仪表、劳动定额、质量标准等）。对促销员的日常管理工作大部分由零售企业承担。零售企业是否有足够的注意力和沟通系统（对零售商上级和供应商），将极大影响促销员的工作效率。零售企业可设立专门的促销员管理专员，负责日常巡视和管理全体促销员；建立月促销员表现通报表制度，向供应商反馈促销员的工作表现，促进双方在促销员管理上的信息沟通。

（4）考核与激励。对促销员业绩的考核除了销售指标外，可以适当增加如“客户资料收集量”、“交叉销售的客单价”等指标，以促进促销员的团队精神和跨品牌间的协作。在激励上，也可采取奖金以外的评星、颁奖、旅游活动等方式。

5. 适度联合，平衡零供力量

零供协作的模式、深入性和效率，最终要建立在博弈双方力量均衡程度的基础上，这是零供契约公平、利益分配状况的硬性条件。实践表明，在零供博弈中零售商并非完全都处于支配和控制地位。随着商业资本的崛起，以及供应商群体又多为中小企业，使得更多的供应商处于弱势地位。改变这种力量的失衡，需提高中小供应商自身的实力和组织化程度，主要措施如下：

（1）加快技术创新与品牌建设。技术创新是供应商的生命力。只有不断进行技术创新才能不断推出新产品，在与行业对手的竞争中保持竞争优势，增加对零售商的吸引力，才能不断维持发展与零售商的良好合作关系，为双方提供价值之源，实现企业的自主创新。可采取如下措施：

一是要树立企业是创新的主体，政府应做好服务和保障；

二是要真正建立教育、科技为先导的理念，培养一批能够适应创新发展的一流人才；

三是要改变长期“模仿、复制”的思维方式，创建勇于冒险、允许失败、鼓励创造的企业文化；

四是要建立健全各种制度保障，如完善知识产权保护的法律法规，制定有利于企业自主创新的财税、金融等政策，发展风险投资，加强信用体系建设等。

同时，供应商还应该加强自身的品牌建设。品牌建设就是要在市场经济条件下，在统筹外部环境与内部条件的基础上，企业采取重大谋划和战略对企业及其产品或服务的品牌进行综合性、长远性和全局性的创立和发展。

（2）提高企业的组织化程度。供应商要争得自身利益必须提高组织化程度，走联合之路，组成各种商品类型的生产企业联合供应组织。这些组织有能力向零售商供应大量的品种，对零售企业实行统一谈判、统一供货，使小供应商的产品有机会进入大型连锁企业的采购系统。而且在与零售商谈判中具有较强的议价能力，在供货协议、通道费、账期等问题上采取统一的策略，维护中小供应商利益。

供应商组织要在零供关系中发挥应有的作用，首先要规范供应商自身行为，形成行业自律和行业诚信体系，避免同业之间一味压价的低层次恶性竞争，杜绝与零售商之间单独进行不正当交易。其次，要以该组织为平台和支撑，开展与零售商的对话交流、沟通合作，协调双方关系；为全体成员服务，发挥其在数据统计、市场监督、信息披露、行业预警等方面的功能，培育供应商的风险意识、法律意识，为成员提供必要的信息咨询、行业培训、法律援助等服务。最后，供应商组织还要积极与当地政府和行业主管部门联系，及时反映行业发展状况，参与政策制订，协助政府部门实施行业管理。

需要明确的是，弱势方的强大并不是为了加大其“对抗”的砝码，而是创造零供能够深入、高效“协作”的力量均衡条件。

（二）政策层面

1. 充分发挥行业协会的桥梁作用

行业协会可以在维护良好的工商关系方面发挥重要作用，例如在健全市场信用体系，引导行业自律等方面做出努力。开展信用状况调查，建立信用评价体系，对失信行为进行评价，加强信用监管工作，对于零售业的健康发展是非常重要的。行业协会可以通过供应商与零售商之间的合同管理，监督供应商在与零售商签订合同时尽可能详细列明费用的项目和额度以及付款期限，在双方发生纠纷时可以依据合同寻求法律的解决途径。政府应制定行业规则，且通过行业协会对行业规则进行操盘，并辅之以扶持和培育，赋予其明确的职能与权限，同时对其加强监督，防止其渎职或越职行为的发生。具体操作上，可以采取以下措施：

（1）鼓励和支持行业协会制定行业自律规范。每一位经营者的合法守信行为，是建立市场公平交易的基础；自我约束的自律行为，是要求其他经营者的前提。建立商业信用档案，准确、及时、全面地记载企业信用状况，引导企业加强自律，合法经营。

（2）代表供应商与零售商建立合同谈判磋商机制，制定对零供具有共同约束力的交易准则。如果说行业协会的自律规范旨在约束行业内成员的行为，那么通过这种零供关系磋商机制制定的交易准则，则形成对零供双方共同约束的行为规范。英国的《超级市场执业准则》就规范了大型零售企业如超级市场与其供货商之间的交易关系，值得借鉴。

（3）代表供应商与零售商参与解决纠纷，化解矛盾。零供关系纠纷以及矛盾的产生无论源自于一方，还是源于双方共同的原因而导致，解决纠纷和矛盾都需要有一个公平的基础。在零供实力存在较大不均衡的状态下，行业协会牵头组织协调将有可能扭转这种局面，从而为实现在公平环境下解决矛盾与纠纷提供可行的对话平台。对于无法通过谈判协商解决的纠纷，最终可通过仲裁或诉讼有效解决。就行业协会而言，应当具备参与仲裁或者诉讼的实力，通过聘请专业律师、建立诉讼基金等方式，帮助弱势方通过法律途径实现维护合法权益的愿望，以加强供应商与零售商的平等对话机制。

2. 营造公平交易环境，降低零供的行政成本

为规范零供行为，促进双方协作，早在2006年10月，商务部等五部委印发了《零售商供应商公平交易管理办法》，又相继出台了《零供购销合同范本》、《零售商供应商公平交易行为规范》等国内贸易行业规范和标准，这些政策对规范零供行为起到了一定的积极作用。但零供各方对以上政策还是莫衷一是。

零供关系终究是在市场博弈中形成的交易关系，彼此都有自己的盈利模式，仅在交易行为上进行规定是远远不够的。政府在制定“规范”上应根据实际的市场化进程，界定干预的范围，把重点放在对“一般性”操作的规范上，以营造有利于降低成本、提高效率的公平交易环境上。如可以考虑制定供应链平台、共性采购等相关规范，以降低双方财力和人力成本，提高采购效率。

另外，政府在制定“规范”时，应建立在零售行业诸多“标准”基础上，加大对零售“合规性”的研究，以增强“规范”的合理性和可操作性，降低零供的行政成本。

零供通过协作寻求供应链效率的提升，从而为消费者创造更大的价值，拓展更广阔的共同利润空间，将为改变传统的盈利模式和促进零供和谐营造良好的合作环境。尤其是当前主要纠结在通道费用上的零供矛盾，也会随着双方视角的改变和效率的提升而被弱化，共同走向良性解决之路。

2010 年中国零售业节能环保状况调查报告

当前，温室气体排放引起的全球气候变化已成为国际经济政治的重要议题，应对气候变化和节能减排工作已被中国政府提到前所未有的高度。温家宝总理在国务院节能减排电视电话会议上明确指出，要把节能减排作为当前加强宏观调控的重点，作为调整经济结构、转变增长方式的突破口和重要抓手，作为贯彻科学发展观和构建和谐社会的重要举措。零售业作为上游连接生产、下游连接消费的服务性行业，是商务领域节能降耗工程的重点突破口。作为一项开创性工作，节能减排的理念和实践正深入到零售企业经营管理的各个层面。

为全面总结现阶段我国零售业节能环保工作发展现状，分析实施过程中存在的困难和问题，研究零售业对国家节能减排及发展低碳经济的作用和贡献，受商务部商贸服务管理司委托，2010 年，中国连锁经营协会继续组织开展中国零售业年度节能环保状况调查。调查显示，国内外各大零售企业纷纷行动，运用 LED 灯、冷冻水泵变频、EMS 智能控制系统等先进的技术手段和设备对既有门店进行节能改造，并对新建门店进行节能设计，通过采用新技术、新设备，有效提高了门店的整体节能环保效率，综合来看可以实现节能目标 20% 以上。同时，据对商务部“零售业节能行动”试点城市部分被调查企业问卷调查统计，相对于 2009 年，2010 年不同业态门店的单位面积耗电量将有一定幅度的下降，其中专业店平均降幅为 3.3%，大型超市为 3.0%，百货业态门店为 1.1%。

调查表明，中国零售业节能减排工作已经取得一定成效，但在具体实施过程中也遇到一些问题，如技术和管理水平较低，企业积极性不足，缺乏使用节能灯具、变频空调等节能设备的动力，节能技术改造进程缓慢，一些零售场所仍有过度包装和无偿提供塑料袋现象等。因此，要继续推动这项工作，需要政府、企业、行业协会等多方面的不懈努力，共同带动并提升整个零售行业的节能环保水平。

本次调查得到中国连锁经营协会节能环保工作小组成员单位及其专家们的全方位参与，同时在中国人民大学环境学院的大力支持与合作下，共同撰写完成了《2010 年中国零售业节能环保绿皮书》①。《2010 绿皮书》展示了中国零售业的节能环保状况，总结了行业节能环保实施成果并分享最佳案例、找出问题、探索解决方案；同时，结合政府新时期的工作方向，以及社会对零售业的要求，探讨了低碳经济背景下零售业节能环保可持续发展之路。此外，在《2010 绿皮书》撰写过程中还得到各地方商务主管部门与部分连锁协会会员企业的积极配合和支持。

---

① 《2010 年中国零售业节能环保绿皮书》，商务部商贸服务管理司主办，中国连锁经营协会执行，2010 年 9 月。

一、零售业节能环保，责任与经济增长并重

随着中国经济改革开放30年以来的迅速发展，环境和资源对经济发展的制约作用日益显现，建设资源节约型、环境友好型社会已成为中国未来发展的必然趋势。零售业是经济社会的窗口行业，连接着生产和消费两大经济领域。零售业的节能环保不仅仅局限于自身的门店、物流中心的节能改造和环保改善，更深远的是零售业利用其辐射作用，影响上游供应商和下游的消费者，促进整个供应链的低碳化发展，发掘更大的潜在节能空间。近年来随着零售业竞争的不断加剧和市场成熟发展，企业需要寻找新的利润增长点，国内外的实践充分证明：节能减排可以为企业带来实实在在的经济利益，同时也是企业自身发展的内在需求。无论内资还是外资企业的节能动力不断增强，节能减排的力度也不断加大。

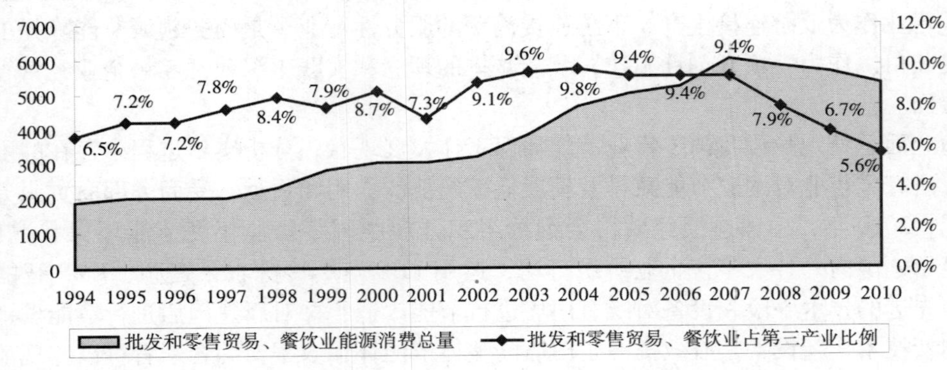

图1　批发和零售贸易、餐饮业能源消费状况

根据国家统计局最新的统计数据，2008年第三产业的能源消费总量为72320.3万吨标准煤，批发和零售贸易、餐饮业的能源消费总量为5734万吨标准煤，在过去的15年中首次呈现下降的势态，相比于2007年减少了228万吨标准煤，降幅为3.8%；同时在第三产业的比重也由2007年的9.4%下降到7.9%，下降了1.5个百分点，如果继续保持该下降趋势，到了“十一五”规划的最后一年即2010年，批发和零售贸易、餐饮业的能源消费总量将有望下降为5304万吨标准煤，对于第三产业的能源消费贡献率也将减少为5.6%。

（一）零售业节能环保的外部大环境与内在动力一致

全球气候变化已引起世界的高度重视，低碳已成为全球的共识。低碳不仅涉及生产领域的减排，同样也关系到零售业的节能减排。由于零售业连接多个生产企业和消费者的特殊性，零售业的节能减排越来越被社会所关注和重视。

温家宝总理在哥本哈根世界气候大会上做出中国减排的庄严承诺：到2020年中国单位GDP的CO_2排放强度比2005年降低40%～45%。2009年的中央经济工作会议和2010年温总理的政府工作报告都将建设以低碳排放为特征的产业体系和消费模式作为重点工作之一。特别是2010年的“两会”，将《关于推动我国经济社会低碳发展的建议》列为政协会议的“一号提案”，明确提出将低碳发展道路确定为我国经济社会发展的重大战略，

将低碳经济作为新的经济增长点，在列入“十二五”规划的同时考虑更长远规划。这些都充分表明低碳经济正逐渐上升到国家战略层面，同时也表明了中国政府节能减排的态度和决心。我国零售业的减排步伐也在加快，近年来，国家发改委、商务部、环保部以及地方政府陆续出台了许多引导零售业节能环保规范发展的法规标准，这些法规标准为企业实践提供了有力的保障。见表1。

表1　与零售业相关的节能减排标准（2003－2010）

实施时间	标准名称		发布部门
2003－6－30	空调通风系统清洗规范	GB19210－2003	国家质量监督检验检疫总局
2005－3－1	房间空气调节器能效限定值及能源效率等级	GB12021.3－2004	国家质量监督检验检疫总局和中国国家标准化管理委员会
2005－7－1	公共建筑节能设计标准	GB 50189－2005	建设部
2006－3－1	空调通风系统运行管理规范	GB 50365－2005	建设部、国家质量监督检验检疫总局
2006－6－1	绿色建筑评价标准	GB/T50378－2006	建设部、国家质量监督检验检疫总局
2007－8－1	公共场所集中空调通风系统卫生管理规范	DB11/ 485－2007	北京市质量技术监督局
2008－5－1	容积式制冷压缩冷凝机组	GB/T 1363－2008	国家质量监督检验检疫总局和中国国家标准化管理委员会
2009－10－1	超市购物环境标准	GB/T23650－2009	商务部
2009－12－1	超市节能规范	SB/T 0520－2009	商务部
2010－4－1	限制商品过度包装要求食品和化妆品	GB 23350－2009	国家质量监督检验检疫总局

为进一步了解中国企业在社会责任及可持续发展方面的情况，世界自然基金会（WWF）分别于2005年和2009年对中国10个重点行业的龙头企业（如石油石化、通信、IT、金融等）进行了调查。① 调查结果显示：近年来企业对于环境重要性的认知越来越清晰，并且越来越多的企业开始把环境保护作为公司的核心战略，2005年仅有一半左右的企业把环保作为核心价值和战略，2009年上升为83%。同时，企业对于环保与自身成本收益的关系也有了更进一步的了解，59%的企业认同环保可以节省资源从而节省成本，而2005年只有18%的企业持此观点。调查显示，“客户的要求”成为越来越多企业关注环境问题的外部驱动。改变了环保是企业的一个负担，要环保就要增加企业成本的观念。此外，企业对于环保概念的认知度也有了很大提高，尤其是对气候变化和碳排放相关的概念认知度很高，这与当前的社会舆论宣传和政府导向有密切关系。目前企业对于气候变化（88%）和与碳相关的概念，包括低碳城市（72%）、低碳企业（70%）等有较多的认知。

① 《21世纪的中国企业ii——企业社会责任及可持续发展研究报告》，WWF世界自然基金会（2010.4）。

（二）消费者对节能环保理念的认知程度提升，对企业行为形成推动力

2010 年 5 月，中国连锁经营协会（简称连锁协会）与中国人民大学环境学院合作，在北京、武汉、广州三地对全国 22 个城市的消费者进行了相关调查，收回有效问卷 1168 份。数据表明，消费者的节能环保意识有不同程度的提高。

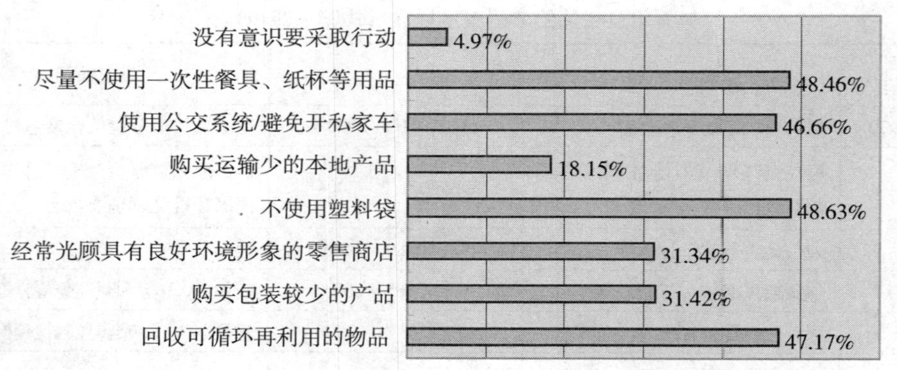

图 2　针对环境问题消费者采取的行动

其中，40.41% 的受访者在近 60 天购买过节能灯等节能小家电，29.54% 的人购买了节能电器。其中近七成受访者知道绿色环境标志。

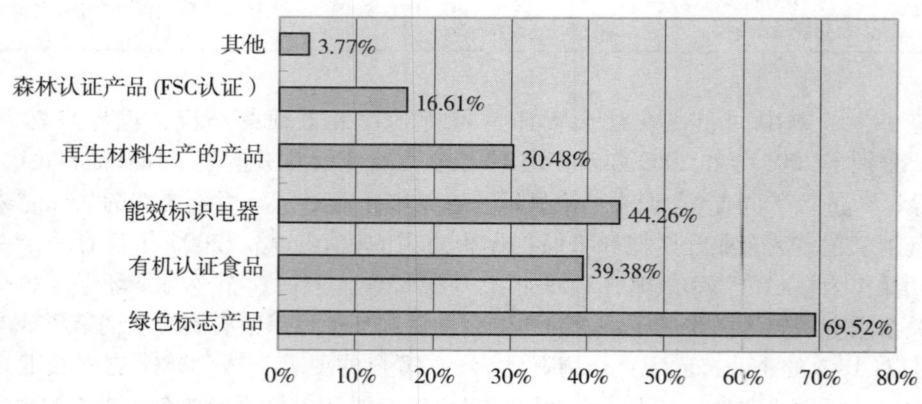

图 3　消费者知道的环保产品

而在影响消费者选择零售商的诸多因素中，已有 20.55% 的消费者会考虑零售企业是否有相关的环保产品可供选择。

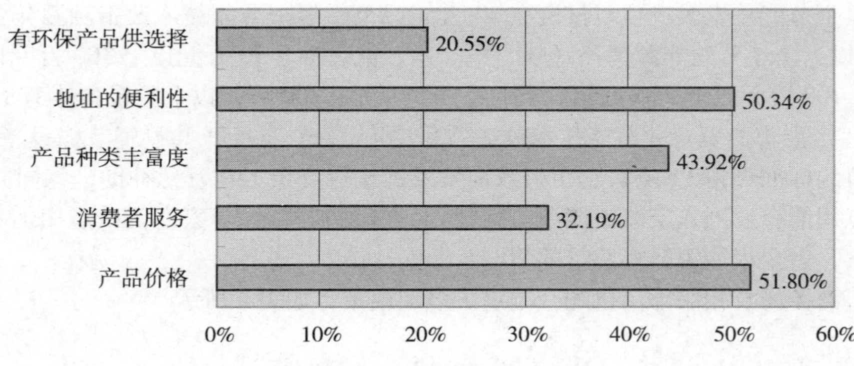

图 4 选择零售商各因素的重要程度

32.02%的受访者未选购环保产品的原因是商家没有提供鼓励消费的优惠或服务。环境问题的责任归属方面，有超过52.31%受访者认为企业应承担相应的责任，仅次于政府和个人。更多的消费者希望通过零售企业这一窗口，获得有关环保产品的信息。

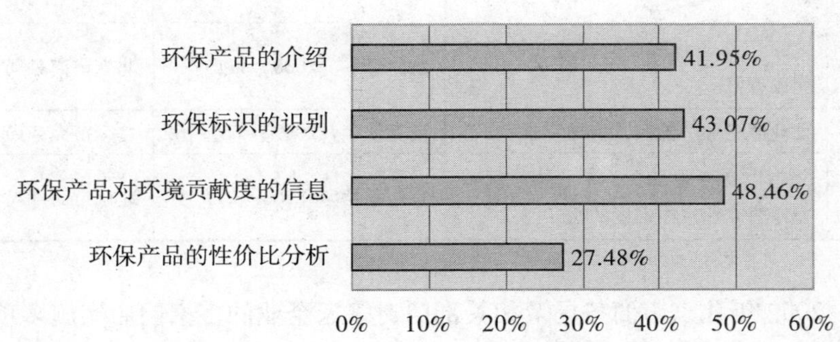

图 5 超市购物时希望得到的有关环保产品的指导帮助

（三）政府主管部门倡导的“零售业节能行动”在稳步推进中

2007年6月，商务部制定了“节约型零售企业”评价规范，并确定北京、天津、上海、重庆、太原、沈阳、青岛、武汉、广州、西安10个城市作为开展“零售业节能行动”的试点，重点抓好营业面积在10000平方米以上的大型超市、百货店、专业店的节能降耗工作。

商务部为进一步推动零售业节能行动，2009年、2010年有针对性的在高效照明产品的推广、抑制商品过度包装、限塑以及节能管理培训等方面予以重点优先推进。今后还将陆续制定配套的《加强流通服务业节能减排工作的指导意见》、《零售业节能改造指导目录》，组织学习先进企业的现场交流会，研究如何加大政策和资金支持力度等。

各地政府结合商务部的零售业节能行动，根据各地的不同特点，分别制定专项资金发放、补贴、税收减免、专项培训以及合同能源管理公司扶持等多项地方性配套政策。

如宁波市出台政策，扶持节能技术改造项目，推动使用节能降耗新产品、新技术、新工艺。对单个节能技术改造项目投资在30万元以上、多个节能技术改造项目年累计投资在50万元以上、年节约能源消耗（煤、电、水、汽、油）50万元以上100万元以下的补助3万元；100万元以上200万元以下的补助5万元；200万元以上的最高补助8万元。

2009年宁波市商贸行业节能技术改造项目中有17个项目（共投资节能设备3698.48万元，年节约标准煤4811吨）获市财政商贸发展扶持资金140万元补助，将同时组织10家商贸重点用能企业列入宁波市能源监察计划。两年来共对30家商贸重点用能企业开展了能源监察，占全市能源监察总量的20%。

北京市商务局及相关部门也配套制定了多项政策，如表2所示。

表2　　与零售业相关的北京市地方节能政策

发布时间	政策名称		发布部门
2007-1-18	北京市人民政府贯彻落实国务院关于加强节能工作决定的意见	京政发〔2007〕3号	北京市人民政府
2007-6-25	关于开展“零售业节能行动”的通知	京商秩字〔2007〕18号	北京市商务局
2008-6-19	北京市商场超市节能改造资金管理实施办法	京财经一〔2008〕1115号	北京市商务局、市财政局
2009-3-16	商业服务业节能改造指导目录	京商秩字〔2009〕4号	北京市商务局
2009-11-23	北京市商务委员会关于严格控制商业零售企业室内温度的通知	京商务秩字〔2009〕11号	北京市商务局

2008年、2009年北京市商务局及相关部门对多家企业的多家门店实施多项节能改造，节能效益显著。具体情况见表3。

表3　　北京市2008-2009年节能改造成效

年份	改造企业数	改造门店数	政府补贴（万元）	企业投资额（万元）	改造项目			年节电量（万度）	减少标准煤消耗（吨）	平均节电率
					照明	中央空调	电梯			
2008	13	18	739	4506	改造项目10项，改造照明面积149465m²	改造项目9项，改造涉及制冷量11006冷吨	改造项目4项，更新改造电梯41部	591	2387	32.83%
2009	19	24	900	7285.48	改造项目14项，改造照明面积201990m²	改造项目14项，改造涉及制冷量20010.9冷吨	改造项目8项，更新改造电梯125部	907	3663	24.30%

经历三年的试点，2010 年 4 月，商务部商贸服务管理司委托连锁协会对上述 10 个试点城市中具有代表性的零售企业进行了调查，有 86 家企业反馈问卷，涉及百货、大型超市等不同业态。调查显示，与推进节能型零售企业行动前相比，企业的管理架构、人员培训、节能目标等方面均有较大提升。以百联集团为例，2007 年，集团与上海市政府签下“十一五”节能降耗目标责任书以来（到 2010 年，万元营业收入能耗比 2005 年下降 15%），集团各公司在近几年来都加大了节能降耗的工作力度，加大了节能技改资金的投入，强化了责任考核。截止到 2010 年 5 月，据统计，联华股份比 2005 年下降 44.26%，物贸股份比 2005 年下降 30%，百联股份比 2005 年下降 20.07%，商业连锁比 2005 年下降 35%。四大公司每万元营业收入的能耗大幅度下降，提前完成上海“十一五”节能降耗目标。

“2009 年中国连锁百强”数据显示①，连锁百强销售规模同比增长 13.5%，同比增加 1601 亿元，总耗电量减少 16.96 亿度电，下降幅度达 16%，估算减少 CO_2 排放 162.68 万吨，环境效益和经济效益均十分显著。

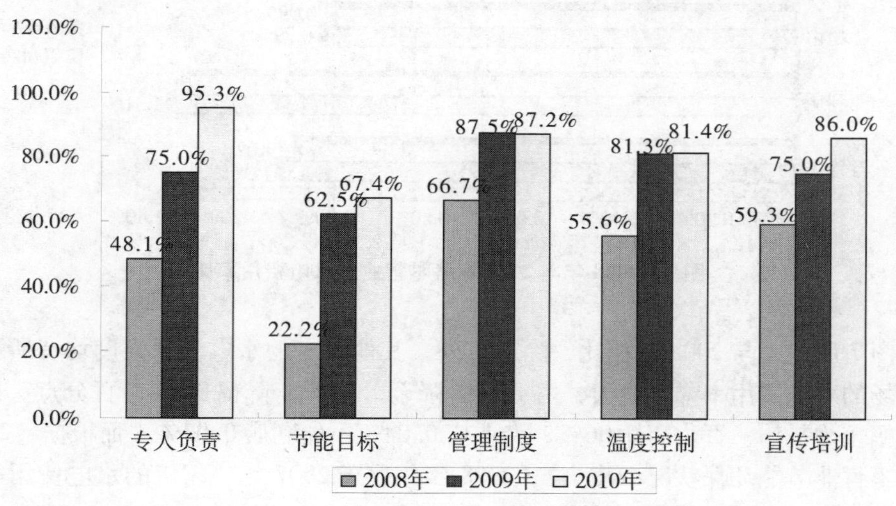

图 6　企业节能环保管理意识评价

二、零售业节能环保发展状况及成果概述

（一）零售行业主要能耗情况变化比较

根据连锁协会对部分连锁百强企业典型门店的能耗调查显示：企业节能意识正逐渐深化，新的节能技术得到广泛应用，主要体现在门店水电费用率均有一定程度的下降。

① “2009 年中国连锁百强”：中国连锁经营协会 2010 年 3 月 25 日发布。“中国连锁百强”自 2000 年发布，已连续开展 11 年。

表 4　　2009 年部分零售企业典型门店水电消耗比较

	单位营业面积耗水费用（元/平方米）	单位营业面积耗电费用（元/平方米）	万元销售额耗水费用（元/万元）	万元销售额耗电费用（元/万元）	水电费用率（水电费用/销售总额）
百货店	20.16	420.79	5.71	95.92	1.02%
便利店	18.40	422.78	6.60	121.56	1.28%
超　市	20.62	281.23	7.45	91.72	0.99%
大卖场	12.43	242.48	5.55	114.46	1.20%
专业店	22.41	172.52	5.71	34.21	0.40%

数据来源：2009 中国连锁百强企业反馈数据。

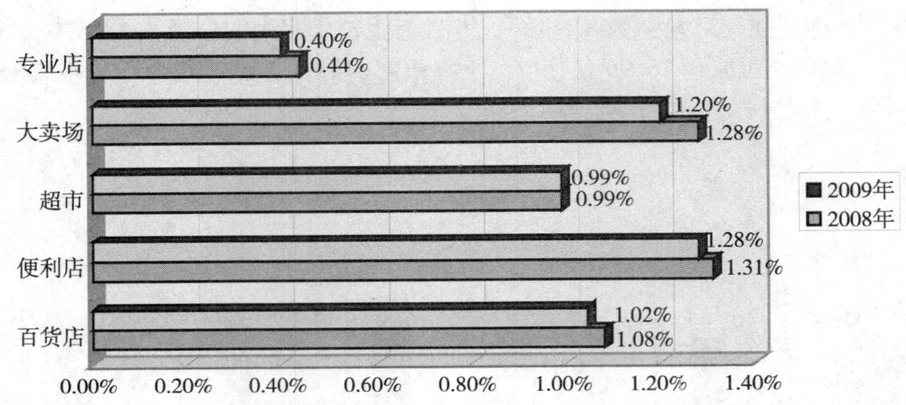

图 7　2008 年与 2009 年各零售业态水电费用率比较

如图 7 所示，与 2008 年相比，除超市外，其他业态的水电消耗强度均有所下降。其中大卖场的水电费用率降幅最大，由 1.28% 降至 1.20%，降幅 0.08 个百分点。但每个业态的降幅较为平均：百货店 0.06%；专业店 0.04%；便利店 0.03%。而根据《2009 年中国连锁零售业节能环保状况绿皮书》，2008 年相比于 2007 年，超市的水电费用率降幅最大，为 0.25 个百分点；便利店的降幅最小，为 0.07 个百分点。

来自连锁协会提供的“2009 年中国连锁百强企业”典型门店数据显示，截至 2009 年年底，不同业态万元营业额的耗电量呈总体下降趋势。

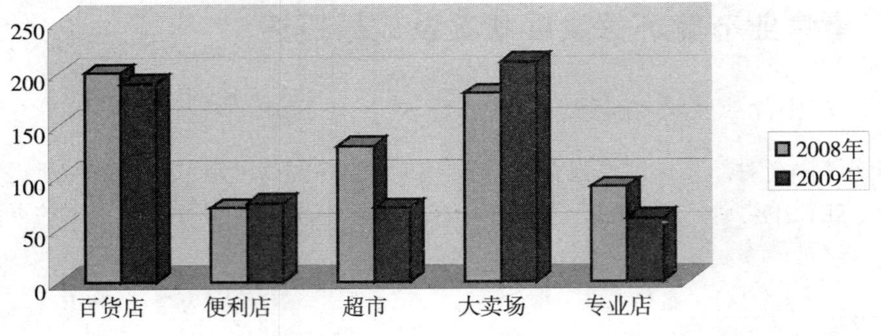

图 8　不同业态万元销售额耗电量对比

（二）不同地区能耗变化趋势

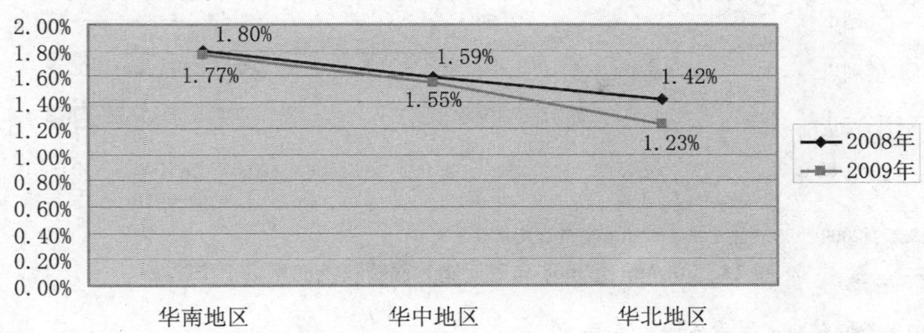

数据来源：2009 中国连锁百强反馈数据

图 9　超市业态下不同地区水电费用率对比

2009 年连锁百强的统计数据显示：各地区的水电费用率均有所减少，其中华北地区的下降幅度最为明显。

（三）塑料袋使用持续减少，对环保贡献明显

截至 2009 年年底，五种业态的塑料袋月平均使用量比 2008 年都有明显的下降，其中以大卖场的降幅最为明显，降幅超过 50%。

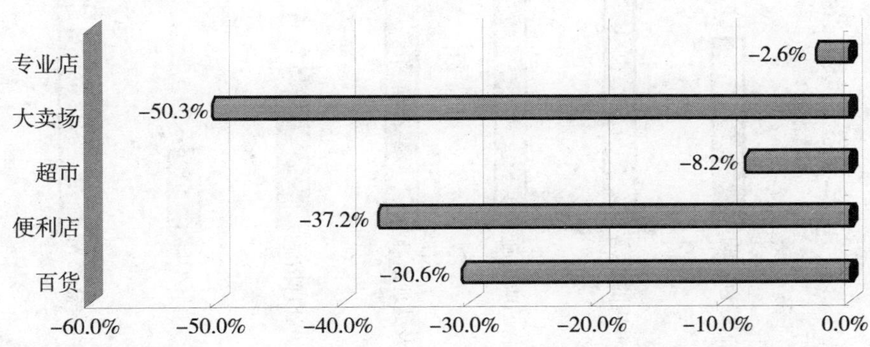

数据来源：2009 中国连锁百强企业的典型门店反馈数据

图 10　2009 年比 2008 年塑料袋月平均使用量下降幅度

各业态百元销售额月均塑料袋使用量下降趋势也比较明显：超市的下降量最大，下降幅度为 74.5%。

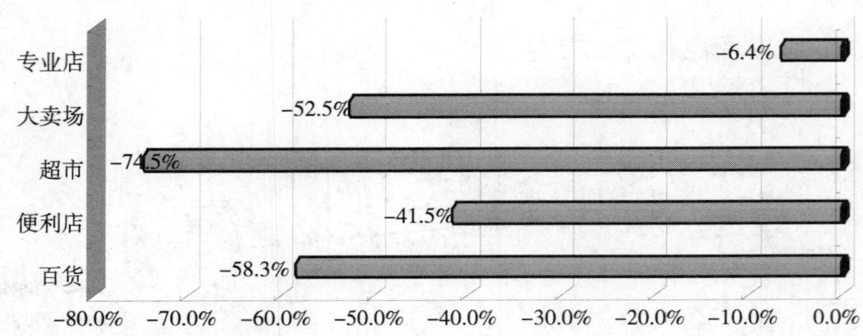

数据来源：2009 中国连锁百强企业的典型门店反馈数据

图 11　2009 年比 2008 年百元销售额塑料袋使用量下降幅度

（四）零售业主要的环保手段

根据商务部“零售业节能行动”试点城市的企业调查问卷统计，其中，14% 的企业获得了国家环境管理体系的认证；45. 3% 的企业建有绿色采购渠道并引导供应商重视环保、减少商品包装；60. 5% 的企业采取措施并鼓励消费者减少使用塑料袋；60. 5% 的企业对废旧产品和废弃物（如饮料瓶罐、旧电池、纸张和淘汰的家电等）进行了回收；58. 1% 的企业设置了油烟和污水排放系统；32. 6% 的企业对垃圾有处理措施（果蔬类、易腐有机类垃圾等）；18. 6% 的企业有节气措施；47. 7% 的企业门店在建设中应用了节能型建筑材料，如利用自然采光等。

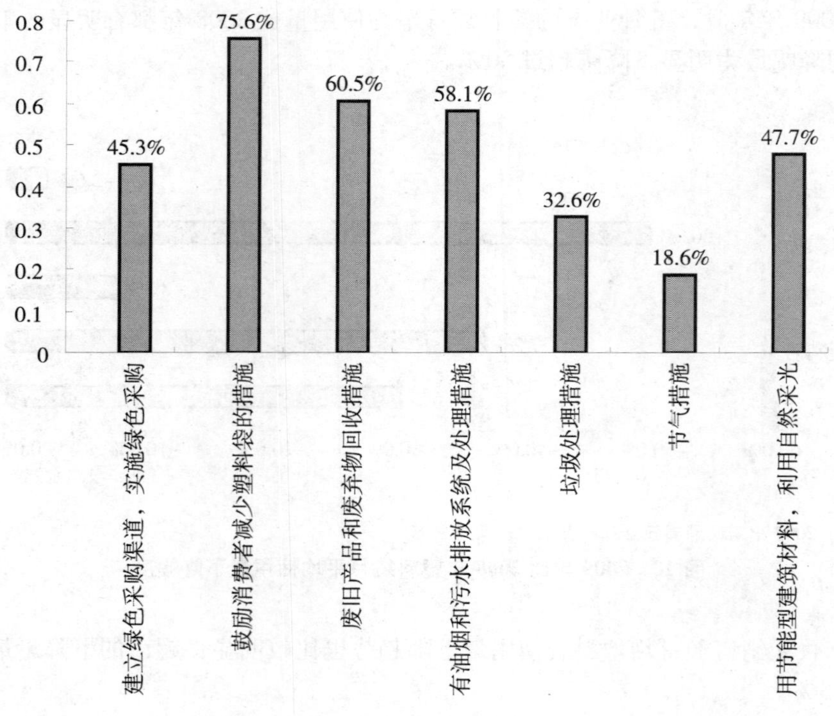

图 12　零售企业采取各种节能环保措施比例

（五）废弃物回收利用率提高，带动零售业环保措施深化

根据商务部“零售业节能行动”试点城市的企业调查问卷统计，共有50家企业对其包装物和废弃物采取相应回收措施，包括饮料罐瓶、旧电池、纸张、废弃的家电等，其中纸质包装材料的回收率最高，为73%。

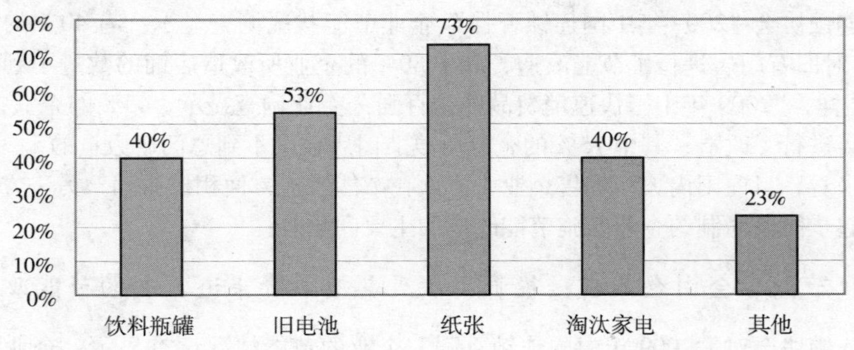

图13　废弃物回收措施占比

对于门店内使用纸箱等包装物的处理方式：42.31%的企业返回供应商用于再循环，34.61%的企业返回配送中心再利用，23.08%的企业用作废品出售。相对2008年的调查，53.85%的企业将店内的包装纸箱作为废品出售，2009年更多的企业将包装物返回配送中心和供应商再循环，提高了包装物使用率，减少了资源和能源的浪费。部分零售企业在配送中心环节已开始尝试租赁包装中转箱、塑料周转筐，以进一步提高资源使用效率、减少纸箱的浪费，如物美集团、TESCO中国、长春欧亚等。

针对果蔬、生鲜等有机类垃圾处理，零售企业基本都采用城市环卫集中处理的方式。部分企业已经开始尝试有机垃圾的生物堆肥技术。

（六）实施环保，节水先行

根据商务部“零售业节能行动”试点城市的企业调查问卷统计，2009年零售企业采用的节水措施，相比上年有一定程度的提高。

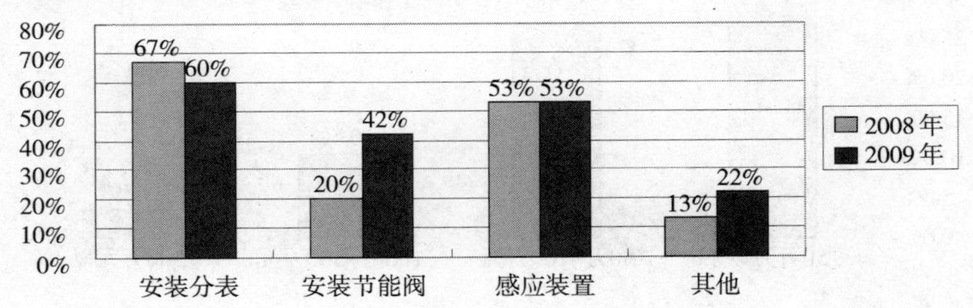

图14　企业采用节水措施的比例

此外，还有一些企业尝试将中水设备处理后的中水用于卫生间冲洗用水、冷却塔补水、市政绿化浇灌用水等，节约了大量自来水资源。如银座商城股份有限公司商城，选用

较为先进的活性滤料生物滤池工艺处理流程，自2003年8月投入运营以来，在保证回收用水水质的基础上，日处理污水量500立方米，回收利用中水用量约为150立方米左右。自来水用量明显减少，年均节水用量约为74979立方米，年节约资金约为35万元。

三、零售业节能降耗存在的主要问题

根据连锁协会“2009年中国连锁百强”企业节能状况调查显示：有40%的企业总部在2009年对旧有门店进行了节能改造，其中80%的企业所改造店铺的数量不到总店铺数的1/3；同样，“2009年中国快速消费品连锁百强”企业调查显示，45%的企业在2009年对旧有门店进行了改造，其中75%的企业所改造门店数量不到总门店数量的1/3。

总体来看，目前国内大型零售企业一方面在节能改造方面积极行动，另一方面整个行业还处于起步阶段。制约企业实施节能改造的主要问题有：

（一）节能资金由企业直接投资，缺乏其他融资渠道，制约节能改造步伐

根据连锁协会对“2009年中国连锁百强”企业的节能情况调查显示：企业投入的改造资金，在50万元以下的近五成，投资额度明显偏低。不同投资金额的投资回收期分别为：50万元以下改造项目投资的回收期均值是3.7年；50万～100万元的回收期均值为4.7年；100万～300万元的回收期平均为4年；300万元以上的回收期平均为5.2年。可以看出，具体的投资回收期同改造投入的资金没有直接关系，无论投入资金多少，资金回收期基本是在3～5年左右。

根据商务部“零售业节能行动”试点城市的企业调查问卷统计，从企业对每家店铺节能改造投入的平均金额看，额度在50万元以下的比例最大，达45.3%；从资金实际来源分析看：84.9%的企业是自主投资，7.0%的企业与设备商共同投资，还有7.0%的企业采用部分或全部的合同能源管理模式融资。

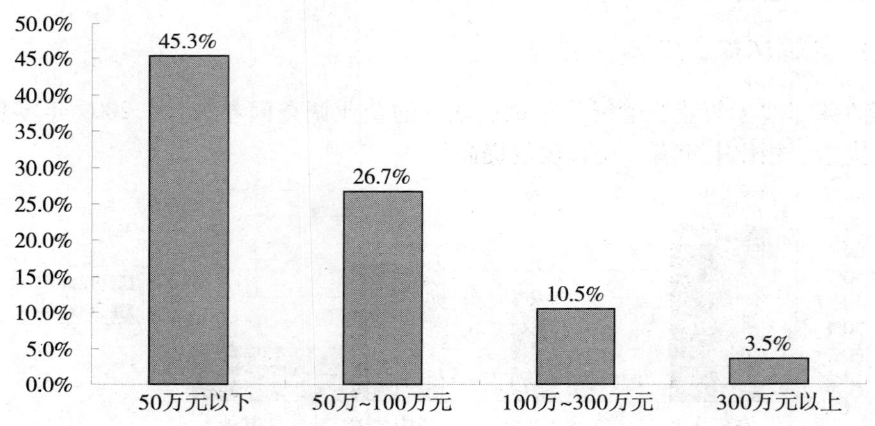

图15 企业对每家店铺节能改造投入的平均金额

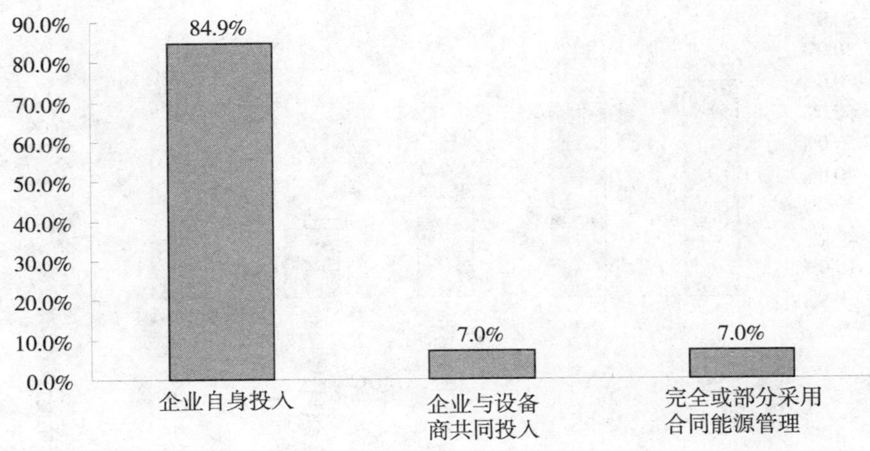

图 16　企业节能投资的方式

而被调查企业愿意采用的投资方式与实际情况差距较大：多达 53.5% 的企业希望采取合同能源管理方式；32.6% 的企业希望有政府补帖，由企业、政府、经营户相结合，或与厂家共同承担等其他方式；只有 10.5% 的企业考虑全部由企业承担节能费用，这与实际的实施情况形成显著差异。

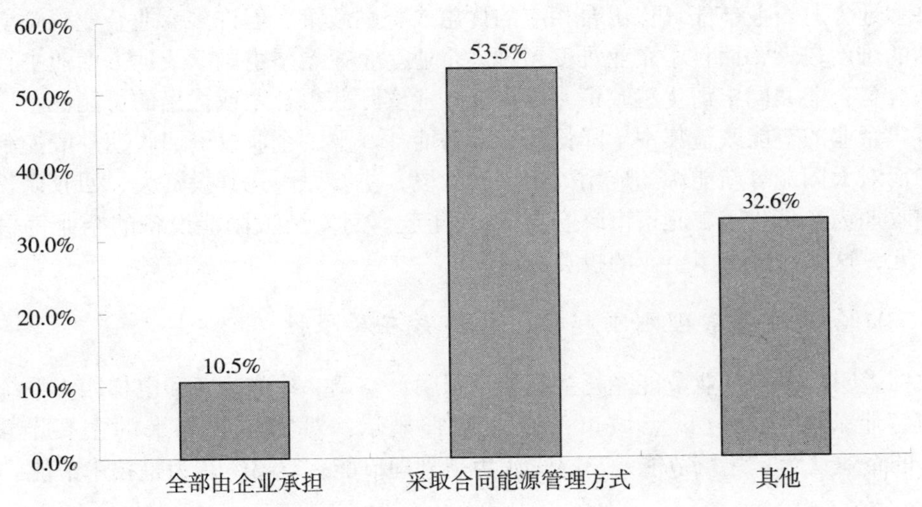

图 17　企业希望采取的节能投资方式

（二）对商业的补贴、优惠政策缺乏执行力度

根据商务部“零售业节能行动”试点城市的企业调查问卷统计，对企业的节能环保工作持续开展最具推动力的措施依次为：给予节能设备税收减免或优惠政策，定期实施的节能改造专项财政补贴资金政策，最新国家强制标准，最新推荐性行业标准，节能环保奖励基金和在行业内开展多种形式的节能环保型示范企业宣传活动。

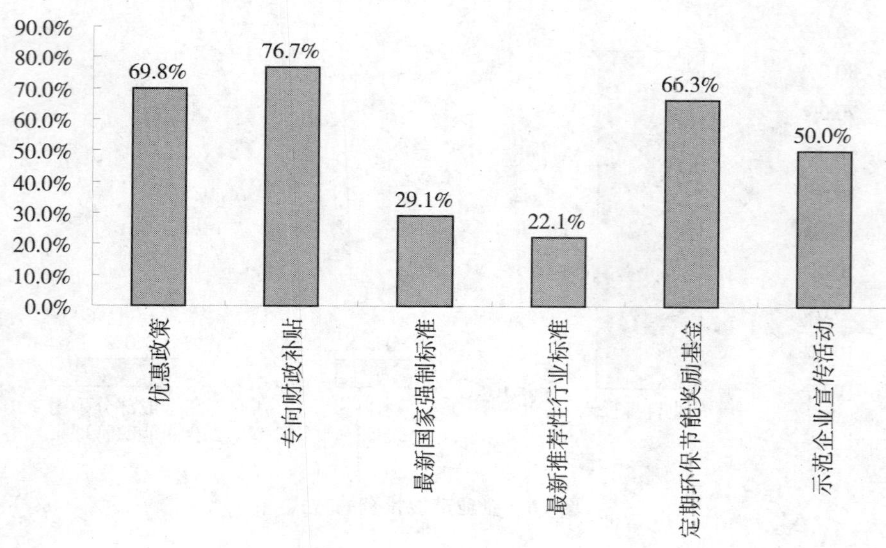

图 18　企业节能环保的具有推动力的措施

目前，企业的水电费用是仅次于租金和人工成本的第三大成本。尽管国家发改委已经发布工商电价同价的通知，但是许多地方商业电价依然远高于工业用电的电价。

许多地方对企业节能环保出台相应的优惠或补贴政策，但许多商业企业感觉享受优惠和补贴的难度较大，而且小企业难度超过大企业。企业希望由国家或地方商业主管部门牵头，联合各企业共同申请优惠政策，以提高企业实际获得补贴或优惠的可能性。

零售企业的节能改造集中于降低现有设备能耗水平，企业投资回收期一般控制在 3 年以内。而对太阳能等新能源的应用处于探索阶段，主要原因是其投资大、回收期长，一般投资回收期为 8～10 年。北京市政府自 2010 年起，对安装太阳能设备的企业每平方米补贴 200 元，这大大降低了企业的投资成本。

（三）合同能源管理刚刚起步，推广存在局限性

数据表明，零售企业节能降耗主要涉及照明、空调、冷冻冷藏和电梯四大系统。商务部“零售业节能行动”试点城市的企业调查显示：对零售业未来的主要节能举措，33.7% 的企业认为是建筑节能；73.3% 认为是管理节能；73.3% 认为是技术节能。

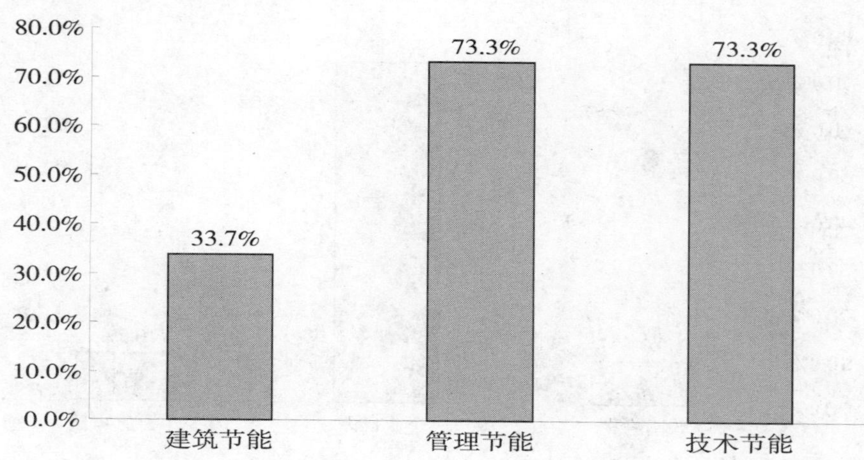

图 19 零售业未来重要的节能举措调查

管理与技术并重，既体现企业在节能理念上的进步，也体现出随着成熟技术的应用，节能降耗不仅仅是局部设施的改造，更要系统地挖掘更大的节能空间。许多企业经过多年的实践发现，仅仅依靠单一的一项好产品或好技术，很难真正达到理想的节能效果，如何借助一些新的商业模式和能源管理模式解决商业节能环保的效率问题已提上日程。在接受调查的企业中，有 53.5% 希望利用合同能源管理模式推动企业的节能进程。

2010 年 4 月国家发改委出台《关于加快推行合同能源管理促进节能服务产业发展的意见》。但综合看，目前中国的能源服务公司大多数是由设备商延伸产品，提供服务转型而来，不同程度地存在技术系统协调性差、融资渠道不畅通以及信用难评估等问题。零售企业的需求与能源服务市场的不完善之间的矛盾制约合同能源管理的健康发展。

（四）标准的缺失导致节能效益衡量困难

根据商务部“零售业节能行动”试点城市的企业调查问卷统计，在已进行过门店改造的企业中，72.1% 进行了照明改造，25.6% 进行了冷冻冷藏设备改造，43.0% 进行了空调系统改造。多方面节能改造的节能效益评价是许多企业的极大关注点。

但调查也发现，节能改造后多数企业没有考评或仅仅依靠企业自评，第三方审核的比例仅占 10.5%。第三方审核的缺失导致一方面无法确切衡量节能效果，另一方面很难保证系统处于最佳节能状态。我国目前既没有节能审核的强制性法规和标准，也没有进行节能审核的可操作性方法标准。即使第三方审核，采用的标准也多数为国际标准 IMPVP，缺乏配套的执行标准和细则。

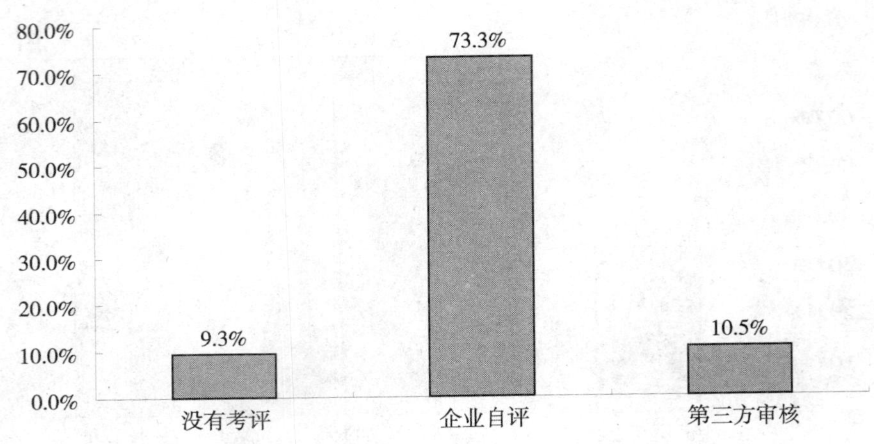

图 20　零售企业对门店实施节能改造后的效果考评方式

(五) 管理制度的不完善导致节能缺乏持续动力

针对企业节能环保遇到的主要问题，调查显示，25.6%的企业认为是节能管理手段不足，排在政府支持力度不够（67.4%）、改造资金投入过大，投资回报不理想（59.3%）和技术标准缺失（40.7%）之后。这表明企业的管理意识已经有了明显的提升，无论宣传教育还是制度设计都得到不同程度的强化。本次调查涉及的86家连锁企业中有82家有相应的部门或人员负责整体节能工作，但不同企业分属包括物业部、营运部、维保部、行政部、工程部、办公室、财务部、后勤保障部等部门负责。

虽然部分零售企业建有基本的管理制度构架，但管理部门之间的协调以及管理细节的强化是亟待解决的问题。从银座集团的实施中，可以借鉴一些成功的经验。在照明控制上，银座商城执行营业前员工进场只开启应急照明，营业区域在10点前只开启天花照明，非客流高峰期关闭货柜照明，橱窗形象照明定时开启，仅此一项管理措施每年节约费用达55万元。又如利用建筑的热惰性，营业结束前半小时关闭制冷机，70多家门店每年节省电费达135万元。

四、零售业采取的节能环保主要措施

(一) 继续深化对既有门店设备的节能改造

根据连锁协会对“2009年中国连锁百强”部分企业的节能情况调查显示，既有门店节能改造主要涉及照明系统、空调系统、冷冻冷藏系统等的细节改动或局部改造，从而达到减少电耗、水耗的目的，直接为企业带来显著的经济效益。因照明节能是能源管理中最简单、最快捷的方法，故高达90.7%的被调查企业在旧店改造项目中对照明系统进行了改造。

分析被调查企业2009年节电设备的投入，投资额度在十几万到几千万之间不等。其中，约有一半以上的资金用于照明系统；冷冻冷藏和空调设备的投入分别占18%和24%；

电梯系统的投入较小，占7%。

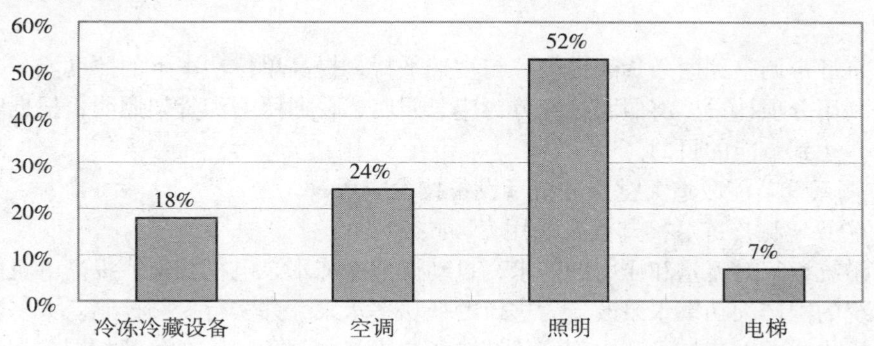

图 21　2009 年部分企业节电设备投入分配情况

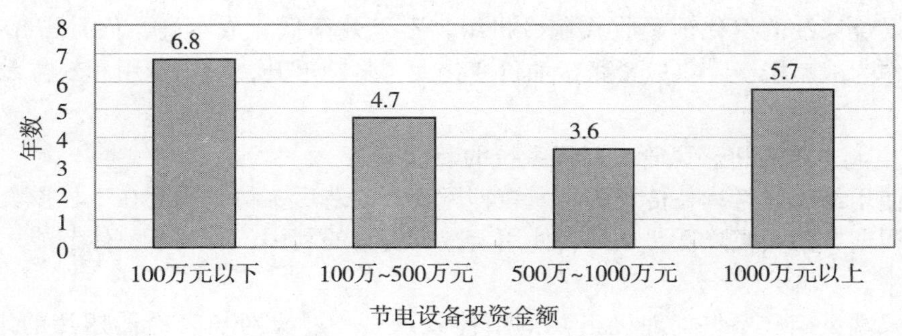

图 22　部分企业的节电设备投资回收期分析

1. 照明节能改造关键点分析及设备技术应用

目前，零售业对门店照明系统的改造主要体现在以下两个方面：

（1）广泛应用高效照明设备，如 LED、无极灯、光源感应器等

——在商场的户外招牌，普通照明，果蔬区，化妆区，冷柜台广泛采用 LED 代替传统的霓虹灯、玻璃层板荧光灯和路灯。如把铁皮字霓虹灯改成以 LED 为光源的发光字，克服了传统霓虹灯耗电量大、维修不便、存在安全隐患及经常缺笔少画的缺点。LED（发光二极管）以节电、寿命长、故障率低、环保等为显著优点。普通照明 LED 灯管寿命长达 60000 小时，此外 LED 无辐射、无紫外线污染，利于减少温室气体的排放，节电率在 60% 以上。

——在商场的海鲜区应用无极灯代替金卤灯。无极灯采用电磁感应发光，配以 IC 控制电子镇流器，具有高光效、高功率因数及高系统功率等特点。可瞬间启动和热启动，具有光性能优良，发热量小等优势。

——采用符合欧洲 ROHS 指令的绿色照明产品——减少了汞的使用，同时因不含铅等，避免了铅对土壤及地下水的污染，最终减少对人体健康的危害。

（2）灯光控制系统——光源感应器的应用

——在商场不同区域安装光源感应器。本着绿色建筑的设计原则——最大限度地利用

自然光。在自然光线较强，人流量低的情况下灯具将会自然关闭，从而达到节能降耗的目的。

——将灯带调整到两条货架之间，与货架平行，提高单位功率下的照度。

——利用分项计量，将照明灯光分为应急照明、普通照明和货架照明，根据客流量分时段开启，达到节能的目的。

2. 空调系统节能改造关键点分析及设备技术应用

（1）中央空调冷冻、冷却水泵采用变频技术

根据系统运行对流量和压力的需求，自动调节冷冻水泵电机转速。提高电机的运行效率、把传统的国产大功率水泵改造为进口的低功率水泵，并实行变频控制。大多数外资品牌水泵采用优化的射流技术和内部流体结构，与国产水泵相比，在达到相同扬程和流量参数的情况下，可大幅降低水泵电机的功率。

（2）对溴化锂吸收式冷水机组实行油改气，减少二氧化碳的排放

采用燃烧柴油的溴化锂吸收式制冷机组，不仅效率低、成本高，而且占据较大的场地。柴油作为战略资源，供应紧张，油价变化大，日趋上升，卖场费用和效益无法准确测算。

（3）空调末端风机、风管、新风系统的节能改造

——使用纺织风管代替传统的金属镀锌风管。改造后，纺织风管在工程投资、维护费用、施工周期方面大幅降低。从材料使用上减少资源的利用，有利于整体节能，提高能源的传输效率。

——末端风柜（空气处理机组）的节能管理——过滤网和表冷器翅片的定期清洗。在长期运行过程中，灰尘积累在过滤网和表冷器翅片上，阻塞风道，降低风速，出风量减少，换热效率降低，门店反映制冷效果不好，空调能耗反而增加。在管理上要求在夏天使用空调时，每半月必须清洗一次过滤网，每季度清洗一次冷器翅片，其节能可在5%以上。

——使用新风系统。在旧店改造中，增加新风入口，在春秋两季的过渡季节时间，引入室外焓值较低温的空气来进行“免费供冷”，从而达到降低室内温度、不开或少开空调制冷机组，既改善购物环境，又实现节能。

——在场地条件许可时，可用无风机冷却塔取代传统以风机为动力的冷却塔，克服了传统的失水量大、水滴飞溅和噪音污染的问题。

（4）中央空调循环水系统的节能——用缓蚀阻垢剂进行水处理

中央空调冷却系统的循环水是开放式的，空气中的粉尘等污染物会经冷却水循环系统进到冷凝器中，在冷凝管道内壁产生污垢、锈蚀以及生物淤泥这三大问题，直接降低热交换效率和制冷量。实验证明，1mm 水垢将使机组制冷量降低 20% ~40% 左右，不进行水处理，能耗增加 20% ~30% 。

——定期清洗冷水机组冷凝器。利用冷水机组自带的显示报警或机房控制系统监测冷却水侧的趋近温度（冷却水出水温度和冷凝器中制冷剂温度的差值）。当趋近温度过高时，需要及时清洗冷凝器。

——用缓蚀阻垢剂进行水处理，每年对空调系统清洗一次，既提高热交换效果，节约能耗 20% 左右 ，又可延长管道的使用寿命。

——对制冷机组运行时间较长的门店，可考虑使用冷凝器自动清洗装置，在不制冷机和排放冷却水的条件下，可长时间保持冷凝器换热管的清洁，降低冷水机组的电耗。

——空调冷却、冷冻水要循环使用。在冬季保养时，冷冻水只放一半，既可防锈，又可节约用水。

——维护好管道阀门特别是浮球阀。

3. 冷冻冷藏设备节能改造关键点分析及设备技术应用

冷冻冷藏设备在超市内常年运行，节能潜力巨大，目前采用的节能改造技术措施包括以下几个方面：

（1）采用冷库架空层设计，减少隔热层中电热丝以达到能耗节省的目的。

（2）采用高能效压缩机技术（如变频技术、涡旋压缩技术）并在超市和大卖场推广并联机组的应用，根据系统负荷自动对压缩机机组进行能量调节，降低制冷设备能耗，提高设备运行寿命。

（3）运用蒸发式冷凝器，采用水冷 + 风冷式运行模式减少冷凝压力，提高机组运行效率。

（4）将冷冻系统中多余的热能转化利用于厨房热水供应，减少能源消耗。

（5）冷柜应全部配置夜间帘或夜间盖，减少夜间能耗；并增设温控的夜间回置模式功能；配备可调速的外转子直流高效电机，以实现白天和夜间的不同转速。

（6）对原开放式冷柜进行加盖、加门或加帘的封闭式改造，以大大减少环境空气的混入；同时必须关掉冷柜附近或上方的空调出风口。

（7）立式冷冻玻璃门柜的柜门内侧应帖附亲水膜，以不产生凝露，而不采用电加热膜的办法。

（8）尽可能提高蒸发温度，提高能效比；取消不必要的冷柜除霜加热管。

4. 电梯的节能改造——增加变频节能装置

在匀速运行的电梯设备上增加变频节能装置，电梯缓速为原来的 1/5，既可节约电费，又可节约维护费用。经实际运行测算比较，优点如下：

（1）可使自动扶梯节约 20% ~70% 的电费。

（2）可使自动扶梯使用寿命延长 100%。

（3）可使自动扶梯部件损耗减少 50%。

（4）可使自动扶梯维修次数减少 50%。据企业估算，节电率可达 35% 以上。

（二）新开门店的节能关键点设计

近年来，零售业在对既有门店加大节能设备及技术改造的同时，也开始注重对新建门店的整体节能降耗建设。新建门店本着节能环保的设计理念，更加注重从源头上进行节能：灯光控制系统，能源监控系统，冷凝水回收系统，高能效压缩机技术，并联机组和高能效系统控制技术，高效节能风机等环保设计理念渗透到了店面建设的方方面面。据企业估算，节能店比传统店面整体节能 20% ~30%，节能效果显著，对社会节能环保贡献度将会不断提高。连锁协会对部分连锁百强企业所采用的节能措施情况进行调查，按照预设的节能目标，企业在新开门店中应用的主要节电设备技术成果显著。见表 5。

表 5　　新开门店主要节能措施一览

节能关键点	节能措施	节能效果
照明	安装高效的电子式 45W 单管日光灯	比原有 80W 的双管荧光灯具照度提高 30%，节电率达 40% 以上
	用 192W 六排管的节能灯代替带罩的 400W 金卤灯	照度提高 30%，节能 50% 以上
	非客流高峰，减少商场照明至常量的 2/3	降低照明能耗
	层板灯、冷柜灯改为 LED 灯，使用 T5 灯管	降低卖场区域和生鲜区域的照明负荷，节能可达 25%
	以 LED 为光源的发光字代替铁皮霓虹灯招牌	耗电量小，改善传统霓虹灯招牌缺笔少画的缺点
	在人流量低的地方安装定时器、动态感应器，物流仓库的灯加装感应装置	有效减少低人流区域的照明能耗，车来灯亮，车过则灯暗
	采用高级轿车上的高压放电射灯替代 50W 的灯	显示性和还原性好，提高了照明的能效
	屋顶采用光伏发电	清洁能源的使用从源头上减少了污染
	使用地热灯	能耗仅来自于泵，节能达 40% 以上
	电子镇流器替代铜铁镇流器	减少污染，更为环保
	调整地下车库的常亮灯，安装保洁照明用灯	有效提高照明效率
空调	安装变频空调和布袋风管系统	控制并减少了二氧化碳的排放量
	在面对室外的门口处安装风幕机	可隔断室内外空气对流，减少室内热量（冷量）能源损失
	使用纺织风管代替传统的金属镀锌风管	大幅降低工程投资和维护费用，提高节能的传输效率
	用缓蚀阻垢剂对空调系统进行清洗	提高热交换效率，延长管道使用寿命，节能 20%
	采用水冷系统代替风冷	提高制冷效率，节能 20% ~40%
	启用免费制冷系统，过渡季节使用室外较低温度的空气	减少空调制冷机组的运行时间

续表

节能关键点	节能措施	节能效果
冷冻冷藏	岛柜加装节能盖	提高能效比，冷柜节能效果可达33%
	使用新型立式玻璃门冷冻、冷藏柜	陈列面积可提升46%，占地面积可缩减60%
	安装蒸发式冷凝器，架空冷库	提高蒸发温度和蒸发面积，保证了较低的冷凝温度（30～40摄氏度）
	使用电子膨胀阀	实现对制冷剂流量高精度的调节和控制
	为冷冻系统加装余热回收装置	提高冷凝效率，降低水侧结垢的可能
	为冷凝器风扇、冷冻泵增加变频控制系统	降低噪声，延长电机寿命，年节省费用可达6万～9万元
	并联机组（7级以上能量调节）	节约电费10%～20%
	采用微通道式新型高效换热器	提高换热效率、减少占地面积、减小噪音扰民、减少制冷剂充注量
	采用鹰翼型扇叶的变频风机	电机效率高并可以大幅度降低运转噪音
	减少HCFC的使用量，或替代成HFC或者天然工质制冷剂	减少对臭氧层的破坏，减少温室效应
	应用抑制性丙二醇的二级制冷系统	制冷剂充填量可减少50%以上、可有效控制并减少制冷剂的泄露，同时系统节能5%～14%
	采用热气融霜技术替代电加热除霜	提高冷冻食品的储存品质，并实现节能
	用时间控制或露点控制替代传统的常开的防冷桥加热丝	可实现相比之前40%以上的节能
	智能型除霜判断替代原有的定时除霜	可实现相比之前最少30%以上的节能
	实现压力的浮动控制	可实现相比之前至少10%以上的节能
其他	根据旧门店分项计量的数据，重新优化新店电力系统的配置，安装能源分项计量系统，可精确到分小时计量	避免选型过大，让变压器长时间低负载运行，增加损耗；实现了在互联网上的实时监控，可清晰地分析每一个能耗点的用能情况，确定节能减排的潜力所在，投资回报期短
	在不吊顶的卖场安装风管通风系统	使得卖场整体送风均匀舒适，材料更为环保
	电梯变频	延长电梯使用寿命，节电率可达35%
	采用集中控制器，用电子温控替代机械温控，增加非冷控制和闭店关机功能，店铺ECO节能综合控制系统	可以集商场的空调、冷柜、冷柜机组、空调机组、卖场的照明进行联动的控制，总体可实现23%的节能
	EMS能源管理系统	对所有冷冻冷藏、照明及空调的运行状态即时监控，自设日间和晚间节能运行模式，实现自动化开启和关闭系统

（三）对成熟技术和相关管理手段的有效应用

1. 分项计量是企业的能耗管家

根据商务部“零售业节能行动”试点城市的企业调查问卷统计，45.3%的企业对主要用电设备安装实时监控计量表，通过分项计量来检测电耗。

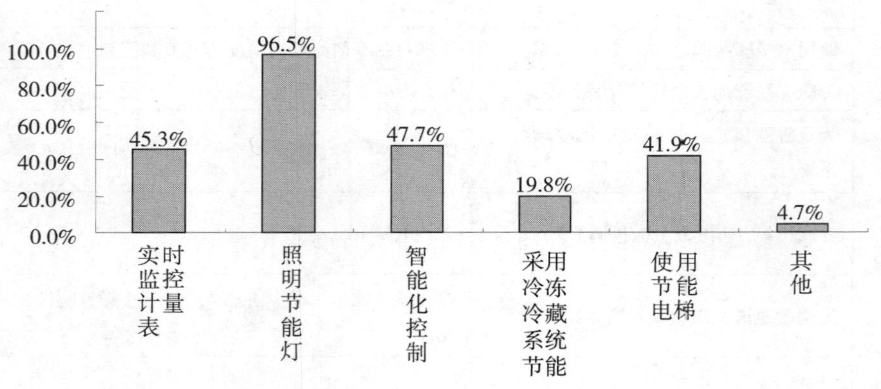

图 23 零售企业采取的节能措施

通过使用分项计量，可以有效地管理和指导具体的节能工作，及时发现不合理的用能问题并加以解决，挖掘企业的节能潜力。经过多年来对大型公共建筑（包括商场）的工程实践案例的分析，清华大学建筑节能研究中心的专家建议零售企业可以对以下重点用能点实施分项计量：（1）总用电量；（2）冷、热源用电量；（3）风机、水泵用电量；（4）照明系统（含插座）用电量；（5）冷冻、冷藏设备用电量；（6）电梯用电量；（7）厨房；（8）动力系统用电量等。

分项计量是商业企业节能降耗的技术基础设施，但企业不仅仅需要安装实时监控的计量表，更需要对采集的数据进行分析和利用，随时掌握企业的能耗运行状况，发现门店的节能空间。目前企业多采用人工或 EMS 智能化管理系统手段进行数据的采集和分析。如银座商城物业管理本部自 2008 年以来依据各门店的开业时间、经营状况等信息，对门店以成熟店、发展店、新开店、县级店、家居店进行分类，并收集整理分析各门店的单位面积用电能耗、万元营业额能耗数据。对部分门店出现的能源费用同期增长较快原因进行重点跟踪分析，为各门店的优化运行提供技术依据。宜家家居则采用智能化管理系统，节能减排专员可以随时登陆企业的能源管理网站，根据即时数据分析来发现问题、查找宜家节能减排的潜力点。

下图为清华大学建筑节能研究中心的 EMS 系统对某商业建筑进行实时监控得到的用能柱状图。

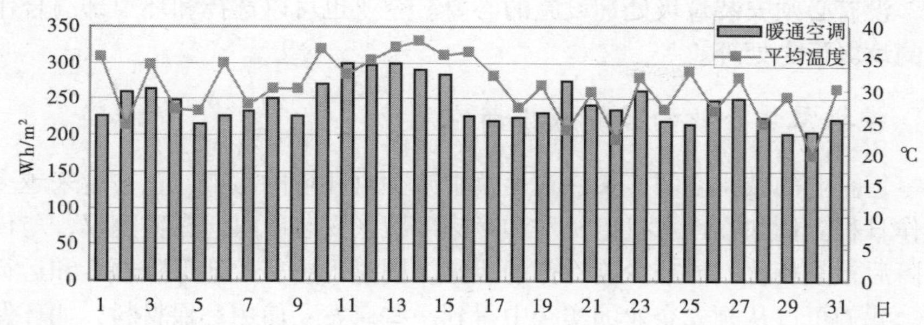

图 24 某商场 2009 年 8 月暖通空调与室外温度比较图

2. 有效节约利用水资源

（1）节水措施

2010 年超过 60% 的被调查企业都对重点部门安装分表，根据这些部门用水状况，采取让各部门支付水费或下达节水指标等措施，降低整个企业用水量的目标。

安装免冲洗设备、调节冲水器具的排水量到最佳状态等新技术，利用技术手段尽可能的减少使用过程中的用水量。

节水措施还包括安装感应装置、节能阀、人工巡查、节能水箱等，从而避免无人使用时水资源的浪费。

（2）水资源处理和回收利用

企业产生的废水经过二级生化集中处理后生成的中水，达到一定的标准后回用如冲洗卫生间等，补充冷却塔循环水、绿化用水，提高了企业的用水效率。

3. 包装物和其他废品回收利用

（1）可循环使用——商品包装、包装周转使用

一般情况下，大多数包装方式处理完全可以重新进入运输和储存环境再次利用，企业鼓励供应商和自身的配送中心尽量使用可回收材料，开展包装材料的回收计划，利用先进的物流系统将这些资源配送到符合资质的资源再生中心，进而实现资源重复利用，如使用可循环的塑料周转筐，以减少纸箱的浪费等。利用这些可再生材料不但能够节省企业的经营成本，而且还可以高效地利用物质资源。

（2）废弃物回收，设置饮料瓶回收机器

企业利用自己深入社区和遍布商业区、生活住宅区的位置优势和网络优势，设置网点收集附近居民和消费者的废旧产品和废弃物，或者与废旧物资回收公司合作，派专人负责回收废旧物品等，送到符合资质的资源再生中心，实现资源重复利用，使消费者在获得经济利益的同时，增强消费者关注减少包装，推动培养循环使用的意识。例如有的企业设置“饮料罐瓶有偿回收机”；设立废旧电池回收箱，减低电池污染；商场回收淘汰的旧家用电器、易拉罐和 PET 瓶、月饼包装盒等。

（3）门店排污及垃圾处理措施

零售企业的垃圾处理措施主要是针对果蔬类、易腐有机类垃圾进行处理。总体来说，

拥有垃圾处理设施的单个门店直接处理垃圾的运营成本比较高，而且门店产生的垃圾量并不是很大，没有必须安装垃圾处理设施的必要。企业也可以选择和环卫部门合作，及时将每天产生的垃圾运走处理。

（四）挖掘零售企业的节能减排新空间

挖掘零售企业的减排空间，关注在运营中减少对环境的污染，正被越来越多的零售企业提上工作日程。例如在冷水机组机房和冷冻冷藏区安装冷媒泄露监测仪，与传统的目测检查和故障后检查相比，能减少制冷剂的泄露，同时也更有效地保障顾客和运行管理人员健康安全。我们可以从领先企业的实践中得到一些启发：使用环保材料，如环保冷媒；对水质超标门店进行二级生化处理改造，设置污水处理站，减少污水排放；使用废水回收系统，节约用水；销售棉质或麻质购物袋、纸箱等环保商品。如沃尔玛中国已经开始关注对冷媒泄漏的控制，尝试通过改变商场冷柜布局等行为来减少每年制冷剂的补充，既可以大量减少无谓的碳排放，同时也可以为企业节约一大笔资金。

（五）强化细节管理，提高节能效益

根据商务部“零售业节能行动”试点城市的企业调查问卷统计，就企业所采取的节能管理措施来看，40.0%的企业设有独立的高层管理机构，9.2%的企业设立企业综合能耗考核指标；70.8%的企业制定了节约使用水、电的管理制度。在完善的管理制度和成熟的技术设备支持下，如何获得理想的节能成果？从调查发现，许多企业为门店维护人员提供能源管理的培训，提升他们的节能意识和技术能力，并开始关注建立科学的管理系统、强化细节管理。如华润万家致力打造能源考核指标体系，银座集团计划建立分项的能源消耗数据库，制定并细化各经营业态的能耗标准，关注调整设备设施的运行时间和运行参数等，以降低费用成本。

五、零售业节能环保的发展趋势

（一）依托多种技术手段进一步提高节能环保效率

综合节能新技术可以助力企业进一步提高能源效率。现阶段，部分零售企业，尤其是外资企业，已经将这些节能新技术应用于其能源管理体系，优化能源结构，降低单位能源成本，打造绿色零售企业。如家乐福已建成覆盖中国150家门店的中央能源监控和管理平台，建立了门店分级能效考评体系，为电气设备运营安全提供保障。家乐福中国1/3的门店实施了能源审计服务，第一期22家门店的节能改造服务已于2009年年底完成，节能效果在22%以上，平均投资回收期为2.5年。

中央能源监控和管理平台的应用可以为管理人员，如总经理、财务总监和运营经理等提供运营状态报告、能耗结构和账单分析等数据报告，并可根据企业需求进行功能扩展。企业可以通过此平台全面了解其能源使用状况和电气设备运营安全水平，完善能效考核体系，实现长期可持续节能目标。

电气能源审计和综合节能改造的服务，可帮助企业评估高能耗门店的电气设备运营安全和能效水平，从而确定门店的节能潜力和节能目标，并通过综合节能改造来实现。

（二）挖掘门店的低碳发展空间

在减碳浪潮下，国际各大零售企业巨头已经率先行动起来，低碳超市、零碳超市正向我们走来。通过运用先进技术手段和设备，有效提高门店整体节能环保效率的同时，也更加关注降低二氧化碳的排放量，所收获的低碳效益不仅降低了企业的经营费用，而且通过碳交易还会给企业带来新的利益增长点，从而取得经济效益和社会效益双赢的成果。低碳既是社会关注的热点，也是一种新生活方式的改变，更是企业承担社会责任的体现。

如欧尚中国可持续发展计划的主要目标之一即是减少二氧化碳的排放量。欧尚中国已相继在大陆开设了35家大型超市，每家大型超市平均每年用电744万度，相当于排放了6274吨的二氧化碳。为实现减碳目标，欧尚斥巨资配备了预见性能源维护管理系统（PEMS），PEMS系统基于高度集成的数字化计算机网络及其装置，可以自动控制和监测门店内所有主要用电设备。数据显示，欧尚经节能系统改造的20家门店在2009年通过自控系统减少了2.3万吨CO_2排放。如果欧尚全部门店改造后，预计每个门店平均可以减少15%的能源损耗。

欧尚中国计划通过此项节能改造，凭借自身减排碳所产生的信用额直接参与全球的碳交易，届时，每家门店每年或将得到最多10万元的经济回报。

同样，2010月2月，TESCO在剑桥郡Ramsey全球首家零排放店开业。这也是零售企业挖掘门店低碳空间的最佳实践案例之一。其门店建筑利用木材替代钢材框架，大大减少了碳排放量；采用热电联产发电设备（Combined Heat and Power，CHP），充分利用废弃的热能；利用屋顶投射的自然光进行销售区域照明，为顾客创造舒心的购物之旅；屋顶上的雨水收集设施使得雨水可以用于洗车和冲洗门店洗手间。定期测定用水量，对漏水与浪费进行维护与监管。

作为连锁行业组织，连锁协会于2010年启动了“百家低碳示范商店”推广项目，引领企业重视节能降耗长效收益，使行业节能环保工作上升到新高度，并通过带动绿色消费担当更多的社会责任。

（三）带动上游供应商的低碳化发展

建立可持续发展的供应链可以帮助零售企业拓展更大的低碳空间。沃尔玛中国在此方面的努力和实践具有一定的借鉴意义。

2008年10月22日，沃尔玛（中国）与中国科技部21世纪议程管理中心就合作开展“中国制造业企业创新与可持续发展能力建设项目”签署合作谅解备忘录，采取一系列步骤进一步加强供应商环境和道德标准的执行，其中包括制定新的供应商协议，要求工厂遵守地方法律法规，并达到严格的社会和环境标准；除建立并加强自身的随机审查力度外，还要求供应商接受第三方审核。其4家试点供应商企业在此项目活动中形成65个方案，共投资178.3万元，实现经济效益511.5万元。全面实施该项目将减少电耗约199万度/年，节水约20余万吨/年。

沃尔玛中国为其绿色供应链建设的实施制定了一个阶段性目标，承诺帮助其200家中国核心企业于2012年实现20%的能效提升（对比基准年为2007年）。根据企业提交的项目跟踪报告，2009年年底共有120家企业取得5%以上的能效提升，87家企业取得10%

以上的能效提升。

（四）担当社会责任，引领绿色消费

充分发挥零售业的窗口作用，向消费者宣传绿色低碳的理念。通过公益活动和各种社区活动，让消费者充分理解如何在自身的消费行为中不断减少对环境的影响，并意识到这不是个人或少数人在行动，以增强消费者的信心。

通过与供应商的合作，使环保产品更容易获得、价格更易于让消费者承受，提高消费者选择环保产品的主动性。

像 TESCO 等国际零售集团已经开始运用 Carbon Trust 减碳标签标识几百种零售产品，标签除显示产品自身碳足迹外，还有与同类产品对比的信息以及消费者采取何种行动可以减少碳足迹的建议。① 明确的信息给予了消费者充分的选择权利。

（五）零售业废弃物的减量化与资源化

零售业尤其是快消品零售往往会产生大量的垃圾，其中有机垃圾占一定比例。农超对接后，蔬菜、水果在超市销售的比例明显上升，有机垃圾呈现上升趋势。

有机垃圾废弃物往往采用集中填埋的方式，既污染环境又不利于资源的再次利用。而像 Tesco 的零碳店已经实现垃圾零填埋；欧尚中国将用过的烹饪油搜集起来用于生产肥皂；沃尔玛中国则致力于有机垃圾堆肥，最终回到田地，实现资源的循环利用。

（六）绿色物流

根据 ACC（AMERICAN CHAMBER OF COMMERCE）研究显示：目前我国超市运输和分销成本占据总成本的比例是美国的 4 倍。根据连锁协会对中国连锁百强企业调查发现，为更有效地降低采购成本和流通费用水平，提高核心竞争力，建立物流中心已经成为一定规模超市企业的必然选择。

近年来，特别是随着食品零售企业在生鲜经营上的快速发展，对物流配送中心的需求更为迫切，许多企业在加强这方面的建设。连锁协会对 2009 年中国连锁百强企业的问卷调查显示，有 35% 的企业在未来两年内对物流建设有所关注，主要关注点为配送中心的新建与扩建、配送网络的管理与优化、供应物流的管理协调、物流外包服务等方面，其中，高达 71% 的企业最为关注的领域是物流配送中心的新建与扩建。绿色物流概念以及建设新型环保配送中心更是被部分行业领先企业所关注和实施，在投入设施中采用节能和多项先进的可持续性措施，以促进节能减排并减少对环境的污染和破坏。

例如，TESCO 中国于 2010 年下半年在浙江嘉善将推出首家绿色物流中心，包括移动传感器、对自然光的更好应用、利用地热进行办公区域供暖等多种节能技术应用，同时还将安装“巨型风扇”改善员工办公环境，加速室内空气流通，实现冬暖夏凉。这一绿色物流中心将比传统的配送中心减少 30% 的碳足迹。节能设计已成为 TESCO 中国所有自建项目的重要组成部分，包括在中国市场建设的购物中心和物流中心。TESCO 中国通过清洁燃料和优化配送路线减少统仓配送中货物运输产生的碳排放，并提供端到端的环保供应

① 曼彻斯特大学可持续消费研究所（2009）．消费者、企业与气候变化。

链；尽可能的采购当地生产的商品，使包装最简化；在物流中心的建造过程中减少碳植入，在设计上做到节能。这种整合配送方式优化了商品的运输路线，缩短了运输距离，优化了配送效率，可以更好的利用资源，进而减少了供应链中的碳排放和碳植入。

据宜家家居在上海奉贤的物流中心的能耗统计显示：物流中心用电量前五位分别是叉车充电间（26%）、仓库照明（19%）、高货架电力（12%）、仓库电力（10%）和办公楼空调（10%）。针对耗能现状，奉贤物流中心在夜间非高峰时段为叉车电瓶充电，节约电费开支；从2009年4月起调整物流中心中央空调温度26℃，每年节约用电58800千瓦时，相当于5880欧元/年；测试仓库和办公室照明度，消除不必要的照明系统；安装Dapesco能耗实时监控表；在办公室过道安装照明感应器。同时在物流中心的房屋顶安装太阳能系统，太阳能能提供约5%的能源，包括太阳能在内的绿色能源所提供的电量约占总用电量的18.6%。

六、零售业未来节能重点和方向

1. 通过全面培训，推进节能技术应用

在零售业组织开展节能管理及技术培训，宣传并推进节能技术管理和设备应用，更好地落实政府节能政策，以进一步提高流通服务业节能管理及技术水平。初期可先面向地方商业主管部门和龙头零售企业，以加强各地开展节能管理工作经验的交流，稳步推进我国零售业节能降耗工作，具体工作可由相关协会协助进行。

2. 制定出台相关扶持政策，引导全行业节能升级

结合连锁零售企业门店分散、业态复杂及跨区域发展等经营特点，建立“流通业节能环保扶持基金”，并由商业主管部门统一归口管理，形成系统性、持续性的扶持政策，引导零售业节能降耗的长效工作机制，通过政府专项基金形式带动企业增加对节能设备及管理技术的投入，提高零售业实施节能减排的动力和积极性。

3. 制定并完善相关标准，规范企业节能行为

依据国家有关标准推荐节能产品标准，制定具体的设备采购指导目录，使商业企业在采购节能环保设备时有据可依，改变节能产品市场鱼龙混杂的局面。

4. 强化公益宣传，推动全社会节能环保行动

加强社会节能环保公益宣传力度，充分发挥零售终端密切联系消费者的作用，推动全社会节能环保意识的提高。

根据商务部“零售业节能行动”试点城市的企业调查问卷反馈，50%的企业认同在行业内开展多种形式的节能环保示范企业宣传活动，对企业持续开展工作具有推动力。行业组织可进一步发挥作用，推出一批节能环保型示范企业，通过宣传，鼓励更多零售企业树立积极的环保公益形象。

附录：

国家及地方政府现行推出的部分节能环保鼓励政策

实施时间	法规政策	发布部门	相关内容
2010－6－9	合同能源管理财政奖励资金管理暂行办法	财政部、发改委	对节能服务公司以合同能源管理方式实施的节能改造项目给予奖励，奖励条件为单个项目年节能量（指节能能力）在10000吨标准煤以下、100吨标准煤以上（含），其中工业项目年节能量在500吨标准煤以上（含）的项目。奖励标准为中央财政240元/吨标准煤，省级财政奖励标准不低于60元/吨标准煤。
2010－4－12	北京市太阳能热水系统项目补助资金管理暂行办法	北京	对于符合条件的两限房、普通商品房、公共建筑及工业企业安装使用太阳能热水系统的前100万平方米太阳能集热器项目，按实际安装集热器面积给予200元/平方米的市政府固定资产投资资金补助。
2010－4－2	关于加快推行合同能源管理促进节能服务产业发展的意见	发改委、财政部、人民银行、税务总局	对以合同能源管理方式开展的节能项目实施税收减免；从政府财政支出中开列专项资金，用以补贴合同能源管理节能机制的推广；成立专门的贷款担保基金，用以帮助合同能源管理项目的融资等。
2009－12－18	深圳市资源节约与综合利用专项资金管理办法	深圳	工商企业实施节能降耗、资源综合利用的改造或产业化项目，如果使用银行贷款，可获得最长两年、最高300万元的全额贴息（列入市政府重大项目投资计划的重点大型节能减排项目贴息总额最高可达600万元）；如果是自筹资金，可以获得项目投资总额15%、最高100万元的项目补贴。另外，工商企业开展自愿清洁生产并通过审核验收，可获得5万元的奖励以及8万元审核费用补贴（用于支付清洁生产技术依托机构的咨询服务费用）；企业聘请国家、广东省相关部门认定的节能评估机构、清洁生产技术依托机构开展能源审计，可获得50%、最高5万元的补贴。
2009－9－28	北京市合同能源管理项目节能量审核机构办法（试行）	北京	
2009－8－6	太原零售企业：换节能灯可获补贴	太原	太原市零售企业使用节能灯可获得中央财政及省级财政50%的补贴，希望太原市零售企业抓住这次难得的机会，在8月中旬前将企业需要节能灯的情况申报到所在区县商务部门。

续表

实施时间	法规政策	发布部门	相关内容
2009－8－5	北京市节能减排专项资金支持合同能源管理项目实施细则（试行）	北京	资金支持方式为节能奖励或贷款贴息。节能奖励方式按项目年节能量进行一次性奖励，奖励标准为每节约1吨标准煤补贴500元；单个项目支持资金总额原则上不超过200万元。经市政府批准的重点推广试点示范项目不受此限制。贷款贴息方式按项目实际贷款额及人民银行同期贷款基准利率给予贴息，贴息期最长不超过二年。
2009－6	北京市合同能源管理项目扶持办法（试行）	北京	政府资金支持的对象主要包括针对本市公共机构、2万平方米以上的大型公共建筑以及其他年耗能2000吨标准煤以上用能单位实施的合同能源管理项目。符合本办法规定的由项目单位投资为主（投资比例超过50%）实施的属于固定资产投资范畴的合同能源管理项目，安排市政府固定资产投资予以投资补助。原则上，投资补助总额不超过项目建设投资的30%。其中，对实施节能改造后节能率在15%～25%的项目给予不超过项目建设投资20%的补助，对实施节能改造后节能率在25%以上的项目给予不超过项目建设投资30%的补助。对单个项目的补助资金原则上不超过500万元。
2009－6－18	住房和城乡建设部关于推进一二星级绿色建筑评价标识工作的通知	建设部	
2009－5－18	“节能产品惠民工程”高效节能房间空调推广实施细则	财政部、发改委	
2009－4－29	宁夏鼓励引进先进节能减排装置财政补贴资金管理暂行办法	宁夏	补贴标准根据企业引进的先进节能装置、清洁生产装置单台（套）平均投资额的20%给予补贴。最高不超过40万元/台（套）。对一种节能装置、减排装置、清洁生产装置的补贴期限自自治区财政厅、经信委、环保厅、科技厅等部门发布之日起，不超过三年。补贴标准按年30%的比例逐年递减。
2009－3－27	关于加快推进再生资源回收体系建设的通知	商务部、财政部	

续表

实施时间	法规政策	发布部门	相关内容
2009-1-13	广东省节能奖励试行办法	广东	对节能考核结果为超额完成等级或完成等级、考核评分位居前五名的地级以上市政府，省政府授予节能先进地区奖，予以通报表彰并各奖励一次性奖金40万元。考核结果为完成等级以上的国家、省监管企业，或者节能成效突出的其他单位，省政府授予节能先进单位奖，予以通报表彰并各奖励一次性奖金5万元。对在节能工作中做出突出贡献和取得重大节能效益的个人，省政府授予节能先进个人奖，予以通报表彰，并每人一次性奖励5000元。
2008-7-19	北京市商场超市节能改造资金管理实施办法	北京	按照商务局相关规定，结合北京市实际情况凡营业面积10000平方米以上（含10000平方米）的商场、营业面积2000平方米以上（含2000平方米）的超市，且列入商务局年度改造计划，均在本办法支持范围。支持项目范围：（一）中央空调系统的节能改造或更新；（二）照明系统的节能改造；（三）电梯节能改造或更新。商场、超市节能改造补助资金额度，中央空调系统不超过投资额的35%，其他不超过30%。
2008-7-1	公共建筑室内温度控制管理办法	建设部	公共建筑夏季室内温度不得低于26℃，冬季室内温度不得高于20℃。
2007-8-21	绿色建筑评价标识管理办法	建设部	
2007-6-1	国务院办公厅关于严格执行公共建筑空调温度控制标准的通知	国务院办公厅	所有公共建筑内的单位，包括国家机关、社会团体、企事业组织和个体工商户，除医院等特殊单位以及在生产工艺上对温度有特定要求并经批准的用户之外，夏季室内空调温度设置不得低于26摄氏度，冬季室内空调温度设置不得高于20摄氏度。一般情况下，空调运行期间禁止开窗。
2007-12-28	高效照明产品推广财政补贴资金管理暂行办法	财政部、发改委	大宗用户每只高效照明产品，中央财政按中标协议供货价格的30%给予补贴。
2007-5-9	北京市支持清洁生产资金使用办法	北京	高费项目补助：减少包装材料的过度使用、包装性废物产生以及有利于包装物回收利用的项目；采用节能、节水等有利于环境与资源保护的建筑设计方案、建筑和装修材料、建筑构配件及设备的项目。
2007-5-1	再生资源回收管理办法	商务部、发展改革委、公安部、建设部、工商总局、环保总局	

续表

实施时间	法规政策	发布部门	相关内容
2007－6－4	“节约型零售示范企业”评价规范（试行）	商务部	
2004－10－13	中央补助地方清洁生产专项资金管理办法	财政部	清洁生产资金采取拨款补助的管理方式。补助范围是：1. 通过采取改进产品设计、采用无毒无害的原材料、使用清洁的或者再生的能源、运用先进的物耗低的生产工艺和设备等措施，从源头削减污染物的清洁生产项目；2. 通过采取改进生产流程、调整生产布局、改善管理、加强监测等措施，在生产过程中控制污染物产生的清洁生产项目；3. 对物料、水和能量等资源进行综合利用或循环使用的清洁生产项目；4. 采用成熟的清洁生产技术和工艺，具有推广示范效应的清洁生产项目；5. 其他具有推广示范效应的清洁生产项目。

（中国连锁经营协会节能环保工作小组成员单位　中国人民大学环境学院）

2010 年中国连锁零售业投资空间与趋势分析报告

本报告对我国连锁零售和消费领域 2002—2011 年年初近 10 年的 229 例 PE 投资事件进行了收集、整理和综合分析，描述了该领域不同细分行业中的领先企业及 PE 投融资已经进入的程度，分析了不同细分行业的投资空间、下一步的投资风向以及下轮次有可能成功投资的 PE 基金。本报告中的“投资”，特指 VC/PE 机构等财务投资人的投资行为，而不是指自然人、产业资本的投资行为；本报告及其表格中的“连锁企业”，包括连锁销售终端的“产销一体化”企业。本报告收集的连锁业资本事件为不完全统计，其中对国内连锁业投资空间和投资趋势的解读，因涉及事件主体商业秘密等考虑未予展开说明。

当 2001 年互联网泡沫几近破灭以后，国内外 VC/PE 投资机构转向了传统行业，看到了国内连锁零售业这片果实颇丰的果园。经过 2002—2011 年近 10 年的疯狂采摘后，显眼处、近地面处的“熟果子”（Low hanging fruits）已被采摘得所剩无几，留给国内外 VC/PE 投资机构思考的问题是，中国连锁零售业这片果园还有收获的机会吗？“果园中的熟果子已被采摘得差不多了，但勤劳的园丁仍会在园中辛勤耕耘、耐心等待，去培育悬挂着的青涩但趋于变红的果子，去发现大树叶子背后的、小树上飘摇的熟果子，仍然会有不错的收获”。这是基于近 10 年来国内连锁零售业所发生的投资事件，以及未来更加丰富的消费市场和服务需求带来的投资空间和投资趋势最形象、最准确的写照。

一、IPO① 前的私募股权投资——不同行业仍有不同轮次的投资空间

（一）连锁餐饮

2002—2011 年年初，VC/PE 投资国内餐饮连锁企业的事件如表 1 所示。在未来 3 年内，VC/PE 投资国内餐饮企业的投资空间和趋势为：

1. 火锅餐饮连锁企业：仍然存在着投资机会。

在火锅这个细分市场，国内目前已有 1 家连锁企业在香港上市，至少有 3 家获得风险投资，但其他企业也仍有投资机会。因为，证券市场的接纳标准和 VC/PE 机构的投资标准并不一致，VC/PE 机构更愿意挑选行业的第一阵营企业进行投资，而证券市场会接纳那些符合相关标准和成长性的企业（比如国内空调业已经有多家上市公司，但志高空调同样可以上市）。关键是看能否找到像“小肥羊”那样把火锅当做事业来做，同时渴望对接资本市场的餐饮企业家。

2. 中式快餐：一些潜质比较好的中式快餐连锁企业在扩张、成长过程中存在着值得

① IPO（Initial public offerings，首次公开募股），是指某股份有限公司（或有限责任公司）首次向社会公众公开招股的发行方式。

投资的机会。

类似"真功夫"、"老娘舅"这样的企业，在国内还能发现几家。一些潜质较好的中式快餐连锁企业在成为全国性龙头企业，或区域性、省际龙头企业的发展过程中存在着值得投资的好机会。

3. 商务餐饮：国内至少有数家全国性餐饮连锁品牌，其中还蕴藏着多轮投资机会。

国内的商务餐饮市场很大，像"湘鄂情"、"俏江南"这样的全国性品牌还有不少，也还存在着很大的发展潜力和投资空间。

4. 中式正（特色）餐：投资机会主要存在于 B 轮、C 轮，数家潜质不错的餐饮企业也存在着 A 轮投资机会。

中式正餐及特色餐饮的产品没有问题，其问题在于"特而不快"，如果能迈过"快"和"标准化"这一关，中式正餐和特色餐饮的投资机会将难以估量。如某中式特色餐饮企业拥有四个品牌，以目前该企业的实力，无法同时做好四个品牌，如果能进行战略聚焦，集中资源和精力，其市场前途和未来很是看好。

5. 西式休闲餐饮：目前的投资机会不多，需要深入挖掘。

表 1　　2002 – 2011 年年初 VC/PE 投资国内餐饮连锁企业事件（31 例）

项目方/卖方	投资方/买方	投资金额	投资时间	所在业态或细分市场
火锅				
小肥羊连锁餐饮	欧洲 3i 集团和普凯基金	2500 万美元	2006 年 6 月	
重庆小天鹅连锁餐饮	红杉资本和海纳联合投资	近 2500 万美元	2007 年 6 月	
北京呷哺呷哺连锁快餐公司	英联投资	以 5000 万美元获超过 50% 的控股权	2008 年 8 月	
重庆奇火锅	IDG 投资基金	500 万元以上	2008 年 4 月	
中餐快餐				
真功夫	今日资本/联动	3 亿元人民币	2007 年 10 月	
丽华快餐	美国私募基金晨兴科技	1200 万美元	2008 年 1 月	快餐连锁企业
老娘舅	复星集团旗下平耀基金	5600 万元人民币/B 轮	2009 年 3 月	
商务餐饮				
俏江南餐饮集团	鼎晖等 PE 投资机构	3 亿元人民币	2008 年 12 月	商务餐饮
净雅餐饮连锁	九鼎投资	未公布	2010 年	高档餐饮连锁企业
中式特色餐饮				
百富烤霸	深圳创新投资集团	6000 万元人民币，二期投入 1.5 亿元	2008 年 8 月	
红高粱（董事长乔赢）	鑫华投资、阿庆嫂集团	6000 万元人民币	2008 年下半年	

续表

项目方/卖方	投资方/买方	投资金额	投资时间	所在业态或细分市场
宏状元粥店	快乐蜂	5550 万美元	2008 年 8 月	
黑暗餐厅“巨鲸肚”	香港中夏投资（ZII）	1000 万港元	2008 年 3 月	
菜根香	中美桥梁资本	三年内将注资 5632 万美元（折合人民币 4 亿多元）	2008 年 10 月	
盛记一品锅贴	美亚投资	3000 万元人民币/A 轮	2009 年 1 月	
唇齿香浓餐饮集团	未公布	累计 3 亿元人民币	2009 年 4 月	
甘肃兰州牛肉拉面餐饮股份有限公司	兰州城乡建设发展投资中心与东方富海等四家投资机构	未公布	2009 年 5 月	
嘉和一品餐饮连锁	红杉资本、涌铧投资两家投资公司	近 1 亿元人民币	2010 年 10 月	
西式休闲餐饮				
星巴克咖啡	汉鼎亚太	N/A	2002 年	
永和大王	李嘉诚旗下投资公司加怡新亚	200 万美元	1997 年	
永和大王	霸菱亚洲投资基金	1100 万美元	2002 年	
永和大王	快乐蜂	2250 万美元	2004 年	
迪欧咖啡	凯雷投资	2100 万美元，约占 20% 股份	2007 年 12 月	
浙江两岸咖啡	高盛集团、华生资本	约 3000 万美元	2008 年 4 月	
一茶一坐	IDGVC、美国 SIG 集团以及 SMI 等共同投资	1260 万美元/A 轮	2005 年 10 月	
一茶一坐	IDGVC、美国 SIG 集团以及 SMI（沈南鹏个人的基金）、GGV	1068 万美元/B 轮	2007 年 1 月	
一茶一坐	美国橡树投资等	2300 万美元/C 轮	2008 年 8 月	
乡村基	红杉资本、海纳亚洲创投	2000 万美元	2007 年 10 月	
巴贝拉	凯雷	N/A	2007 年	
食品连锁				
上海克莉丝汀食品公司	日本丸红株式会社	2 亿元人民币/A 轮	2007 年 7 月	西式食点连锁
上海克莉丝汀食品公司	复星集团旗下豫园商城	1.1 亿元人民币，占 5% 股份/B 轮	2008 年 1 月	西式食点连锁

（二）服装服饰

在女装、男装、服饰等细分行业的中类、小类市场，存在大量A轮、B轮、C轮的投资机会。

表2 2002－2011年年初VC/PE投资国内服装服饰零售业事件（15例）

项目方/卖方	投资方/买方	投资金额	投资时间	行业或细分市场
李宁公司	新加坡政府直接投资公司（GIC）和鼎晖	1850万美元	2002年	运动服装制造和零售
百丽	摩根士丹利和鼎晖联合投资	2366万港元，约占百丽4%股份	2005年	鞋业制造和零售
百丽	世界第一大奢侈品集团路易威登（LVMH）	数亿港元，占股10%	2007年4月	鞋业制造和零售
“星期六”	联想投资	4000万元	2007年1月	鞋业制造和零售
ITAT	蓝山资本	5000万美元/A轮	2006年11月	综合服饰零售
ITAT	蓝山资本、摩根斯坦利和Citadel联合	7000万美元/B轮	2007年3月	综合服饰零售
动向体育	摩根士丹利	融资金额不详	未公布	运动服装零售
东方逸尚	日本Crosby、美国基廷（Keating）投资公司联合注资	不详	2007年	设计师品牌服饰零售
宾宝服饰	IDG VC	3000万美元	2008年4月	时尚休闲服装连锁
深圳龙浩天地商贸公司	联想弘毅投资公司	2亿元人民币	2008年4月	连锁品牌服饰
歌力思服装实业公司	凯雷投资集团	1.5亿元人民币	2009年3月25日	中高端时装
广州流行美公司	联想投资	千万美元级	2009年9月	美妆美饰行业
珠海威丝曼服饰股份有限公司	九鼎投资	5000万元	2009年年底	针织纱生产经营企业，品牌女装企业
朗姿女装	九鼎投资等	亿元人民币级	2010年11月	品牌女装企业
拉夏贝尔女装	联想投资	千万美元级	2010年11月	时尚女装品牌

（三）连锁酒店

目前，VC/PE 机构投资国内连锁酒店的私募投资机会已经较难找寻了。

表 3　　　2005－2011 年年初 VC/PE 投资国内酒店企业事件（15 例）

项目方/卖方	投资方/买方	投资金额	投资时间	行业或细分市场
格林豪泰经济型酒店	由美国 APH 公司、美国 George Realty 的股东等联手创办	首期投资 5000 万美元，二期投资 7000 万美元	经济型酒店	
莫泰经济型酒店	摩根士丹利	2000 万美元，约占 20% 股权	2005 年	经济型酒店
7 天酒店	华平投资	1000 万美元/A 轮	2006 年 11 月	连锁酒店
锦江之星经济型酒店	锦江之星的母公司锦江国际	锦江国际在港上市融资 20 多亿元，其中 10 多亿元用于连锁酒店	2006 年 12 月	经济型酒店
桔子连锁酒店	台湾福泰酒店集团、DT 基金、若干天使投资人	约 1000 万美元/A 轮	2006 年/A 轮	连锁酒店
富驿时尚连锁酒店	中联资本管理集团	未对外披露	2005 年	三、四星级连锁酒店市场
如家经济型酒店	IDG、AisaStar 基金、海纳国际等	多轮投资	从 2002 年开始	经济型酒店
汉庭商务酒店	鼎晖、成为基金、北极光、IDG 和保银等五家机构	共 8500 万美元	2007 年 7 月	商务酒店市场
7 天酒店	美林集团、德意志银行和华平三方联合	9500 万美元，以股权与债务相结合的方式/B 轮	2007 年 9 月	连锁酒店
维也纳酒店集团	软银赛富	1.15 亿元人民币	2007 年 11 月	四星级连锁酒店市场
开元酒店管理公司	凯雷投资	逾 1 亿美元，占 40% 股份	2008 年 2 月	酒店市场
24K 国际连锁酒店	石鼓资本	1000 万美元	2008 年 1 月	酒店市场
7 天连锁酒店	英联投资和华平基金	6500 万美元/C 轮	2008 年 10 月	经济型酒店市场
桔子酒店	中信国际	2000 万美元/B 轮	2008 年 10 月	连锁酒店
维也纳酒店集团	奇力资本基金	2000 万美元	2010 年 8 月	四星级连锁酒店市场

（四）医疗健康

在专科医院、医疗器械零售、美体美容、医疗服务、健康管理等细分行业的中类、小类市场，存在不少A轮、B轮、C轮投资机会。而在药品零售细分市场的投资机会，已经相对较少。

表4　　2004－2011年年初VC/PE投资国内医疗连锁企业事件（16例）

项目方/卖方	投资方/买方	投资金额	投资时间	行业或细分市场
慈铭体检连锁机构	鼎晖	3500万元人民币，占40%股权	2004年	体检
慈铭体检连锁机构	鼎晖	追加投资，金额未公布	2006年5月	体检
海王星辰连锁药店	国际著名投行高盛公司	4000万美元	2005年9月	跨区域连锁药店
湖北同济堂	美国一家风险投资公司	3000万美元	2007年8月	连锁药店和医药物流网络
爱康国宾	美林、ePlanet、华登国际、中经合等联合投资	2500万美元	2007年11月	体检、健康管理
和睦家医院	美中互利公司/IFC	3500万美元	2007年12月	中美合资连锁医院
佳美口腔连锁	英国马丁可利和美国海纳亚洲创投	1000万美元	2007年8月	口腔医疗服务
爱尔眼科连锁医院	深圳达晨创投	未公布	2007年8月	眼科连锁医院
克丽缇娜连锁美容院	普凯投资	2000万美元	2007年9月	美容连锁
伊美尔	未公布	800万美元	2008年3月	整形美容连锁
唯美度	扬子基金	1500万美元	2008年7月	美容连锁
开心人大药房	花旗银行控股的日本日兴集团	1亿元人民币	2008年2月	连锁药店
湖南老百姓大药房	瑞典殷拓集团与其股东、瑞典银瑞达集团联合注资	8200万美元	2008年10月	连锁药店
湖北九州通医药集团股份有限公司	日本伊藤忠商事株式会社、荷兰发展银行、惠发基金等7家投资者	注资6000万美元，占新合资企业29.63%股权	2008年8月	医药流通
康复之家医疗器械连锁公司	香港名力基金	数千万人民币/A轮	2009年12月	医疗器械连锁
慈铭健康体检	天图创投	5000万元人民币	2009年12月	医疗体检和健康管理

（五）教育培训

在幼儿教育培训、网络远程教育、公职培训、专业或职业培训等细分行业的中类、小类市场，存在不少 B 轮、C 轮的投资机会。

表 5　　2004－2011 年年初 VC/PE 投资国内教育培训连锁业事件（16 例）

项目方/卖方	投资方/买方	投资金额	投资时间	行业或细分市场
新东方教育机构	TigerVC，Capital River Group 等基金	5000 万美元	2004 年年底	英语培训
环球天下外语培训机构	软银赛富基金（SAIF）	数亿人民币	2006 年 9 月	英语培训和职业教育市场
新航道外语培训机构	美国最大教育上市公司开普兰和 IDGVC	融资额未透露	2006 年 9 月	外语培训等
东方标准	DCM 和德同资本（DT Capital）	近 1000 万美元投资	2006 年 11 月	IT 培训和人才服务机构
巨人教育	启明创投和海纳亚洲（SIG）	2000 万美元	2007 年 9 月	中小学生课后辅导培训
新世界教育	凯雷投资集团亚洲增长基金	2000 万美元	2007 年 9 月	以日语培训为特色的综合性语言培训和教育机构
华育国际	软银赛富 SAIF	千万美元	2007 年 9 月	IT 职业培训
学大教育	鼎晖投资	1000 万美元	2007 年 10 月	课外辅导连锁学校
环球天下外语培训机构	软银赛富基金（SAIF）	500 万美元	2008 年 12 月	英语培训和职业教育市场
安博教育	英联投资、艾威基金和麦格理集团	1.03 亿美元	2008 年 10 月	连锁学校
万学教育	联想投资与红杉资本联合	千万美元级	2008 年 2 月	民办教育市场
励德国际教育集团	高盛集团通过国教控股投资	2500 万美元	2008 年 8 月	教育
红黄蓝教育连锁机构	艾威基金和几位天使投资人	未公布	2008 年 9 月	幼儿教育
东方爱婴	华威投资等	数百万美元/A 轮	2007 年 9 月	0～3 岁早期教育
东方爱婴	祥峰投资集团领投	数百万美元/B 轮	2009 年 10 月	0～3 岁早期教育
睿稚集团	德同资本、华威国际以及智基创投	共同注资 800 万美元	2009 年 8 月	3～6 岁早教教育

（六）家居建材及房地产服务

在家居建材、建筑装修装饰、房地产经纪等细分行业的中类、小类市场，存在一些投资机会。

表6　　2002－2011年年初VC/PE投资国内房地产服务连锁业事件（10例）

项目方/卖方	投资方/买方	投资金额	投资时间	行业或细分市场
易居中国	沈南鹏以天使投资人身份投资易居中国	未公布	2004年	房地产经纪
易居中国	瑞士信贷集团DLJ房地产基金、崇德基金、SIG等共同投资	2500万美元	2006年3月	房地产经纪
21世纪中国不动产	高盛集团旗下子公司高盛战略投资（亚洲）公司	2200万美元	2005年12月	房地产经纪
21世纪中国不动产	美国艾威基金	5200万美元	2007年10月	房地产经纪
顺驰不动产	软银亚洲和凯雷共同投资	4500万美元，占股22.5%	2005年8月	房地产经纪
东易日盛	一家海外投资基金	约3000万美元	2006年11月	建筑装修装饰
红星美凯龙	美国华平投资集团	2亿美元，占股20%	2007年年底	家居连锁
东方家园	瑞寰资本	投资收购金额未知，获47.67%股权	2008年3月	建材连锁
红星美凯龙	华平投资集团、中信产业基金、复兴集团和渤海产业基金	26亿元人民币	2010年6月	家居、建材连锁

（七）母婴用品零售

在婴幼儿用品制造和零售等细分市场，存在着一定的投资机会。

表 7　　2002－2011 年年初 VC/PE 投资国内母婴用品零售业事件（5 例）

项目方/卖方	投资方/买方	投资金额	投资时间	行业或细分市场
好孩子	太平洋同盟团体（PAG）	1.225 亿美元，收购 68% 股份	2006 年 1 月	母婴用品制造和零售
丽家宝贝	未公布	未公布	2007 年 6 月	母婴用品零售
乐友公司	永威投资公司	1100 万美元	2007 年 7 月	母婴用品零售
乐友公司	永威投资公司	3700 万美元	2008 年 5 月	母婴用品零售
深圳丑丑母婴	名力基金	未公布	2008 年	母婴用品零售

（八）家电数码零售

在国内家电数码零售细分市场，VC/PE 机构的私募投资机会已经很难找了。

表 8　　2006－2011 年年初 VC/PE 投资国内家电数码零售业事件（3 例）

项目方/卖方	投资方/买方	投资金额	投资时间	行业或细分市场
迪信通	欧洲 3i 集团	4000 万美元	2006 年	手机零售
永乐电器	鼎晖和摩根斯坦利、维众创业投资（UCI）联合投资	5000 万美元，占 27.36% 股权	2005 年 1 月	家电、消费电子零售
腾创科技	联想投资	千万元人民币级别	2009 年 10 月	电脑渠道商

（九）百货、便利超市

除了便利店、生活超市等细分业态之外，VC/PE 机构在国内百货超市业的私募投资机会已经较少了。

表 9 2005－2011 年年初 VC/PE 投资国内百货超市业事件（7 例）

项目方/卖方	投资方/买方	投资金额	投资时间	行业或细分市场
银泰百货	美国华平（Warburg Pincus）投资公司	9000 万美元，占 35% 股权	2005 年	连锁百货
巴黎春天	欧洲 3i 集团	5100 万美元	2005 年	高端百货连锁
河北好日子商业公司	美国 Esprit 融资集团	500 万美元，占 10% 股权	2007 年 11 月	聚焦农村市场的连锁网络
四川 WOWO 超市	ARC 投资公司	首笔 112 万美元，累计 1000 万美元	2008 年 11 月	超市、便利店
福建永辉超市集团	汇丰直接投资基金	汇丰注资 7500 万美元，获其 24% 股份	2008 年 12 月	连锁超市
上好便利店	FDS 中国资本	未公布	2009 年 9 月	超市
红旗连锁便利店	九鼎投资	1.5 亿元人民币	2010 年 6 月	超市、便利店

（十）其他连锁零售业

在国内其他连锁零售业，留给 VC/PE 机构的私募投资机会已经不多，需要“深挖才能打出水来”。

表 10 2006－2011 年年初 VC/PE 投资国内其他连锁零售业事件（10 例）

项目方/卖方	投资方/买方	投资金额	投资时间	行业或细分市场
新宇亨得利	淡马锡控股、Swatch 集团、UCI 维众联合投资	4.6 亿港元，购入其 1.485 亿股新股	2006 年 8 月	手表零售
江苏大众书局	美国一家专业风投	数百万美元/A 轮	2007 年 4 月	图书连锁
神州租车公司	凯鹏华盈、美国 CCAS 公司和联想投资联合投资	未披露	2008 年 1 月	租车连锁
上海富客斯实业公司	软银赛富	4000 万美元	2008 年 1 月	折扣连锁
三夫户外	未公布	未公布	2008 年 2 月	户外用品
“富之岛”家具	达晨创投	未披露	2008 年 3 月	环保家具品牌连锁店

续表

项目方/卖方	投资方/买方	投资金额	投资时间	行业或细分市场
上海新奇特车业服务连锁公司	九鼎投资	未公布	未公布	汽车售后服务连锁
好想你枣业股份有限公司	郑州百瑞创新资本	6000 万元人民币	2008 年 9 月	农产品工商一体化企业
上海歌诗玛化妆品	红杉资本	未公布	2009 年 7 月	化妆品连锁
万达商业地产有限公司	建银国际、华控产业基金等多家投资机构	累计 40 亿元人民币/两轮	2009 年年初和 7 月	商业地产连锁

二、PIPE[①] 投资——新亮点，新方向

PIPE 投资表现抢眼，成为 2009 年国内外 VC/PE 机构投资国内连锁零售企业的一大亮点。

据统计，2009 年国内共有 3 家连锁零售上市企业实施了 PIPE 融资交易行为，融资总额折合人民币高达 49. 9 亿元，每家企业每笔平均 PIPE 融资金额约 16. 6 亿元人民币。连锁经营成为 2009 年国内获得 PIPE 融资最大的领域之一。同时，2009 年的 3 家连锁上市公司的 PIPE 融资也是国内交易金额巨大、业界反响强烈的交易案例（见表 11）。

表 11　　2009 年 VC/PE 机构在国内零售连锁业的 PIPE 投资案例（4 例）

企业/融资方	投资方	交易时间	交易方式	交易金额
国美电器	全球著名私募投资基金华平	2006 年 2 月	可转换债券、认股权证	1. 25 亿美元可转换债券及 2500 万美元认股权证
达芙妮	美国德太（TPG Capital）	2009 年 5 月 25 日	无担保可换股债券	5. 5 亿元人民币（约 8100 万美元）
国美电器	贝恩资本	2009 年 6 月 6 日	增发新股、可转债	30 亿元人民币
物美商业	弘毅投资、TPG 和联想控股	2009 年 8 月 12 日	私募股权融资	14. 4 亿元人民币（2. 1 亿美元）

① PIPE（Private Investment in Public Equity，私人股权投资已上市公司股份），即私募基金、共同基金或其他合格投资者以市场价格的一定折价率购买上市公司股份以扩大公司资本的一种投资方式。

2009年，国内连锁上市公司PIPE融资交易行为异常突出，这也是当年VC/PE机构通过PIPE投资国内企业的行业缩影。数据显示，2009年PIPE涉及金额达226.2亿元，而在2004年中国的PIPE投融资额仅为19.26亿元。2009年，PIPE投资“异常突出”有多方面原因：

第一，2009年上半年资本市场相对低迷，PIPE投资作为一种非主流的PE投资模式，在国内资本市场低迷时期凸显出来，俨然已成为一种“潮流”。

第二，一些上市公司业务成熟，成长性好，而上市公司股票具有良好的流动性，但价值被严重低估，比如“空中网”曾经一度现金超过市值。这些案例引起许多基金的关注。

第三，当期等待A股上市的排队企业达数百家，通过IPO渠道退出进程缓慢，对私募股权投资机构来讲，PIPE投资也是一个不错的机会。

其实，PIPE投资事件早在2006年即在国内连锁业发生过。

2006年2月，全球首屈一指的私募投资基金“华平”以认购国美电器（已经在香港上市）发行的1.25亿美元可转换债券及2500万美元认股权证的形式策略性地投资于国美电器。一旦债券及认股权证获悉数转换及行使，“华平”将持有1.7668亿股普通股，占国美电器总发行股本约9.71%。

三、网络零售投资——“三高”行业是投资热门，两类新模式应需而生

据不完全统计，1999—2011年年初，VC/PE投资国内网络零售企业事件累计发生89家次，其中图书－综合类4次、综合类6次、家电数码类5次、服装类27次、钻石珠宝类6次、健康类4次、团购类9次、外贸类5次、奢侈品－化妆品类9次、电商服务类9次、其他类5次。（见表12）

表12　1999—2011年年初VC/PE投资国内网络零售企业事件（89例）

项目方/卖方	投资方/买方	投资金额	投资时间	行业或细分市场
图书				
当当网	IDG、卢森堡剑桥集团、软银	未公布/A轮	1999年11月	互联网零售
卓越网	老虎基金	650万美元	2003年10月	互联网零售
当当网	老虎基金	1100万美元/B轮	2003年12月	互联网零售
当当网	DCM、华登国际和Alto Global	2700万美元/C轮	2006年6月	互联网零售
综合类				
红孩子	北极光、赛伯乐领投、NEA参与	250万美元/A轮	2005年12月	互联网零售

续表

项目方/卖方	投资方/买方	投资金额	投资时间	行业或细分市场
红孩子	北极光、赛伯乐	300 万美元/B 轮	2006 年 10 月	互联网零售
红孩子	凯鹏华盈	2500 万美元/C 轮	2007 年 7 月	互联网零售
红孩子	北极光、凯鹏华盈等	5000 万 - 1 亿美元/D 轮	2010 年 6 月	互联网零售
快乐购	弘毅投资、中信产业基金、红杉资本	4824 万美元	2010 年 3 月	电视网购
悦购网	德同资本	1000 万美元	2010 年 5 月	母婴综合类
家电数码类				
京东商城	今日资本	1000 万美元/A 轮	2007 年	IT 数码 B2C 网络零售
北斗手机网	IDG 资本、高原资本	1000 万美元	2007 年	手机的 B2B 和 B2C 业务
京东商城	今日资本、雄牛资本、梁伯韬	2100 万美元/B 轮	2008 年底	IT 数码 B2C 网络零售
京东商城	老虎环球基金领投	15000 万美元/C 轮	2009 年 12 月	IT 数码 B2C 网络零售
京东商城	沃尔玛等投资机构	5 亿美元/D 轮	2011 年 3 月	IT 数码 B2C 网络零售
服装类				
PPG 网站	TDF、JAFCO Asia、KPCB 等	近 5000 万美元/两轮累计	2005 年 10 月到 2008 年 4 月	服装 B2C 网络零售
凡客网（Vancl）	联创策源、IDG 以及陈年、雷军等	未公布	2007 年年底	服装 B2C 网络零售
凡客网（Vancl）	IDG、联创策源、软银赛富	1000 万美元/A、B 两轮累计	2008 年上半年	服装 B2C 网络零售
凡客网（Vancl）	启明创投领投，IDG、联创策源、软银赛富跟投	3000 万美元/C 轮	2008 年 8 月	服装 B2C 网络零售
麦考林	红杉资本中国基金	8000 多万美元控股投资	2008 年 2 月	服装多渠道零售企业
乐淘网	联创策源基金	未公布/A 轮	2008 年 5 月	鞋类 B2C 网络零售

续表

项目方/卖方	投资方/买方	投资金额	投资时间	行业或细分市场
乐淘网	联创策源基金	约1000万美元/ B轮	2009年5月	鞋类 B2C 网络零售
好乐买	红杉资本	1000万美元/A轮	2009年12月	B2C电子商务鞋业零售商
Masa Maso玛萨 玛索	红杉资本	千万美元级/A轮	2009年12月	服装 B2C 网络零售
梦芭莎网站	未公布	未公布/A轮	2007年12月	女性服饰
衣服网	网盛科技	500万元	2008年	服装 B2C 网络零售
兰缪网	未公布	500万美元/三轮累计金额	2009年	服装 B2C 网络零售
试衣网	未公布	2000万人民币/第三轮	2009年9月	服装 B2C 网络零售
凡客网（Vancl）	启明创投领投，IDG、联创策源、软银赛富跟投	5000万美元/D轮	2010年5月	服装 B2C 网络零售
麦包包	美国DCM、联想投资与挚信资本	3000万美元/A轮	2010年年初和年底两次注资	包类 B2C 网络零售
好乐买	德丰杰、英特尔、红杉	1700万美元/B轮	2010年7月	B2C电子商务鞋业零售商
麦包包	DCM、联想创投	3000万美元	2010年9月	时尚箱包网购
梦芭莎	金沙江、崇德	2000万美元/ B轮	2010年7月	女性时尚用品网购
麦包包	美国DCM、联想投资与挚信资本	1500万美元/B轮	2010年11月	包类 B2C 网络零售
凡客网（Vancl）	启明创投领投，IDG、联创策源、软银赛富跟投	1亿美元/E轮	2010年12月	服装 B2C 网络零售
梦芭莎	老虎基金等	6000万美元/ C轮	2010年12月	女性时尚用品网购
七格格	未公布	1亿元人民币	2010年12月	电子商务服装企业
乐淘网	老虎基金	超过2亿元人民币/ C轮	2011年1月	鞋类 B2C 网络零售

续表

项目方/卖方	投资方/买方	投资金额	投资时间	行业或细分市场
好乐买	未公布	6000 万美元/C 轮	2011 年初	B2C 电子商务鞋业零售商
厦门斯波帝卡	联想投资	几千万元人民币	2011 年 1 月	电子商务童装企业
绿盒子	DCM	1.2 亿元人民币	2011 年 1 月	电子商务服装企业
钻石·珠宝类				
钻石小鸟	今日资本	500 万美元/A 轮	2007 年 6 月	网络销售钻石企业
深圳千禧之星实业公司	软银赛富	1.2 亿元人民币	2007 年 9 月	珠宝首饰业大型工贸企业
九钻网	KPCB、启明创投、清科等	千万美元级/A 轮	2007 年年底	网上钻石零售商
珂兰钻石网	美国某上市公司	300 万美元/A 轮	2008 年 6 月	网上钻石零售商
钻石小鸟	联创策源和今日资本	1000 万美元/B 轮	2008 年 10 月	网络销售钻石企业
结婚钻戒网	天图创投	459 万美元	2010 年 4 月	网络销售钻石企业
保健类				
益生康健网	IDG 资本	1000 万美元	2000 年	保健品、健康产品网购
九九维康网	红杉资本	未公布	2010 年 5 月	保健品、健康产品网购
也买网	DCM	300 万美元	2010 年 3 月	茶、酒等健康产品网购
也买网	曼图宏业（Mandra Capital）等	未公布	2010 年 6 月	茶、酒等健康产品网购
团购类				
拉手网	泰山创业投资基金	未公布/A 轮	2010 年 4 月	全国团购
拉手网	金沙江创投和 Rebate Network	1000 万美元/B 轮	2010 年 6 月	全国团购
阿丫团	梦动力天使、山西财团	193 万元人民币	2010 年 6 月	团购

续表

项目方/卖方	投资方/买方	投资金额	投资时间	行业或细分市场
酷团科技	浙商创投	146 万元人民币	2010 年 6 月	团购
F 团	三井创投	未公布	2010 年 6 月	团购
酷团科技	万嘉创投	117 万元人民币	2010 年 5 月	团购
团购 123	未公布	100 万美元	2010 年 9 月	团购
满座网	凯鹏华盈	未公布	2010 年 9 月	团购
拉手网	Tenaya Venture 及 NorwestVenturePartners	5000 万美元/C 轮	2010 年 11 月	全国团购
外贸类				
兰亭集势	徐小平的天使投资	未公布	2007 年	
兰亭集势	联创策源	未公布/A 轮	2008 年	外贸 B2C
兰亭集势	联创策源、金沙江创投	B 轮，两轮共 1700 万美元	2009 年	外贸 B2C
大龙网	北极光创投	58 万美元	2010 年 6 月	外贸 B2C
兰亭集势	挚信资本、联创策源、金沙江创投	3500 万美元/C 轮	2010 年 11 月	外贸 B2C
奢侈品－化妆品				
聚美优品网	徐小平的天使投资	18 万美元	2009 年	化妆品网站
佳品网	泰山天使创业基金	100 万美元	2010 年 1 月	奢侈品网站
佳品网	松禾资本领投，嘉丰资本共同投资	未公布/A 轮	2010 年 6 月	奢侈品网站
枫丹白露	未公开	117 万美元	2010 年 6 月	香水、化妆品网站
佳品网	松禾资本领投，金沙江创投等	千万美元级	2011 年 1 月	奢侈品网站

续表

项目方/卖方	投资方/买方	投资金额	投资时间	行业或细分市场
唯品会	DCM、红杉资本	2000 万美元	2010 年 11 月	时尚品牌网购
尚品网	Steamboat Venture、晨兴创投	1000 万美元	2010 年 11 月	奢侈品网购
滴答网	IDG 资本	1000 万美元	2010 年 12 月	品牌名表网购
聚美优品网	红杉资本	千万美元级	2011 年 3 月	化妆品网站
电商服务类				
亿玛	华登国际和鼎晖投资	未公布/A 轮	2006 年 6 月	网络营销
亿玛	Cyber Agent、日本亚洲基金（JAIC）和 Ant Factory	未公布	2008 年 3 月	网络营销
传漾科技	经纬创投	未公布/A 轮	未披露	网络营销
传漾科技	经纬创投，祥峰投资、海纳亚洲	两轮共计近二千万美元	2011 年 2 月	网络营销
龙拓互动	戈壁投资	300 万美元	2006 年 2 月	网络营销
上海商派网络科技公司	联想投资	未公布	2007 年	网店软件与系统
上海商派网络科技公司	联想投资、阿里巴巴	未公布	2009 年	网店软件与系统
尊宝网	阿里巴巴战略投资部	未公布	2010 年 1 月	电商服务
易帜科技	IDG 资本		2010 年 4 月	电子商务外包公司
其他类				
21cake	联想投资	千万元人民币	2010 年 1 月	蛋糕电子商务网
趣玩网	挚信资本、经纬创投	795 万美元	2010 年 9 月	家居
酷运动	Acquity Group	1700 万美元	2010 年 11 月	运动用品网购

续表

项目方/卖方	投资方/买方	投资金额	投资时间	行业或细分市场
齐家网	鼎晖创投	未公布	2010 年 11 月	家居建材类电商平台
优雅 100 网	IDG、DCM	1000 万美元	2011 年 3 月	家纺行业 B2C

可以看出，1999—2011 年年初，VC/PE 投资网络零售的事件主要发生在图书、家电数码、服装、钻石珠宝、健康产品和奢侈品等行业或品类中。分析发现，这些行业产品或品类主要有“三高”（高单价、高毛利、高购买频次）特征中的三个或者至少两个。

这期间，国内网络零售从诞生到发展，市场环境日趋成熟，网络零售不断发展、壮大。尤其是近几年，电子商务还探索出团购和外贸（跨国 B2C）等新的商业模式。

四、投资中国零售业的判断与发现——对零售平台商的投资高潮已过，产品品牌商的投资热潮涌起

综合梳理国内近 10 年间线下和线上零售的 229 例 VC/PE 投资事件，可以发现：就零售平台商而言，无论是线下零售平台还是线上零售平台，大多数细分行业的全国性零售平台企业已经被 VC/PE 机构投资了。在中国零售业，未来几年的投资方向和热点在于产品品牌商。即零售平台商的投资高潮正在过去，而产品品牌商的投资热潮正在来临。

（长银资本执行合伙人　王方剑）

2010 年中国餐饮连锁企业用工现状与对策研究

餐饮业用工短缺的问题已经成为制约餐饮业发展的重要因素，从“保民生、求发展”的要求来看，需要各界的关注与重视。为此，2010 年 5 ~6 月，中国连锁经营协会以问卷方式进行了“餐饮业用工状况调查”，共有 56 家企业给予有效回复。据此研究，形成对餐饮业用工问题新的认识，并提出解决餐饮业用工荒问题的对策性建议。

一、餐饮业用工现状和影响

关于餐饮企业员工的合理流动率，在业内有着不同的认识。一种是，10% ~20% 的员工流动率是较为合理的幅度，它会促进企业的优胜劣汰，有利于企业的长远发展；另一种认为，最适合的员工流动率应该在 5% ~10%，且大多数运作良好的企业的员工流动率也都在这个范围，但对餐饮行业来说，由于其自身特性，最适合的员工流动率一般在 7% ~9%。通过协会餐委会对部分会员单位的访谈，基本认证了后者，即餐饮企业合理的员工流失率应该控制在 10% 以内，业内知名企业如小肥羊、俏江南、王品等基本都控制在 5% 左右。

员工流动率对企业发展的影响还取决于员工的层次，高层次员工流动率过高肯定会影响企业正常发展，但是低层次员工流动率的正常值应控制在 10% 以内。

协会对 56 家①餐饮企业调查显示，员工流动率在 10% 以下的占 26.2%，超过 10% 的占 73.8%；大专以上员工流动率则基本集中在 10% 以内，占 58.1%，10% 以上的占 41.9%，表现出企业中低层各类员工的流动率非常高，从而说明，不是员工的绝对缺乏，而是人员流动过频造成暂时性的员工短缺，但受教育程度高的员工流动率则属于正常范围，相对而言这部分员工的需求与待遇都相对较高。

表 1　　2009 年餐饮企业员工流失状况

	一线员工流失率		大专以上流失率	
	频数	频率	频数	频率
10% 以下	11	26.2%	18	58.1%
11% ~30%	20	47.6%	8	25.8%
31% 以上	11	26.2%	5	16.1%
Total	42	100%	31	100%

就餐饮企业对“一线员工频繁流失会给企业带来哪些实际影响”的回答较集中：

① 文中数据按企业实际填答的有效数据计算，因此出现被调查企业数为 42 家和 31 家的情况（如表 1 内数字）。

75%的企业老板认为会直接导致“服务质量下降”，54%的老板认为“用工成本增加”，16%的老板认为“影响团队凝聚力”和“管理制度难以实施”。

用工荒已经严重影响了企业的正常经营，迫使企业在用工政策和企业管理制度方面着手进行根本性的改变，否则将威胁企业的生存与发展。

二、员工高流动率的原因

（一）员工自身特点

调查显示，33% 的企业认为员工平均年龄偏小，不够成熟，对个人未来发展方向不明确，其工作稳定性易受影响和外界干扰；10%的企业认为员工“个性较强，执行能力较低”，而且这些员工“为自己考虑多于公司”；此外，还有8%的企业认为员工缺乏职业道德，6%的企业认为员工责任心不强和自我中心主义。

总之，当前餐饮业一线从业人员有2个突出特点：

1. 普遍年轻化

调查走访的北京海淀区和重庆渝中区的许多餐馆都能显现，从领班到一般服务员，年龄都相对偏小。因而，许多人都说餐饮业是一碗青春饭。

2. 新生代农民工的现实性与功利性

新生代农民工不同于老一辈的特点主要表现在三个方面：

（1）餐饮业工作已满足不了他们对稳定性的追求。如企业缺乏透明和长远的晋升机制，使从事前台服务的人员很难晋升到领班岗位。

（2）餐饮业工作已满足不了他们对现实利益的追求。新生代农民工出于对城市生活和城市消费的融入与追求，使他们在收入上有了更高的要求与期望。

（3）餐饮业工作已满足不了他们对理想与现实平衡的追求。新生代农民工在青少年成长时期很少接触农务劳作，加之自我认知和定位上的偏差，往往不切实际、好高骛远，缺少老一辈农民工脚踏实地、吃苦耐劳和任劳任怨的品格，这也是导致他们频繁流动的原因。

（二）企业结构的影响

餐饮业用工短缺问题之所以越来越严重，也与餐饮行业的自身特点有密切关系。从餐饮业本身出发，我们归纳了以下两个因素：

1. 用工准入条件低

相对于其他行业，餐饮企业用工准入条件普遍较低，致使进城务工人员普遍认为从事餐饮业不需要太多知识与技能储备，因此成为其进城务工的首选职业之一，并期待生活稳定和熟悉城市环境后再寻找更好的职业和更理想的收入。

2. 企业领导认识偏差

当前许多餐饮企业领导对所处行业和用工形势缺乏正确认识。在协会对企业高层管理人员的访谈中发现，他们将用工短缺的原因归为行业用工需求增加、年龄结构制约、服务行业地位、工资待遇、员工忠诚度等，观点较为分散。

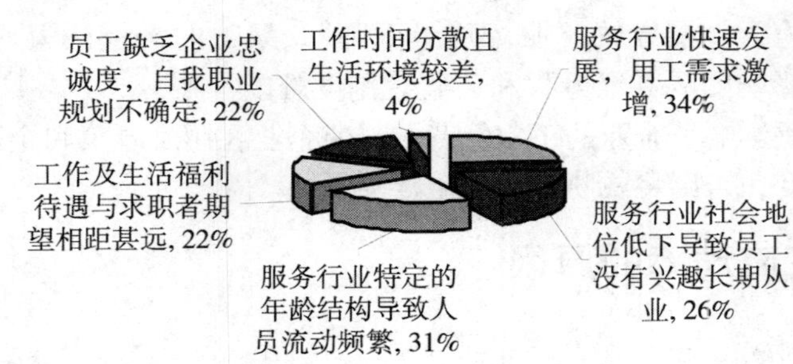

图 1　你认为一线员工流失的原因是什么

其实，部分餐饮企业的领导对餐饮行业并不重视，只将其作为发家致富的手段或工具，不少餐饮企业老板在赚钱后都选择转业，投身到其他行业；另一方面，虽然全国普遍出现用工荒且餐饮业尤为严重，但就各家企业而言情况也有所差异。部分用工荒较严重的餐饮企业的领导没有认真分析企业存在的问题与困境，反而将原因推给政府或社会，这样的推诿不利于用工荒的解决。

3. 餐饮企业结构与员工需求脱节

新生代农民工已经在进城务工人员中占据主体地位，他们的需求已经从“多赚钱，再回乡”转变为“试图适应和融入城市”的生活。与老一代农民工更多关注家庭不同，新一代农民工更年轻、思维更活跃、追求更现实，加之他们大多单身，更多地从个人利益和发展上出发，即使有的企业工资待遇优越，但其他方面使他们不满意，他们也更倾向于换工作，而不会为了赚钱养家而沉默隐忍。在企业领导意识中，当前企业一线员工呈现以下主要特点：

表 2　　餐饮企业员工特点比较

企业领导眼中的员工特点	新生代农民工的特点
年轻 学历低 未来规划不明 缺乏吃苦耐劳精神 忠诚度低 思维活跃 注重眼前利益	受教育程度相对提高 务农经历少 追求个人发展和现代生活 消费观念和生活习惯与城市居民趋同

对比发现，部分特征是符合的。比如许多企业认为一线员工的年轻化，正是新生代农民工大量涌入城市的表现；认为他们缺乏吃苦精神、忠诚度低与他们的成长经历和生活环境相关。但调查也发现明显的偏差：企业领导眼中的员工学历低、对未来规划不明和注重眼前利益等这些特征是与新生代农民工截然不同的，体现出企业领导部分观念的滞后性，保留着对老一代农民工的传统认识，这样的认识也导致了对当前员工需求的片面认识。

面对新生代，大多企业没有适时调整企业招工政策，也没有根据新生代农民工的群体特征制定符合其生活习惯和工作周期的企业结构，这样不但致使餐饮企业招工难，同时员工的频繁流动也会增加培训成本，影响企业的正常发展。

相对于进城务工人员结构和特点的变化，企业在领导意识和组织结构两方面的应对表现出呆板且滞后。虽然员工的需求已经向多元化、更高层次发展，企业依然采取相对简单的增加待遇的方式吸引员工。换言之，企业的“不变”难以应对和满足务工人员的“变化”，导致用工荒的“发展”。

（三）社会环境与政策的影响

随着经济不断发展，人们的需求也在不断提升。不同的员工有着千差万别的需求：有人追逐钱财，有人喜欢升迁，又有人追究个人价值的实现，还有人追求安逸舒适的工作环境……企业不可能满足所有的愿望。因此，企业主管应尽可能为员工创造有利条件，但如果员工执意脱离企业，也该以平常心来对待。

新一代农民工观念与需求的转变，也与社会环境的影响密切相关，这一因素对用工荒起着推动和催化的作用。首先，国家对农村地区的扶持政策：全面减免农业税，减免农村基础教育学费，对汽车下乡、家电下乡进行补贴，以旧换新、返乡农民工回家创业给予优惠银行贷款政策等，都在农民工的流动意愿中产生了拉力作用。其次，传统文化观念始终认为服务业低人一等。如走访中发现，来自较为偏远地区的服务人员表示，返乡时通常不会向乡亲告知自己从事什么职业，因为如果家乡人知晓他们在饭馆、酒店做事，往往会在背后说三道四。

三、解决餐饮业用工短缺问题的对策及思考

（一）单靠提高工资和福利待遇不能稳妥解决问题

企业作为用工主体，如何认识和如何应对是解决问题的关键。在对企业高层管理人员的调查中发现，43 家企业应对用工荒采用的措施中，排在前三位的分别是增加员工收入和福利待遇、加强培训和强化企业文化建设。其中近 7 成的企业采取了提高工资待遇的措施，但取得的效果普遍一般。

表 3　　目前你公司采取了哪些主要措施

采取主要措施	频数	频率
增加员工收入和福利待遇	30	69.8%
加强对员工的培训力度	17	39.5%
加强企业文化建设	11	25.6%
企业总数	43	100%

除上述措施外，也有一些企业采取“调整营运考核项目和力度”、“注重引导员工情感交流”、对员工进行“职业生涯规划”等制度化管理和激励措施；有些企业在“简化结

构、尽量实施外包”策略来应对用工荒，尽量减少员工岗位。

走访中发现，许多餐饮企业老板在面临招工难、用工短缺的情况时也主要采用提高员工待遇的方法。但他们普遍反映，这一方法并不十分奏效，却苦于没有更好的方法。很多企业即使把月薪涨了数百元，依然招不到合适的员工。因此，企业在解决用工荒的策略时不能仅仅只靠提高工资和福利待遇。

（二）企业高层管理人员要热爱本行业，给员工以信心和榜样

从餐委会企业发展战略研究来看，很多企业都在走多元化和多样化的发展战略。如果主业兴旺且有助于主业发展，则多元化值得推广，但若进入新的行业也要应该谨慎。一方面不要伤害企业自身的发展，另一方面不要不利于餐饮行业的发展，更不要让跟随企业发展的员工产生迷茫。

（三）企业应当了解新生代员工的特点和需求，尽量采取措施加以引导和满足

从调查员工和企业数据来看，年轻员工除了希望更多的收入之外，还希望有更舒适的工作环境，更多休闲和自由的空间，更受尊重的职业，以及有更好的未来发展。因此，企业在如何留住人的问题上应该给他们更多的关爱，更好的职业规划和发展前景。

（四）餐饮企业也需要进行结构调整，推进企业科学化、精细化和流程化的进程

餐饮企业，尤其是中式正餐不能头痛医头脚痛医脚，不能当前用工荒是突出问题就把注意力全部转移到人力资源上。从调查数据看，企业很少把问题归结为自身，大多是怨天尤人，抱怨现在的员工，抱怨政府的不支持，抱怨竞争对手不按行规行事等。其实，大量实践和研究都表明，中式正餐企业所有问题的集中点还是企业结构设计不合理的问题，缺乏精细化和流程化，也很少在这些方面投入研究经费和力量。

总之，用工荒已经严重影响了餐饮企业的正常经营，迫使企业在用工政策和企业管理制度等方面进行根本性的改变，否则将威胁企业的生存与发展。同时，企业要正确认识员工高流动率的根本原因，一方面要了解员工自身具有年轻化和新生代农民工现实性和功利性的特点，形成他们好高骛远、不切实际，且频繁流动；另一方面，餐饮企业一线员工的准入条件过低和企业领导认识上的偏差也造成员工与实际需求相脱节。因此，企业在解决用工荒的对策时也不能简单地通过提高工资和福利待遇留住员工，而是需要耐心细致地了解新生代员工的特点和需求，尽量采取措施加以引导和满足。其次，餐饮业高层管理人员也要热爱本行业，给员工以信心和榜样。同时，餐饮企业更需要进行结构调整，推进企业科学化、精细化和流程化的进程。

2010年中国特许经营企业法律状况调查报告

一、调研综述

《2010年度特许经营发展报告》显示，截至2009年年底，我国的特许经营体系达到4000个，加盟店总数在33万以上，覆盖的行业和业态超过70个。进一步完善特许经营的法律法规建设，规范特许者和被特许者的经营行为，对特许经营的稳步健康发展具有非常重要的现实意义。

2007年5月1日，《商业特许经营管理条例》（以下简称《条例》）、《商业特许经营备案管理办法》（以下简称《备案管理办法》）和《商业特许经营信息披露管理办法》（以下简称《信息披露管理办法》）开始付诸实施，上述法规和管理办法的实施，对我国商业特许经营活动走向规范化发挥了关键作用。截至2010年9月26日，已备案的特许企业有1430家，越来越多的特许企业开始履行信息披露义务。当然，由于特许经营法规实施时间较短，特许人及被特许人对法规的认知不足，重视度不够，法规自身内容有待进一步完善，执法机构体系尚未健全，我国的商业特许经营法规在实施的过程中仍需不断完善。

为给商业特许经营立法、法规修订提供可操作性建议，同时也为特许企业提供法律服务，受商务部委托，中国连锁经营协会组织本次特许企业法律状况调查。本次特许经营企业专项法律状况调查工作，包括问卷调查和现场调研两种方式。问卷调查共收集北京、上海、浙江、广东、山东、山西、湖北等省、自治区、直辖市的61家特许企业的反馈。被调查企业开展特许经营的时间普遍较长，介于1997年至2001年之间。被调查企业涵盖了零售、餐饮、美容、建筑装饰、汽修、洗染、经济型酒店和培训教育等行业，企业性质包括国有独资或控股、外商独资或合资、港澳台资、中外合资、民营等。问卷调查重点围绕特许企业在执行《条例》、《备案管理办法》和《信息披露管理办法》过程中出现的主要问题，包括特许企业诉讼和仲裁情况，特许企业对特许方面法律政策的困惑以及特许企业对法律的特别需求等，同时涉及了特许企业经营管理中面临的其他法律问题，包括特许企业法律基本建设、合同管理、知识产权、公司治理、人力资源管理、行政管理、融资、法律风险管理等。

现场调研部分由中国连锁经营协会委托协会特许委员会法律小组成员马晓刚（浩天信和律师事务律师）、王小咪（德载中怡律师事务所律师）、王红燕（浙江六和律师事务所律师）、王贵斌（北京市英格律师事务所律师）、吴敬清（北京市大成律师事务所律师）和涂志（北京市奕明律师事务所律师）完成。上述律师于2010年8月初至9月底对北京、上海、浙江、广东等地特许企业进行了现场走访和调研。

二、特许企业执行《条例》及两个《办法》基本情况

（一）基本情况

《商业特许经营管理条例》（以下简称《条例》）、《商业特许经营备案管理办法》（以下简称《备案管理办法》）、《商业特许经营信息披露管理办法》（以下简称《信息披露管理办法》）是专门针对特许企业的法规和规章，也是特许企业在适用法规方面与其他企业的主要差别。因此，本次特许企业法律情况调查的重点也集中于上述法规的执行和适用状况。

调查涉及的问题包括：（1）是否具备“两店一年”资格；（2）是否备案；（3）是否建立特许经营信息披露制度；（4）特许经营信息披露文本版本是否定时更新；（5）是否制定特许经营合同格式文本；（6）特许经营合同是否每年更新；（7）是否获得商标注册证。

从调查问卷反映的情况来看，参与调查的大部分特许企业在执行《条例》、《备案管理办法》和《信息披露管理办法》方面情况较好。需要说明的是，参与调查的特许企业大部分为中国连锁经营协会会员，通过参与协会活动，对特许经营相关法律掌握和重视程度较高。

表 1　特许企业执行《条例》、《备案管理办法》和《信息披露管理办法》情况

是否具备两店一年资格	A－是	86.9%	B－否	5.0%	未勾选	8.1%
是否备案	A－是	88.5%	B－否	9.9%	未勾选	1.6%
是否建立特许经营信息披露制度	A－是	86.9%	B－否	11.5%	未勾选	1.6%
特许经营信息披露文本版本是否定时更新	A－是	83.6%	B－否	14.8%	未勾选	1.6%
是否制定特许经营合同格式文本	A－是	96.8%	B－否	1.6%	未勾选	1.6%
特许经营合同是否每年更新	A－是	82.0%	B－否	1.6%	未勾选	3.2%
是否获得商标注册证	A－是	96.8%	B－否	1.6%	未勾选	1.6%

此次调查发现的主要问题有：第一，特许企业对《条例》、《备案管理办法》、《信息披露管理办法》认知程度还有待进一步提高，有的企业没有准确理解法律规定的含义。第二，特许企业违反《条例》、《备案管理办法》和《信息披露管理办法》的不规范现象还在一定范围内存在，如特许企业不备案、特许企业违规宣传、特许企业未建立信息披露制度，特许企业不履行或不按照规定全面履行信息披露义务等。第三，部分地方商务主管部门对备案和信息披露的管理存在不到位、不作为现象，上述违法违规行为没有得到及时处理。

（二）特许企业备案过程中存在的主要问题

1. 经营资源权属证明文件不完整

实践中，许多特许人所使用的经营资源（如商标）并非自己持有，而是从第三方经许可获得使用权。在此情况下，特许人申请备案并提供商标权属证明文件时，经常会遇到

如下问题：

（1）商标持有人拒绝向被许可人（即特许人）提供全部商标权属文件

商标许可人及被许可人（即特许人）之间虽然签订有商标使用许可合同，商标使用许可合同中许可特许人使用全部商标，但拒绝提供全部商标权属文件。特别是商标持有人为境外企业的，许可人通常认为其并没有任何义务来帮助被许可人完成该手续，从而导致被许可人在开展特许经营过程中处于被动地位。

（2）欠缺商标许可备案手续

由于商标许可人（特别是境外商标许可人）对于我国有关法律不甚了解，在通过境内的商标代理机构完成商标注册后，多半并不清楚和知晓其商标许可行为也应当依照我国有关法律法规向国家商标总局申请完成备案以作为其商标许可行为的合法依据，故在签订商标许可合同之后，其附随的许可备案手续往往滞后。

一旦商标权属文件有缺陷，备案机关对备案申请将予以驳回。

鉴于上述情况，备案企业经常无法得到全部的商标权属文件，而只能获得其被许可使用商标中的一部分商标证明文件，并以获得的部分证明文件来申请备案。备案机关往往会将特许企业所要求备案的“备案商标”同备案企业所提供的相关备案申请材料中的《商标许可合同》所涉及的“许可商标”进行对比，一旦发现双方有不一致之处，备案机关将不会针对备案企业所提供的、能够证明其权属及使用权情况的部分商标进行审查并准予备案，通常做法是全盘否决备案企业的申请。

2. 在同一地域内两个以上特许企业使用同一品牌进行特许经营活动时的备案问题

对于现实中存在的两个以上企业使用同一品牌开展特许经营业务的情况，根据《条例》和《备案管理办法》要求，这些企业都应当以自身名义向备案机关申请办理特许备案。

备案机关审批时，如两家以上企业就同一品牌提出备案申请，只能由其中的一家通过备案。如一家企业先行通过备案，使用同一品牌的其他企业若要申请备案，则先行通过备案的企业必须申请撤销备案。

针对此类情况，专家认为，使用同一品牌的两个以上企业申请备案与法律并不相悖，如均符合法律要求，则应准予其备案，这也有利于商务主管部门对特许企业的管理。

3. 额外证明文件不明确

由于特许企业所从事的行业形形色色，有的行业涉及相关的许可文件，如餐饮类企业需要办理餐饮服务许可，教育行业需要办理办学许可等。这些许可文件虽然是拟从事该行业企业所应当申请办理并持有的证照，但根据《条例》和《备案管理办法》的有关规定，企业在申请办理特许备案时并不需要提供执照证明文件。但在备案过程中，备案机关在审查相关企业时，同样会对该备案企业涉及的行业性质作出审查，并要求企业提供所从事行业的相关证照。

参与调查的专家认为，某些特定行业的企业在日常经营过程中，应当根据法律法规要求向政府部门申请办理从事该行业的行政许可手续，但商业特许经营备案不是行政许可行为，备案机关无需审查企业的相关资质，且特殊行业行政审批在工商行政机关颁发营业执照前已经完成，商务主管部门没有必要重复审查。

因此，应对特许备案过程中所应提交的文件内容进一步加以明确，特别是需要额外提交的部分材料，应当明确告知企业，以便备案人准备好完整的申请材料，尽快完成备案。

4. 收文凭证缺失

根据《备案管理办法》，在特许备案过程中，备案企业应当在申请材料中附上诸如《商标注册证》、首份《特许经营合同》乃至《特许经营操作手册》、《市场计划书》等重要的、涉及企业商业秘密的证明文件。

备案机关在收到企业备案申请材料后，一般不向企业出具收文凭证，备案企业无法知晓申请进展情况和重要文件返还时间，若备案机关意外毁损了相关文件，备案企业也无以凭据向有关机关交涉。因此，行政机关在收取申请人的申请文件时，应出具收文回执，维护自身公信力、保障申请人的知情权。

（三）特许企业履行信息披露义务时存在的主要问题

特许企业在信息披露方面存在的主要问题包括：信息披露文本制作不够规范，在信息披露过程中缺乏规范的流程和对特许人商业秘密的有效保护等。其中，信息更新不及时、续约时未重新做信息披露等环节问题较为突出。信息披露的不规范和不完善已经成为引发特许人和被特许人纠纷的原因之一。

1. 信息披露手册更新不及时

根据《条例》第二十三条第二款的规定，特许人向被特许人提供的信息发生重大变更的，应当及时通知被特许人。特许人在执行该规定时，往往不能做到及时更新。专家建议企业每半年或一年更新一次信息披露手册，以保持信息披露手册中信息的准确性。

2. 续签特许经营合同时没有进行信息披露

调查专家建议，特许人在续签特许经营合同时，特许人应针对该续签合同的被特许人，在续签合同的30日之前，对其进行信息披露的操作。

（四）法院对特许企业未履行备案和信息披露义务所做的判决

对于特许企业未履行备案和信息披露等情况，目前法院普遍采取的态度为：

1.《条例》关于特许经营资格的规定属于管理性的强制规范，不属于效力性的强制规范。特许企业在不具备特许经营资格的情况下，违反《条例》规定与被特许人签订特许经营合同，只要系双方当事人真实意思表示，则特许人与被特许人签订的合同应为有效合同，但从事特许经营活动的企业将会受到相应的行政处罚。

2. 特许企业应当按照《信息披露管理办法》的规定依法进行信息披露，如果特许企业未能适当履行信息披露义务，被特许人有足够的理由以及权利解除其与特许人订立的特许经营合同，并且可以要求特许人进行相应的补偿或赔偿。

3. 如果特许企业在被特许人加盟前所提供的信息使被特许人产生错误认知，构成《合同法》上的“重大误解”，从而作出了错误的意思表示，被特许人亦有足够的理由以及权利解除其与特许人订立的特许经营合同，且要求特许人退还相应费用、承担相应损失。

迄今为止，部分特许企业尚未对特许人应当承担的信息披露义务给予足够重视，有的企业提供的信息披露不能满足法律的强制性规定；有的企业提供信息披露的文件或程序不专业，未能及时充分地保留自身业已进行信息披露的重要证据或是泄露无需披露的商业秘密；有的企业甚至没有履行任何信息披露的义务。这些问题的存在导致特许人在特许案件诉讼过程中处于被动地位。

三、企业开展特许经营面临的主要法律问题

开展特许经营所涉及的法律法规非常庞杂，除了《商业特许经营管理条例》、《商业特许经营备案管理办法》、《商业特许经营信息披露管理办法》等专门的法规和规章，特许企业还要涉及《公司法》、《合同法》、《劳动法》、《劳动合同法》、《广告法》、《商标法》、《专利法》、《著作权法》、《反不正当竞争法》等。

（一）特许企业的合同管理和特许经营合同

1. 特许企业的合同管理制度

针对特许企业合同管理的调查内容包括：是否建立了专门的合同管理制度，特许合同是否由法律专业人士起草，签订合同是否建立了招商、法律、财务等部门会签制度，企业是否有合同管理专职部门或人员等。

表 2　　特许企业合同管理情况

1. 合同谈判活动是否有法律专业人员工参加？	A. 常年法律顾问或是专项法律顾问参加	29.5%
	B. 特许企业专职法务人员参加	27.8%
	C. 特许企业兼职法务人员参加	6.6%
	D. 没有法律专业人员参加	11.5%
	E. 法律专业人员有时参加，有时不参加	24.6%
2. 特许企业合同等法律文件是否由法律专业人士起草审查？	A. 常年法律顾问或是专项法律顾问起草审查	63.9%
	B. 特许企业专职法务人员起草审查	24.6%
	C. 由兼办法务的业务人员或管理人员自行起草或参照其他特许企业版本起草，未经法律专业人员审查	4.90%
	D. 有时由法律专业人士起草审查，有时没有	6.6%
3. 是否建立了专门的合同管理制度？	A. 是	98.4%
	B. 否	1.6%
4. 签订合同是否建立了招商、法律、财务等部门会签制度？	A. 是	73.8%
	B. 否	24.6%
	未勾选	1.60%
5. 是否有合同管理专职部门或人员？	A. 是	90.2%
	B. 否	9.8%

调查结果显示，在合同管理制度方面，大部分特许企业已基本建立了合同管理制度。制度建设方面存在的主要问题包括，没有相应的合同分类编号、管理流程及风险控制制度等；合同起草（包括特许合同在内的重要法律文件）由非法律专业人员完成；很多企业未建立招商、法律、财务的会签制度。

合同管理制度的不完善带来一系列风险和隐患：合同内容违法或者不规范；合同订立时未留存被特许人的有关主体资格证明文件（如身份证明或营业执照等证件、授权委托书等）；合同履行过程中没有相关签收手续（如发货证明、收款单据等货物或钱款的交接证明文件）；合同终止时没有相关义务履行完毕的证明文书（如货款结算证明、缴费单据或提供支持服务的证明等）；合同及相关文件的档案管理混乱甚至丢失等。

2. 特许合同存在的主要问题

特许经营合同是特许企业开展特许经营活动的核心法律文件，本次调查对特许合同中的特许费用、广告宣传、信息披露、商圈保护、竞业限制等问题进行了了解，调查专家也提供了相应的法律意见和建议。

（1）特许经营相关费用

第一，特许加盟费是否应退还。

《条例》未对加盟费用做细致规定。实践中，普遍认为加盟费是被特许人取得特许经营资格的对价。被特许人除了支付加盟费外，还应支付特许经营权使用费，即“在使用特许经营权过程中按一定的标准或比例向特许人定期支付的费用”，特许经营使用费是合同履行中被特许人使用特许人经营资源的对价。因此，特许人对于特许经营合同中途解除是没有任何过错的，加盟费无需返还被特许人。

第二，特许保证金是否应退还。

关于特许经营中的保证金，《条例》中的定义是“为确保被特许者履行特许经营合同，特许人向被特许人收取的一定费用。合同到期后，保证金应退还被特许人。”收取保证金的目的是担保合同的履行，但这种担保形式与通常所说的定金有所不同，差别在于不能适用“定金罚则”：一方违约时，另一方不能扣除或要求双倍返还保证金。

第三，违约金如何确定。

按照《合同法》第 114 条的规定，当约定的违约金过分高于造成的损失时，当事人可以请求人民法院予以适当减少。一般而言，约定的违约金兼具补偿性和惩罚性功能，合同双方在签约时，对于违约金高于实际损失，是有一定认识的，如无特别不当，法院不宜介入对违约金的调整；但如违约金超出实际损失太多，或者一方依据其强势地位而迫使对方接受不公平的违约金条款，则法院也应予以干涉。

（2）广告宣传与信息披露

第一，特许人的加盟广告宣传是否作为特许经营合同的组成部分。

广告宣传是特许经营中的一项重要内容，被特许人往往为特许人在相关媒体中发布的广告宣传所吸引，而与特许人签订特许经营合同。但在司法实践中，特许人的加盟广告宣传并不简单等同于信息披露，也不能直接作为特许经营合同的组成部分；夸大宣传与合同欺诈应有所区分，被特许人作为商事主体对此负有相应的自主识别义务。

首先，广告宣传并不能等同于信息披露。广告宣传针对的是不特定对象，而信息披露针对有意向参与特许经营的人；广告宣传一般不涉及具体的内容，而信息披露内容则需具体明确。

其次，特许人宣传资料和宣传广告，在司法实践中常被认定为一种要约邀请，而非要约，不构成特许经营合同的组成部分。

最后，特许人宣传广告中的商业吹嘘不等同于合同欺诈。商业吹嘘是在基本事实上适度夸大，而合同欺诈是违背基本事实；商业吹嘘以作为的形式表现，而合同欺诈以作为和不作为两种形式表现；商业吹嘘通常表现在要约邀请中，其内容多不构成合同条款，而合同欺诈通常构成合同条款。

第二，特许人虚假宣传的，特许人将可能受到行政处罚、承担行政责任。《条例》第十七条第二款规定，“特许人在推广、宣传活动中，不得有欺骗、误导的行为，其发布的广告中不得含有宣传被特许人从事特许经营活动收益的内容。”第二十七条规定，“特许人违反本条例第十七条第二款规定的，由工商行政管理部门责令改正，处3万元以上10万元以下的罚款；情节严重的，处10万元以上30万元以下的罚款，并予以公告；构成犯罪的，依法追究刑事责任。特许人利用广告实施欺骗、误导行为的，依照广告法的有关规定予以处罚。”

（3）特许经营合同中的“商圈”问题

由特许经营人指定被特许人享有“独占特许经营权”的区域，俗称“商圈”。因此，商圈的确定直接决定了被特许人加盟经营参与竞争的激烈程度，商圈的保护和授权区域关系到被特许人切身利益。司法实践中，特许经营合同纠纷中因“商圈”引起的纠纷不在少数，主要有以下几类：

第一，特许经营合同中，没有注明特许人授予被特许人的特许经营权为“独占特许经营权”，以致特许人在签约后又授权其他第三人在被特许人加盟店附近另设加盟店进行直接竞争。

第二，特许经营合同中，特许人授予被特许人在一定区域内享有“独占特许经营权”，但基于合同中所指的独家代理地域范围不明确，或者特许人故意违约，授权许可第三人在被特许人经营的加盟店附近另开设加盟店，导致两加盟店直接竞争。

第三，第三人未经特许人许可，开设与加盟店装潢风格类似、字号相似，且经营内容一致的店铺，而该店铺与被特许人的加盟店产生直接竞争。

（4）特许经营合同中的竞业限制条款问题

在争议发生后，被特许人往往主张《特许经营合同》是由特许人单方面提供的格式合同，竞业禁止条款单方面剥夺被特许人权利，加重被特许人义务，应属无效。特许人如要有力反驳这一观点，确定竞业禁止条款的效力，应注意如下方面：

第一，在《特许经营合同》中，应对竞业禁止的空间范围和时间范围作一定限制。完全无限制的竞业禁止条款，表面上最大限度地维护了特许人权利，但有可能被法院或仲裁机构认定为无效。一旦竞业禁止条款被认定无效，将对特许人权利造成损害。

第二，在《特许经营合同》中应有定义部分，对竞业禁止条款中通常会出现的“关联企业”、“关系人”等经营定义说明。这样，即使竞业禁止条款被认定为格式条款，但根据《合同法》第三十九条和《合同法》司法解释（二）第六条，可以被视为提供格式合同的一方，即特许人，尽到了对格式条款的说明义务。这对认定格式条款有效是很有帮助的。

第三，只要《特许经营合同》形成，特许人向被特许人交付了操作手册等含有 Know－how 内容的资料，被特许人实际上就掌握了特许人的商业秘密。这一过程具有不可逆性，即使《特许经营合同》解除，被特许人也不可能将其掌握的特许人的商业秘密去除。因此，需要竞业禁止条款来保护特许人，才能得到特许人与被特许人之间权利义务上的平衡，维护正常的市场秩序。

(二) 特许经营的知识产权保护

知识产权是特许企业经营资源的核心内容。部分特许企业对商标、专利权、著作权等知识产权比较重视，也建立了比较完善的管理制度。但是，在商业秘密保护方面仍有多数企业没有给予足够重视，其中，商业秘密保密制度的建立、商业秘密机构的设立和人员的管理、档案的管理等方面，很多企业都存在欠缺或不完善之处。

表 3 **特许企业知识产权管理情况**

是否有专门负责商标、专利、著作权管理的机构或人员?	A 是	91.8%	B 否	8.2%
是否建立了相关的管理、保护制度?	A 是	80.3%	B 否	19.7%
是否与高级管理人员、高级技术人员和其他负有保密义务的人员签订保密协议与竞业限制协议?	A 是	83.6%	B 否	16.4%
是否有专门进行商业秘密管理的机构或人员?	A 是	60.7%	B 否	39.3%
是否制定了商业秘密管理流程的相关制度和秘密档案管理制度?	A 是	63.9%	B 否	36.1%

存在的主要问题包括：第一，大部分被调查企业没有对本企业的知识产权进行过系统的梳理与整合，个别企业针对被特许人对当地市场的举报进行过个案的打假维权，但没有形成系统的打假维权制度。第二，从法律文件上看，特许人授权被特许人的一般只包含商标使用授权，其他知识产权作单独授权的情况比较少。所调查的特许人对被特许人的商标使用授权没有向商标局进行商标许可备案的情况普遍存在。第三，所调查企业大部分没有设立专门的知识产权管理机构。

(三) 特许企业的法律纠纷

1. 纠纷类型

调查结果显示，在特许企业涉及的纠纷中，主要是特许企业与加盟商的合同纠纷，该类纠纷在所有纠纷中比例高达49%；其次是其他特许经营合同纠纷，占18%；再就是商标等知识产权纠纷，占11.5%。这三类纠纷在参与调查企业中最为普遍。

2. 诉讼、仲裁管理制度建设

受访的特许企业在建立诉讼、仲裁案件的管理制度方面普遍做得不够好，建立相关制度的企业只有67.2%，该结果表明，特许企业中尚有部分企业的诉讼、仲裁案件管理制度不完善。由于特许企业在履行合同过程中忽视相关证明文件的留存，诉讼、仲裁中无法提供证据而导致败诉的情形屡有发生。

表 4 特许企业诉讼、仲裁情况

特许企业是否建立了诉讼、仲裁案件的管理制度？	A 是	67.2%	B 否	29.5%	未勾选	3.3%
纠纷（诉讼、仲裁及其他）类型				汇总结果		
加盟商违约的合同纠纷				49%		
其他特许经营合同纠纷				18%		
商标等知识产权侵权				11.5%		
假店侵权（或特许合同终止、解除后的摘牌问题）						
特许经营信息披露纠纷						
商业秘密纠纷						
商铺租赁合同纠纷						
融资纠纷						
员工劳动纠纷						
其他						

四、其他法律问题

（一）融资

调查结果表明，特许企业的融资管理制度很不完善。部分受访企业在融资方面缺乏经验，对于融资可能给企业带来的中长期影响考虑不足，且没有建立系统的融资管理制度。已经进行过融资的特许企业，在融资的必要性认证和安全性检查方面做得不够，亦没有给予充分重视。调查企业主要通过被特许人缴纳特许经营费用或者私募基金和风险投资公司对特许企业进行股权投资两种方式实现融资。

表 5 特许企业融资管理情况

问题	选项		比例
1. 特许企业是否建立了融资的相关制度或流程？	A. 是		47.5%
	B. 否		49.2%
	未勾选		3.3%
2. 特许企业融资由谁决定？	A. 总经理		3.3%
	B. 董事长		9.8%
	C. 董事会		27.9%
	D. 股东会		6.6%
	E. 根据数额由董事会或股东会决定		42.6%
	未勾选		9.8%
3. 进行过融资的特许企业，请选择	（1）特许企业融资时，是否会进行必要性认证？	A. 是	67.2%
		B. 否	1.6%
		未勾选	31.2%
	（2）特许企业融资时，是否会进行安全性检查？	A. 是	63.9%
		B. 否	3.3%
		未勾选	32.8%

特许企业大部分为中小企业，由于政府宏观调控的缺失、商业银行管理体制的限制以及中小企业自身的局限性，中小企业融资难的问题，在一定时期内还很难解决。

（二）公司治理结构

调查问卷表明，特许人以有限责任公司这种组织形式开展特许经营活动在目前中国特许经营市场最为常见，但该种形式下，规范公司的治理结构并没有得到企业的普遍重视。此次调查涉及的问题包括：股东会、董事会、监事会是否均已设立；是否按照公司章程的规定，召集召开股东会、董事会、监事会；特许企业股东会决议、董事会决议是否遵守《公司法》及公司章程中议事规则的规定等。

表 6　　特许企业公司治理结构情况

问题	选项	比例
1. 特许企业是否依据特许企业法规设置了股东会、董事会、监理会?	A. 是	93.4%
	B. 否	6.6%
2. 特许企业是否按照公司法、公司章程的规定召集召开股东（大）会、董事会和监理会?	A. 是	75.3%
	B. 否	19.8%
	未勾选	4.9%
3. 特许企业重大决策是否由股东（大）会或董事会按照章程规定的议事规则作出?	A. 是	80.4%
	B. 否	18%
	未勾选	1.6%

调查结果显示，完善和规范公司治理结构是实现良性规模经营和规范化运作的重要基础。现阶段，规范公司的治理结构并没有得到特许企业的普遍重视。很多特许企业在公司治理结构方面存在不少问题：

1. 股东会、董事会、监事会形同虚设，特许企业并未按照《公司法》及章程规定召集召开股东会、董事会、监事会，股东会及董事会决议也未按照公司法和公司章程的规定执行。

2. 大股东（或公司实际控制人）直接作出决议，其他股东（或董事）不知情的情况时有发生，有些重大决议甚至没有采用书面形式。

3. 特许企业股东会决议、董事会决议内容违反法律、行政法规和章程规定，导致上述决议的无效或者被撤销。特许企业公司治理中存在的上述问题严重影响到公司决策的稳定性，造成资源浪费和经营管理无序，不利于特许企业的可持续发展。

（三）人力资源管理

调查结果表明，特许企业在用工中更倾向于全日制或者全日制与非全日制相结合的用工形式。

表 7　　特许企业人力资源管理情况

问题	选项	比例
1. 特许企业用工形式是哪几种？【多选】	A. 全日制	90.2%
	B. 非全日制	29.5%
	C. 综合用工	41%
2. 特许企业是否定制了员工手册？	A. 是	96.7%
	B. 否	3.3%
3. 特许企业是否设立了工会？	A. 是	47.5%
	B. 否	52.5%

商业特许经营中，特许人与被特许人为独立的民事主体，各自独立承担民事责任。因此，特许体系中各加盟店所招聘的员工（除特许人劳务派遣的有关人员外）均与被特许人建立直接劳动关系。这是商业特许经营能够有效降低用工成本及用工风险的一大优点。但由于加盟店员工与特许人之间不存在劳动关系，特许企业人力资源管理方面也存在一些特别的问题：

1. 加盟店不服从特许人管理，严重违规侵害特许人利益的现象时有发生，如同业竞争、滥用知识产权等，有的特许企业因害怕出现上述情况而不敢过多发展加盟店，只能在自己资金和能力范围内发展直营连锁。

2. 部分劳动合同文本存在一些不规范之处。

3. 有些企业没有制定员工手册或者设立工会。缺乏员工管理的激励机制，或激励机制尚不完善。

4. 有些特许企业还存在随意解除劳动合同、续签劳动合同没有提前通知、离职程序混乱、劳动合同到期不及时续签等问题。这些无疑将会增加特许企业的用工风险。

（四）行政管理

调查结果表明，特许企业在行政管理方面越来越完善。调查涉及到的印章保管、印章使用、印章交接管理、会议管理、档案管理、公关管理等制度越来越受到企业的重视。大多数特许企业已建立了规范合理的行政管理制度，部分企业的行政管理制度存在完善和改进的空间。

表 8　　特许企业行政管理情况

问题	选项	比例	选项	比例
1. 是否建立了印章保管、使用、交接的管理制度及流程？	A 是	98.4%	B 否	1.6%
2. 是否建立了会议管理制度？	A 是	98.4%	B 否	1.6%
3. 是否建立了档案管理制度？	A 是	95%	B 否	5%
4. 是否建立了公文管理制度？	A 是	95%	B 否	5%

调查发现，行政管理方面的主要问题包括：企业管理制度完善，但实施不到位；员工离职交接手续不完善，印章、档案、协议、票据等原始凭证的越权使用或滥用情况时有发生；各管理制度之间的融合不够，尚未形成统一的管理体系。

（五）特许企业法律风险管理与法律服务需求

1. 法律风险管理现状

参与调查的企业中，有68.9%的企业设有专门的法律部门和法律人员；有96.7%的特许企业聘请了专门的法律顾问。对于企业法律风险管理体系的建设目标，54.1%的企业选择“有效避免潜在纠纷或在可能涉及的纠纷中把握主动”选项，39.3%的企业选择“使法律事务更加规范”。

表 9　　特许企业法律风险管理情况

1. 特许企业是否设有专门的法律部门或法律人员？	A. 是	68.9%
	B. 否	31.1%
2. 特许企业是否聘请过法律顾问？	A. 是	96.7%
	B. 否	33.3%
3. 特许企业对法律风险管理体系建立的期望目标是	A. 使法律事务更加规范	39.3%
	B. 及早发现风险所在，以采取补救措施	31.1%
	C. 有效避免潜在纠纷或在可能涉及的纠纷中把握主动	54.1%
	D. 其他	1.6%
	未勾选	3.3%

调查发现，部分特许企业虽然聘请了法律顾问，但并不是从事特许经营专业的专门律师，其对特许经营相关的法律业务不熟悉。例如对特许备案流程、信息披露、特许经营合同的起草审核等事项的主动性和专业性不足。

2. 法律服务需求

特许企业对“加盟违约等合同纠纷处理”的法律需求最强烈，占55.7%，对侵权（或特许合同终止、解除后的摘牌问题）处理的法律需求占38%，对特许经营信息披露以及特许合同文本制定方面的需求比例为10%。

表 10　　特许企业法律需求状况

法律服务需求	汇总结果
加盟违约等合同纠纷处理	55.7%
侵权（或特许合同终止、解除后的摘牌问题）处理	38%
特许经营信息披露以及特许合同文本制定方面	10%
特许经营代办备案	
商标等知识产权保护	
特许企业并购与重组	
劳动人事	
合同执行维护	
其他	

五、规范特许行为、完善法律建设的几点建议

（一）利用新闻媒体，通过行业协会平台，加大对《条例》、《备案管理办法》和《信息披露管理办法》的宣传力度

知法是守法的前提。商务主管部门可以利用电视、广播、网络以及行业协会，加大《条例》、《备案管理办法》、《信息披露管理办法》的宣传力度，使从事或者即将从事商业特许经营活动的企业了解、理解相关法规，依法开展信息披露和备案工作。

（二）组织《条例》、《备案管理办法》和《信息披露管理办法》的学习培训

学习培训应面向两个群体：一是特许企业法务管理人员，另一是负责监管、备案和执法的行政管理人员和法院、仲裁方面的人士，以提高有关部门监督管理、备案以及执法的水平。

（三）加强对地方商务主管部门的督导，加大执法力度

特许经营活动中的“执法不严、违法不究”现象在一定程度上存在。对于商业特许经营的违法行为，商务主管部门管理力度很弱，特许企业违反“一个条例、两个办法”的相关规定却未受到相应的处罚，以致特许企业对《条例》的权威性产生置疑。因此，加强行业主管部门和执法部门的联动，通过联合行文、联合执法等形式，协调调动各职能部门，不断提高各地商务主管部门的管理能力与执法力度，并实现管理政策、执法标准、司法认定的统一，形成规范市场的长效机制。

（四）完善相关法规，增强可操作性

部分特许企业认为，现有的法律法规不够完善，缺少相应司法解释，导致对政策条文出现多种理解。例如对《备案管理办法》中关于提交第一份特许经营合同的理解存在分歧，关于备案举报的方式及回复和撤销备案的救济等规定也不完善。《信息披露管理办法》中关于关联公司规定不够明确，披露内容的某些条款理解上存在分歧，关于法律责任的规定与条例的规定存在冲突等。鉴于此，行政机关在备案审查工作方面应进行相关工作的细分，特别是针对境外特许品牌进入中国市场后可能出现的特殊情况进行细化。由于备案管理办法并未要求特许人拥有多个注册商标，因此如备案申请人能提供一个注册商标的完整权属文件，备案机关即应准予其备案，并在备案系统经营资源一栏中显示该商标信息。

对于申请人无法提供完整权属的商标，备案机关可不在备案系统经营资源一栏中显示相关信息，但不应因此为由，拒绝其备案，以便有意愿遵守有关法律法规完成备案的企业尽早完成特许备案。此外，境内企业在做境外知名品牌的特许经营时，也应注意前期的沟通与协调，尽量保证商标许可手续的完备。

（五）加强企业风险管理

加强特许企业法律、财务、人力资源等的风险管理，将有利于特许企业防风险于未然，有利于特许企业的规范化运作和可持续发展。建议特许企业：

1. 设立专门的法律部门和法律人员，健全法律事务机构。
2. 健全企业商标、版权、专利保护制度。
3. 完善企业合同管理制度。
4. 健全企业财务会计制度。
5. 完善公司治理结构，聘用法律专业机构规范公司治理。
6. 加强人力资源管理人员及其他行政管理人员的培训。
7. 规范企业融资流程，进行必要性论证和安全性检查。

（商务部商贸服务管理司　中国连锁经营协会　2010 年 9 月）

2009－2010 年度中国优秀特许加盟品牌评审报告

一、基本情况

2010 年 4 月，由中国连锁经营协会组织，中国优秀特许品牌评委会实施的“2009－2010 年度中国优秀特许加盟品牌”评选工作圆满结束。本年度参评企业 84 家，比上年增长 15%，涉及 37 个业态，共拥有店铺数 66000 余家，其中加盟店占 88.7%；参评品牌中，零售业占 41%，餐饮业与酒店业占 30%，服务业占 29%，其中有 19 家企业品牌为首次参评，多数品牌在本行业或区域内具有明显优势。根据评审规则，经初选，入围进入复审阶段的企业 56 家，其中零售业、餐饮与酒店业、服务业占比为 4：3：3；餐饮业参评企业数量较往年有明显下降。

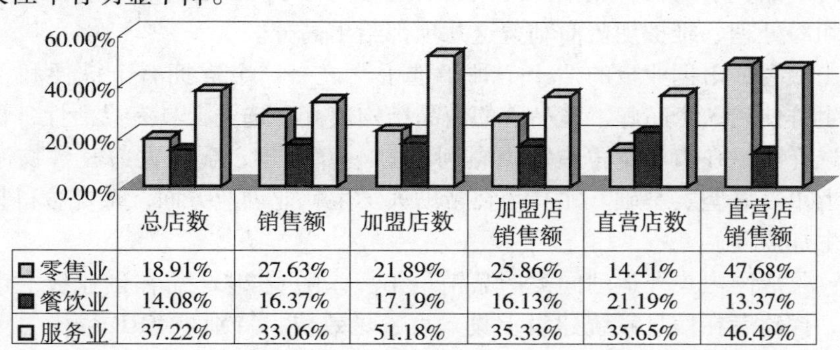

	总店数	销售额	加盟店数	加盟店销售额	直营店数	直营店销售额
□零售业	18.91%	27.63%	21.89%	25.86%	14.41%	47.68%
■餐饮业	14.08%	16.37%	17.19%	16.13%	21.19%	13.37%
□服务业	37.22%	33.06%	51.18%	35.33%	35.65%	46.49%

图 1　2009 年零售业、餐饮与酒店业、服务业参评企业同比增长情况

根据参评企业申报数据统计显示，2009 年服务业各项指标中除直营店销售同比略低于零售业外，其他均比零售业和餐饮与酒店业发展状况要好，餐饮业发展相对落后。

二、总部建设

从参评企业评审陈述总体情况来看，零售企业创新发展动力更强，服务业管理更扎实，餐饮业出现特许经营发展下滑的迹象。

（一）零售业

本年度入围参评零售企业 23 家，其中探路者、晨光、金锣、红府、中横窗业、超市发、劝宝超市、燕思巢等 8 个品牌是首次参评。

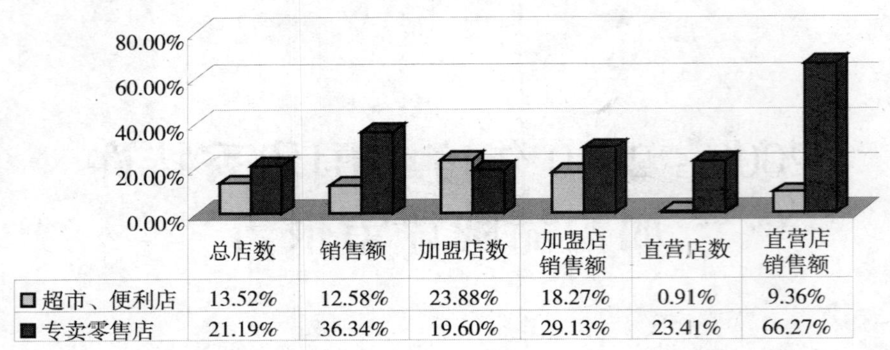

	总店数	销售额	加盟店数	加盟店销售额	直营店数	直营店销售额
□超市、便利店	13.52%	12.58%	23.88%	18.27%	0.91%	9.36%
■专卖零售店	21.19%	36.34%	19.60%	29.13%	23.41%	66.27%

图 2　2009 年参评超市、便利店与专卖零售店同比增长情况

图 2 显示，超市、便利店的发展状况只在加盟店店铺增幅一项高于专卖零售店约 4 个百分点，其他均低于专卖零售店的发展，尤其是直营店店铺增幅很低，表明总部对加盟店发展依赖程度增高，而其他零售专卖店依靠直营店发展获得高销售。它们的成功更多是得益于创新，例如：

红府：创新开路，促全方位提升。在区域发展的同时特别注重深入社区发展，创办省内第一家生活精品馆，又开办社区情境超市。自有品牌开发占销售额的 6%。利用加盟店采购农副土特产品，节约物流成本。内训实行进修岗位学分制。难能可贵的是，加盟商对商圈保护、纠纷处理、维护加盟商利益这几项都给出高分。

金虎：山西省冲击创业板的“十个种子选手”之一。金虎拥有金虎便利、早早快餐便利和语果生鲜便利 3 个品牌，多品牌的商品结构使其在选址上具有灵活性，也使加盟商因地制宜的选择可以在市场竞争中增强赢利能力。2009 年，金虎大力完善物流体系和信息体系，为上市打好坚实基础。尤其是在帮助大学生就业创业方面，金虎舍得投入，吸收了一批大学生加盟商。

探路者：位居国内户外运动同类产品销量第一。随着 2009 年在创业板上市，其知名度大大提升。探路者在信息系统建设上投入大、见效快，特别是 ERP 系统的实施对其科学管理起到很大作用。其特许手册系统、完整，加盟商对业绩和总部的培训指导满意度均较高。

特百惠：做事讲求科学性，注重效率。选址上，其对商圈的调查细致、翔实，以确保开店成功率；培训上，传教训导与示范体验相结合，以保障实效；其精编的特许手册，易学、易记、易操作，堪称模板和典范。

绝味：规模化扩张，民主化管理。其注重市场策划，投放广告力度大，以规模化快速扩张为先导，品牌知名度快速提升，销量已占全国同类卤制品市场的 20%。同时，经民主选举产生加盟商委员会，使沟通得以加强，监督得以强化。

（二）服务业

本年度入围参评服务业企业 17 家，其中金宝贝、新爱婴、紫名都装饰等 3 个品牌为首次参评。由于服务业业态分布比较分散，相互之间难以比较。幼教培训品牌仍是主流，包括东方爱婴、红黄蓝、金宝贝等。此外，评委会专家认为，服务业特许企业经过多年的发展，其品牌的稳定性要高于其他业态，企业更专注于经营发展，管理更扎实有效。例如：

红黄蓝：经过 11 年的发展，红黄蓝对其业务链的深度和广度进行了拓展，现已形成亲子园、幼儿园和家庭产品三大业务体系。形成亲子园和幼儿园互动，带动家庭产品综合发展的模式，增强了连锁终端的盈利能力，树立了红黄蓝的商业模式及品牌特色。2009 年，红黄蓝销售额增长了 50% 以上。

在管理上，通过五大分公司管理并服务于全国范围的园所，使总部对连锁系统具有较强的管控能力；在总部的科研和标准化建设中，其特别邀请加盟商参与，此举既吸纳了加盟商的宝贵意见和建议，融洽了加盟关系，又使加盟商进一步投身到与总部共建品牌的事业之中。此外，红黄蓝创建了园长在线交流平台、知识管理系统和 CRM 系统等，通过建立信息化管理平台，加强了总部与加盟商的沟通与服务；在队伍建设中，红黄蓝完成了全国园所管理者、教师分类别评优制度；开发了以科研为引领，给予园所实地指导的红黄蓝立体教育方案等。

金宝贝：自 2004 年运作，仅用 6 年左右时间，便形成较强的品牌影响力和销售规模，首次参评即获大奖。这既是品牌底蕴的体现，也是管理团队扎实经营的结果，更是品牌战略和品牌文化的成功。

评委会专家认为，金宝贝的成功有两点值得关注：一是只做自己最擅长的事，不轻易扩大业务的深度和广度；二是对出现的问题要多用换位思考，多从自身找原因。正是有了这样的理念和心态，金宝贝一开始就主动成立了加盟商委员会，与加盟商建立起平等互动、顺畅交流的平台。

为了让许多中小城市也能成功运营金宝贝早教中心，其根据不同城市的状况和特点设计不同的商业模式，使加盟总投资额从 300 多万元降到 100 多万元。同时，其对不同地区的具体情况进行差异化的业务辅导，对不同阶段的加盟商进行针对性的专业指导，有效提高了加盟商的投资成功率，也加快了市场的开发速度。

另外，在正式加盟前，金宝贝首先要对加盟商进行 3－4 周的培训，对不合格者坚决淘汰，使金宝贝较为有效地把具有共同理念的人充实到自己的队伍中来。目前，金宝贝 80% 以上的加盟商都是自己的会员。

小拇指：做得用心、专注、简洁、有创意。小拇指总能把复杂的事情简单化，其品牌定位“多、快、好、省”，其经营理念“拉勾诚信、栽苗除草”等是小孩子都能懂的大白话。通过《小拇指生意经》、《小拇指之歌》等，在潜移默化中引导并熏陶着员工的思想和理念，可谓“润物细无声”。

在实操层面，小拇指通过信息化手段固化管理思想，建立了五大系统。如门店的 ERP 系统，解决了针对车辆维修记录的全面质量管理，以及针对车主维修偏好的个性化管理问题；颜色管理系统，使得高效发布颜色配方、高效查找颜色配方更容易实现；电子商务系统，加强了材料的质量管控和消耗的成本管理；积分系统，实行全员积分管理政策，促使员工更加主动工作，提高了加盟系统的工作效率和加盟商的满意度，员工收入平均提高 10%，公司人均产值提高 24%；OA 系统，提高了全国分散经营的决策流程和效率。

小拇指对门店督导内容的划分和评价方法简洁明了。如，门店的督导内容按形象标准、管理规范和经营能力三个方面分类，抓住了店铺经营管理的要领。其“甲乙丙”、“ABC”、“123”式的评价方式，使门店的优缺点一目了然，也有助于总部对应的管理部门改进工作。

业之峰：经过十年磨剑，业之峰在家居模式创新、物流配送网络建立及营运、培训及服务深化等方面成效显著，特许体系快速提升。

业之峰推出的峰格汇家居模式，为顾客提供了省时、省心、省力、省钱的一站式完整家居服务。经与家居配套供应商合作，借助主材配套服务，降低了整体报价成本，实现了基础产值的增长。自峰格汇模式推出一年来，其基础装修产值及材料配送价值达1亿元。

业之峰公司建立了全国物流配送网络，专门负责物流的收发、确认及调配。此外，业之峰与多家具有全国总代理资质的材料供应商，以及全国性物流配送公司合作，使其配送材料涵盖41个品类，基本满足了基础装修材料的供给，提高了连锁系统装修材料的质量。

改变以权益金的收取作为考核指标的做法，实行以服务为导向的考核办法。上年起，业之峰对各职能部门及员工进行全面的服务考核，督导工作由区域管理改为对点支持管理，力求把对加盟商的支持服务做到位。

深化和细化运营管理。业之峰在利润考核、ERP管理、操作手册、运营培训、督导、审计等方面均进行了改进。为确保工程质量而实施的蓝钻工程，由2007年发展至今，已经成为业之峰家装在材料、工艺、环境、管理方面的四大质量保障。

（三）餐饮业

本年度入围参评餐饮企业品牌数量不到往年的一半，只有16家，其中便宜坊、黄记煌、过桥缘、草原牧歌等4个品牌为首次参评，品牌整体水平下降。

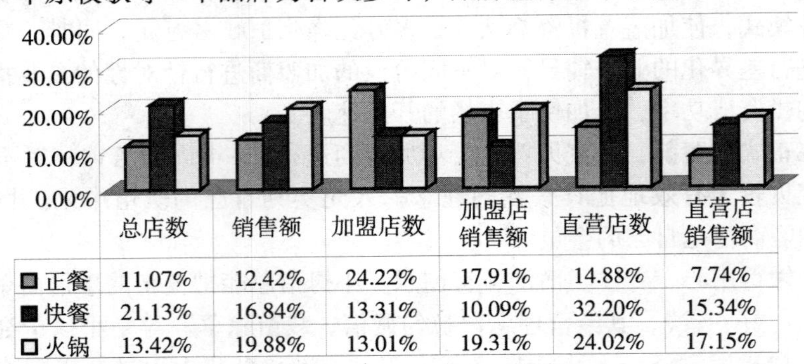

	总店数	销售额	加盟店数	加盟店销售额	直营店数	直营店销售额
正餐	11.07%	12.42%	24.22%	17.91%	14.88%	7.74%
快餐	21.13%	16.84%	13.31%	10.09%	32.20%	15.34%
火锅	13.42%	19.88%	13.01%	19.31%	24.02%	17.15%

图3　2009年餐饮业中正餐、快餐、火锅参评企业同比增长情况

图3显示，正餐业态加盟店店铺增幅高于其他两个业态；快餐总店铺数和直营店数增幅较快；火锅的销售额增长比较突出。

从餐饮参评企业评审陈述情况发现，餐饮企业比较注重配送对加盟店的控制，如世好吉祥、黄记煌等；还有通过工业化生产扩展零售渠道，如重庆德庄、秦妈、永和豆浆等，在降低主配送产品成本的同时，也增加了加盟商的利润空间。这些都是特许经营的核心环节。但评委会专家认为，总部重点强化此种获利模式，而不是从服务环节出发，尤其是零售渠道销售额越来越大时，利润来源开始倾向零售，使总部对加盟商的服务趋于下降，或者放缓加盟发展。从图 1 也可看出，餐饮业参评企业的各项发展数据明显低于零售业和服务业参评企业，加盟商调查也显示餐饮业低于其他两个业态，这已经是第三年出现此种情况了，说明餐饮企业总部对加盟商的管理难度较大，而零售利润远比前者盈利模式成本低，特许经营在部分餐饮企业中出现下滑迹象。从获奖企业看，亮点也很突出。如：

小肥羊：加大培训力度，完善规范和标准。2009 年，小肥羊根据餐饮业务发展需要开辟了与加盟商的多渠道、多样化的沟通，加大了对加盟商的培训力度。同时，推出了一系列的创新举措，如调整加盟费用的收取方式、推行新的装修元素、开通 OA 电子办公系统等，并实现了火锅餐饮的规范化和标准化，使小肥羊的业绩明显提升，加盟收入增长 21.5%，也使小肥羊在餐饮业中具有典范作用。

德庄：寻求战略发展变化，利用品牌优势与万达地产及加盟商进行了多样化的合作，提升了总部的盈利能力。同时，打造自己的核心产品，如火锅底料和德庄酒，并通过产品渠道改变来提升盈利空间。

阿瓦山寨：企业文化和团队建设独具特色，对加盟商的培训密度和方式得到加盟商的认可；2009 年总部还在赢利模式上有所创新，如“山寨自酿红酒”、“阿瓦山寨苦荞茶”和“山寨珍果”等产品的配送方面，给加盟商带来新的获利空间，在加盟商调查中获得较高评价。

世好吉祥：吉祥馄饨已创立 11 年，2009 年，其加盟商增长 27%，全国门店数达到 1070 家，成为国内连锁门店数最多的本土快餐品牌之一。2009 年，其确定了打造中国连锁门店数最多的便利店式快餐系统战略目标，将门店创新的定位介于快餐店与便利店鲜食柜之间的新业态，并通过 OA、CRM、MIS 等信息系统，以及配套完善的冷链物流确保创新业态的成功，有效地满足了顾客便利、卫生、有特色的需求，增强了加盟店的获利能力，在中式快餐业中独树一帜。

三、加盟商调查

2009 年度的加盟商满意度调查主要是针对入围参评的 67 个品牌，调查实施主要通过电话访谈进行。对每个企业随机选取不少于 15 家加盟商，就总部为加盟商提供服务的 10 个题目进行访问。

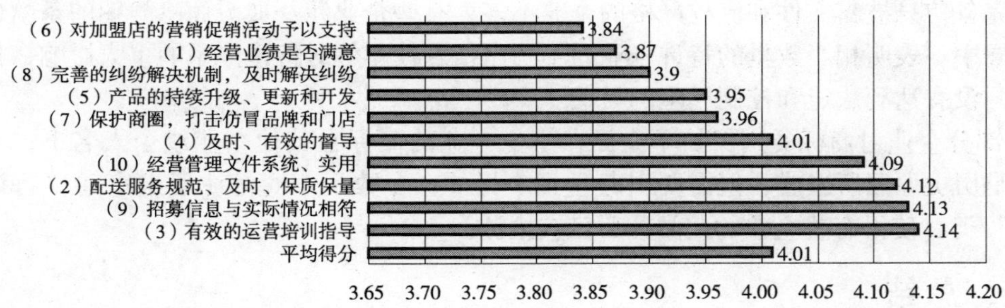

图 4　三大行业加盟商对总部各项工作评价情况

总体来看，本年度的加盟商满意度有所提升，尤其是在信息披露及运营指导方面普遍得到加盟商认可；但是，由于经济危机的普遍影响，加盟商与总部也面临着多重考验，例如经营业绩不佳、矛盾纠纷增多，等等。进而从调查数据显示，在各个业态上加盟商普遍对经营业绩、总部对加盟商的营销支持，以及纠纷调解机制等方面不满意程度最高。

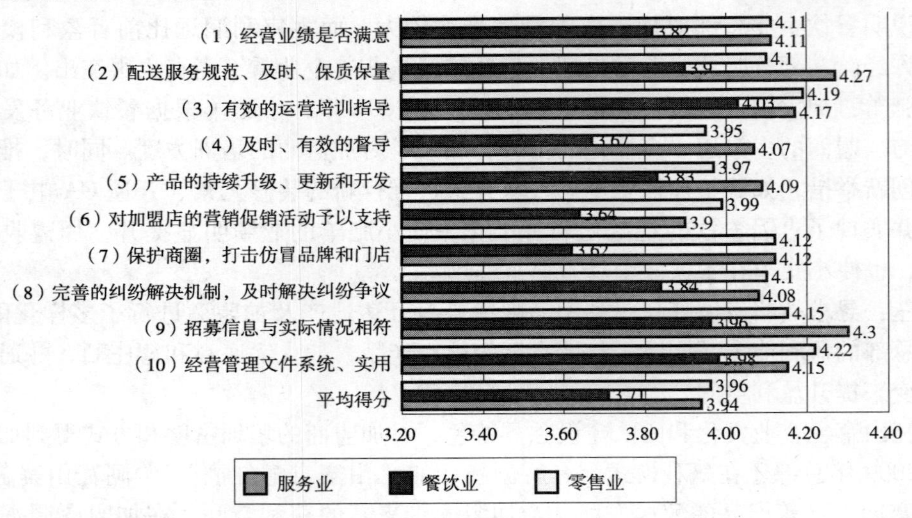

图 5　三大业态加盟商对总部各项工作评价对比

从三个业态来看，餐饮业总体状况不能令人满意；服务业各项指标高于其他行业（见图5）。

从入围参评企业评审陈述情况看，服务业较为规范，尤其表现在特许体系及培训指导方面，对加盟商的支持力度大于其他行业。同时，不同业态也表现出较大的差异，不同的餐饮企业加盟商满意度的不平衡性十分明显；而零售业和服务业的企业得分比较平均，说明这两个业态的标准化与规范化程度较高，业内出现普遍通用的规则，对特许经营发展有其共识；而餐饮业的发展由于其多样化、多元性及复杂性，还有待进一步规范和提高。

四、法律问题

1. 参评企业执行备案政策整体情况很好，但在合同中对《商业特许经营管理条例》要求的完备信息披露文件和流程严格的企业不多，有些企业涉及加盟商冷静期的条款也未列入合同中。表明相当数量的特许企业尚不明白信息披露等对特许体系的重大影响，特许经营合同没有达到法定和控制风险的目的。

2. 部分企业对商标类别保护不全面，不少企业的商标在其他企业或个人名下，其中有可能是历史原因所造成，但需要引起重视。另外，多数企业商标注册未审请“特许经营咨询”类，使得有些企业的此类注册已被抢注。

五、总结

1. 零售业特许经营创新发展动力强，服务业特许经营管理扎实，餐饮业特许经营出现下滑态势。对还没有真正形成品牌影响力、盈利模式尚不稳定、远程管控力较弱的特许企业，将会动摇已经积累多年的企业根基，也会影响投资人的信心。

2. 创新成为特许企业克服经济危机的法宝。经济危机的实际影响对加盟店多源于心理上的担忧，而总部的创新举措增强了加盟商对可持续经营的信心，提高了加盟商的满意度，使总部的优势和控制力得到加强。

3. 借力网络营销和管理信息化，提升总部的盈利能力和管理效率，各项先进的管理手段已逐步运用，并取得一定成效。但由于缺少品牌联合营销的平台，对现代消费者的消费趋势及把握尚显信心不足。

4. 零售专卖企业受到网络销售冲击，个别加盟商开网店低价销售，相关法律解决途径还有瓶颈。特许合同相对完善，但有些企业对信息披露、商标保护等老问题仍然没有引起足够的重视。

5. 加盟商调查显示，对总部的满意度在提升，总部也反映加盟商的投资理念和自我管理能力比前几年更加成熟，加盟创业意向比 2008 年要高。更多的优秀特许品牌总部与加盟店之间已形成良性运行，相互间的信任度进一步增强，使企业更加专注于特许经营模式发展。

（中国连锁经营协会中国优秀特许品牌评委会　2010 年 4 月）

第四部分　政策法规篇

卫生部发布《餐饮服务许可管理办法》

卫生部令第70号

《餐饮服务许可管理办法》已于2010年2月8日经卫生部部务会议审议通过，现予以发布，自2010年5月1日起施行。

部长　陈　竺

二〇一〇年三月四日

餐饮服务许可管理办法

第一章　总则

第一条　为规范餐饮服务许可工作，加强餐饮服务监督管理，维护正常的餐饮服务秩序，保护消费者健康，根据《中华人民共和国食品安全法》（以下简称《食品安全法》）、《中华人民共和国行政许可法》（以下简称《行政许可法》）、《中华人民共和国食品安全法实施条例》（以下简称《食品安全法实施条例》）等有关法律法规的规定，制定本办法。

第二条　本办法适用于从事餐饮服务的单位和个人（以下简称餐饮服务提供者），不适用于食品摊贩和为餐饮服务提供者提供食品半成品的单位和个人。

餐饮服务实行许可制度。餐饮服务提供者应当取得《餐饮服务许可证》，并依法承担餐饮服务的食品安全责任。

集体用餐配送单位纳入餐饮服务许可管理的范围。

第三条　国家食品药品监督管理局主管全国餐饮服务许可管理工作，地方各级食品药品监督管理部门负责本行政区域内的餐饮服务许可管理工作。

第四条　餐饮服务许可按照餐饮服务提供者的业态和规模实施分类管理。餐饮服务分类许可的审查规范由国家食品药品监督管理局制定。

《餐饮服务许可证》受理和审批的许可机关由各省、自治区、直辖市食品药品监督管理部门规定。

第五条　食品药品监督管理部门实施餐饮服务许可应当符合法律、法规和规章规定的权限、范围、条件与程序，遵循公开、公平、公正、便民原则。

第六条　食品药品监督管理部门应当建立餐饮服务许可信息和档案管理制度，定期公告取得或者注销餐饮服务许可的餐饮服务提供者名录。

第七条 食品药品监督管理部门应当加强对实施餐饮服务许可的监督检查。

第八条 任何单位和个人有权举报餐饮服务许可实施过程中的违法行为，食品药品监督管理部门应当及时核实、处理。

第二章 申请与受理

第九条 申请人向食品药品监督管理部门提出餐饮服务许可申请应当具备以下基本条件：

（一）具有与制作供应的食品品种、数量相适应的食品原料处理和食品加工、贮存等场所，保持该场所环境整洁，并与有毒、有害场所以及其他污染源保持规定的距离；

（二）具有与制作供应的食品品种、数量相适应的经营设备或者设施，有相应的消毒、更衣、洗手、采光、照明、通风、冷冻冷藏、防尘、防蝇、防鼠、防虫、洗涤以及处理废水、存放垃圾和废弃物的设备或者设施；

（三）具有经食品安全培训、符合相关条件的食品安全管理人员，以及与本单位实际相适应的保证食品安全的规章制度；

（四）具有合理的布局和加工流程，防止待加工食品与直接入口食品、原料与成品交叉污染，避免食品接触有毒物、不洁物；

（五）国家食品药品监督管理局或者省、自治区、直辖市食品药品监督管理部门规定的其他条件。

餐饮服务食品安全管理人员的条件和食品安全培训的有关要求由国家食品药品监督管理局制定。

第十条 申请《餐饮服务许可证》应当提交以下材料：

（一）《餐饮服务许可证》申请书；

（二）名称预先核准证明（已从事其他经营的可提供营业执照复印件）；

（三）餐饮服务经营场所和设备布局、加工流程、卫生设施等示意图；

（四）法定代表人（负责人或者业主）的身份证明（复印件），以及不属于本办法第三十六条、第三十七条情形的说明材料；

（五）食品安全管理人员符合本办法第九条有关条件的材料；

（六）保证食品安全的规章制度；

（七）国家食品药品监督管理局或者省、自治区、直辖市食品药品监督管理部门规定的其他材料。

第十一条 申请人提交的材料应当真实、完整，并对材料的真实性负责。

第十二条 食品药品监督管理部门依据《行政许可法》，对申请人提出的餐饮服务许可申请分别做出以下处理：

（一）申请事项依法不需要取得餐饮服务许可，或者依法不属于食品药品监督管理部门职权范围的，应当即时告知申请人不接收申请的原因；

（二）申请材料存在可以当场更正的错误的，应当允许申请人当场更正，申请人应当对更正内容签章确认；

（三）申请材料不齐全或者不符合法定形式的，应当当场或者在 5 个工作日内一次性告知申请人需要补正的全部内容，逾期不告知的，自收到申请材料之日起即为受理；

（四）申请事项属于食品药品监督管理部门职权范围，申请材料齐全且符合法定形式的，应当做出受理决定。

第三章　审核与决定

第十三条　食品药品监督管理部门受理申请人提交的申请材料后，应当审核申请人按照本办法第十条规定提交的相关资料，并对申请人的餐饮服务经营场所进行现场核查。

上级食品药品监督管理部门受理的餐饮服务许可申请，可以委托下级食品药品监督管理部门进行现场核查。

第十四条　食品药品监督管理部门应当根据申请材料和现场核查的情况，对符合条件的，做出准予行政许可的决定；对不符合规定条件的，做出不予行政许可的决定并书面说明理由，同时告知申请人享有依法申请行政复议或者提起行政诉讼的权利。

第十五条　食品药品监督管理部门应当自受理申请之日起 20 个工作日内做出行政许可决定。因特殊原因需要延长许可期限的，经本机关负责人批准，可以延长 10 个工作日，并应当将延长期限的理由告知申请人。

第十六条　食品药品监督管理部门做出准予行政许可决定的，应当自做出决定之日起 10 个工作日内向申请人颁发《餐饮服务许可证》。

第十七条　对于已办结的餐饮服务许可事项，食品药品监督管理部门应当将有关许可材料及时归档。

第四章　变更、延续、补发和注销

第十八条　餐饮服务提供者的名称、法定代表人（负责人或者业主）或者地址门牌号改变（实际经营场所未改变）的，应当向原发证部门提出办理《餐饮服务许可证》记载内容变更申请，并提供有关部门出具的有关核准证明。

餐饮服务提供者的许可类别、备注项目以及布局流程、主要卫生设施需要改变的，应当向原发证部门申请办理《餐饮服务许可证》变更手续。原发证部门应当以申请变更内容为重点进行审核。

食品药品监督管理部门根据本条第一款、第二款规定，准予变更《餐饮服务许可证》记载内容或者准予办理变更手续的，颁发新的《餐饮服务许可证》，原《餐饮服务许可证》证号和有效期限不变。

第十九条　餐饮服务提供者需要延续《餐饮服务许可证》的，应当在《餐饮服务许可证》有效期届满 30 日前向原发证部门书面提出延续申请。逾期提出延续申请的，按照新申请《餐饮服务许可证》办理。

第二十条　申请延续《餐饮服务许可证》应当提供以下材料：

（一）《餐饮服务许可证》延续申请书；

（二）原《餐饮服务许可证》复印件；

（三）原《餐饮服务许可证》的经营场所、布局流程、卫生设施等内容有变化或者无变化的说明材料；

（四）省、自治区、直辖市食品药品监督管理部门规定的其他材料。

第二十一条 原发证部门受理《餐饮服务许可证》延续申请后，应当重点对原许可的经营场所、布局流程、卫生设施等是否有变化，以及是否符合本办法第九条的规定进行审核。准予延续的，颁发新的《餐饮服务许可证》，原《餐饮服务许可证》证号不变。

第二十二条 《餐饮服务许可证》变更、延续的程序按照本办法第二章、第三章的有关规定执行。

第二十三条 餐饮服务提供者在领取变更、延续后的新《餐饮服务许可证》时，应当将原《餐饮服务许可证》交回发证部门。

第二十四条 餐饮服务提供者遗失《餐饮服务许可证》的，应当于遗失后60日内公开声明《餐饮服务许可证》遗失，向原发证部门申请补发。《餐饮服务许可证》毁损的，凭毁损的原证向原发证部门申请补发。

第二十五条 有下列情形之一的，发证部门应当依法注销《餐饮服务许可证》：

（一）《餐饮服务许可证》有效期届满未申请延续的，或者延续申请未被批准的；

（二）餐饮服务提供者依法终止的；

（三）《餐饮服务许可证》依法被撤销、撤回或者被吊销的；

（四）餐饮服务提供者主动申请注销的；

（五）依法应当注销《餐饮服务许可证》的其他情形。

第二十六条 《餐饮服务许可证》被注销的，原持证者应当及时将《餐饮服务许可证》原件交回食品药品监督管理部门。食品药品监督部门应当及时做好注销《餐饮服务许可证》的有关登记工作。

第五章 许可证的管理

第二十七条 《餐饮服务许可证》应当载明单位名称、地址、法定代表人（负责人或者业主）、类别、备注、许可证号、发证机关（加盖公章）、发证日期、有效期限等内容。

第二十八条 《餐饮服务许可证》样式由国家食品药品监督管理局统一规定。

许可证号格式为：省、自治区、直辖市简称 + 餐证字 + 4 位年份数 + 6 位行政区域代码 + 6 位行政区域发证顺序编号。

第二十九条 《餐饮服务许可证》有效期为 3 年。临时从事餐饮服务活动的，《餐饮服务许可证》有效期不超过 6 个月。

第三十条 同一餐饮服务提供者在不同地点或者场所从事餐饮服务活动的，应当分别办理《餐饮服务许可证》。

餐饮服务经营地点或者场所改变的，应当重新申请办理《餐饮服务许可证》。

第三十一条 餐饮服务提供者取得的《餐饮服务许可证》，不得转让、涂改、出借、倒卖、出租。

餐饮服务提供者应当按照许可范围依法经营，并在就餐场所醒目位置悬挂或者摆放《餐饮服务许可证》。

第六章 监督检查

第三十二条 上级食品药品监督管理部门发现下级食品药品监督管理部门违反规定实

施餐饮服务许可的，应当责令下级食品药品监督管理部门限期纠正或者直接予以纠正。

第三十三条　食品药品监督管理部门及其工作人员履行餐饮服务许可职责，应当自觉接受餐饮服务提供者以及社会的监督。

食品药品监督管理部门接到有关违反规定实施餐饮服务许可的举报，应当及时进行核实；情况属实的，应当立即纠正。

第三十四条　食品药品监督管理部门及其工作人员违反本办法规定实施餐饮服务许可的，由上级食品药品监督管理部门责令限期整改，并通报批评；对有关工作人员追究行政责任，给予批评教育、离岗培训、调离执法岗位或者取消执法资格等处理。

追究有关人员行政责任时，按照下列原则：

（一）申请人不符合餐饮服务许可条件，承办人出具申请人符合餐饮服务许可条件的意见的，追究承办人行政责任；

（二）承办人认为申请人不符合餐饮服务许可条件，主管领导仍然批准发放《餐饮服务许可证》的，追究主管领导的行政责任；

（三）承办人和主管领导均有过错的，主要追究主管领导的行政责任。

第三十五条　有下列情形之一的，作出发放《餐饮服务许可证》决定的食品药品监督管理部门或者其上级食品药品监督管理部门，可以撤销《餐饮服务许可证》：

（一）食品药品监督管理部门工作人员滥用职权，玩忽职守，给不符合条件的申请人发放《餐饮服务许可证》的；

（二）食品药品监督管理部门工作人员超越法定职权发放《餐饮服务许可证》的；

（三）食品药品监督管理部门工作人员违反法定程序发放《餐饮服务许可证》的；

（四）依法可以撤销发放《餐饮服务许可证》决定的其他情形。

食品药品监督管理部门依照前款规定撤销《餐饮服务许可证》，对餐饮服务提供者的合法权益造成损害的，应当依法予以赔偿。

第七章　法律责任

第三十六条　申请人隐瞒有关情况或者提供虚假材料的，食品药品监督管理部门发现后不予受理或者不予许可，并给予警告；该申请人在1年内不得再次申请餐饮服务许可。

申请人以欺骗、贿赂等不正当手段取得《餐饮服务许可证》的，食品药品监督管理部门应当予以撤销；该申请人在3年内不得再次申请餐饮服务许可。

第三十七条　申请人被吊销《餐饮服务许可证》的，其直接负责的主管人员自处罚决定作出之日起5年内不得从事餐饮服务管理工作。

餐饮服务提供者违反《食品安全法》规定，聘用不得从事餐饮服务管理工作的人员从事管理工作的，由原发证部门吊销许可证。

第三十八条　食品药品监督管理部门发现已取得《餐饮服务许可证》的餐饮服务提供者不符合餐饮经营要求的，应当责令立即纠正，并依法予以处理；不再符合餐饮服务许可条件的，应当依法撤销《餐饮服务许可证》。

第八章　附　则

第三十九条　本办法下列用语的含义：

餐饮服务，指通过即时制作加工、商业销售和服务性劳动等，向消费者提供食品和消费场所及设施的服务活动。

经营场所，指与食品加工经营直接或者间接相关的场所，包括食品加工处理和就餐场所。

餐饮服务提供者的业态，指各种餐饮服务经营形态，包括餐馆、快餐店、小吃店、饮品店、食堂等。

集体用餐配送单位，指根据服务对象订购要求，集中加工、分送食品但不提供就餐场所的单位。

第四十条　国境口岸范围内的餐饮服务活动的监督管理由出入境检验检疫机构依照《食品安全法》和《中华人民共和国国境卫生检疫法》以及相关行政法规的规定实施。

铁路运营中餐饮服务许可的管理参照本办法。

根据《食品安全法》，食品摊贩的具体管理办法由省、自治区、直辖市人民代表大会常务委员会依法制定。

第四十一条　省、自治区、直辖市食品药品监督管理部门可以结合本地实际情况，根据本办法的规定制定实施细则。

第四十二条　本办法自 2010 年 5 月 1 日起施行，卫生部 2005 年 12 月 15 日发布的《食品卫生许可证管理办法》同时废止。餐饮服务提供者在本办法施行前已经取得《食品卫生许可证》的，该许可证在有效期内继续有效。

商务部关于加快住宿业发展的指导意见

各省、自治区、直辖市、计划单列市及新疆生产建设兵团商务主管部门：

住宿业既与居民生活密切相关，又是对外开放的重要窗口，劳动密集型特点显著，带动就业作用明显。为适应新形势下保增长、扩需求、调结构的要求，全面提升住宿业服务质量，推动住宿业转型升级，现提出以下意见：

一、提高认识，明确发展目标

改革开放以来，我国住宿业得到快速发展，并带动商务、旅游、会展、建筑等相关产业发展。截至2008年年底，全国住宿企业从1978年的不足3万家增至28.2万家，增长了9倍，实现营业额近4620亿元，占当年社会消费品零售总额的4.26%。与此同时，住宿业在发展过程中也出现一些新问题，突出表现为：行业发展缺乏统筹规划，高中低档业态比例不合理；行业集中度偏低，难以形成规模效应；从业人员专业技能有待提高；地方行业协会尚不健全，行业自律有待加强，服务规范化水平需要提升。

加快住宿业科学发展，必须以科学发展观为指导，坚持以人为本，以满足顾客需求为导向，以提升饭店服务质量为核心，以品牌化、连锁化、便利化经营为重点，加快促进住宿业转型升级，优化行业结构，提高行业集中度，全面提升住宿业服务水平和国际竞争力，力争到2012年实现住宿业营业额年均增长10%以上，全行业节水节电20%，每年新增就业30万人；大力发展经济型酒店，创建"绿色饭店"，逐步形成一批年营业收入超过百亿元的大型饭店企业集团和超过10亿元的特色饭店企业；住宿业服务环境更加和谐，顾客满意度稳步提升。

二、科学规划，优化住宿业结构

各地要科学制定住宿业发展规划，及时发布住宿业市场信息和行业发展报告，引导住宿业结构不断调整优化。要将住宿业发展纳入城市及服务业发展总体规划，明确发展重点，优化酒店布局，引导住宿业有序发展。坚持以市场为导向，大力支持大众化产品开发，积极发展经济型酒店、民俗酒店、"农家乐"、家庭旅馆等，更好地满足中低收入群体的住宿需求。依托当地住宿行业协会组织建立住宿业景气指数发布制度，内容包括企业总数、房间总数、房间入住率、客房平均销售价格等，引导住宿行业结构调整。

三、发展经济型酒店，推动住宿业连锁化经营

发展经济型酒店是推动传统旅馆业态转型升级、加速住宿业结构调整和满足广大群众便利、安全、卫生、舒适等基本住宿需求的主要途径。要坚持存量转化和集约发展原则，突破区域和行业界限，加快资源整合，促进经济型酒店品牌化和连锁化发展。积极推动国有中小型住宿企业改制，鼓励和支持民营资本、外资等参与国有中小型住宿企业的改革，

实现投资主体多元化。各地商务主管部门要认真贯彻《经济型饭店经营规范》国家行业标准，规范经济型酒店的发展，提高服务管理水平。力争用两到三年时间，将我国经济型酒店比重由现在不足10%提高到20%左右。

四、创建“绿色饭店”，推进住宿业节能环保

要把创建“绿色饭店”作为转变发展方式的重要抓手，做好《绿色饭店》国家标准的宣传贯彻工作。全国“绿色饭店”工作委员会要加强指导，组织企业开展经验交流，把创建工作引向深入。各地要尽快建立地方“绿色饭店”指导机构，积极协调财政、税务等部门制定鼓励和优惠政策，支持“绿色饭店”的创建与发展。同时，要引导住宿企业把节水、节电、节气、安全、环保作为重要发展途径，大力强化内部管理和挖潜，广泛运用安全系数高、应用效果好、质量可靠的节能减排技术，提高新能源、新材料和新节能设备的采用率和推广度，特别要做好节能潜力较大的空调、电梯、照明等设备的更新换代。积极发展循环经济，实施高效照明改造，减少温室气体排放，实现垃圾、污水减量化和无害化处理，引导行业走低碳化发展之路。

五、培育自主品牌，延伸产业链

引导支持在经营规模和效益方面位居行业前列、竞争优势明显、品牌影响力强、经营网络覆盖面广的住宿企业集团做大做强，创新发展。通过举办全国以及国际性住宿业会展活动，借鉴先进管理经验，开发具有知识产权的宾馆饭店专用产品，培育一批特色宾馆品牌。大力开展饭店优质服务示范企业创建活动，培育一批品牌饭店企业、优秀企业家，扩大品牌示范和带动效应。支持品牌饭店企业做强宾馆餐饮服务、婚庆服务、会议服务，发展宾馆饭店专用产品基地、优质原辅材料基地，积极推进住宿业与文化、体育、旅游、会展等相关产业融合，加快产业化发展步伐。

六、改进完善服务，拓宽营销方式

改善内外部环境，增加服务项目，完善服务质量管理体系，保证顾客住宿消费安全、卫生、便利、舒适，充分拓展中低收入群体消费需求，促进旅游住宿消费、休闲度假消费、节假日消费、“农家乐”消费。以大型展会为平台，吸引国内外客商，培育新型和综合性消费模式，扩大住宿消费。以顾客满意度为基准，以个性化服务为方向，进一步开发服务项目，创新服务方式，针对不同地区、不同季节采取差异化促销措施，实现淡旺时段协调发展。积极发展在线服务、网络预订、网上支付、自助订房结算等网络营销方式，逐步扩大网络预订、手机预订，降低交易成本，引导市场不同层次的消费选择，密切供需对接，便利居民消费。

七、加快法规标准建设，规范住宿业发展

建立健全国家标准、行业标准、地方标准、企业标准相互衔接的饭店业标准化体系，加快推进相关法规建设，保障市场有序竞争和健康发展。加快出台《饭店业服务质量评价体系》、《温泉度假酒店经营服务规范》等系列标准。切实做好已颁布标准的宣传贯彻工作，使《绿色饭店》、《经济型饭店经营服务规范》、《农家乐经营服务规范》等国家和

行业标准真正发挥出应有的引导、规范作用。加强信用体系建设，推行信用分类管理，建立饭店和供应商信用评价和发布制度，规范饭店企业服务行为。

八、加强人才培养和信息化建设，增强住宿业发展动力

坚持以就业为导向，充分发挥全国饭店院校（系）的作用，加快建设饭店人才培训基地，优化学科设置，提高饭店经营管理人才培养质量。按照《饭店业职业经理人资格条件》国家标准和《饭店业星级服务人员资格条件》等行业标准，完善饭店执业资格认证体系，提高饭店执业资格水平。各地要引导当地住宿业协会组织及时发布行业发展动态，制定全国饭店业培训计划，提升从业人员素质；举办全国饭店业技能大赛，培育一批专业型管理人才。同时，要积极采用互联网、移动通信、电子商务等现代技术，完善饭店信息化体系，实现饭店信息资源共享。促进住宿企业逐步实现智能化管理，统一标准，推动内部管理专业软件的开发利用，全面提升饭店企业的信息化服务水平。

九、发挥协会作用，加强行业自律

各地商务主管部门要充分发挥协会作用，委托并支持协会开展标准制定、资质认定、培训教育、展示交流、信息统计、技能比赛等工作。对协会为扩大就业再就业开展的职工技能岗前培训、在职继续教育培训等工作给予支持。各地要建立健全住宿业协会，引导其在沟通政府与企业、规范行业行为、反映企业诉求、加强行业自律等方面发挥更大作用。引导住宿企业以住宿设施安全、餐饮食品安全为重点，严格安全标准，完善安全设施，落实安全责任，消除安全隐患。

十、完善和落实相关政策，营造良好发展环境

各地商务主管部门要积极争取当地政府及有关部门对住宿业特别是经济型连锁酒店和“绿色饭店”发展提供必要的支持，将“绿色饭店”纳入“节能减排”优惠政策覆盖范围，对广泛采用环保技术和节能产品的经济型连锁酒店、“绿色饭店”企业，要协调财政、税务等部门给予贷款贴息或一次性财政补贴等政策支持。各地要加强部门协调，尽快落实国务院关于服务业包括住宿企业用水、电、气与一般工业企业同等价格政策，减轻企业负担，促进企业发展。

商务部

二〇一〇年三月二十二日

国家质检总局发布《食品生产许可管理办法》

国家质检总局令第 129 号

《食品生产许可管理办法》已经 2010 年 3 月 10 日国家质量监督检验检疫总局局务会议审议通过，现予公布，自 2010 年 6 月 1 日起施行。

局长　王勇

二〇一〇年四月七日

食品生产许可管理办法

第一章　总　则

第一条　为了保障食品安全，加强食品生产监管，规范食品生产许可活动，根据《中华人民共和国食品安全法》和其实施条例以及产品质量、生产许可等法律法规的规定，制定本办法。

第二条　在中华人民共和国境内，企业从事食品生产活动以及质量技术监督部门实施食品生产许可，必须遵守本办法。

第三条　企业未取得食品生产许可，不得从事食品生产活动。

第四条　国家质量监督检验检疫总局（以下简称国家质检总局）在职责范围内负责全国食品生产许可管理工作。

县级以上地方质量技术监督部门在职责范围内负责本行政区域内的食品生产许可管理工作。

第五条　食品生产许可必须严格按照法律、法规和规章规定的程序和要求实施，遵循公开、公平、公正、便民原则。

第二章　程　序

第六条　设立食品生产企业，应当在工商部门预先核准名称后依照食品安全法律法规和本办法有关要求取得食品生产许可。

第七条　县级以上地方质量技术监督部门是食品生产许可的实施机关，但按照有关规定由国家质检总局实施的食品生产许可除外。

省级质量技术监督部门按照有关法律法规和国家质检总局有关规定要求，确定本行政区域内质量技术监督部门分别实施许可的品种范围。

第八条　取得食品生产许可，应当符合食品安全标准，并符合下列要求：

（一）具有与申请生产许可的食品品种、数量相适应的食品原料处理和食品加工、包装、贮存等场所，保持该场所环境整洁，并与有毒、有害场所以及其他污染源保持规定的距离；

（二）具有与申请生产许可的食品品种、数量相适应的生产设备或者设施，有相应的消毒、更衣、盥洗、采光、照明、通风、防腐、防尘、防蝇、防鼠、防虫、洗涤以及处理废水、存放垃圾和废弃物的设备或者设施；

（三）具有与申请生产许可的食品品种、数量相适应的合理的设备布局、工艺流程，防止待加工食品与直接入口食品、原料与成品交叉污染，避免食品接触有毒物、不洁物；

（四）具有与申请生产许可的食品品种、数量相适应的食品安全专业技术人员和管理人员；

（五）具有与申请生产许可的食品品种、数量相适应的保证食品安全的培训、从业人员健康检查和健康档案等健康管理、进货查验记录、出厂检验记录、原料验收、生产过程等食品安全管理制度。

法律法规和国家产业政策对生产食品有其他要求的，应当符合该要求。

第九条　拟设立食品生产企业申请食品生产许可的，应当向生产所在地质量技术监督部门（以下简称许可机关）提出，并提交下列材料：

（一）食品生产许可申请书；

（二）申请人的身份证（明）或资格证明复印件；

（三）拟设立食品生产企业的《名称预先核准通知书》；

（四）食品生产加工场所及其周围环境平面图和生产加工各功能区间布局平面图；

（五）食品生产设备、设施清单；

（六）食品生产工艺流程图和设备布局图；

（七）食品安全专业技术人员、管理人员名单；

（八）食品安全管理规章制度文本；

（九）产品执行的食品安全标准；执行企业标准的，须提供经卫生行政部门备案的企业标准；

（十）相关法律法规规定应当提交的其他证明材料。

申请食品生产许可所提交的材料，应当真实、合法、有效。申请人应在食品生产许可申请书等材料上签字确认。

第十条　许可机关对收到的申请，应当依照《中华人民共和国行政许可法》第三十二条等有关规定进行处理。

对申请决定予以受理的，应当出具《受理决定书》。决定不予受理的，应当出具《不予受理决定书》，并说明不予受理的理由，告知申请人享有依法申请行政复议或者提起行政诉讼的权利。

第十一条　许可机关受理申请后，应当依照有关规定组织对申请的资料和生产场所进行核查（以下简称现场核查）。

现场核查应当由许可机关指派二至四名核查人员组成核查组并按照国家质检总局有关规定进行，企业应予以配合。

第十二条 许可机关应当根据核查结果，在法律法规规定的期限内作出如下处理：

（一）经现场核查，生产条件符合要求的，依法作出准予生产的决定，向申请人发出《准予食品生产许可决定书》，并于作出决定之日起十日内颁发设立食品生产企业食品生产许可证书。

（二）经现场核查，生产条件不符合要求的，依法作出不予生产许可的决定，向申请人发出《不予食品生产许可决定书》，并说明理由。

除不可抗力外，由于申请人的原因导致现场核查无法在规定期限内实施的，按现场核查不合格处理。

第十三条 拟设立的食品生产企业必须在取得食品生产许可证书并依法办理营业执照工商登记手续后，方可根据生产许可检验的需要组织试产食品。

第十四条 新设立的食品生产企业应当按规定实施许可的食品品种申请生产许可检验。

许可机关接到生产许可检验申请后，应当及时按照有关规定抽取和封存样品，并告知申请企业在封样后七日内将样品送交具有相应资质的检验机构

第十五条 检验机构收到样品后，应当按照规定要求和标准进行检验，并准确、及时地出具检验报告。

第十六条 检验结论合格的，许可机关根据检验报告确定食品生产许可的品种范围，并在食品生产许可证副页中予以载明。

在未经许可机关确定食品生产许可的品种范围之前，禁止出厂销售试产食品。

第十七条 检验结论为不合格的，可以按照有关规定申请复检。

复检结论为部分食品品种不合格的，不予确定该类食品的生产许可范围，在食品生产许可证副页中不予载明；禁止出厂销售该类食品。

复检结论为全部食品品种不合格的，应当按照有关规定注销食品生产许可；禁止出厂销售全部品种的食品。

第十八条 已经设立的企业申请取得食品生产许可的，应当持合法有效的营业执照，按照本章规定的有关条件和要求办理许可申请手续。

许可机关按照本章规定的有关条件和要求，受理已经设立的企业从事食品生产的许可申请，并根据现场核查结果和检验报告决定是否准予许可以及确定食品生产许可的品种范围，颁发食品生产许可证书。

第十九条 食品生产许可证有效期为三年。

有效期届满，取得食品生产许可证的企业需要继续生产的，应当在食品生产许可证有效期届满六个月前，向原许可机关提出换证申请；准予换证的，食品生产许可证编号不变。

期满未换证的，视为无证；拟继续生产食品的，应当重新申请，重新发证，重新编号，有效期自许可之日起重新计算。

第二十条 食品生产许可证有效期内，有以下情形之一的，企业应当向原许可机关提

出变更申请：

（一）企业名称发生变化的；

（二）住所、生产地址名称发生变化的；

（三）生产场所迁址的；

（四）生产场所周围环境发生变化的；

（五）设备布局和工艺流程发生变化的；

（六）生产设备、设施发生变化的；

（七）法律法规规定的应当申请变更的其他情形。

有前款第（三）项至第（六）项情形之一的，原许可机关应当按照本办法的规定组织进行核查和检验；符合条件的，依法办理变更手续。

第二十一条　企业提出变更食品生产许可申请，应当提交下列申请材料：

（一）变更食品生产许可申请书；

（二）食品生产许可证书正、副本；

（三）与变更食品生产许可事项有关的证明材料。

申请变更食品生产许可所提交的材料，应当真实、合法、有效，符合相关法律法规的规定。申请人应当在变更食品生产许可申请书等材料上签字确认，并对其内容的合法性、真实性负责。

第二十二条　食品生产许可有效期内，有关法律法规、食品安全标准或技术要求发生变化的，原许可机关可以根据国家有关规定重新组织核查和检验。

第二十三条　有下列情形之一的，原许可机关应当依法办理食品生产许可证书注销手续：

（一）生产许可被依法撤回、撤销，或者生产许可证书被依法吊销的；

（二）企业申请注销的或者生产许可证有效期满未换证的；

（三）企业依法终止的；

（四）因不可抗力导致生产许可事项无法实施的；

（五）法律法规规定的应当注销生产许可证书的其他情形。

第二十四条　企业申请注销食品生产许可证书的，应当向原许可机关提交下列申请材料：

（一）注销食品生产许可申请书；

（二）食品生产许可证书正、副本；

（三）与注销食品生产许可事项相关的证明材料。

第三章　证书与标识

第二十五条　食品生产许可证书分为正本和副本，证书及其副页式样由国家质检总局统一规定。

第二十六条　企业应当妥善保管食品生产许可证书，并在生产场所显著位置予以悬挂或者摆放。

食品生产许可证书遗失或者损毁的，企业应当及时在省级以上媒体声明，并及时申请补证。

第二十七条 企业应当在其食品或者其包装上标注食品生产许可证编号和标志；没有食品生产许可证编号和标志的，不得出厂销售。

第二十八条 食品生产许可证编号和标志均属企业获得食品生产许可的标识。食品生产许可证编号规则和标志式样由国家质检总局统一规定。

第二十九条 企业不得出租、出借或者以其他形式转让食品生产许可证书和编号。禁止伪造、变造食品生产许可证书、食品生产许可证编号和食品生产许可证标志。

第四章 监督检查

第三十条 企业应当在食品生产许可的品种范围内从事食品生产活动，不得超出许可的品种范围生产食品。

第三十一条 企业应当保证生产条件持续符合规定要求，并对其生产的食品安全负责。

第三十二条 各级质量技术监督部门在各自职责范围内依法对企业食品生产活动进行定期或不定期的监督检查。

第三十三条 各级质量技术监督部门应当建立食品生产许可和监督检查档案管理制度。档案保存期限按国家有关规定执行。

第三十四条 各级质量技术监督部门应当建立食品生产许可和监督检查信息平台，便于公民、法人和其他社会组织查询。

第五章 法律责任

第三十五条 违反本办法第三条、第十六条第二款、第十七条第二款、第十七条第三款、第三十条等规定，或者已取得食品生产许可但被依法注销的，按照《中华人民共和国食品安全法》第八十四条规定处罚。

第三十六条 违反本办法第二十条、第二十七条、第二十九条等规定，构成有关法律法规规定的违法行为的，按照有关法律法规的规定实施行政处罚。

第三十七条 各级质量技术监督部门及有关工作人员、核查人员、检验机构及检验人员在食品生产许可管理工作中，滥用职权、玩忽职守、循私舞弊的，依法追究相关法律责任。

第三十八条 本办法规定的行政处罚由县级以上地方质量技术监督部门在职权范围内决定并实施。决定吊销食品生产许可证的，应当在作出行政处罚决定之前逐级上报许可机关核准。

第三十九条 当事人对依据本办法所实施的行政许可和行政处罚不服的，可以依法提出行政复议或者行政诉讼。

第六章 附 则

第四十条 本办法所称食品是指《中华人民共和国食品安全法》第九十九条等规定的食品，但不包括食用农产品、声称具有保健功能的食品。

法律、行政法规对乳品、转基因食品、生猪屠宰、酒类和食盐的食品生产许可另有规定的，依照其规定。

第四十一条　本办法规定的实施生产许可的食品品种的划分，按照法律法规和国家质检总局有关规定执行。

第四十二条　取得餐饮服务许可的餐饮服务提供者在其餐饮服务场所制作加工食品，不需要取得本办法规定的食品生产许可。

第四十三条　小作坊等其他食品生产者从事食品生产活动，按照有关法律法规的规定执行。

第四十四条　本办法所规定的核查人员、检验机构资质及其管理，按照有关规定执行。

第四十五条　本办法由国家质检总局负责解释。

第四十六条　本办法自 2010 年 6 月 1 日起施行。国家质检总局在本办法施行前公布的有关食品生产许可的规章、规范性文件与本办法不一致的，以本办法为准。

商务部关于完善生产资料流通体系的意见

商商贸发［2010］115号

各省、自治区、直辖市、计划单列市及新疆生产建设兵团商务主管部门：

生产资料流通业是生产性服务业的重要组成部分，在保障生产、促进经济循环、优化资源配置等方面具有重要作用。为进一步完善我国生产资料流通体系，促进经济发展方式转变，现提出以下意见。

一、指导思想与基本目标

（一）指导思想。以邓小平理论和“三个代表”重要思想为指导，贯彻落实科学发展观，立足当前，着眼长远，以市场为导向，以企业为主体，以科技为支撑，加强政府引导，转变发展方式，统筹生产与流通，处理好速度与效益、局部和整体、传承与创新的关系，推进生产资料流通体系与现代产业体系融合发展，更好地服务于生产发展、民生改善和对外开放总体要求。

（二）基本目标。适应国民经济市场化、信息化、国际化发展趋势，满足城镇化、工业化和新农村建设发展要求，健全生产资料流通体系，发展现代流通方式，创新经营模式，提高组织化程度，完善服务功能，加强市场调控，完善法律法规标准体系，推进生产资料流通有序协调健康发展。“十二五”期间，基本形成有中国特色的统一开放、竞争有序、安全高效、绿色低碳的生产资料流通体系。

二、主要任务

（三）创新生产资料经营模式。专业化分工与产业化协作相结合，创新生产资料经营模式。以供应链为纽带，推进产业融合，引导生产资料流通企业向上下游延伸，探索形成集原材料采购加工——产品开发——商品销售——物流配送服务于一体的经营模式或联盟。引导生产资料流通企业与生产企业建立紧密的工商关系，满足精益生产、定时生产等现代生产方式发展需要，探索形成全产业链服务模式。鼓励大宗生产资料生产、流通企业间建立风险共担、利益共享的佣金代理制。

（四）大力发展现代流通方式。根据商品特点、区位优势和企业实际情况，因地制宜地规范发展连锁经营、电子商务、物流配送等现代流通方式。支持具备条件的生产资料流通企业以品牌和成熟的经营管理体系为依托，以现有门店和经营网点为基础，吸收中小企业加盟，大力发展连锁经营。鼓励大型骨干生产资料生产、流通企业、大宗商品交易市场规范发展电子商务。支持建设专业化的生产资料第三方电子商务平台，整合供应链上不同环节、不同领域、不同企业间的生产资料生产、需求和物流等服务信息资源，完善服务功能。鼓励生产资料生产、流通企业采取多种形式构建集仓储、加工、配送、多式联运等功能于一体的专业化、综合性生产资料物流配送中心。

（五）引导生产资料批发市场改造升级转型。支持有发展潜力、辐射能力强的生产资料批发市场加快改造升级步伐，提高集展示、信息、交易、仓储、运输、加工、配送等功能于一体的综合服务能力；健全市场管理规章制度体系，完善市场交易规则，形成大宗生产资料全国性或区域性交易中心、集散中心、价格中心、信息中心。引导不适宜以批发市场形态继续存在的传统生产资料批发市场遵循市场规律，调整经营方向，转变经营形态，合理利用土地、设施、人力等资源。推进与居民生活密切相关的建材、五金等生产资料批发市场大力发展专业化经营。

（六）加快农村生产资料流通体系建设。以服务“三农”为宗旨，加快农村生产资料流通体系建设。充分利用“万村千乡市场工程”等网点资源发展农资连锁经营，防止假冒伪劣农资产品流入农村市场。鼓励开展区域性重点农机市场和农机品牌店建设。加快农村散装水泥流通设施建设。引导各类投资主体改造和整合农村传统流通渠道和社会网点资源，积极拓展农村生产资料市场。完善农资售后服务体系，探索建立农资商品赔偿制度，切实维护农民利益。

（七）鼓励生产资料流通龙头企业加快发展。鼓励主业突出、经营规模大、网络覆盖广、核心竞争力强、现代化水平高的大型生产资料流通企业加快发展，实现大宗生产资料组织化、规模化、集约化经营。鼓励具有竞争优势的生产资料生产、流通企业通过参股、控股、兼并、收购等方式，跨地区、跨行业、跨所有制进行资源整合、战略重组，形成若干大批发商、大代理商、大经销商、大物流服务商。鼓励具备条件的生产资料生产、流通企业开展内外贸结合的经营模式，建立跨国采购和销售网络，充分利用国内外两个市场、两种资源。

（八）促进中小生产资料流通企业发展。重视发挥中小企业在满足市场多层次、多样化、个性化特别是小批量需求方面的重要作用。鼓励中小生产资料流通企业运用信息技术和现代流通技术，提高企业核心竞争力。对发展前景好的中小生产资料流通企业在市场准入、信用担保、金融服务、物流服务、信息服务、人才培训等方面给予支持。健全中小企业信用担保体系，充分发挥融资租赁、实物租赁企业作用，搭建中小企业融资平台。

（九）发挥科技引领支撑作用。鼓励生产资料生产、流通企业加大科技研发和投入力度，引进先进技术和设备设施，提高生产资料流通的科技含量和附加值。推进生产资料流通领域应用先进适用的机械化、自动化、信息化、剪切加工、物流和环保节能技术。顺应物联网和互联网融合发展趋势，加大生产资料流通领域信息化改造力度，不断提高行业信息化水平。

（十）加大生产资料流通基础设施建设力度。支持生产资料生产、流通企业在中心城市、交通枢纽、经济开发区和工业园区建设大宗生产资料现代物流基地和物流园区。加大石油、天然气等重要生产资料储备设施建设力度。支持有条件的生产资料生产、流通企业采取合资、合作等方式参与铁路、公路等基础设施建设。建立健全覆盖县级区域和中心乡镇的公共物流配送网络，为汽车下乡、建材下乡、农机下乡、农资流通等提供有力支撑。

（十一）推进生产资料流通领域节能降耗与循环利用。鼓励各类生产资料流通企业、大宗商品现货交易市场、物流配送中心等加大节能改造投入，优化用能设备配置。鼓励大型生产资料生产企业形成专业化再制造体系，推进托盘共用系统建设，发展循环经济。推广绿色物流，促进低碳经济发展。加大新型建材推广工作力度。进一步加大散装水泥、预拌混凝土、预拌砂浆推广力度。

（十二）健全生产资料市场监测、调控和行业统计体系。进一步完善煤炭、石油、天然气、钢材、有色金属、汽车、建材、农机、木材、橡胶、化肥、农药、再生资源等重要生产资料市场监测体系，准确反映生产、需求、库存、进出口和价格变化情况，及时掌握生产资料市场发展变化趋势。加强生产资料市场运行分析和预测预警工作，及时发布市场信息，促进产需衔接，保障生产资料市场平稳运行。按照有关规定，做好重要生产资料国家储备和商业库存管理相关工作。结合行业和地区实际，建立健全重要生产资料企业（商业）储备和地方储备制度。加强生产资料流通行业统计工作，全面了解行业发展状况，及时反映行业发展新情况、新问题、新趋势。建立生产资料流通行业综合评价指标体系，科学评价行业发展状况，引导行业健康发展。

（十三）改善生产资料市场发展环境。加强规范生产资料市场主体、市场行为、市场秩序、市场调控和市场管理等方面的法律法规建设。完善生产资料流通标准体系。健全生产资料流通领域市场准入制度。广泛开展“诚信经营”创建活动和行业信用评价，探索建立企业信用和从业人员资质分级分类管理制度，形成信用激励、失信惩戒机制。协调解决生产资料流通企业发展中遇到的制约因素和困难。引导和鼓励社会资金投向生产资料流通基础设施建设。加强生产资料流通人才队伍建设。

三、组织保障

（十四）健全组织机构和工作机制。加强组织领导，健全生产资料流通行业管理机构，明确工作职责，加强行业指导、管理和服务。加强商务部门与有关部门间的分工协作，完善工作机制，着力营造良好的市场环境、法制环境和政策环境。加强生产资料流通行业管理专业队伍建设，加大生产资料流通业务培训力度，不断提高业务能力和工作水平。

（十五）重视发挥行业协会作用。充分发挥行业协会连接政府和企业的桥梁纽带作用，制定行规行约，加强行业自律。发挥行业协会在行业统计、课题研究、咨询服务、资质认证、人才培训等方面的积极作用。指导或委托行业协会做好国内外市场行情跟踪、信息收集、趋势研究等工作。广泛听取行业协会的意见与建议。支持行业协会通过向政府和企业提供服务发展壮大自己。

（十六）建立重点联系制度。商务部将重点联系若干主业突出、经营规模大、辐射能力强、现代化水平高的大型生产资料生产、流通企业与交易市场，重点联系一批运作规范、影响力强的生产资料生产与流通行业协会、科研咨询机构，重点联系一群理论造诣深、实践结合能力强的生产资料生产、流通方面的专家。紧密结合我国实际情况和特点，充分借鉴和消化吸收国外先进经验，以生产资料流通重点行业、关键领域、突出问题为突破口，创新理论、创新体制、创新经营、创新科技、创新管理，加大宣传力度，发挥典型示范作用，以点带面，以局部带动整体，逐步形成政府部门、行业协会、科研咨询机构、企业和专家群体共同推进生产资料流通行业加快发展的工作格局。

各地商务主管部门要从社会主义现代化建设和改革开放全局的高度，提高认识，转变观念，加强领导，健全机构，创新管理，善于发现新情况、解决新问题、总结新经验、开拓新局面，按照本意见精神因地制宜地抓好贯彻落实工作，确保生产资料流通体系建设取得明显成效。

各地商务主管部门贯彻落实本意见的有关情况、问题和建议请及时报商务部。

商务部

二〇一〇年四月十三日

国家工商总局发布《网络商品交易及有关服务行为管理暂行办法》

国家工商行政管理总局令第 49 号

《网络商品交易及有关服务行为管理暂行办法》已经中华人民共和国国家工商行政管理总局局务会审议通过，现予公布，自 2010 年 7 月 1 日起施行。

局长　周伯华

二〇一〇年五月三十一日

网络商品交易及有关服务行为管理暂行办法

第一章　总　则

第一条　为规范网络商品交易及有关服务行为，保护消费者和经营者的合法权益，促进网络经济持续健康发展，依据《合同法》、《侵权责任法》、《消费者权益保护法》、《产品质量法》、《反不正当竞争法》、《商标法》、《广告法》、《食品安全法》和《电子签名法》等法律、法规，制定本办法。

第二条　网络商品经营者和网络服务经营者在中华人民共和国境内从事网络商品交易及有关服务行为，应当遵守中华人民共和国法律、法规和本办法的规定。

第三条　本办法所称的网络商品经营者，是指通过网络销售商品的法人、其他经济组织或者自然人。

本办法所称的网络服务经营者，是指通过网络提供有关经营性服务的法人、其他经济组织或者自然人，以及提供网络交易平台服务的网站经营者。

第四条　工商行政管理部门鼓励、支持网络商品交易及有关服务行为的发展，实施更加积极的政策，促进网络经济发展。提高网络商品经营者和网络服务经营者的整体素质和市场竞争力，发挥网络经济在促进国民经济和社会发展中的作用。

第五条　工商行政管理部门依照职能为网络商品交易及有关服务行为提供公平、公正、规范、有序的市场环境，提倡和营造诚信的市场氛围，保护消费者和经营者的合法权益。

第六条　网络商品经营者和网络服务经营者在网络商品交易及有关服务行为中不得损害国家利益和公众利益，不得损害消费者的合法权益。

第七条　网络商品经营者和网络服务经营者在网络商品交易及有关服务行为中应当遵循诚实信用的原则，遵守公认的商业道德。

第八条　网络商品经营者和网络服务经营者在网络商品交易及有关服务行为中应当遵循公平、公正、自愿的原则，维护国家利益，承担社会责任。

第九条　鼓励、支持网络商品经营者和网络服务经营者成立行业协会，建立网络诚信体系，加强行业自律，推动行业信用建设。

第二章　网络商品经营者和网络服务经营者的义务

第十条　已经工商行政管理部门登记注册并领取营业执照的法人、其他经济组织或者个体工商户，通过网络从事商品交易及有关服务行为的，应当在其网站主页面或者从事经营活动的网页醒目位置公开营业执照登载的信息或者其营业执照的电子链接标识。

通过网络从事商品交易及有关服务行为的自然人，应当向提供网络交易平台服务的经营者提出申请，提交其姓名和地址等真实身份信息。具备登记注册条件的，依法办理工商登记注册。

第十一条　网上交易的商品或者服务应当符合法律、法规、规章的规定。法律法规禁止交易的商品或者服务，经营者不得在网上进行交易。

第十二条　网络商品经营者和网络服务经营者向消费者提供商品或者服务，应当遵守《消费者权益保护法》和《产品质量法》等法律、法规、规章的规定，不得损害消费者合法权益。

第十三条　网络商品经营者和网络服务经营者向消费者提供商品或者服务，应当事先向消费者说明商品或者服务的名称、种类、数量、质量、价格、运费、配送方式、支付形式、退换货方式等主要信息，采取安全保障措施确保交易安全可靠，并按照承诺提供商品或者服务。

网络商品经营者和网络服务经营者提供电子格式合同条款的，应当符合法律、法规、规章的规定，按照公平原则确定交易双方的权利与义务，并采用合理和显著的方式提请消费者注意与消费者权益有重大关系的条款，并按照消费者的要求对该条款予以说明。

网络商品经营者和网络服务经营者不得以电子格式合同条款等方式作出对消费者不公平、不合理的规定，或者减轻、免除经营者义务、责任或者排除、限制消费者主要权利的规定。

第十四条　网络商品经营者和网络服务经营者提供商品或者服务，应当保证商品和服务的完整性，不得将商品和服务不合理拆分出售，不得确定最低消费标准以及另行收取不合理的费用。

第十五条　网络商品经营者和网络服务经营者向消费者出具购货凭证或者服务单据，应当符合国家有关规定或者商业惯例；征得消费者同意的，可以以电子化形式出具。电子化的购货凭证或者服务单据，可以作为处理消费投诉的依据。

消费者要求网络商品经营者和网络服务经营者出具购货凭证或者服务单据的，经营者应当出具。

第十六条 网络商品经营者和网络服务经营者对收集的消费者信息，负有安全保管、合理使用、限期持有和妥善销毁义务；不得收集与提供商品和服务无关的信息，不得不正当使用，不得公开、出租、出售。但是法律、法规另有规定的除外。

第十七条 网络商品经营者和网络服务经营者发布的商品和服务交易信息应当真实准确，不得作虚假宣传和虚假表示。

第十八条 网络商品经营者和网络服务经营者提供商品或者服务，应当遵守《商标法》、《反不正当竞争法》、《企业名称登记管理规定》等法律、法规、规章的规定，不得侵犯他人的注册商标专用权、企业名称权等权利。

第十九条 网络商品经营者和网络服务经营者不得利用网络技术手段或者载体等方式，实施损害其他经营者的商业信誉、商品声誉以及侵犯权利人商业秘密等不正当竞争行为。

第三章 提供网络交易平台服务的经营者的义务

第二十条 提供网络交易平台服务的经营者应当对申请通过网络交易平台提供商品或者服务的法人、其他经济组织或者自然人的经营主体身份进行审查。

提供网络交易平台服务的经营者应当对暂不具备工商登记注册条件，申请通过网络交易平台提供商品或者服务的自然人的真实身份信息进行审查和登记，建立登记档案并定期核实更新。核发证明个人身份信息真实合法的标记，加载在其从事商品交易或者服务活动的网页上。

提供网络交易平台服务的经营者在审查和登记时，应当使对方知悉并同意登记协议，并提请对方注意义务和责任条款。

第二十一条 提供网络交易平台服务的经营者应当与申请进入网络交易平台进行交易的经营者签订合同（协议），明确双方在网络交易平台进入和退出、商品和服务质量安全保障、消费者权益保护等方面的权利、义务和责任。

第二十二条 提供网络交易平台服务的经营者应当建立网络交易平台管理规章制度，包括：交易规则、交易安全保障、消费者权益保护、不良信息处理等规章制度。各项规章制度应当在其网站显示，并从技术上保证用户能够便利、完整地阅览和保存。

提供网络交易平台服务的经营者应当采取必要的技术手段和管理措施以保证网络交易平台的正常运行，提供必要、可靠的交易环境和交易服务，维护网络交易秩序。

第二十三条 提供网络交易平台服务的经营者应当对通过网络交易平台提供商品或者服务的经营者，及其发布的商品和服务信息建立检查监控制度，发现有违反工商行政管理法律、法规、规章的行为的，应当向所在地工商行政管理部门报告，并及时采取措施制止，必要时可以停止对其提供网络交易平台服务。

工商行政管理部门发现网络交易平台内有违反工商行政管理法律、法规、规章的行为，依法要求提供网络交易平台服务的经营者采取措施制止的，提供网络交易平台服务的经营者应当予以配合。

第二十四条 提供网络交易平台服务的经营者应当采取必要手段保护注册商标专用权、企业名称权等权利，对权利人有证据证明网络交易平台内的经营者实施侵犯其注册商标专用权、企业名称权等权利的行为或者实施损害其合法权益的不正当竞争行为的，应当依照《侵权责任法》采取必要措施。

第二十五条　提供网络交易平台服务的经营者应当采取必要措施保护涉及经营者商业秘密或者消费者个人信息的数据资料信息的安全。非经交易当事人同意，不得向任何第三方披露、转让、出租或者出售交易当事人名单、交易记录等涉及经营者商业秘密或者消费者个人信息的数据。但是法律、法规另有规定的除外。

第二十六条　提供网络交易平台服务的经营者应当建立消费纠纷和解和消费维权自律制度。消费者在网络交易平台购买商品或者接受服务，发生消费纠纷或者其合法权益受到损害的，提供网络交易平台服务的经营者应当向消费者提供经营者的真实的网站登记信息，积极协助消费者维护自身合法权益。

第二十七条　鼓励提供网络交易平台服务的经营者为交易当事人提供公平、公正的信用评估服务，对经营者的信用情况客观、公正地进行采集与记录，建立信用评价体系、信用披露制度以警示交易风险。

第二十八条　提供网络交易平台服务的经营者应当积极协助工商行政管理部门查处网上违法经营行为，提供在其网络交易平台内进行违法经营的经营者的登记信息、交易数据备份等资料，不得隐瞒真实情况，不得拒绝或者阻挠行政执法检查。

第二十九条　提供网络交易平台服务的经营者应当审查、记录、保存在其平台上发布的网络商品交易及有关服务信息内容及其发布时间。经营者营业执照或者个人真实身份信息记录保存时间从经营者在网络交易平台的登记注销之日起不少于两年，交易记录等其他信息记录备份保存时间从交易完成之日起不少于两年。

提供网络交易平台服务的经营者应当采取数据备份、故障恢复等技术手段确保网络交易数据和资料的完整性和安全性，并应当保证原始数据的真实性。

第三十条　提供网络交易平台服务的经营者应当按照国家工商行政管理总局规定的内容定期向所在地工商行政管理部门报送网络商品交易及有关服务经营统计资料。

第三十一条　为网络商品交易及有关服务行为提供网络接入、服务器托管、虚拟空间租用等服务的网络服务经营者，应当要求申请者提供经营资格和个人真实身份信息，签订网络服务合同，依法记录其上网信息。申请者营业执照或者个人真实身份信息等信息记录备份保存时间不得少于60日。

第四章　网络商品交易及有关服务行为监督管理

第三十二条　网络商品交易及有关服务行为的监督管理由县级（含县级）以上工商行政管理部门负责。

第三十三条　县级以上工商行政管理部门应当建立信用档案。记录日常监督检查结果、违法行为查处等情况；根据信用档案的记录，对网络商品经营者和网络服务经营者实施信用分类监管。

第三十四条　在网络商品交易及有关服务行为中违反工商行政管理法律法规规定，情节严重，需要采取措施制止违法网站继续从事违法活动的，工商行政管理部门应当依照有关规定，提请网站许可地通信管理部门依法责令暂时屏蔽或者停止该违法网站接入服务。

第三十五条　工商行政管理部门对网站违法行为作出行政处罚后，需要关闭该违法网站的，应当依照有关规定，提请网站许可地通信管理部门依法关闭该违法网站。

第三十六条 网络商品交易及有关服务违法行为由发生违法行为的网站的经营者住所所在地县级以上工商行政管理部门管辖。网站的经营者住所所在地县级以上工商行政管理部门管辖异地违法行为人有困难的，可以将违法行为人的违法情况移交违法行为人所在地县级以上工商行政管理部门处理。

第三十七条 县级以上工商行政管理部门应当建立网络商品交易及有关服务行为监管责任制度和责任追究制度，依法履行职责。

第五章　法律责任

第三十八条 违反本办法规定，法律、法规有处罚规定的，依照法律、法规的规定处罚。

第三十九条 违反本办法第十条第一款、第二十八条、第二十九条、第三十条规定的，予以警告，责令限期改正，逾期不改正的，处以一万元以下的罚款。

第四十条 违反本办法第二十条规定的，责令限期改正，逾期不改正的，处以一万以上三万元以下的罚款。

第四十一条 违反办法第十六条、第二十五条，侵犯消费者个人信息的，予以警告，责令限期改正，逾期不改正的，处以一万元以下的罚款。

违反办法第二十五条，侵犯经营者商业秘密的，按照《反不正当竞争法》和《关于禁止侵犯商业秘密行为的若干规定》处理。

第六章　附　则

第四十二条 本办法由国家工商行政管理总局负责解释。

第四十三条 省级工商行政管理部门可以依据本办法的规定制定网络商品交易及有关服务行为实施指导意见。

第四十四条 本办法自 2010 年 7 月 1 日起施行。

国家发改委关于印发《农产品冷链物流发展规划》的通知

各省、自治区、直辖市及计划单列市、新疆生产建设兵团、黑龙江省农垦总局发展改革委：

根据《物流业调整和振兴规划》（国发［2009］8号），为指导我国农产品冷链物流的发展，我委组织编制了《农产品冷链物流发展规划》（以下简称《规划》），现印发你们，请认真贯彻执行。

近年来，随着农业结构调整和居民消费水平的提高，我国生鲜农产品的产量和流通量逐年增加，全社会对生鲜农产品的安全和品质提出了更高的要求。加快发展农产品冷链物流，对于促进农民持续增收和保障消费安全具有十分重要的意义。各地区要结合本地的实际情况，按照全面贯彻落实科学发展观、推进社会主义新农村建设和构建和谐社会的要求，紧紧围绕构建农业增产增效和农民持续增收的长效机制，适应城乡居民生活水平提高和保障居民食品安全的需要，以市场为导向，以企业为主体，初步建立冷链物流技术体系，制订推广冷链物流规范和标准，加快冷链物流基础设施建设，培育一批冷链物流企业，形成设施先进、管理规范、网络健全、全程可控的一体化冷链物流服务体系，以降低农产品产后损失和流通成本，促进农民增收，确保农产品品质和消费安全。

附：《农产品冷链物流发展规划》（略）

国家发展改革委

二〇一〇年六月十八日

第五部分　附　录

附录一

CCFA 2010 中国连锁年度人物
2010 CCFA People of the Year

张轩松 永辉超市股份有限公司 董事长

获奖理由：张轩松的农改超开创了中国超市生鲜经营的新路，被称作“永辉模式”，成为同行学习的样板，也被视为永辉的“比杀技”。

在本土零售企业普遍采取区域深耕的发展策略时，在外资超市着力于渠道下沉时，永辉超市却跨出福建，转战中心城市。2010 年，永辉超市提出开店百家的宏大目标，且进展顺利。目前，永辉超市在重庆市场已跻身前三名，在北京的门店也实现盈利，4 月又进入安徽市场，成为 2010 年开店速度最快的超市，也改变了很多人认为的本土超市跨区域扩张难以成功的看法。2010 年，永辉还获得中国驰名商标。同时，永辉超市取得的成就也让资本市场看到了本土超市企业的竞争实力和巨大的发展潜力。

李维龙 辽宁兴隆大家庭商业集团 董事长

获奖理由：李维龙创办的大家庭融合了百货、超市、家电、餐饮、影院、酒店等多种业态，而且各业态自主经营，形成别具特色的区域购物中心发展之路。兴隆大家庭不仅是多业态的大家庭，更是员工、顾客和供应商的大家庭，大家相濡以沫，在大家庭这个平台上共同发展。2010 年，以百货店起家的李维龙开始大力发展大型超市，并提出“与百货相比，超市才是高科技”的观点，表现出他勇于否定自我并超越自我的鲜明个性。2010 年，大家庭荣获年度零售创新奖，而且是惟一一个零供合作方面的奖项。10 月 26 日，兴隆集团在“2010 世界零售大会”上击败欧洲发达国家的诸多零售对手，喜获“世界零售创新大奖”。大奖的获得离不开李维龙提出的“兴隆功夫”——把专业的零售技能体现为中国功夫，积极调动员工钻研商品知识、掌握专业销售技能。通过竞技表演，使类似看手识鞋、徒手开锁、巧手织补、花样丝巾等技能高手变成功夫明星，让顾客在买到满意商品的同时，得到开心、快乐的享受，也使李维龙的兴隆功夫征服了世界各国的评委。

汪建国 江苏五星投资控股集团有限公司 董事长

获奖理由：能够创建一个知名连锁品牌，对一位零售企业家来说已经足以让人欣慰的了。重新建立团队，再建一个连锁，而且是一个全新的业态，这需要足够的魄力和自信。

汪建国曾一手创建国内家电连锁三甲之一的五星电器。百思买收购五星电器后，汪建国重新组建队伍，成立了江苏孩子王实业有限公司，于 2010 年年初开设首家 7000 平方米的孩子王玩购城，不到 9 个月便实现盈利，另三家玩购城也于年内进入开业筹备阶段。正因如此，孩子王荣获 2010 年零售创新大奖。

作为定位于婴幼童市场的新业态，孩子王采用“电子商务 + 直购手册 + 实体门店”三位一体的商业模式。其目标是通过 3 ~ 5 年，打造成孕婴童商品销售与服务的领导品牌。

2010 年度中国零售业员工最喜爱的公司

中国连锁经营协会与韬睿惠悦咨询公司于 2010 年 9 月至 10 月合作开展“2010 年度中国零售业员工最喜爱的公司”评选活动，这是往届“年度中国零售业最佳雇主”评选的延续。本活动更名，旨在引导企业在其经营管理等工作中更加突出以人为本，更加重视人力资源发展，更加关注员工素质培养与权益保障。

本年度入围评选的基本条件是：（1）在工资和福利待遇方面高于所在地区的行业平均水平，使员工有较优厚的经济保障。（2）具备系统的培训制度和完善的晋升体系，使员工得以持续提升与发展。（3）拥有优秀的企业文化与理念，对员工有很强的凝聚力与吸引力。（4）通过承担社会责任、参与公益项目等活动，引领员工积极向上，不断提升企业荣誉。同时，本年度评选引入了国际专业调查方法，通过信息收集、定量指标计算与分析、定性题目考评与计算、综合统计与终评四个步骤，力争全面评价参评企业在人力资源战略、文化与组织氛围、员工沟通和员工关系、薪酬与福利、培训与发展和绩效管理等方面的举措。

根据上述评选①，排名前八位的企业评估得分均高于全部参评企业的平均值，当选为“2010 年度中国零售业员工最喜爱的公司”。获奖企业名单如下：

北京超市发连锁股份有限公司
沃尔玛（中国）投资有限公司
特易购企业管理（上海）有限公司
武汉中百便民超市连锁有限公司
天虹商场股份有限公司
锦江麦德龙现购自运有限公司
江苏五星电器有限公司
苏果超市有限公司

① 《2010 年度中国零售业员工最喜爱的公司评选报告》见“第三部分　专题篇”。

2010－2011 年度中国特许经营年度奖项说明

中国连锁经营协会通过组织专业的评审委员会，每年度对特许企业的品牌维护、体系建设、对加盟商的支持等多项指标考核，评选出年度中国优秀特许加盟品牌。其目的是宣传优秀特许企业及加盟商的创新意识和敬业精神，倡导诚信、自律、合作、双赢的理念，同时为广大投资者选择理想加盟项目提供资讯和借鉴。

年度创新大奖

获奖者在过去一年中，在营运体系、业态或模式、品牌营销、新技术应用以及团队建设等方面有重要创新并取得显著成效，可为行业发展提供有益经验。

年度优秀特许加盟品牌

获奖者能够恪守诚信精神和双赢理念，勇于创新。在过去一年中，特许体系的建设和运营水平明显提升，加盟商满意度显著提高或保持较高水准，品牌影响力和企业文化建设有新的突破。此外，参选企业开展特许经营的时间不能少于 2 年，加盟店数不能少于 30 家。

中国特许奖

作为特许经营行业中的最高奖项，获奖者须连续三年入选“年度中国优秀特许加盟品牌”，自愿申报并接受评审委员会实地考察。此外，获奖企业每年须按要求提交企业发展情况并由协会进行公示。

年度人物

获奖者应为特许企业的主要领导或行业专业人士，所在企业应符合《商业特许经营管理条例》的相关要求，企业品牌拥有较高的知名度和美誉度。获奖者在过去的一年中，在推进本企业或行业发展方面做出重要贡献，形成较大影响。

年度国际特许品牌

作为国际品牌在中国内地的区域加盟商或分支机构，通过团队努力和管理创新，在过去的一年中连锁店增长速度、经营管理水平以及品牌美誉度得到显著提升，并得到加盟商或合作伙伴的普遍赞誉。

最具成长力奖

获奖者在本行业或业态率先导入特许加盟模式，在过去的一年中，快速扩张，大力创新，在消费者、加盟商和投资机构中的知名度快速提升，成为所在领域的领先品牌。

社会责任奖

获奖者一贯倡导诚信经营、回报社会的企业价值观和企业文化，并鼓励加盟商和员工自发参与公益活动。过去一年中，响应政府号召，在创造就业（特别是帮助大学生就业），扶危济困，促进总部和加盟商和谐共赢等方面有突出表现。

优秀加盟商（单店）

获奖者在过去一年中，能规范执行总部标准、维护品牌形象，同时发挥主观能动性，以诚信、勤奋与智慧，积极面对竞争，经营业绩突出，成为加盟商学习的榜样。

优秀加盟商（区域）

获奖者在过去一年中，以优秀的管理才能和强烈的进取精神，成功开发区域市场或使所拥有的区域市场取得骄人业绩。同时，在维护区域系统稳定、给予其他加盟商支持方面有突出贡献。

大陆台商优秀连锁经营品牌

基于海峡两岸经贸往来日益频繁，越来越多的台商连锁经营企业在大陆发展，已有相当杰出的成就。为表彰其中的优秀品牌企业，引领产业健康发展，2010 年由中国连锁经营协会和台湾连锁加盟促进协会共同推出“年度大陆台商优秀连锁经营品牌”推选活动。推选的基本标准是，企业规范经营、热心公益、连锁发展规模及品牌影响力俱佳、品牌信誉度获得业内和消费者普遍赞誉的品牌等。本年（2011 年）是第二年度。

中国特许奖

（连续三年获得年度中国优秀特许品牌企业）

China Outstanding Franchise Brand

品牌	企业名称	业态
如家	上海如家酒店管理有限公司	经济型酒店
苏果	苏果超市有限公司	超市
美宜佳	东莞市糖酒集团美宜佳便利店有限公司	便利店
北大青鸟	北京阿博泰克北大青鸟信息技术有限公司	教育培训
业之峰	北京业之峰装饰有限公司	家居装饰

如家

如家酒店创立于 2002 年，2006 年在纳斯达克上市，目前已发展成为国内最大的连锁酒店品牌，并迅速跻身全球酒店行业前列。如家之所以能在较短的时间内取得令人注目的业绩，主要得益于其抓住特许经营体系建设方面的核心问题，并在实践中落实到位，做最该做的事。主要表现在两大方面：

其一，技术与人才并重。如家在技术上舍得投入，在人才培养上不嫌麻烦。如家已建成高投入的信息管理系统——中央预订系统（CRS）、物业管理系统（PMS）、客户关系管理系统（CRM）、供应链管理系统（SCM）、企业资源计划系统（ERP）等业务信息管理系统，为总部支持、控制、维护连锁体系的营运和管理奠定了技术支持。但是，连锁体系的扩张仅有技术支持系统还不够，更需要训练有素的员工团队来管理。许多连锁品牌扩张乏力，不是缺钱，而是受制于店经理这样的中坚人才。连锁企业希望通过加盟解决店经理不足或不合适的问题，常常事与愿违。对此如家进行了有益的探索。如家规定，加盟店的经理要经过总部 3 个月以上的系统培训后才能被派遣，而且被聘用的店经理要有相应的资历背景。因此，派遣具有一定专业水准的店经理，使如家在利用加盟者资金和人脉资源的同时，把总部的品牌风险和特许双方的管理风险都有效地降低了。

其二，战略与细节并重。如家的品牌愿景是成为“大众住宿业的卓越领导者”。其凭借标准化和干净、温馨、舒适、贴心的酒店住宿产品，为来客提供安心、便捷的住宿服务，传递“适度生活，自然自在”的简约生活理念。2010 年，如家重点解决了以下管理问题：限期解决困难酒店的生存问题；酒店硬件不合格及维护问题；业主沟通问题；营运考核问题；店经理素质能力考核模型及网络教学培训平台等问题。这些措施都是增强企业内功，实现企业战略目标的良好手段。

苏果

苏果超市成立于1996年7月，是江苏省著名商标，自1998年开展特许加盟。目前，其连锁网点覆盖江苏、安徽、山东、湖北、河北、河南等六省（2011年将拓展至江西），网点总数1905家，其中加盟店991家。2010年，苏果实现销售规模368亿元。在服务加盟商方面，其突出特色是“建管并重，质量并举”。

其一，总部战略布局合理，加盟网点稳步发展。随着城市经营成本加大，总部采取“直进加退”的战略布局，特许经营业务逐步退出重点城市而转向乡镇市场。由于乡镇市场潜力大、经营成本低、品牌效应好、商品定位易调整，2010年其所新开的64家外埠镇店经营效益均达到预期，加盟商满意度稳步提高。此外，总部大力提升新开店铺质量，特别是使单店投资100万元，面积在600～1000平方米左右，日销售3万元的加盟店市场竞争优势明显增强，并带动区域乡镇农家店的品质共同提升。

其二，创新加盟体系服务，坚持优胜劣汰原则。通过实施“以店代配”工作，将加盟店的配送纳入直营店配送管理。一家直营店同时代配周边加盟店；推行老店“提档升级”工作，有计划地对部分店铺实施投资改造，亮化和提升品牌形象，以点带片，使平均销售增幅达到20%，最高达80%；开展星级评比活动，组织加盟商交流营运经验，提升管理团队水平，创新绩效考核办法，有效带动加盟商争优创新意识。此外，总部积极倡导诚信经营、规范管理的企业理念，对因商品质量缺乏管理、违背合同、不讲诚信的店铺坚决劝退，以维护公司发展大局和加盟商切身利益。

其三，强化提升总部管理水平，创建高效和谐的合作平台。总部不断转变服务观念和方式，规范对加盟商的指导和支持，保证100%上门服务的考核指标；努力整合内部资源，创新“以店代配”等加盟店支持方式，分享合作资源，以专业培训为平台，增强总部与加盟商的紧密关系。

美宜佳

2010年度，美宜佳在引领特许品牌朝向健康有序发展等方面成绩突出，在业内具有示范和推动作用。其主要特点表现在：

其一，特许经营体系发展较为完善，具备较强盈利能力。美宜佳重组物流投入大、效率高，使加盟店能够有效得到总部的培训与支持。同时，其始终坚持“品质优良、实惠方便”的服务宗旨，坚持“家庭生活服务中心”的市场定位，每月以50～60家门店的速度持续稳健发展，已成为国内以特许加盟模式发展的规模最大的便利店系统。

其二，商业模式创新获得巨大成功。美宜佳创新的“实体店＋网上商城＋商品目录＋呼叫中心”四位一体的全方位服务模式，让消费者既可在门店购物，获得各种便利服务，还可通过美宜佳生活馆网站或赠送的商品目录，选购到门店没有出售的很多商品。

其三，在品牌维护和宣传方面加大力度，坚决处罚违规行为，有效维护了加盟商利益，同时在广告、新闻和公关方面的有效工作，维护并提升了品牌价值，得到加盟商的认同与好评。

北大青鸟

北大青鸟自2000年发展特许经营，目前已在全国90个城市建立起188家授权培训中心。在IT职业教育课程的研发与创新、教育标准化、教学管理标准化、师资培训标准化、现场教学支持与监督等方面，北大青鸟所取得的成绩给人留下深刻印象。

其一，优秀的产品研发能力及价值体现方面：北大青鸟始终根据IT市场的技术发展和企业需求，以就业为导向，定期更新课程。其课程体系平均每18～24个月更新一次。为保持课程产品居于领先水平，北大青鸟每年斥资上千万元，组织专家团队进行课程研发，从而保持了北大青鸟教育产品的优势和特色，也成功实践着把“需要工作的人，逐步变成工作需要的人”的教育理念。

其二，标准化的教学管理体系方面：北大青鸟有一套系统的教学管理标准，围绕“教学质量管理”这一核心内容，推出了首部IT教育培训行业标准化系列手册，规范了整个教学体系的标准化流程，在授课时间、授课过程、授课方法、考试环节等教学工作的各方面均制定了详细的标准。为实施标准化教学，北大青鸟还制定了师资培训标准。

其三，积极推广品牌方面：北大青鸟重视品牌营销推广工作，积极组织加盟商进行全国及区域联合广告投放，在国内主流媒体刊载“科教兴国”等爱国公益广告，促进了加盟商的销售业绩，有力提高了品牌的影响力和凝聚力。

业之峰

业之峰创建于1997年，主要提供家装设计及施工服务，2001年开展特许加盟。截至2010年年底，其连锁店已遍布全国24省100市，共170多家店，其中加盟店100家。其主要特点表现在：

其一，特许体系建设方面：业之峰将区域管理创新为信息化服务、手册式管理，除加强运营的视频培训和网络QQ信息的传递外，还完善了ERP网络运营服务体系以及物流配送体系的建设。同时，不断更新培训和管理手册，使之更加符合加盟商的需要。而总部更加注重赢利模式的创新，如峰格汇家居模式和蓝钻工程等。

其二，品牌建设方面：业之峰在业内一直享有很好的口碑和用户知名度，2009年凭借峰格汇家居模式和小区定点爆破模式，又使公司知名度和业绩得到大幅提升。

其三，法律体系建设方面：业之峰主动听取业内法律专家意见，不断完善合同文本以及相关信息披露，在协调和积极处理加盟商纠纷方面取得较大成效。

中国特许奖蝉联品牌
（已通过年审）

品牌	企业名称	业态
全聚德	中国全聚德（集团）股份有限公司	中式正餐
肯德基	百胜餐饮集团中国事业部	西式快餐
福奈特	北京福奈特洗衣服务有限公司	洗衣
东易日盛	东易日盛家居装饰集团股份有限公司	家居装饰
仙踪林	上海仙踪林餐饮有限公司	休闲饮品
百　圆	山西百圆裤业连锁经营股份有限公司	服装专卖
联　华	联华超市股份有限公司	超市
德克士	天津德克士食品开发有限公司	西式快餐
桂花鸭	南京桂花鸭（集团）有限公司	食品专卖
小肥羊	内蒙古小肥羊餐饮连锁有限公司	火锅
迪　欧	苏州迪欧餐饮管理有限公司	咖啡馆
象　王	上海象王洗衣有限公司	洗衣

2010－2011 年度中国零售业优秀特许加盟品牌
China Outstanding Retail Franchiser Brand 2010－2011

品牌	企业名称	业态
唐　久	山西省太原唐久超市有限公司	便利店
绝　味	湖南绝味食品股份有限公司	食品专卖
吴裕泰	北京吴裕泰茶业股份有限公司	茶叶专卖
中横窗业	浙江诸暨市中横窗业有限公司	门窗专卖
山国饮艺	厦门山国饮艺茶业有限公司	茶叶专卖
特百惠	特百惠（中国）有限公司	家居用品
富　隆	广州市富隆酒窖酒业有限公司	红酒专卖

2010－2011 年度中国餐饮与酒店业优秀特许加盟品牌
China Outstanding Catering and Hotel Franchiser Brand 2010－2011

品牌	企业名称	业态
锦江之星	锦江之星旅馆有限公司	经济型酒店
速 8	速伯艾特（北京）国际酒店管理有限公司	经济型酒店
阿瓦山寨	陕西阿瓦山寨品牌投资有限公司	中式正餐
世好吉祥	上海世好餐饮管理有限公司	中式快餐
绿茵阁	广州市绿茵阁餐饮连锁有限公司	西式正餐
比　格	北京比格餐饮管理有限责任公司	西式快餐
百　富	新疆百富餐饮股份有限公司	西式快餐

2010－2011 年度中国服务业优秀特许加盟品牌

China Outstanding Service Industry Franchiser Brand 2010－2011

品牌	企业名称	业态
红黄蓝	北京红黄蓝儿童教育科技发展有限公司	儿童教育培训
培正逗点	上海培正教育投资管理有限公司	儿童教育培训
植秀堂	青岛植秀堂养生养颜连锁有限公司	美容美体
居众装饰	深圳市居众装饰设计工程有限公司	家居装饰
翰　皇	北京翰皇伟业皮革清洁养护连锁服务有限公司	皮革清洗
小拇指	杭州小拇指汽车维修科技股份有限公司	汽车维修

2010－2011 年度中国特许经营最具成长力奖

Best Growing Competence Award 2010－2011

品牌	企业名称	业态
爱　君	上海爱君家庭服务有限公司	家政服务
Express	上海天女至爱饰品有限公司	饰品专卖
过桥缘	山东过桥缘餐饮连锁经营有限公司	中式快餐
黄记煌	北京黄记煌餐饮管理有限责任公司	火锅
雷力	北京雷力绿色肥业连锁经营有限公司	农资连锁
贰仟家	河南贰仟家汽车服务股份有限公司	汽车后市场

2010－2011 年度中国特许经营社会责任奖
Corporate Social Responsibility Award 2010－2011

品牌	企业名称	业态
吉峰农机	吉峰农机连锁股份有限公司	农资连锁
华夏中青	北京华夏中青家政服务有限公司	家政服务

2010－2011 年度国际特许品牌发展奖
International Franchise Brand Award 2010－2011

品牌	企业名称	业态
肯德基	百胜餐饮集团中国事业部	西式快餐
金宝贝	精中上海管理咨询有限公司	儿童教育培训
玛奴拉	北京玛奴拉服饰修改有限公司	改衣服务

2010－2011 年度中国特许经营创新大奖
Franchise Innovation Award 2010－2011

品牌	企业名称	业态
美宜佳	东莞市糖酒集团美宜佳便利店有限公司	便利店
晨　光	上海晨光文具股份有限公司	文具专卖
红星美凯龙	红星美凯龙集团	家居建材
光合作用	厦门市光合作用文化传播有限公司	书籍专卖店
如　家	上海如家酒店管理有限公司	经济型酒店
全聚德	中国全聚德（集团）股份有限公司	中式正餐
小肥羊	内蒙古小肥羊餐饮连锁有限公司	火锅
爱　君	上海爱君家庭服务有限公司	家政服务
翰　皇	北京翰皇伟业皮革清洁养护连锁服务有限公司	皮革清洗
象　王	上海象王洗衣有限公司	洗衣

2010－2011 年度中国特许经营创新奖

Franchise Innovation Award 2010－2011

品牌	企业名称	业态
金　虎	山西金虎便利连锁股份有限公司	便利店
名庄传奇	浙江名庄传奇葡萄酒有限公司	红酒专卖
桂花鸭	南京桂花鸭（集团）有限公司	食品专卖
I DO	北京恒信玺利珠宝股份有限公司	饰品专卖
卡　酷	北京卡酷全卡通动漫文化公司	卡通专卖店
马　兰	马兰拉面快餐连锁有限责任公司	中式快餐
小拇指	杭州小拇指汽车维修科技股份有限公司	汽车维修
小鬼当佳	小鬼当佳国际贸易（北京）有限公司	儿童摄影
布兰奇	四川布兰奇洗业有限公司	洗衣
元　洲	北京元洲装饰有限责任公司	家居装饰

2010－2011 中国特许经营年度人物

Franchise Entrepreneur Of The Year 2010－2011

获奖者	职务	所在企业	品牌
徐祖荣	董事兼首席执行官	锦江之星旅馆有限公司	锦江之星
游昌胜	董事长	上海上岛咖啡食品有限公司	上岛

徐祖荣——书写中国经济型酒店的发展与荣光

作为锦江之星旅馆有限公司 CEO、党委书记，徐祖荣先生 30 多年的酒店管理经验，使他非常熟悉国内酒店市场的走向和顾客的消费需求。结合国内住宿环境实际和欧美酒店发展经验，他于 1997 年 2 月创建了第一家锦江之星旅馆，成为中国经济型酒店的奠基人和创始人。他始终致力于中国经济型酒店的发展，为此做出突出贡献，得到行业及社会各界的高度评价。2005 年被授予“上海市企业领军人才”荣誉称号，2007 年被授予“全国五一劳动奖章”，2008 年获得商务部和中国饭店协会颁发的“中国饭店与餐饮业改革开放 30 周年功勋人物突出贡献奖”，2010 年获得“全国劳动模范”、“中国饭店业十佳总经理”

及“中外酒店论坛十大年度人物”。

管理实践中，他既注重创新发展，也注重团队建设。

一方面，他按照社会、行业、消费者对住宿业的要求与发展趋势做产品，提出“经营一代、开发一代、构思一代”的创新思路，先后对酒店产品进行了五次创新，并及时实施了高中低多品牌战略，以满足市场的多元化需求。针对锦江之星走“品牌化、标准化、连锁化、国际化”的发展道路，他建设了一个强有力的运营中心，确保了全国连锁店的健康运营和管理，保持了全部连锁店的优良服务。

另一方面，他努力建设学习型企业，加大培训力度，加快各级人才的培养，着力提高管理者的综合素质和人文素养。同时，他还注重员工的职业生涯规划，建立了内部招聘制度，为员工的成长、发展提供了通道。

在他的带领下，锦江之星实现了又好又快的发展，每年新增门店都超过百家。截至2010年年底，锦江之星总规模已达650多家，覆盖全国31个省、160个大中城市；企业盈利水平以每年30%的复合增长率递增；品牌品质始终保持行业领先地位；品牌和企业先后荣获了40多项荣誉称号。

游昌胜——见证中国咖啡的辉煌

上岛咖啡1968年进驻台湾，1997年进驻海南省，并于两年后在北京、上海、广东等设立了7家分公司。目前，上岛咖啡的1000多家连锁店遍布中国大江南北，成为国内最受欢迎的咖啡连锁餐厅之一。

作为上岛咖啡连锁餐厅的掌舵者、管理人，游昌胜董事长始终恪守商道，以人为本，诚信经营。他坚持认真学习，多方听取各界意见和建议；他坚信，一个企业、一个品牌能够获得大众的认可，也就不愁没有利润。

他十分关心员工的生活和工作，在管理环节中处处体现企业对员工的关怀，发挥每一个员工的力量，以形成有凝聚、有自豪、有活力，共同为企业的发展主动奉献的集体。

作为咖啡连锁企业，营造高档、舒适的环境能带给消费者惬意、满足的享受。因此，游昌胜统领的上岛咖啡关注的不仅是咖啡本身的品质，更多的是对服务质量、消费环境的要求，使服务质量不断迎合消费者的认可。服务热情、环境洁静、诚信无欺是上岛咖啡对消费者消费体验过程中必需尽到的责任，同时也是其核心竞争力的重要组成部分。他强调只有不断地提高咖啡的产品质量，提升服务人员的素质，才能将消费者留下，才能让消费者再次光临。在咖啡行业不断提高服务品质的同时，还需要不断创新品牌，不断研究新问题、捕捉新趋势、创造新价值，并在做大做强的同时提高利润，站稳市场。

作为咖啡连锁企业的领导者，他既要严格规划战略，又要合理配置资源，充分调动各级下属的积极性，充分发挥团队的合作能力与创造能力，坚定地执行并落实计划，带领大家共同奋斗，以达成企业宏大目标。

2010－2011 年度中国优秀加盟商（单店）

2010－2011 China Outstanding Unit Franchisee

行业	单店加盟商	加盟品牌	加盟企业名称
零售业	沈英姿	苏果	苏果超市有限公司
	常瑞良	唐久	山西省太原唐久超市有限公司
	王旻宁	唐久	山西省太原唐久超市有限公司
	杨　华	金虎	山西金虎便利连锁股份有限公司
	方月娟	上好	东莞市星瀚商贸有限公司
	李治中	上好	东莞市星瀚商贸有限公司
	彭建玲	晨光	上海晨光文具股份有限公司
	韩　叶	晨光	上海晨光文具股份有限公司
	张　敏	特百惠	特百惠（中国）有限公司
	徐艳冬	特百惠	特百惠（中国）有限公司
	黄晨昊	燕之屋	厦门市双丹马实业发展有限公司
	温　红	名庄传奇	浙江名庄传奇葡萄酒有限公司
	刘和虎	燕思巢	厦门燕思巢实业有限公司
	丁子强	山国饮艺	厦门山国饮艺茶业有限公司
	吕莅新	富隆	广州市福隆酒窖酒业有限公司
	江志刚	百花	北京百花蜂产品科技发展有限公司
	陈建伟	卡酷	北京卡酷全卡通动漫文化公司
	赵一哲	卡酷	北京卡酷全卡通动漫文化公司
餐饮与酒店业	申灵杰	全聚德	中国全聚德（集团）股份有限公司
	侯　波	全聚德	中国全聚德（集团）股份有限公司
	钟　辉	肯德基	百胜餐饮集团中国事业部
	张　扬	肯德基	百胜餐饮集团中国事业部
	陈淑华	肯德基	百胜餐饮集团中国事业部
	顾静艳	上岛	上海上岛咖啡食品有限公司
	吴德铁	上岛	上海上岛咖啡食品有限公司
	郑维岛	阿瓦山寨	陕西阿瓦山寨品牌投资有限公司
	周　瑾	阿瓦山寨	陕西阿瓦山寨品牌投资有限公司
	赵永彬	德庄	重庆德庄实业（集团）有限公司
	冯学良	德庄	重庆德庄实业（集团）有限公司
	王鸿雁	小尾羊	内蒙古小尾羊餐饮连锁股份有限公司

续表

行业	单店加盟商	加盟品牌	加盟企业名称
餐饮与酒店业	李　夏	小尾羊	内蒙古小尾羊餐饮连锁股份有限公司
	张　蕾	SPR coffee	青岛耶士咖啡有限公司
	刘　卓	SPR coffee	青岛耶士咖啡有限公司
	石　魁	小肥羊	内蒙古小肥羊餐饮连锁有限公司
	董　军	马兰	马兰拉面快餐连锁有限责任公司
	赵立波	便宜坊	北京便宜坊烤鸭集团有限公司
	赵雨思	比格	北京比格餐饮管理有限责任公司
	刘好智	世好吉祥	上海世好餐饮管理有限公司
	梅培元	毛家	湖南韶山毛家饭店发展有限公司
	朱长新	绿茵阁	广州市绿茵阁餐饮连锁有限公司
	高玉玉	正旺	青岛远见服务管理有限公司
	姜　娟	金师傅	青岛远见服务管理有限公司
	杨正平	东来顺	北京东来顺集团有限公司
	任树根	东来顺	北京东来顺集团有限公司
	郭　强	如家	上海如家酒店管理有限公司
	张永林	如家	上海如家酒店管理有限公司
	黄建伟	速8	速伯艾特（北京）国际酒店管理有限公司
	刘景亨	速8	速伯艾特（北京）国际酒店管理有限公司
服务业	王葆昌	福奈特	北京福奈特洗衣服务有限公司
	陈　培	伊尔萨	北京荣昌科技服务有限责任公司
	庄炜明	伊尔萨	北京荣昌科技服务有限责任公司
	罗明义	小拇指	杭州小拇指汽车维修科技股份有限公司
	刘映宏	居众装饰	深圳市居众装饰设计工程有限公司
	龚海腾	居众装饰	深圳市居众装饰设计工程有限公司
	李惠勤	东方爱婴	北京市东方爱婴咨询有限公司
	李　鑫	植秀堂	青岛植秀堂养生养颜连锁有限公司
	井立霞	红黄蓝	北京红黄蓝儿童教育科技发展有限公司
	朱　明	艾普二手车	北京艾普旧车经营有限公司
	徐丽丽	新爱婴	上海美邦教育信息咨询有限公司
	杨万富	新爱婴	上海美邦教育信息咨询有限公司
	张忠润	康洁	郑州市康洁洗涤有限公司
	霍大春	福元运通	青岛福元运通投资管理有限公司
	马　锐	翰皇	北京翰皇伟业皮革清洁养护连锁服务有限公司

2010－2011 年度中国优秀加盟商（区域）

2010－2011 China Outstanding Multi－unit Franchisee

行业	区域加盟商	加盟品牌	加盟企业名称
餐饮与零售业	任立昶	苏果	苏果超市有限公司
	刘文宪	百圆	山西百圆裤业连锁经营股份有限公司
	樊景岩	百圆	山西百圆裤业连锁经营股份有限公司
	唐体莲	雷力	北京雷力绿色肥业连锁经营有限公司
	卢兵岐	雷力	北京雷力绿色肥业连锁经营有限公司
	张佩甲	百花	北京百花蜂产品科技发展有限公司
	谢立军	绝味	湖南绝味食品股份有限公司
	徐建华	绝味	湖南绝味食品股份有限公司
	刘海军	燕之屋	厦门市双丹马实业发展有限公司
	谢建敏	名庄传奇	浙江名庄传奇葡萄酒有限公司
	罗　敏	燕思巢	厦门燕思巢实业有限公司
	宋文仙	山国饮艺	厦门山国饮艺茶业有限公司
	肖海亮	富隆	广州市富隆酒窖酒业有限公司
餐饮与酒店业	许长春	德克士	天津德克士食品开发有限公司
	周建民	德克士	天津德克士食品开发有限公司
	林庆都	小肥羊	内蒙古小肥羊餐饮连锁有限公司
	王晓玲	绿茵阁	广州市绿茵阁餐饮连锁有限公司
	崔　晔	绿茵阁	广州市绿茵阁餐饮连锁有限公司
	王　涛	比格	北京比格餐饮管理有限责任公司
	谭　慧	世好吉祥	上海世好餐饮管理有限公司
	张红兵	粮全其美	上海粮全其美食品有限公司
	刘新强	粮全其美	上海粮全其美食品有限公司
服务业	吴林长	福奈特	北京福奈特洗衣服务有限公司
	白轩睿	小拇指	杭州小拇指汽车维修科技股份有限公司
	刘瀛民	金宝贝	精中上海管理咨询有限公司
	李　宇	金宝贝	精中上海管理咨询有限公司
	康建斌	东方爱婴	北京市东方爱婴咨询有限公司
	苏　芯	环球雅思	北京环球天下教育科技有限公司
	梁少媚	环球雅思	北京环球天下教育科技有限公司

续表

行业	区域加盟商	加盟品牌	加盟企业名称
餐饮与酒店业	芦起云	植秀堂	青岛植秀堂养生养颜连锁有限公司
	孙　涛	红黄蓝	北京红黄蓝儿童教育科技发展有限公司
	乐　山	业之峰	北京业之峰装饰有限公司
	江　阴	业之峰	北京业之峰装饰有限公司
	潘国光	艾普二手车	北京艾普旧车经营有限公司
	王有强	康洁	郑州市康洁洗涤有限公司
	王勤昌	福元运通	青岛福元运通投资管理有限公司
	魏旭升	翰皇	北京翰皇伟业皮革清洁养护连锁服务有限公司

2011 大陆台商优秀连锁经营品牌

Outstanding Taiwan China Brand 2011

品牌	企业名称	业态
达芙妮	达芙妮国际控股有限公司	鞋专卖店
外交官	上海翔准商贸有限公司	箱包专卖店
欧迪芬	上海欧迪芬内衣精品股份有限公司	内衣专卖店
一茶一坐	上海一茶一坐餐饮有限公司	中式正餐
85 度 C	津味（上海）餐饮管理有限公司	休闲饮品
三之三	上海三育教育管理有限公司	儿童教育培训

说明：基于海峡两岸经贸往来日益频繁，越来越多的台商连锁经营企业在大陆发展，已有相当杰出的成就。其中，很多优秀品牌企业不但成功开拓了自己的业务，同时也为推进两岸连锁经营事业发展做出了突出贡献。为表彰这些企业的典范作用，引领产业健康发展，2010 年由中国连锁经营协会和台湾连锁加盟促进协会共同推出“大陆台商优秀连锁经营品牌”推选活动。

推选的基本标准是：大陆台商品牌企业规范经营、热心公益，连锁发展规模及品牌影响力俱佳，品牌信誉度获得业内和消费者的普遍赞誉。

附：2010 大陆台商优秀连锁经营品牌（Outstanding Taiwan China Brand 2011）

王品集团

信益陶瓷（中国）有限公司

上海丽婴房婴童用品有限公司

上海元祖梦果子有限公司

中国宝岛眼镜集团

2010 年度 CCFA 十佳金牌店长
TOP10 Store Manager

姓名	企业名称
刘玉军	苏宁电器股份有限公司
许　睿	江苏汇银电器连锁有限公司
陶九华	南京桂花鸭（集团）有限公司
梁红光	广东吉之岛天贸百货有限公司
梁　红	合肥鼓楼商厦有限责任公司
赵娟娟	邯郸市阳光超市有限公司
宋艳云	天津劝宝超市有限责任公司
万淑兰	江西洪客隆百货投资有限公司
张　艳	河北国大连锁商业有限公司
熊水泉	泰纳国际果业（北京）有限公司

2010 中国零售业优秀 CIO 名单

序号	姓名	职务	单位
1	王建平	副总裁兼 CIO	金鹰国际商贸集团（中国）有限公司
2	毛明华	财务、信息总监	天虹商场股份有限公司
3	张正洋	信息中心总监	北京物美商业集团股份有限公司
4	王德贵	IT 负责人	大商集团股份有限公司
5	王　存	首席信息技术官	上海爱屋商品有限公司
6	高光敏	信息部长	北京翠微大厦股份有限公司
7	王芳兴	资讯总监	味千（中国）控股有限公司总部
8	王　磊	CIO	真功夫餐饮有限公司
9	单　峰	CIO	福建七匹狼实业股份
10	吴晓昕	CIO	北京上品商业有限公司
11	吴联银	副总裁	特步（中国）有限公司

2010 年度 CCFA 行业防损之星

姓名	职务	单位
陈小强	防损经理	陕西民生家乐商业连锁有限责任公司
鲍非非	内控系统监督经理	锦江麦德龙现购自运有限公司
陆启刚	安全主管	百思买商业（上海）有限公司
张军艳	财务总监	北京超市发连锁股份有限公司
江向东	华东业务单元防损总监	华润零售集团
王铭魁	防损经理	屈臣氏（中国）
陈鸿业	资产保护部高级经理	沃尔玛（中国）投资有限公司
丁　俊	防损部副部长	武汉中百连锁仓储超市有限公司
张拥军	总监助理	安徽百大合家福连锁超市股份有限公司
卢成明	区域防损经理	广州易初莲花超市连锁有限公司

附录二

2010 年中国连锁业大事记

一月

第一届食品安全国家标准审评委员会在京成立（食品安全）

我国食品行业发展迅速，一些食品标准已不能适应食品行业发展和食品安全的保证需要，食品安全标准工作面临新的形势和挑战。1 月 20 日，第一届食品安全国家标准审评委员会成立大会在北京召开。卫生部陈竺部长指出，食品安全国家标准审评委员会成立后将立即组织各专业分委员会，开展对乳品安全标准、农兽药残留、有毒有害污染物、致病微生物、真菌毒素、食品添加剂等标准的清理和修订工作。

乐购在华首个商业地产项目花开青岛，外资零售巨头频频出手（开店扩张）

新年伊始，在中国零售市场外资商超巨头动作频频。1 月 9 日，TESCO 集团在青岛打造全新购物中心品牌“Life space 乐都汇购物广场”并携手旗下著名零售品牌“TESCO 乐购超市”首次亮相青岛。这是 TESCO 集团在中国经营的第一个购地自建的综合性购物中心，也是外资零售商在中国投入运营的第一个商业地产项目，是外资零售商在华发展的一个重要里程碑。与此同时，家乐福在成都开设中国区最大门店，以多元模式新业态提升竞争力；泰国正大集团宣布融资约 17 亿元人民币，拟用于中国内地扩张零售门店；屈臣氏与中国商业地产巨头大连万达集团、中粮置业投资有限公司分别签署战略合作协议，将为屈臣氏新建 40～50 个优质网点。

淘宝网试水实体代购店（零售创新）

在网购站稳脚跟的淘宝日前开始向线下拓展业务。1 月，首批杭州 150 家淘宝线下授权社区店开张迎客，为不方便上网消费的居民提供网购服务。同时，利用社区店经营灵活，顾客群稳定的特点，可以更大程度地发挥网购的“宅经济”效应。

沃尔玛北京节能旗舰店收效显著（环保节能）

沃尔玛在中国开设两家节能店：北京望京店和广州山姆会员店。其中，北京望京店通过节能设施的应用，节能收效显著。该店每年可节约用水达 48%，节电达 36%，即每年节电约 139 万度。为实现可持续发展目标，沃尔玛提出将 100% 使用可再生能源、实现零浪费等措施。

麦德龙在华启动电子产品连锁店（零售创新）

德国麦德龙日前已与台湾富士康科技合资公司签署协议，在中国建立 Media Market 和 Saturn 电子产品连锁店。麦德龙持有该项目 75% 的股份。第一家 Media Market 和 Saturn 连锁店将于2010年在上海开业，预计2015年在中国开设100家此类连锁店。

小肥羊荣获国际品牌推广奖（荣誉榜）

2006年进驻美国的小肥羊，于2010年1月22日在拉斯维加斯举办的首届美国华商名人峰会（US Chinese Business Summit）上，荣获“国际品牌推广奖”。

二月

温州整合万家永嘉商人超市（整合兼并）

温州国嘉超市管理服务股份有限公司日前作为永嘉万家“草根”超市抱团的联合体，整合分布各地的永嘉商人超市。据相关报告显示，国嘉超市预计注资7.5亿元，其中产业整合基金占股66.7%，拟整合的样板超市企业占股33.3%。

苏宁正式投入家电B2C战团（零售创新）

2月1日起，苏宁电器B2C网购平台“苏宁易购”上线，其自主采购、独立运营，并力争3年内占据中国家电网购市场20%以上份额，成为中国最大的3C家电B2C网站。

21世纪不动产美国纽交所上市（上市公司）

2月1日，21世纪中国不动产在美国纽约证券交易所成功上市，这是国内首家在境外上市的房地产中介经纪公司。

步步高首家高级超市开业（开店扩张）

由外国专家团队亲自带队打造的步步高首家高级超市日前开业。新超市经营面积2400平方米，荟萃了全球优质商品，其中40%以上为进口和特色商品。新超市主要经营进口食品、进口日用品和有机生鲜蔬菜瓜果等快速消费品，经营品种达12000余种。

三月

商务部扩大“农超对接”试点（政策法规）

2010年，商务部将扩大“农超对接”试点范围，支持有实力的大型连锁超市及农产品流通企业与农产品基地建立更紧密、更稳定的农产品购销关系，增加对接品种和数量，提高基地“直采”，探索建立有效的农超对接模式，推进“订单农业”发展。同时，支持农产品产地冷链建设；支持农产品品牌化、标准化，鼓励企业为农产品GAP申请和认证，提高农产品的市场竞争力。

2009中国连锁百强发布（排行榜）

3月25日，2009中国连锁百强正式对外发布。据2009中国连锁百强调查显示：2009年连锁百强销售规模达1.36万亿元，同比增长13.5%；百强企业门店总数达13.7万家，增长18.9%。行业发展呈现出整体增速趋稳、外资快于内资、百货快于快消品、二三线城市快于一线城市等特点。2010年连锁百强企业在总体上将依然保持其良好的发展态势。

京东商城宣布收购SK电讯千寻网（兼并收购）

3月11日，国内最大B2C公司京东商城完成对SK电讯千寻网（全球500强韩国电讯投资的B2C电子商务公司）的并购，此次并购是京东商城在获得第三轮总金额超过1.5亿美元融资后实施的首个重大战略举措，此举强化了京东网上商城在中国B2C电子商务行业的领先地位。

锦江收购美国洲际酒店（兼并收购）

锦江国际集团联合美国德尔集团收购美国州际酒店集团的交易已于3月18日顺利完成，交易总价值达3亿美元，这是中国酒店集团迄今最大的并购交易，双方战略合作项目签约仪式也已成功举行。

汇银家电上市（上市公司）

汇银家电于3月24日港股挂牌上市，当日股价一路冲高至2.61港元，较招股价1.69港元高出54%。汇银家电的上市受到外媒及投资机构的高度关注。

利丰接下沃尔玛采购（企业合作）

香港利丰公司日前与沃尔玛签订系列采购协议，成为其采购代理。所签协议均具非排他性。根据协议，利丰采购的不仅是中国的商品，也不仅是单一的某一类商品，而是为全球的沃尔玛商店采购其所需要的产品。

沃尔玛在中国开辟电子商务战场（零售创新）

以庞大实体店数量连续三年荣登美国《财富》全球500强首位的零售巨头沃尔玛，将把更多精力投注在电子商务方面。3月底沃尔玛推出计划，将在中国和日本市场同步开展电子商务业务，使之成为公司提升整体销售额的又一核心动力。目前，沃尔玛已在14个国家设有店面，并在美国和英国发展了强大的网上业务，在拉美宽带普及率最高的巴西也早已推出了电子商务业务，但在亚洲市场一直保持着传统门店经营的风格。尽管实体店仍是沃尔玛主要的收入来源，但鉴于全球刮起的电子商务消费之风，以及家乐福、亚马逊等传统竞争对手表现出乐此不疲的投资态度，沃尔玛审时度势，决定将电子商务的大旗先插到这个市场。

四月

年度中国特许加盟大会召开，年度特许连锁百强发布，“中国特许奖”颁奖（协会活动）

4月15-16日，由中国连锁经营协会主办的“第12届中国特许加盟大会”在北京召开。本届大会以“特许经营，创新流通，撬动市场，彰显价值”为主题，以“审时度势，接轨两个市场（资本市场与二三线市场），创新思维，实现两个升级（特许模式升级和品牌升级）”为主线，组织了主会场、“特许百强CEO高峰论坛”，以及系列专题研讨等多项活动。同时大会还发布了“2009中国特许经营连锁百强”，为2009－2010年度“中国特许奖”等奖项颁奖。

商务部出台政策，力争杜绝“地沟油”（政策法规）

商务部日前出台《关于进一步做好餐饮业有关工作的通知》，规范餐饮业发展，杜绝餐饮企业使用“地沟油”，提高餐饮安全卫生水平，推进“早餐示范工程”，带动大众化餐饮发展。此前，《餐饮服务许可管理办法》及《餐饮服务食品安全监督管理办法》已于2010年2月8日经卫生部部务会议审议通过，自2010年5月1日起施行。

“五个百”项目正式启动（协会活动）

4月29日，中国连锁经营协会推出“五个百”项目并正式启动相关工作，部分主流媒体高度关注“五个百”项目并积极参与相关项目前期宣传推广。“五个百”项目工作基本内容包括：“百家低碳示范商店”、“网络零售百强企业”、“百个农超对接项目”、“百佳社区服务连锁品牌”和“百家品类舰长”。

永旺在华首次试水SM业态（零售创新）

永旺集团即将把SM（精品型食品超市）业态引入中国，并计划在未来五年开设30家AEON SUPERMARKET。首家AEON SUPERMARKET将落户广州美东百货，这是永旺集团首次把这一高端业态引入中国。

美宜佳携手淘宝联推“代购”业务（零售创新）

4月20日起，美宜佳与淘宝网正式确立新的合作关系，在全体门店推广“淘宝网代购”业务，使门店以“零投入”实现新增200个以上商品的经营。通过该业务，进一步丰富了美宜佳的增值服务平台，为门店提高收益、提升竞争力创造了机会。该业务的突出特点是，商品价廉物美、品质有保障，操作方便、安全，使消费者轻松享受网购带来的便利与实惠。

苏宁新模式推动家电连锁业态升级（零售创新）

4月24日，苏宁第五代3C＋旗舰店天河北店新装亮相。苏宁第五代3C＋旗舰店已经从单纯家电卖场功能升级为智能化、多元化、专业化的电器购物广场，是家电连锁业态升级的表现，也代表了行业未来的发展方向。家电连锁在完成“大覆盖”、“大辐射”后，苏宁电器下一步发展战略将以市场细分为目标的精准性连锁，实现门店差异化，进一步巩固单店质量的行业领先。

真功夫宣布成立米饭大学（零售创新）

继麦当劳汉堡大学日前落户上海后，中式快餐真功夫紧随其后，宣布成立米饭大学，计划在未来五年培训至少3000名管理人才，以应对庞大的店面扩张计划。分析人士认为，这标志着中洋快餐的角逐已经从最初的选址、菜品、标准化等，转变为人才、管理等软实力的竞争。2010 年，人才发展及培养是真功夫的战略重点，除了建立米饭大学，真功夫正在建立以价值观和管理能力为核心的人才发展体系，每年将陆续投入三四千万元。

五月

麦当劳开放国内特许加盟（企业战略）

5 月 7 日，麦当劳公布在中国市场上开始有计划地放开特许经营权。目前全球 3.2 万家麦当劳餐厅中，75% 是特许经营，而在中国市场麦当劳餐厅接近 1100 家，仅 6 家为特许经营餐厅。麦当劳方面称，特许经营也将在未来成为推动中国麦当劳业务发展的重要因素。

宜家进军中国购物中心（开店扩张）

在中国市场以家居建材超市被熟知的“宜家”品牌日前宣布进军中国购物中心。在全球范围内，“宜家”名下的购物中心已有 28 个。早在 2001 年，宜家母公司宜家集团与英特宜家集团分别出资 49%、51%，成立了合资公司英特宜家购物中心集团（IICG）。

大润发正面杀入北京超市业（开店扩张）

5 月 13 日，面积达 2 万平方米的大润发民族园大卖场开始试营业。无论从卖场的购物环境、商品陈列、通道宽度，还是营销策略，处处都显露出这匹超市黑马所蕴藏的实力。大润发还在进行望京等 3 家门店物业的洽谈，以大卖场著称的大润发正面切入北京市场将对现有的行业格局带来新的变化。

六月

中国肯德基突破 3000 家 提出“生活如此多娇”新愿景（开店扩张）

6 月 1 日，百胜餐饮集团旗下的肯德基在中国大陆的第 3000 家店——肯德基莘漕餐厅在上海开业，标志着中国肯德基再次创造开店记录，以全国 3000 家餐厅的数量继续领跑业界。与此同步，中国肯德基启用全新品牌口号“生活如此多娇”替换自 2001 年使用的“有了肯德基，生活好滋味”，不仅以独有的方式与上海世博共襄盛举，并以实际行动诠释“立足中国、融入生活”的总策略，并藉以获得中国消费者的共鸣。从 1987 年到 2004 年，中国肯德基用 17 年开出 1000 家，而随后的 6 年间，其一气开出 2000 家。截至 2010 年年底，中国百胜通过直营、合资和特许经营已在中国大陆成功开出 3200 多家肯德基餐厅、500 多家必胜客餐厅、100 多家必胜宅急送和 20 多家东方既白餐厅，是百胜全球餐饮集团发展最快、增长最迅速的力量。

个人开网店须“实名制”（政策法规）

工商总局出台的《网络商品交易及有关服务行为管理暂行办法》于 7 月 1 日正式实施。根据本办法，法人、其他经济组织、自然人均可通过网络从事商品交易及有关服务行为。其中自然人网上开店的，须向网络交易平台服务的经营者提出申请，提交真实的姓名和地址等信息，符合工商登记注册条件的方可办理相关手续。

深圳零售业兵团掀起上市浪潮（上市公司）

随着天虹商场股份有限公司日前在深交所上市，包括早期已登陆的深国商、深圳市农产品股份有限公司，近年来相继成功上市的百丽、百佳华、茂业、人人乐，以及正在紧锣密鼓筹备上市的岁宝百货，深圳市零售业形成上市浪潮前赴后继之势。

锦江之星开启全球扩张（企业合作）

中国领先的经济型酒店品牌“锦江之星”与全球最大的在线旅游公司 Expedia 6 月宣布双方正式合作。通过合作，锦江之星旗下 190 多家分店信息将发布于 Expedia 在线旅游预订系统，供全世界每月近 6000 万的旅游出行者选择。这项合作有助于锦江之星实现增长目标，也为其全球扩张战略提供了重要依据。

联华整合华联收官 今年新开 500 家门店（兼并收购）

历时一年，联华超市宣告与华联超市完成重组整合，“转型”为新联华标超。6 月，上海联华超市股份有限公司正式宣布，该公司旗下联华、华联两家企业于 7 月 10 日起合署办公，至此，国内超市业最大并购案画上句号。整合完毕后，联华和华联的标超业务已全部纳入“新联华”——上海联华超级市场发展有限公司，实行双品牌营运模式。整合后新联华标超业态门店规模将突破 3500 家，销售规模近 500 亿元，成为中国最大的连锁标超企业。

银泰百货进军网络零售（零售创新）

银泰百货已斥资数千万元，悄然成立由其控股并引进战略投资者的电子商务公司。据悉，银泰百货已组建了一支电子商务业内资深人士组成的团队，其众多管理人物均来自凡客、京东等知名电商。

小肥羊启动全球招募加盟商（企业战略）

由于小肥羊国际市场经营业绩良好，同时加盟呼声很高，日前小肥羊对外表示，今年小肥羊将在国际市场全线开放加盟。此前，由于部分加盟商经营管理水平参差不齐，小肥羊曾于 2004 年末停止了加盟业务。

85 度 C 强力开拓大陆市场（开店扩张）

以经营咖啡店而知名的台湾餐饮企业“85 度 C”日前表示，2010 年计划在大陆开设 181 家分店，以达到大陆分店数量超过 310 家的目标。目前，大陆长三角和珠三角地区是 85 度 C 最重要的市场，而 2010 年新开分店将逐渐向西部地区扩张。

“2010 东莞外博会”成功举办（行业活动）

被称为“2010 东莞外博会”的第二届广东外商投资企业产品（内销）博览会于 6 月 18－21 日在东莞市的广东现代国际展览中心举办。本届外博会在首届成功的基础上，对展品分类进行了优化组合，包括家电电子、服装、鞋帽、玩具礼品、餐厨用品、家居饰品、日化用品、食品饮品等八大类，并以家电电子、服装鞋帽、家居饰品为主体，均属终端高质量消费品。据统计，本届外博会参展企业1047家，展位2347个，来自于内地21个城市的企业及港、澳等海外机构，现场展品超过十万件。据悉，参会的大型外资采购企业不少于15家，买手300多人；专业采购商及专业观众1100多家，买手2300多人；连锁协会及东莞联席会议组团企业150多家，买手800多人。本届外博会参会采购商4300多家，专业观众万余人，其中内资采购商组织参会企业近3000家，买手近6000人。

七月

发改委制定《农产品冷链物流发展规划》，加快农产品冷链物流（政策法规）

根据国务院《物流业调整和振兴规划》，7月28日发改委印发《农产品冷链物流发展规划》，提出了到2015年我国农产品冷链物流发展的目标、主要任务、重点工程和保障措施。这对促进农民持续增收和保障农产品品质及消费安全意义重大。

餐饮食品安全百千万示范工程启动（食品安全）

为建立健全餐饮服务食品安全责任落实的有效机制，国家食品药监局和商务部日前联合启动餐饮服务食品安全百千万示范工程建设活动。自2010年起，力争在“十二五”期间，在全国创建数百个餐饮服务食品安全示范县、数千条餐饮服务食品安全示范街、数万个餐饮服务食品安全示范单位（店、食堂），形成点线面相结合的多层次、全方位、全业态的餐饮服务食品安全示范群体。

家乐福购得河北保龙仓（兼并收购）

7月16日，家乐福持续数月对河北保龙仓商业连锁经营有限公司的竞购达成最终结果。家乐福已成立河北石家庄家乐福有限公司，并获得河北省商务厅的批准。据悉，家乐福将100%收购保龙仓位于石家庄和唐山的两家门店，对保龙仓的其他卖场，家乐福要求控股。

八月

国六条出炉稳菜价鼓励农超对接（政策法规）

8月18日，温家宝总理主持召开国务院常务会议，就进一步促进蔬菜生产、保障市场供应和价格基本稳定进行研究和部署，会议确定六项政策措施：切实强化“菜篮子”市长负责制；加强蔬菜生产基地建设；改善蔬菜流通设施条件；落实和完善“绿色通道”政策，扩大“绿色通道”政策覆盖；提高蔬菜产销组织化程度，大力扶持蔬菜生产合作社发展，引导大型零售流通企业及最终用户等与蔬菜产地合作社、批发市场、龙头企业直接对接，促进和稳定产销关系；强化蔬菜信息体系建设。

如家跻身全球饭店五强，获2010国际特许大奖（排名榜）

据MKG咨询公司发布的全球酒店行业排行榜显示：如家酒店集团以自主拥有酒店客房数46410间位居全球自主拥有饭店第五名。其他四强是：雅高集团、NH饭店集团、米高梅饭店集团和拉昆塔饭店集团。另悉，10 月 21 日如家代表中国赢得新加坡“2010 国际特许大奖”。

重庆百货历经五年终购新世纪（兼并收购）

历时数年，重庆商社集团旗下重庆百货与新世纪百货的资产重组迈出关键一步。8 月 23 日，重庆百货获准收购新世纪百货，使双方源自 2005 年、历经整合坎坷且备受关注的同业竞争得以化解，本次收购将带动重庆百货主营业务 30% 左右的增长。

苏果酝酿推出全新高端业态（零售创新）

为顺应高端消费市场需求，苏果推出一种全新的业态——精品超市。和传统超市相比，精品超市在店堂形象、商品定位、品种结构、服务功能等方面都有着明显的提升和改变。网点选择主要集中在南京 CBD 商圈、高档写字楼和高档住宅区，店堂面积在 600 ~ 1000m^2 之间，品种包括食品、百货和生鲜。此外，在商品定位和商品结构方面，进口商品占比较高。

美宜佳全新打造的“生活馆”开业（零售创新）

日前，由本土便利店连锁品牌美宜佳打造的“生活馆”正式迎客。美宜佳生活馆是在其 2600 多个实体门店基础上、结合电子商务发展的一种实、虚结合的商业模式，旨在打造“实体店 + 会员网站 + 商品目录 + 呼叫中心”四位一体的全方位服务模式。消费者可以通过美宜佳门店、网站、呼叫中心任一渠道，轻松享受便利店的方便快捷、服务中心的贴心服务、购物广场的丰富商品选择。这一创新有望为消费者带来全新的购物体验。

九月

政府开启农产品现代流通综合试点（政策法规）

9 月 15 日，商务部、财政部发文《关于农产品现代流通综合试点指导意见的通知》，由中央财政支持，在冀、辽、浙、鲁、豫、鄂、渝、疆等地开展农产品现代流通综合试点，力争在 3 ~5 年内建成农产品现代流通体系。

乡村基快餐连锁公司纽交所上市（上市公司）

9 月 29 日，重庆乡村基快餐连锁公司登陆美国纽约交易所，这是第一家在美国上市的中国餐饮企业。这次赴美 IPO，乡村基为中式快餐连锁餐厅这种业态提供了新的发展路径。

博士蛙香港联交所上市（上市公司）

9 月 29 日，儿童消费品开发商及零售商，博士蛙国际控股有限公司在香港联交所挂牌上市，这是国内首家上市的儿童消费品公司。

全家便利商店跨足餐饮连锁（开店扩张）

全家便利商店于日前宣布成立全资子公司全家国际餐饮公司，引进日本吉野家控股的日本知名连锁牛排餐厅 VOLKS，这是全家成立 22 年以来首度跨出零售本业，进军餐饮市场的首例。

昆明部分连锁企业开分店不再办证（政策法规）

《昆明市工商局鼓励和支持民间投资健康发展的若干意见》中规定：允许综超、农资、图书音像等具连锁经营资格的销售企业，持总部批件办理分支机构的注册登记，不再单独办理许可证。

十月

华润万家启动欢乐颂业态（零售创新）

10 月 1 日，华润万家宣布进军商业地产的标志性项目在深圳起航。这个被命名为“欢乐颂”的区域性购物中心只是一个起点，欢乐颂是华润万家未来重点扩张的新业态，目前已在无锡、海口、哈尔滨、珠海等多个城市正式启动。未来 5 年，欢乐颂计划拓展到 15 ~ 20 家的规模。

IGA 中国，红色椭圆伙伴战略合作发展峰会在武汉召开（企业合作）

10 月 12 日，IGA 中国红色椭圆伙伴战略合作发展峰会在武汉马可卑罗酒店召开。全国 17 家主力超市参会，除联盟成员间相互交流外，集体与国际供应商谈判，争取巨头们的最佳政策。IGA（全球零售商联盟）是全球最大、最早的一家自愿连锁组织，至今已有 85 年历史。IGA 中国成立于 2005 年，目前拥有会员企业 17 家，门店 2600 多个，市场覆盖 8.04 亿人口，年销售额超过 500 亿元。

7 - 11 年内拟在沪增开至 100 家（开店扩张）

台湾食品业巨头统一超商股份有限公司近日表示，公司将继续在中国大陆进行业务扩张，计划到 2010 年底将其在上海的 7 - 11 门店数量增加一倍至 100 家。

广州首次规范百货业服务（政策法规）

广州市质监局日前首次颁布了百货业服务质量方面的技术规范——《百货业服务质量》。该规范规定了百货业服务环境设施、商品质量、服务人员、服务操作、投诉及监督管理等方面的基本要求，适用于广州市行政区域内从事百货销售的企业和从业人员。

国美高层调整，和解取代对立，非上市门店不剥离（人事变动）

10 月，国美电器二股东贝恩董事总经理竺稼、国美董事局主席陈晓和大股东黄光裕家族代表杜鹃、黄燕虹达成共识，增加黄氏家族 2 位董事进入董事会并形成 13 位董事局架构，而黄氏以 370 家非上市门店不再剥离作为让步，从而达成和解，缓解了国美危机。

"兴隆功夫"获2010年度世界零售创新大奖（荣誉榜）

10月25~27日，在德国举办的世界零售业大会上，辽宁兴隆大家庭商业集团凭借"兴隆功夫"获得"2010年度世界零售创新大奖"，这是中国企业第一次获此殊荣，也是本年度世界零售业大会上惟一获奖的中国企业。截至2010年，连锁协会已连续四年组织国内零售企业参加世界零售大会。

十一月

"2010中国零售领袖峰会"在南京隆重推出（协会活动）

11月4日，近200位零售企业高层汇聚南京索菲特大酒店，首次以固定席位身份出席"2010中国零售领袖峰会"。包括近百家"2009中国连锁百强企业"及所属品牌的决策者与会，他们在全国拥有近11.7万家连锁店铺，2009年销售规模约9627亿元。峰会上，企业老板们交流话题聚焦在企业战略发展的不同层面，包括多元化综合管理、资本市场、人才机制以及顾客研究等。

"第十二届中国连锁业会议"在南京召开（协会活动）

11月5~7日，由中国连锁经营协会主办的第十二届中国连锁业会议在南京隆重召开。商务部及南京市政府领导出席开幕式并致辞。大会吸引了国内外零售商、供应商等600余家企业的1800多位代表参加，创历年新高。来自93家连锁零售企业的125位"2010年度CCFA金牌店长"也集体亮相会场。本次大会主题是：探寻多元零售时代的新价值源，围绕零售企业多元化发展趋势，针对传统零售商开展网络零售、技术与管理创新的最佳实践、物流建设与供应链管理、投资运营商业地产、资本运作与资产重组、采购模式变革等议题，展开系列专题研讨，探究企业发展良策。值得关注的是，与会者达成一致共识：创新是零售企业满足消费者多样化需求的重要手段，创新是企业可持续发展的原动力。

重庆首推超市食品经销合同（食品安全）

全国首份专门针对超市食品安全的《超市食品安全经销（代销）合同》日前正式在重庆渝中区试点，重百、新世纪等大型超市率先执行该合同。合同签订双方为超市和食品供货企业。合同有两个特点：一是向超市提供货物的企业必须出具食品检验检疫合格证等食品流通进场证明，二是明确食品生产企业的召回责任。

西单商场高价收购新燕莎（兼并收购）

11月6日，西单商场公布重大资产重组方案：拟向首旅集团定向增发2.48亿股股份，用于购买后者持有的新燕莎控股100%股权，作价24.67亿元。西单商场2009年的资产总额为18.75亿元，尚不及新燕莎控股的卖价，此次收购被业界视为"蛇吞象"式收购。

海航商业收购上海家得利超市（兼并收购）

海航集团旗下海航商业控股有限公司日前宣布，斥资近 9 亿元收购上海家得利超市有限公司已完成股权过户。家得利投资方正式从上海信盟投资变更为上海海航家乐企业管理有限公司。

百联打造商业旗舰（企业战略）

11 月 4 日，百联集团旗下的友谊股份与百联股份发布重组方案，重组后的新友谊股份将成为最大的商业零售上市公司，其主营业务将是超市和百货双核发展。此前的 6 月 25 日，上海联华、华联两大超市企业完成并购，实现双品牌运作，形成中国零售航母，并使百联集团的业务整合迈出关键一步。

天虹加速二三线城市扩张（开店扩张）

11 月 9 日，天虹商场发布公告，以投资 7.1 亿多元，计划在成都、虎门、绍兴三个城市租赁物业新开商场，租赁期限 20 年。自 2006 年积极实施全国拓展战略以来，天虹已陆续进驻南昌、东莞、厦门等地，2010 年以来天虹进军的城市还包括永安、湖州、常州、青岛和吉安等，其进驻的多是较为富裕的二、三线城市。

GAP 进驻中国，首店在北京朝阳大悦城开业（开店扩张）

11 月 7 日，美国第一大零售品牌 GAP 进驻中国，首家店铺——北京朝阳大悦城店正式露面。据了解，GAP 将在北京、上海各开两家店铺，上海首家旗舰店于 11 月 11 日在最繁华的购物街淮海路开业；未来 5 ~ 6 年，GAP 将重点拓展中国二线城市。GAP 是自 H&M、ZARA、优衣库等国际时尚品牌先后进入中国市场后的又一重量级国际品牌，不仅使中国消费者的选择越来越多，而且也使中国时尚潮流市场的竞争越来越激烈。不久前，GAP 还推出了 GAP 中国官网 www. gap. cn，希望借此吸引更多的中国网民购物。

星巴克首个咖啡农场落户（开店扩张）

11 月，星巴克咖啡与云南省农科院、普洱市人民政府签署《合作谅解备忘录》，计划在云南投资并运营星巴克全球首个咖啡种植基地，并在云南设立咖啡研究与发展中心、咖啡种植者支持中心以及咖啡初加工工厂，星巴克计划将中国市场打造成美国以外的“第二个本土市场”。据悉，星巴克目前在中国大陆拥有 400 多家店铺，计划在未来几年内扩张到 1000 家。

国美发力电子商务 4800 万控股库巴网（兼并收购）

国美电器 11 月宣布斥资 4800 万元收购家电 B2C 库巴购物网 80% 的股份，国美电器副总裁牟贵先出任库巴网董事长。国美电器今后将为库巴购物网提供全线家电 3C 产品采购、销售支持，目前国美电器全国实体门店销售的逾 10 万种家电商品，将全部进入库巴购物网销售目录。同时，国美电器还将为库巴购物网提供全国性的物流配送、售后服务、会员管理和信息处理等全方位支持。

十二月

永辉超市登陆沪市主板（上市公司）

12 月 15 日，永辉超市股份有限公司（股票代码：601933）在上交所正式挂牌上市。发行价格 23.98 元/股，发行规模为 11000 万股，占其发行后总股本的 14.32%。其发行市盈率高达 73.14 倍，创造了近期主板市场发行市盈率的新高。永辉能够上市，张氏兄弟创造的生鲜直采模式功不可没，也让一个小店起家的永辉，成为中国超市业的黑马，迅速崛起。

外资零售商扩大自有品牌（企业战略）

TESCO 日前表示，未来三五年内其拥有的自有品牌商品发展战略将由目前主要的食品领域向床上用品、厨房用品等非食品领域大力延伸。麦德龙中国也表示，到 2012 年麦德龙的自有品牌商品销售额将从现有的 9% 提升至 20%。沃尔玛目前也开发了 13 个系列的自有品牌，到 2012 年其自有品牌占有率将由 2.5% 提高至 20%。

京客隆 1.21 亿元收购首联超市（兼并收购）

京客隆最新公告称，其已向北京产权交易所提交收购挂牌转让的北京首联超市有限公司全部股权的申请，最低交易金额为 1.21 亿元人民币。首联超市自 2008 年成立以来一直处于亏损状态，此次收购成功，标志其将成为继首联集团之后又一家被京客隆收入囊中的负债企业。

沃尔玛控股好又多再度延至 2011 年 5 月（兼并收购）

三年时光飞逝，中国零售领域最大收购案依然未画上句号。沃尔玛 12 月表示，为“满足合同中的某些交易条件”，其控股好又多的交易再度延期半年至 2011 年 5 月 26 日。据称，部分好又多门店存在不是商业用地、没有房产证等涉嫌违规问题，令一直倡导“合法合规”经营的沃尔玛在与好又多的交易中处于进退两难境地，因此未来不排除控股计划再度延期甚至放弃不合规好又多门店的可能性。

屈臣氏百城千店目标在即（开店扩张）

自 2009 年提出“百城千店”计划后，屈臣氏以“一天一店”的速度快速扩张，截至 2010 年 12 月已在中国逾 100 个城市拥有超过 700 家店。预计到 2011 年，屈臣氏全国店铺数将达 1000 家，如此开店速度被业界认为是迅速“占地盘”。屈臣氏在快速扩张的同时，还开始布局网络营销及手机平台营销，目标是以更具针对性、更精准的服务，引领并满足消费者日益流行的消费需求。

（中国连锁经营协会）

附录三

2010 年中国连锁百强名单

（2011 年 3 月 28 日发布）

会员	序号	企业名称	销售规模（万元）	增幅 %	门店总数（个）	增幅 %
★	1	苏宁电器集团	15622292	33.5	1342	41.4
★	2	国美电器有限公司	* 15490000	45.0	1346	15.0
★		其中：永乐（中国）电器销售有限公司	890954	-14.3	60	5.3
★		三联商社股份有限公司	101876	-26.2	6	20.0
☆	3	百联集团有限公司	10369291	5.9	5809	-5.6
★		其中：联华超市股份有限公司（含华联）	7007723	4.3	5239	-6.4
★		华联集团吉买盛购物中心有限公司	371436	-5.4	22	0.0
★		上海联华快客便利有限公司	184969	6.2	1298	0.7
★		好美家装潢建材有限公司	165200	-21.0	14	-41.7
★	4	大连大商集团有限公司	8615769	22.1	170	6.3
★	5	华润万家有限公司	7180000	5.6	3155	7.8
★		其中：苏果超市有限公司	3682800	10.8	1905	2.9
★	6	康成投资（中国）有限公司（大润发）	5022500	24.2	143	18.2
★	7	家乐福（中国）管理咨询服务有限公司	4200000	14.8	182	16.7
★	8	安徽省徽商集团有限公司	4051974	17.9	2915	1.1
★		其中：安徽商之都股份有限公司	904814	24.6	885	-4.6
★		安徽徽商农家福有限公司	265390	43.9	1983	3.4
		安徽省徽商红府连锁超市有限责任公司	114123	12.0	855	-4.3
★	9	沃尔玛（中国）投资有限公司	* 4000000	17.6	219	25.1
★	10	重庆商社（集团）有限公司	3821585	27.2	319	1.9
		其中：重庆百货大楼股份有限公司	2546371	15.0	253	4.5
★	11	物美控股集团有限公司	3750456	14.9	2578	10.5
★		其中：北京美廉美连锁商业有限公司	426185	9.2	34	-2.9
★		浙江供销超市有限公司	250140	13.6	2100	5.0
★	12	山东银座商城股份有限公司	3700000	44.3	264	28.2
★		其中：山东统一银座商业有限公司	113000	13.0	142	16.4
★	13	新合作商贸连锁集团有限公司	3560000	18.7	99321	12.0
★		其中：江苏新合作常客隆连锁超市有限公司	200806	16.7	966	18.4
★	14	百胜餐饮集团中国事业部	* 3360000	16.7	3500	9.4

续表

会员	序号	企业名称	销售规模（万元）	增幅%	门店总数（个）	增幅%
★	15	农工商超市（集团）有限公司	2781359	4.0	3204	-3.8
☆	16	百思买（中国内地）	* 2700000	5.1	277	5.7
★		其中：江苏五星电器有限公司	2610000	5.7	268	4.7
★	17	合肥百货大楼集团股份有限公司	2490000	19.1	171	25.7
★		其中：安徽百大合家福股份有限公司	221066	32.5	418	5.6
★	18	宏图三胞高科技术有限公司	2008965	26.1	191	11.7
★	19	武汉中百集团股份有限公司	1923413	14.1	713	5.8
★		其中：武汉中百连锁仓储超市有限公司	1220231	16.1	154	10.8
★		武汉中百便民超市连锁有限公司	298010	9.3	520	4.0
		武汉中百百货有限公司	88931	7.9	5	25.0
		武汉中百电器连锁有限公司	137173	13.5	34	9.7
	20	新世界百货中国有限公司	* 1790000	19.3	37	8.8
★	21	文峰大世界连锁发展股份有限公司	1764927	12.7	1016	3.9
★	22	新一佳超市有限公司	1741320	1.0	112	2.8
☆	23	武汉武商集团股份有限公司	1721093	27.3	82	9.3
★		其中：武汉武商量贩连锁有限公司	889412	21.7	75	8.7
★	24	利群集团股份有限公司	1693036	11.6	836	-6.1
★	25	北京王府井百货（集团）股份有限公司	* 1660000	25.1	22	15.8
	26	百盛商业集团有限公司	* 1656000	33.9	47	6.8
★	27	好又多管理咨询服务（上海）有限公司	* 1650000	0.0	104	0.0
	28	石家庄北国人百集团有限责任公司	1619223	38.7	100	25.0
★	29	长春欧亚集团股份有限公司	1617585	20.1	35	16.7
★	30	永辉超市股份有限公司	* 1598000	56.4	286	6.7
★	31	特易购（TESCO）中国	* 1590000	19.5	109	38.0
★	32	天虹商场股份有限公司	1470557	26.6	44	18.9
☆	33	乐天超市（中国内地）	1444700	18.1	80	2.6
★		其中：江苏乐天玛特商业有限公司	1260579	18.2	70	1.4
★		乐天超市有限公司	179969	14.9	10	11.1
★	34	易初莲花	* 1360000	4.6	74	-3.9
★	35	欧尚（中国）投资有限公司	1350000	36.9	41	17.1
	36	金鹰商贸集团有限公司	* 1240000	32.5	19	11.8
★	37	山东家家悦集团有限公司	1233717	21.9	524	7.2
	38	银泰百货（集团）有限公司	1196235	32.7	24	4.3
★	39	人人乐连锁商业集团股份有限公司	1174832	14.5	108	20.0
		其中：人人乐购物中心	97548	16.0	8	0.0

续表

会员	序号	企业名称	销售规模（万元）	增幅 %	门店总数（个）	增幅 %
★	40	锦江麦德龙现购自运有限公司	* 1170000	13.0	48	14.3
★	41	山东新星集团有限公司	1106321	12.0	592	11.3
★	42	山东潍坊百货集团股份有限公司	1099246	15.4	356	11.9
★	43	北京京客隆商业集团股份有限公司	1090975	8.4	239	-3.2
★	44	武汉中商集团股份有限公司	1001272	13.7	44	4.8
		其中：武汉中商百货连锁有限责任公司	461592	18.2	9	0.0
		武汉中商平价超市连锁有限责任公司	470116	10.8	34	6.3
★	45	步步高集团	930000	46.6	167	65.3
★	46	辽宁兴隆大家庭商业集团	919382	43.8	21	40.0
★	47	海航商业控股有限公司	892207	89.5	319	398.4
		其中：西安民生集团股份有限公司	289714	7.4	37	15.6
		陕西民生家乐商业连锁有限责任公司	70546	-7.8	19	-13.6
		上海家得利超市有限公司	215625	2.2	154	5.5
★		湖南家润多超市有限公司	154007	4.7	23	53.3
	48	郑州丹尼斯百货有限公司	877444	23.6	67	34.0
★	49	福建新华都购物广场股份有限公司	865951	24.7	96	28.0
	50	北京新燕莎控股（集团）有限责任公司	800416	24.8	10	0.0
★	51	广州屈臣氏个人用品商店有限公司	* 800000	45.5	800	45.5
	52	茂业国际控股有限公司	726669	49.7	36	63.6
		其中：成商集团股份有限公司	171067	-0.7	11	10.0
★	53	麦当劳（中国）有限公司	* 710000	9.2	1200	9.1
★	54	广州市广百股份有限公司	677596	5.3	23	21.1
★	55	北京迪信通商贸有限公司	669534	11.2	1133	22.5
★	56	永旺（中国内地）	662620	11.9	27	28.6
★	57	内蒙古小肥羊餐饮连锁有限公司	622800	0.2	480	5.7
	58	济南人民商场集团股份有限公司	598552	14.2	6	0.0
★	59	成都红旗连锁有限公司	543868	7.4	1005	2.6
★	60	三江购物俱乐部股份有限公司	535571	7.9	145	14.2
	61	南京中央商场股份有限公司	* 530000	18.3	7	0.0
★	62	唐山百货大楼集团有限责任公司	501826	25.3	10	25.0
★	63	四川省互惠商业有限责任公司	482300	12.2	1236	23.6
☆	64	济南华联商厦集团股份有限公司	462304	36.8	22	29.4
★		其中：济南华联超市有限公司	277382	72.1	19	26.7
★	65	成都伊藤洋华堂有限公司	435363	23.9	4	33.3
★	66	北京翠微大厦股份有限公司	434197	39.5	5	66.7

续表

会员	序号	企业名称	销售规模（万元）	增幅 %	门店总数（个）	增幅 %
	67	宜家家居	430000	22.9	8	14.3
★	68	广州友谊集团股份有限公司	415000	21.0	5	25.0
★	69	湖南友谊阿波罗股份有限公司	* 414000	38.0	9	0.0
★	70	北京顺义国泰商业大厦	408000	29.1	13	8.3
★	71	东方家园家居建材商业有限公司	405000	15.7	27	8.0
★	72	山东威海百货大楼集团股份有限公司	401059	-5.9	24	-7.7
	73	易买得	*400000	14.0	27	35.0
		其中：上海易买得超市有限公司	273837	14.9	12	9.1
	74	长沙通程实业集团有限公司	396500	61.4	52	13.0
★	75	百佳超市（中国内地）	388282	8.4	44	12.8
★	76	邯郸市阳光百货集团总公司	381000	26.0	89	107.0
		其中：邯郸市阳光超市有限公司	74982	24.5	76	145.2
★	77	青岛维客集团股份有限公司	361842	10.3	50	-94.0
★	78	北京西单友谊集团	353137	20.1	220	-0.9
★	79	深圳市海王星辰医药有限公司	340000	9.7	2990	4.3
★	80	江西洪客隆百货投资有限公司	328000	2.5	23	4.5
★	81	北京超市发连锁股份有限公司	323364	22.3	111	38.8
★	82	老百姓大药房连锁有限公司	315030	17.5	423	20.9
★	83	加贝物流股份有限公司	315000	3.3	314	0.0
★	84	湖南佳惠百货有限责任公司（集团）	309100	7.3	209	4.5
	85	广东大参林连锁药店有限公司	306000	19.5	1000	25.0
★	86	山西美特好连锁超市股份有限公司	304925	7.6	39	62.5
★	87	山东全福元商业集团有限责任公司（原寿光百货大楼）	302236	15.4	122	69.4
	88	深圳岁宝百货有限公司	288772	15.5	13	18.2
★	89	浙江人本超市有限公司	286859	11.0	817	36.4
	90	浙江华联商厦有限公司	278665	12.4	101	-54.3
★	91	华糖洋华堂商业有限公司	270875	-0.1	8	-11.1
	92	重庆和平药房连锁有限责任公司	253000	27.8	2512	2.1
★	93	山西省太原唐久超市有限公司	252038	5.6	1056	5.0
★	94	中国全聚德（集团）股份有限公司	248097	13.0	85	0.0
★	95	安徽华夏集团	245013	18.0	797	7.3
	96	广西南城百货股份有限公司	243360	27.2	24	41.2
★	97	雄风集团有限公司	238000	18.5	118	2.6
★	98	话机世界数码连锁集团股份有限公司	236250	5.0	220	-22.3

续表

会员	序号	企业名称	销售规模（万元）	增幅 %	门店总数（个）	增幅 %
	99	味千（中国）控股有限公司（中国内地）	* 230000	15.3	450	18.4
★	100	阜阳市华联集团股份有限公司	218600	13.5	594	7.0
		合 计	166252247	21.2	150211	9.8

注：1. ★ 表示为中国连锁经营协会会员企业，☆ 表示其下属公司为协会会员企业。

2. 数字前面带 * 的为估计值。

3. 表中所指销售规模包括直营店、加盟店、输出管理的连锁店销售额。

4. 销售规模或门店数量中，以特许加盟为主的企业不列入本表，将纳入之后发布的“2010 年特许百强”榜。

2010 年中国快速消费品连锁零售百强名单
（2011 年 3 月 28 日发布）

会员	序号	企业名称		销售规模（万元）	增幅 %	门店总数（个）	增幅 %
★	1	华润万家有限公司		7180000	5.6	3155	7.8
★		其中：苏果超市有限公司		3682800	10.8	1905	2.9
★	2	联华超市股份有限公司（含华联）		7007723	4.3	5239	-6.4
★	3	康成投资（中国）有限公司（大润发）		5022500	24.2	143	18.2
★	4	家乐福（中国）管理咨询服务有限公司		4200000	14.8	182	16.7
★	5	沃尔玛（中国）投资有限公司	*	4000000	17.6	219	25.1
★	6	物美控股集团有限公司		3750456	14.9	2578	10.5
★	7	农工商超市（集团）有限公司		2781359	4.0	3204	-3.8
★	8	新一佳超市有限公司		1741320	1.0	112	2.8
★	9	好又多管理咨询服务（上海）有限公司	*	1650000	0.0	104	0.0
★	10	永辉超市股份有限公司	*	1598000	56.4	286	6.7
☆	11	特易购（TESCO）中国	*	1590000	19.5	109	38.0
★	12	易初莲花	*	1360000	4.6	74	-3.9
★	13	欧尚（中国）投资有限公司		1350000	36.9	41	17.1
★	14	江苏乐天玛特商业有限公司		1260579	18.2	70	1.4
★	15	山东家家悦集团有限公司		1233717	21.9	524	7.2
★	16	武汉中百连锁仓储超市有限公司		1220231	16.1	154	10.8
★	17	人人乐连锁商业集团股份有限公司		1174832	14.5	108	20.0
★	18	锦江麦德龙现购自运有限公司	*	1170000	13.0	48	14.3
★	19	淄博新星超市连锁有限公司		1106321	12.0	592	11.3
★	20	北京京客隆商业集团股份有限公司		1090975	8.4	239	-3.2
★	21	武汉武商量贩连锁有限公司	*	889412	21.7	75	8.7
★	22	福建新华都购物广场股份有限公司		865951	24.7	96	28.0
★	23	步步高商业连锁股份有限公司		758581	19.5	105	4.0
★	24	永旺（中国内地）		662620	11.9	27	28.6
★	25	山东潍坊百货集团股份有限公司（超市部分）		572921	15.1	340	13.0
★	26	成都红旗连锁股份有限公司		543868	7.4	1005	2.6
★	27	三江购物俱乐部股份有限公司		535571	7.9	145	14.2
★	28	漯河双汇商业连锁有限公司		520179	105.5	17400	312.4
★	29	四川省互惠商业有限责任公司		482300	12.2	1236	23.6

续表

会员	序号	企业名称	销售规模（万元）	增幅%	门店总数（个）	增幅%
△	30	武汉中商平价超市连锁有限责任公司	470116	10.8	34	6.3
★	31	成都伊藤洋华堂有限公司	435363	23.9	4	33.3
	32	石家庄北国人百集团有限责任公司（超市部分）	423868	39.7	17	0.0
★	33	山东威海百货大楼集团股份有限公司	401059	-5.9	24	-7.7
	34	易买得	* 400000	14.3	27	35.0
★	35	百佳超市（中国内地）	388282	8.4	44	12.8
★	36	华联集团吉买盛购物中心有限公司	371436	-5.4	22	0.0
△	37	重庆商社新世纪百货连锁经营有限公司	356419	18.0	86	8.9
★	38	江西洪客隆百货投资有限公司	328000	2.5	23	4.5
★	39	北京超市发连锁股份有限公司	323364	22.3	111	38.8
★	40	加贝物流股份有限公司	315000	3.3	314	0.0
★	41	山西美特好连锁超市股份有限公司	304925	7.6	39	62.5
★	42	武汉中百便民超市连锁有限公司	298010	9.3	520	4.0
★	43	浙江人本超市有限公司	286859	11.0	817	36.4
★	44	济南华联超市有限公司	277382	72.1	19	26.7
★	45	华糖洋华堂商业有限公司	270875	-0.1	8	-11.1
★	46	山东全福元商业集团有限责任公司（超市部分）	264852	4.8	104	92.6
★	47	山西省太原唐久超市有限公司	252038	5.6	1056	5.0
★	48	东莞市糖酒集团美宜佳便利店有限公司	224522	32.3	2800	17.6
△	49	安徽百大合家福股份有限公司	221066	32.5	418	5.6
★	50	阜阳市华联集团股份有限公司	218600	13.5	594	7.0
△	51	上海家得利超市有限公司	215625	2.2	154	5.5
★	52	江苏新合作常客隆连锁超市有限公司	200806	16.7	966	18.4
★	53	河北国大连锁商业有限公司	186450	113.5	802	13.0
★	54	北京华冠商贸有限公司	185000	29.4	373	3.3
★	55	上海联华快客便利有限公司	184969	6.2	1298	0.7
★	56	乐天超市有限公司	179969	14.9	10	11.1
★	57	心连心集团股份有限公司	171052	0.7	50	4.2
★	58	上海良友金伴便利连锁有限公司	160000	15.1	552	2.8
★	59	湖南家润多超市有限公司	154007	4.7	23	53.3
	60	广西南城百货股份有限公司（超市部分）	150110	28.3	24	41.2
★	61	天津市津工超市有限责任公司	135182	5.0	441	26.0
	62	重庆重客隆超市连锁有限责任公司	130000	18.2	108	12.5
★	63	河北惠友商业连锁发展有限公司	129545	20.9	346	27.2
☆	64	浙江凯虹集团有限公司	126000	26.0	14	0.0

续表

会员	序号	企业名称	销售规模（万元）	增幅%	门店总数（个）	增幅%
★	65	大同市华林有限责任公司	123468	26.7	8	33.3
	66	上海福满家便利店有限公司	118434	114.1	531	68.0
★	67	山东奥德隆集团有限公司	116426	11.0	112	4.7
★	68	东莞市嘉荣超市有限公司	116269	40.8	33	50.0
★	69	唐山瑞莎实业集团有限公司	114330	15.3	51	15.9
△	70	安徽省徽商红府连锁超市有限责任公司	114123	12.0	855	-4.3
★	71	山东统一银座便利店有限公司	113000	13.0	142	16.4
△	72	上海华联罗森有限公司	109774	16.5	318	6.0
	73	安庆市世纪华联超市有限公司	106000	14.0	182	9.6
	74	江苏超越超市连锁发展有限公司	105630	1.8	171	8.2
★	75	新疆好家乡超市有限公司	104957	23.5	7	-98.6
★	76	河南大张实业有限公司	101994	24.4	46	-29.2
★	77	山西吉隆斯商贸股份有限公司	100729	14.2	51	0.0
★	78	天津劝宝超市有限责任公司	100217	24.8	652	4.0
★	79	上海迪亚零售有限公司	97963	327.9	234	4.9
★	80	安徽省台客隆连锁超市有限责任公司	92000	104.4	25	47.1
★	81	大连金玛超市连锁有限公司	87083	190.0	1046	8.5
★	82	唐山华盛超市有限公司	86158	3.0	35	-2.8
★	83	上海捷强烟草糖酒（集团）连锁有限公司	85981	-26.9	222	-45.9
★	84	胜利油田胜大超市	83952	10.9	100	56.3
★	85	许昌市胖东来商贸集团有限公司	83778	52.0	15	36.4
	86	天客隆集团有限责任公司	82844	0.0	22	-4.3
★	87	江苏欢乐买商贸股份有限公司	80900	4.9	12	33.3
△	88	长春欧亚超市连锁经营有限公司	79550	43.8	20	25.0
★	89	联盛商业连锁股份有限公司	79350	38.1	10	11.1
★	90	浙江省舟山市民生商厦有限责任公司	79200	66.7	568	3.5
★	91	北京首航国力商贸有限公司	76475	8.7	36	2.9
△	92	邯郸市阳光超市有限公司	74982	24.5	76	145.2
	93	威海长江糖酒有限公司	74640	5.2	232	1.3
★	94	秦皇岛市家惠商贸有限公司	70630	17.0	32	14.3
△	95	陕西民生家乐商业连锁有限责任公司	70546	-7.8	19	-13.6
★	96	唐山市金客隆超市有限公司	68565	15.4	56	14.3
★	97	安庆金华联有限公司	65805	46.7	56	21.7
	98	浙江家家福超市有限公司	63996	1.9	60	-72.4
★	99	唐山家万佳超市有限公司	63900	10.2	37	0.0

续表

会员	序号	企业名称	销售规模（万元）	增幅 %	门店总数（个）	增幅 %
★	100	江苏雅家乐集团有限公司	61300	11.5	54	10.2
合 计			69715116	13.8	38578	4.5

注：1. ★ 表示为中国连锁经营协会会员企业，☆ 表示其下属公司为协会会员企业。△ 表示其母公司为协会会员企业。

2. 数字前面带＊的为估计值。

3. 门店数量增幅剔除个别特殊情况。

2010年中国特许经营连锁120强名单

（分业态/业种，按总店铺数排列）

序号	业态（业种）	企业名称	品牌	总店数（个）	销售规模（万元）	加盟店数（个）
1	万村千乡	浙江供销超市有限公司	浙江供销	2100	250140	1955
2		苏果超市有限公司	苏果	1905	3682800	991
3		江苏新合作常客隆连锁超市有限公司	新合作常客隆	966	200806	698
4		利群集团股份有限公司	利群	836	1693036	800
5	超市便利店	联华超市股份有限公司	联华	5239	7007723	3417
6		东莞市糖酒集团美宜佳便利店有限公司	美宜佳	2800	224522	2800
7		东莞市星瀚商贸有限公司	上好	1300	57191	1294
8		山西省太原唐久超市有限公司	唐久	1056	252038	770
9		河北国大连锁商业有限公司	国大36524	802	186450	650
10		上海良友金伴便利连锁有限公司	良友	552	160000	270
11		山西金虎便利连锁股份有限公司	金虎	493	37739	445
12	服装	李宁（中国）体育用品有限公司※	李宁	7915	947900	7333
13		堡狮龙国际集团有限公司	堡狮龙	1361	230600	778
14		山西百圆裤业连锁经营股份有限公司	百圆	1523	66213	1446
15		深圳市丑丑婴儿用品有限公司	丑丑	700	30000	500
16	农资	天盟农资连锁有限责任公司	天盟	7586	1190000	7486
17		北京雷力绿色肥业连锁经营有限公司	雷力	3800	45000	3798
18		庆丰农业生产资料集团有限责任公司	庆丰	3017	503569	1680
19		安徽徽商农家福有限公司	农家福	1983	265390	1874
20		吉峰农机连锁股份有限公司	吉峰农机	667	365186	507
21	食品营养品	临沂新程金锣肉制品集团有限公司	金锣	18342	1463176	18342
22		湖南绝味食品股份有限公司	绝味	3401	154563	2864
23		北京好利来企业投资管理有限公司	好利来	1000	165520	500
24		名品世家（北京）酒业连锁有限公司	名品世家	607	40120	541
25		北京百花蜂产品科技发展有限公司	百花	485	20000	464
26		厦门山国饮艺茶业有限公司	山国饮艺	430	13000	400
27		福建九峰农业发展有限公司	九峰茗茶	397	12468	319
28		厦门市双丹马实业发展有限公司	燕之屋	383	58568	368
29		大连獐子岛渔业集团股份有限公司	獐子岛	350	22590	300

续表

序号	业态（业种）	企业名称	品牌	总店数（个）	销售规模（万元）	加盟店数（个）
30	食品营养品	北京吴裕泰茶业股份有限公司	吴裕泰	245	58800	196
31		南京桂花鸭（集团）有限公司	桂花鸭	235	115188	215
32		广州市富隆酒窖酒业有限公司	富隆	224	47073	185
33		浙江五芳斋实业股份有限公司	五芳斋	161	84302	147
34		北京张一元茶叶有限责任公司	张一元	150	54000	113
35	药店	重庆和平药房连锁有限责任公司	和平	2512	253000	772
36		上海华氏大药房有限公司	华氏	791	200512	310
37		北京金象大药房医药连锁有限责任公司	金象	320	71000	218
38	其他专卖店	特百惠（中国）有限公司	特百惠	3100	65000	3095
39		上海晨光文具股份有限公司	晨光	1259	119700	1189
40		北京迪信通商贸股份有限公司	迪信通	1133	669534	488
41		重庆谭木匠工艺品有限公司	谭木匠	1082	18940	1082
42		广东缤果动漫连锁管理有限公司	缤果	750	40345	493
43		北京探路者户外用品股份有限公司	探路者	666	43405	568
44		广州汇美舍天然用品连锁有限公司	汇美舍	663	34154	615
45		北京明弘科贸有限责任公司	LotionSPA	534	23000	320
46		湖南李文锁城投资管理有限公司	李文锁城	357	108972	310
47		南京吴良材眼镜总店	南吴眼镜	300	8504	60
48		北京卡酷全卡通动漫文化有限公司	卡酷	235	10827	221
49		浙江省诸暨市中横窗业有限公司	中横	158	15800	152
50	中式正餐	陕西阿瓦山寨品牌投资有限公司	阿瓦山寨	365	148510	362
51		湖南韶山毛家饭店发展有限公司	毛家	248	145000	246
52		重庆东方菜根香餐饮连锁管理有限公司	菜根香	235	133478	229
53		中国全聚德（集团）股份有限公司	全聚德	85	248097	61
54	中式快餐	上海世好餐饮管理有限公司	吉祥馄饨	1278	52800	1082
55		永和食品（中国）有限公司	永和	265	63600	230
56		马兰拉面快餐连锁有限责任公司	马兰	248	38293	108
57		四平市李连贵风味大酒楼	李连贵	227	36120	214
58	火锅	内蒙古小尾羊餐饮连锁股份有限公司	小尾羊	483	589800	440
59		重庆秦妈餐饮管理有限公司	秦妈	483	167280	470
60		重庆德庄实业（集团）有限公司	德庄	481	226789	453
61		内蒙古小肥羊餐饮连锁有限公司	小肥羊	480	622800	296
62		重庆小天鹅投资控股（集团）有限公司	小天鹅	261	510338	199
63		北京市黄记煌餐饮管理有限责任公司	黄记煌	229	52282	222
64		北京东来顺集团有限责任公司	东来顺	147	15000	124

续表

序号	业态（业种）	企业名称	品牌	总店数（个）	销售规模（万元）	加盟店数（个）
65	西式餐饮	百胜餐饮集团中国事业部▲	肯德基	3000	3360000	162
66		天津德克士食品开发有限公司	德克士	1285	410000	1084
67		上海上岛咖啡食品有限公司	上岛	1007	600000	970
68		苏州迪欧餐饮管理有限公司	迪欧	809	211419	638
69		青岛耶士咖啡有限公司	SPR	543	8800	542
70		上海仙踪林餐饮有限公司	仙踪林	175	32100	172
71		北京好伦哥餐饮有限公司	好伦哥	105	29562	60
72		上海巴贝拉意舟餐饮管理有限公司	巴贝拉	101	36500	54
73		广州市绿茵阁餐饮连锁有限公司	绿茵阁	98	89547	60
74	经济型酒店	上海如家酒店管理有限公司	如家	818	317000	364
75		锦江之星旅馆有限公司	锦江之星	595	325431	392
76		7天连锁酒店集团	7天	568	149900	247
77		汉庭酒店集团	汉庭	438	183840	195
78		格林豪泰酒店管理集团	格林豪泰	305	195000	252
79		上海驿居酒店管理有限公司	莫泰	321	375364	176
80		速伯艾特（北京）国际酒店管理有限公司	速8	189	57625	175
81	培训教育	北京市东方爱婴咨询有限公司	东方爱婴	426	32609	348
82		北京环球天下教育科技有限公司	环球雅思	335	63700	225
83		北京红黄蓝儿童教育科技发展有限公司	红黄蓝	313	62416	273
84		上海美邦教育信息咨询有限公司	新爱婴	253	38855	202
85		北京东方金子塔教育管理咨询有限公司	东方金子塔	232	25682	217
86		精中（上海）管理咨询有限公司	金宝贝	209	49000	203
87		北京阿博泰克北大青鸟信息技术有限公司	北大青鸟	188	223920	183
88	洗衣皮革养护	北京翰皇伟业皮革清洁养护连锁服务有限公司	翰皇	2575	46470	2565
89		北京福奈特洗衣服务有限公司	福奈特	883	43000	790
90		四川布兰奇洗业有限公司	布兰奇	729	33078	729
91		北京荣昌科技服务有限责任公司	伊尔萨	553	25410	487
92		郑州市康洁洗涤有限公司	康洁	460	19752	450
93		上海象王洗衣有限公司	象王	420	16736	400
94	家装	北京东易日盛家居装饰集团股份有限公司	东易日盛	227	250000	149
95		北京元洲装饰有限公司	元洲	182	87700	134
96		北京业之峰装饰有限公司	业之峰	170	80000	100
97		深圳市居众装饰设计工程有限公司	居众	54	75126	28
98	美容休闲	唯美度科技（北京）有限公司	唯美度	2890	10000	2800
99		广州市流行美商业有限公司	流行美	2107	95900	1998

续表

序号	业态（业种）	企业名称	品牌	总店数（个）	销售规模（万元）	加盟店数（个）
100	美容休闲	重庆富侨保健服务有限公司	富侨	603	128000	553
101		南京足生堂保健有限公司	足生堂	566	152806	558
102		青岛植秀堂养生养颜连锁有限公司	植秀堂	197	19906	189
103		青岛英派斯大健康股份有限公司	英派斯	103	21630	92
104	汽车后市场	北京龟博士汽车清洗连锁有限公司	龟博士	3276	330191	3272
105		米其林（中国）投资有限公司	驰加	603	200000	600
106		杭州小拇指汽车维修科技股份有限公司	小拇指	360	25935	352
107		河南贰仟家汽车服务股份有限公司	贰仟家	65	185717	61
108	房屋中介	北京埃菲特国际特许经营咨询服务有限公司	21 世纪不动产	1538	125000	917
109		玛雅投资有限公司	玛雅	680	65700	680
110	家政服务	北京华夏中青家政服务有限公司	华夏中青	128	7760	116
111		上海爱君家庭服务有限公司	爱君	128	1280	102
112		大连好月嫂家庭服务有限公司	好月嫂	59	40326	59
113	其他服务	陕西利安信息传播有限公司	利安	6000	150000	6000
114		北京亿邦联合广告有限公司	亿邦	700	55800	691
115		青岛福元运通投资管理有限公司	福元运通	262	25658	257
116		广州市联城中港广告器材股份有限公司	中港	53	12573	19
117		小鬼当佳国际贸易（北京）有限公司	小鬼当佳	49	6461	9
118		沈阳博宇有色金属炉料有限公司	博宇	45	196000	19
119		浙江恒晟图文制作有限公司	恒晟图文	35	9835	21
120		中国四达国际经济技术合作有限公司	四达	14	10823	11

数据来源：1. 企业填报的“2010 年度行业发展状况调查”。

2. 带※企业数据来源于上市公司年报，带▲企业数据为估计值。

2010 年中国主要连锁百货企业经营情况

会员	序号	百强序号	企业名称	销售规模（万元）	增幅%	门店总数（个）	增幅%
★	1	4	大连大商集团有限公司	8615769	22.1	170	6.3
★	2	10	重庆商社（集团）有限公司	3821585	27.2	319	1.9
☆	3	12	山东银座商城股份有限公司	3700000	44.3	264	28.2
★	4	17	合肥百货大楼集团股份有限公司	2490000	19.1	171	25.7
	5	20	新世界百货中国有限公司	* 1790000	19.3	37	8.8
★	6	21	文峰大世界连锁发展股份有限公司	1764927	12.7	1016	3.9
★	7	25	北京王府井百货（集团）股份有限公司	* 1660000	25.1	22	15.8
☆	8	26	百盛商业集团有限公司	* 1656000	33.9	47	6.8
★	9	29	长春欧亚集团股份有限公司	1617585	20.1	35	16.7
★	10	32	天虹商场股份有限公司	1470557	26.6	44	18.9
	11	36	金鹰商贸集团有限公司	* 1240000	32.5	19	11.8
	12	38	银泰百货（集团）有限公司	1196235	32.7	24	4.3
★	13	42	山东潍坊百货集团股份有限公司	1099246	15.4	356	11.9
★	14	46	辽宁兴隆大家庭商业集团	919382	16.6	15	36.4
★	15		安徽商之都股份有限公司	904814	24.6	885	-4.6
	16	48	郑州丹尼斯百货有限公司	877444	23.6	67	34.0
	17	50	北京新燕莎控股（集团）有限责任公司	800416	24.8	10	0.0
	18	52	茂业国际控股有限公司	726669	49.7	36	63.6
★	19	54	广州市广百股份有限公司	677596	5.3	23	21.1
	20	58	济南人民商场集团股份有限公司	598552	14.2	6	0.0
	21	61	南京中央商场股份有限公司	* 530000	18.3	7	0.0
★	22	62	唐山百货大楼集团有限责任公司	501826	25.3	10	25.0
☆	23	64	济南华联商厦集团股份有限公司	462304	36.8	22	29.4
△	24		武汉中商百货连锁有限责任公司	461592	18.2	9	0.0
★	25	66	北京翠微大厦股份有限公司	434197	39.5	5	66.7
★	26	68	广州友谊集团股份有限公司	415000	21.0	5	25.0
	27	69	湖南友谊阿波罗股份有限公司	* 414000	38.0	9	0.0
★	28	70	北京市顺义国泰商业大厦	408000	29.1	13	8.3
★	29	72	山东威海百货大楼集团股份有限公司	401059	-5.9	24	-7.7
★	30	76	邯郸市阳光百货集团总公司	381000	26.0	89	107.0
★	31	78	北京西单友谊集团	353137	5.9	222	16.2
★	32	84	湖南佳惠百货有限责任公司（集团）	309100	7.3	209	4.5
	33	88	深圳岁宝百货有限公司	288772	15.5	13	18.2
	34	96	广西南城百货股份有限公司	243360	27.2	24	41.2
★	35	97	雄风集团有限公司	238000	18.5	118	2.6
合计				43468124	23.2	4345	18.5

注：1. ★ 表示为中国连锁经营协会会员企业，☆ 表示其下属公司为协会会员企业，△ 表示其母公司为协会会员企业。

2. 数字前面带 * 的为估计值。

2010 年中国主要连锁便利店企业发展情况

序号	公司名称/品牌名称	主要分布地区	门店总数（个）
1	美宜佳便利店	东莞市	2800
2	农工商集团便利店（好德、可的）	上海市/浙江省/江苏省	2356 *
3	快客便利店	上海市/浙江省/江苏省	2010
4	天福便利店	珠三角地区	1300
5	上好便利店	珠三角地区	1300
6	四川省互惠商业有限责任公司	四川	1236
7	苏果便利店	南京市	1226
8	山西省太原唐久便利店	太原市/晋中市	1056
9	成都红旗连锁股份有限公司	成都市/眉山市	1005
10	文峰大世界连锁发展股份有限公司	江苏省/上海市	974
11	安徽商之都股份有限公司	安徽省	848
12	青岛利群便利店	青岛市	800
13	河北国大 36524 便利店	河北省	780
14	浙江人本超市有限公司之上便利店	温州市	688
15	天津劝宝超市有限责任公司	天津市	650
16	喜士多（C - store）便利店	上海市	600 *
17	喜洋洋便利店	珠三角地区	586
18	山东新星集团有限公司	淄博市	581
19	上海良友金伴便利店	上海市	552
20	台客隆（集团）公司	宣城市/黄山市	549
21	全家便利店	上海市	531
22	武汉中百便利店	武汉市	520
23	太原金虎便利店	太原市	465
24	7 - Eleven 便利店	广州市/北京市	400 *
25	上海梅林正广和便利连锁有限公司	上海市	361
26	北京物美便利超市	北京市	350 *
27	北京华冠商贸有限公司	北京市/涿州市	318
28	罗森便利店	上海市	318
29	万店通便利店	深圳市	260 *
30	潍坊百货集团中百便利店	潍坊市	257
31	哈尔滨中央红集团小月亮便利店	哈尔滨市	235

续表

序号	公司名称/品牌名称	主要分布地区	门店总数（个）
32	上海迪亚零售有限公司	上海市	234
33	北京好邻居便利店	北京市	200
34	加贝物流股份有限公司	浙江省	154
35	北京京客隆便利店	北京市	145
36	OK 便利店	广州市	130 *
37	永辉超市股份有限公司	福建省/北京市	128
38	阜阳华联集团股份有限公司	阜阳市/合肥市	125
39	山东统一银座商业有限公司	山东省	122
40	石家庄天元便利店	石家庄市	115 *
41	雄风集团有限公司	杭州市/宁波市	105
42	山东奥德隆集团有限公司	山东省	103
43	山东家家悦集团有限公司	济南市/威海市/烟台市	101

注：1. 数字后面带 * 的为估计值。

2. 个别企业的店铺数量中包含有“万村千乡工程”门店。

2010 年主要海外品牌经营情况

会员	序号	百强序号	企业名称	销售规模（万元）	增幅%	门店总数（个）	增幅%
★	1	6	康成投资（中国）有限公司（大润发）	5022500	24.2	143	18.2
★	2	7	家乐福（中国）管理咨询服务有限公司	4200000	14.8	182	16.7
★	3	9	沃尔玛（中国）投资有限公司	* 4000000	17.6	219	25.1
★	4	14	百胜餐饮集团中国事业部	* 3360000	16.7	3500	9.4
☆	5	16	百思买（中国内地）	* 2700000	5.1	277	5.7
	6	20	新世界百货中国有限公司	* 1790000	19.3	37	8.8
★	7	26	百盛商业集团有限公司	* 1656000	33.9	47	6.8
★	8	27	好又多管理咨询服务（上海）有限公司	1650000	0.0	104	0.0
★	9	31	特易购（TESCO）中国	* 1590000	19.5	109	38.0
★	10	33	乐天超市（中国内地）	1444700	18.1	80	2.6
★	11	34	易初莲花	* 1360000	4.6	74	-3.9
★	12	35	欧尚（中国）投资有限公司	1350000	36.9	41	17.1
★	13	40	锦江麦德龙现购自运有限公司	* 1170000	13.0	48	14.3
★	14	51	广州屈臣氏个人用品商店有限公司	* 800000	45.5	800	45.5
★	15	53	麦当劳（中国）有限公司	* 710000	9.2	1200	9.1
★	16	56	永旺（中国内地）	662620	11.9	27	28.6
★	17	65	成都伊藤洋华堂有限公司	435363	23.9	4	33.3
	18	67	宜家家居	430000	22.9	8	14.3
	19	73	易买得	* 400000	14.0	27	35.0
★	20	75	百佳超市（中国区）	388282	8.4	44	12.8
★	21	91	华糖洋华堂商业有限公司	270875	-0.1	8	-11.1
合计				30367840	17.1	6836	15.0

注：1. ★ 表示为中国连锁经营协会会员企业。☆ 表示其下属公司为协会会员企业，△ 表示其母公司为协会会员企业。

2. 数字前面带 * 的为估计值。

2011 年全球零售商 100 强名单

根据全球各企业 2009 财年（2009 年 6 月至 2010 年 6 月）公布的数据，德勤会计师事务所（Deloitt）与美国零售权威杂志《STORES》合作，共同推出“2011 年全球零售业（250 强）排名”。

由于全球经济低迷导致消费者行为渐趋理性，加之可利用信贷趋于枯竭，全球 250 家最大的零售商中逾三分之一于 2009 财年的销售呈现下降。然而，基于许多公司在削减成本及调整库存水平上的努力已见成效，全球 250 家最大零售商之净利润率已从 2008 财年的 2.4% 攀升至 2009 财年的 3.1%。其中，前 10 大零售商总零售额与 250 强总零售额占比超 30%。沃尔玛仍是全球最大零售企业，家乐福紧随其后；另有 38 家零售商首次在新的国家开展业务，涉及 42 个国家的 57 个新市场；特别是中国零售市场已经脱离金融风暴的影响，并在减低出口依赖等措施的支持下，呈现持续增长动力，并强力吸引着全球的零售巨头。全球前 100 名零售商名单如下：

本年排名	上年排名	国家/地区　公司名称	2009 年集团收入（百万美元）	2009 年集团净收入（百万美元）
1	1	美国沃尔玛 (Wal－Mart Stores, Inc.)	$408214	$14848
2	2	法国家乐福 (Carrefour S. A.)	$121861	$609
3	3	德国麦德龙 (Metro AG)	$91389	$724
4	4	英国乐购 (Tesco plc)	$90435	$3712
5	5	德国施瓦茨集团 (Schwarz Unternehmens Treuhand KG)	$77221	暂无数据
6	6	美国克罗格公司 (The Kroger Co.)	$76733	$57
7↑	8	美国好市多公司 (Costco Wholesale Corp.)	$71422	$1086
8↑	9	德国阿尔迪南北商业集团联盟 (Aldi Einkauf GmbH & Co. Ohg)	$67709	暂无数据
9↓	7	美国家得宝公司 (The Home Depot, Inc.)	$66176	$2661

续表

本年排名	上年排名	国家/地区　　公司名称	2009 年集团收入（百万美元）	2009 年集团净收入（百万美元）
10	10	美国塔吉特公司（Target Corp.）	$65357	$2488
11↑	12	美国沃尔格林公司（Walgreen Co.）	$63335	$2006
12↓	11	德国 REWE 公司（Rewe – Zentral AG）	$71001	暂无数据
13↑	15	美国 CVS Caremark 公司（CVS Caremark Corp.）	$98729	$3696
14↑	19	德国艾德卡公司（Edeka Zentrale AG & Co. KG）	$58658	暂无数据
15↓	13	法国欧尚集团（Groupe Auchan SA）	$55326	$971
16↓	14	日本 Seven & i 公司（Seven & i Holdings Co.，Ltd.）	$54741	$604
17↑	21	美国百思买（Best Buy Co.，Inc.）	$49694	$1394
18↓	17	日本永旺集团（Aeon Co.，Ltd.）	$54133	$570
19↓	16	美国劳氏公司（Lowe's Companies，Inc.）	$47220	$1783
20↑	26	澳大利亚伍尔沃斯公司（Woolworths Limited）	$45604	$1798
21↓	20	美国西尔斯公司（Sears Holdings Corp.）	$44043	$297
22↓	18	法国勒克莱尔公司（Centres Distributeurs E. Leclerc）	$41002	暂无数据
23↑	28	澳大利亚西农集团（Wesfarmers Limited）	$43990	$1381
24↓	23	美国西夫韦公司（Safeway Inc.）	$40851	– $1098
25	25	荷兰阿霍德集团（Koninklijke Ahold N. V）	$38945	$1247
26↓	24	法国卡西诺公司（Casino Guichard – Perrachon S. A.）	$37316	$1201

续表

本年排名	上年排名	国家/地区　公司名称	2009 年集团收入（百万美元）	2009 年集团净收入（百万美元）
27↓	22	法国 ITM 集团 (ITM Développement International)	$38115	暂无数据
28↑	29	英国桑斯博里公司 (J Sainsbury plc)	$31869	$934
29↓	27	美国超价商店公司 (SuperValu Inc.)	$40597	$393
30	30	瑞典宜家家居公司 (The IKEA Group)	$29100	暂无数据
31	31	美国来德爱公司 (Rite Aid Corporation)	$25669	-$507
32↑	33	比利时德尔海兹集团 (Delhaize Group)	$27806	$725
33↑	36	美国大众超级市场公司 (Publix Super Markets, Inc.)	$24515	$1161
34↓	32	英国威廉莫里斯 (WM Morrison Supermarkets Plc)	$24348	$848
35↑	44	美国亚马逊 (Amazon. com, Inc.)	$24509	$902
36↓	35	美国梅西百货公司 (Macy's, Inc.)	$23489	$350
37↑	43	日本山田电机 (Yamada Denki Co., Ltd.)	$21734	$604
38↑	42	美国 TJX 公司 (The TJX Companies, Inc.)	$20288	$1214
39↓	38	西班牙梅尔卡多那超市零售集团 (Mercadona, S. A.)	$20086	$377
40↓	37	加拿大罗布劳零售公司 (Loblaw Companies Limited)	$27056	$587
41↓	40	瑞士 Migros 公司 (Migros - Genossenschafts Bund)	$23041	$907
42↓	34	法国 U 氏连锁商场集团 (Système U, Centrale Nationale)	$19692	暂无数据
43↓	41	西班牙英国宫百货公司 (El Corte Inglés Inglés, S. A.)	$23048	$520

续表

本年排名	上年排名	国家/地区　公司名称	2009 年集团收入（百万美元）	2009 年集团净收入（百万美元）
44↓	39	法国巴黎春天百货集团 (PPR S. A.)	$23046	$1464
45	45	美国彭尼公司 (J. C. Penney Company, Inc.)	$17556	$251
46↑	48	美国柯尔百货公司 (Kohl's Corporation)	$17178	$991
47↓	46	意大利科波集团 (Coop Italia)	$16495	暂无数据
48↑	50	加拿大库世塔德公司 (Alimentation Couche – Tard Inc.)	$16440	$303
49↑	52	瑞士 Coop 集团 (Coop Group)	$17287	$446
50↑	54	西班牙 Inditex 集团 (Inditex S. A.)	$15545	$1854
51↓	49	比利时路易—德尔海兹集团 (Louis Delhaize S. A.)	$15411	暂无数据
52↓	47	英国翠丰集团 (Kingfisher plc)	$16595	$608
53↓	51	英国马克斯思班塞公司 (Marks & Spencer Group Plc)	$15224	$835
54↑	56	美国希百特连锁超市 (H. E. Butt Grocery Company)	$15039	暂无数据
55↓	53	中国香港屈臣氏集团 (AS Watson & Company, Ltd.)	$14977	暂无数据
56↑	57	美国梅耶尔公司 (Meijer, Inc.)	$14960	暂无数据
57↑	59	美国史泰博公司 (Staples, Inc.)	$24275	$757
58↑	67	加拿大帝国公司 (Empire Company Limited)	$14483	$287
59↓	55	美国盖普公司 (The Gap, Inc.)	$14197	$1102
60↑	66	法国安达屋集团 (Groupe Adeo SA)	$13807	$662

续表

本年排名	上年排名	国家/地区 公司名称	2009年集团收入（百万美元）	2009年集团净收入（百万美元）
61↑	63	日本三越伊势丹控股公司 (Isetan Mitsukoshi Holdings Ltd.)	$13924	－$677
62	62	美国玩具反斗城公司 (Toys " R" Us, Inc.)	$13568	$304
63↑	65	英国DSG国际 (DSG International plc)	$13663	$92
64↓	60	瑞典H&M公司 (H & M Hennes & Mauritz AB)	$13218	$2136
65↑	83	英国高品公司 (Co－operative Group Ltd.)	$19557	$251
66↑	69	意大利Conad连锁超市公司 (Conad Consorzio Nazionale, Dettaglianti Soc. Coop. a. r. l.)	$12969	暂无数据
67↓	64	法国酩悦·轩尼诗－路易·威登集团 (LVMH Mo? t Hennessy－Louis Vuitton)	$23783	$2752
68	68	芬兰S集团 (S Group)	$16299	$377
69↑	70	德国奥托集团 (Otto GmbH & Co KG)	$14277	$282
70↑	90	中国上海百联（集团）有限公司 (Bailian Group)	$14075	暂无数据
71↓	61	瑞典ICA连锁集团 (ICA AB)	$12463	$209
72	72	奥地利SPAR公司 (SPAR ·sterreichische Warenhandels－AG)	$12221	暂无数据
73↑	75	美国戴尔公司 (Dell Inc.)	$52902	$1433
74↓	73	英国联合博姿公司 (Alliance Boots GmbH)	$29887	$964
75↑	92	巴西P? o? de A? úcar集团 (Grupo P? o de A? úcar)	$11819	$324
76↑	82	美国达乐公司 (Dollar General Corp.)	$11796	$339
77	77	日本生活创库百货公司 (UNY Co. , Ltd.)	$12150	－$33

续表

本年排名	上年排名	国家/地区　　公司名称	2009 年集团收入（百万美元）	2009 年集团净收入（百万美元）
78↓	58	德国廷格尔曼集团 （Tengelmann Warenhandelsgesellschaft KG）	$11297	暂无数据
79↓	78	丹麦超市公司 （Dansk Supermarked A/S）	$10664	$399
80↓	79	英国约翰·路易斯百货公司 （John Lewis Partnership plc）	$10641	$168
81↓	76	西班牙埃洛斯基集团 （Grupo Eroski）	$10784	－$97
82↓	74	芬兰科斯考集团 （Kesko Corporation）	$11780	$187
83↑	87	日本大荣公司 （The Daiei，Inc.）	$10462	－$127
84↑	93	美国 BJ 零售公司 （BJ's Wholesale Club，Inc.）	$10187	$132
85↑	94	西班牙热劳尼姆斯·马尔丁斯公司 （Jerónimo Martins，SGPS SA）	$10205	$311
86↑	91	中国国美电器 （Gome Home Appliance Group）	$9823	暂无数据
87↓	81	加拿大 Metro 公司 （Metro Inc.）	$9525	$302
88↓	86	英国房屋零售集团 （Home Retail Group plc）	$9571	$333
89↑	95	日本阵线零售公司 （J. Front Retailing Co.，Ltd.）	$10523	$95
90↓	80	智利桑科萨集团 （Cencosud S. A.）	$9748	$181
91		韩国新世界集团 （Shinsegae Co.，Ltd.）	$9080	$460
92		美国 GameStop 公司 （GameStop Corp.）	$9078	$376
93↓	88	挪威 Reitanggruppen 公司 （Reitangruppen AS）	$9160	暂无数据
94↑	99	德国 C&A 服装公司 （C&A Europe）	$8882	暂无数据

续表

本年排名	上年排名	国家/地区　公司名称	2009 年集团收入（百万美元）	2009 年集团净收入（百万美元）
95		南非莱特购控股公司 （Shoprite Holdings Ltd.）	$8913	$302
96↑	97	韩国乐天百货公司 （Lotte Shopping Co.，Ltd.）	$9113	$566
97↓	96	美国大西洋与太平洋茶叶公司 （The Great Atlantic & Pacific Tea Company，Inc.）	$8814	－$876
98	98	日本高岛屋百货百货公司 （Takashimaya Company，Limited）	$9401	$86
99		加拿大启康药业连锁 （Shoppers Drug Mart Corporation）	$8790	$515
100↑	191	俄罗斯 X5 零售集团 （X5 Retail Group N. V.）	$8717	$165

（中国连锁经营协会 编译）

附录四

中国连锁经营协会简介

中国连锁经营协会于1997年在民政部注册成立，是连锁经营领域惟一的全国性行业组织。目前，拥有企业会员950家，连锁店铺18万个，包括本土和跨国零售商、特许加盟企业、供应商等。其中，零售会员企业2010年销售额近2亿元人民币，约占社会消费品零售总额的13%。

协会的团体会员涵盖了零售、餐饮、服务等行业中的70多个业态、业种，企业主要为国内知名和在华外资连锁公司、重要供应商及相关中介组织。

协会以推动连锁经营在中国的发展为己任，以会员服务为核心，代表行业利益，维护会员合法权益，提供各项促进企业发展的服务内容。主要包括：

政策协调。为企业与政府之间沟通搭建平台，通过政策建议、标准制定、信用体系建设等为行业发展创造良好环境。

企业合作。以中国连锁业大会、中国连锁店展览会、中国特许加盟大会、中国特许展等活动为平台，推动行业合作交流与发展。

行业培训。通过从业人员认证培训体系，帮助企业管理人员提高业务水平。

资讯整合。通过协会网站、电子通讯和《连锁》月刊传递各行业资讯，使企业及时把握行业发展脉搏。同时，保持与中央、地方媒体的紧密合作。

国际交流。作为WFC、APFC成员国，与世界50多个国家在零售连锁和特许经营方面建立了紧密联系，积极推动国际化交流。

行业研究。通过行业统计和专项调查，发布多项报告，为政府和企业提供涉及行业发展现状和趋势等方面的调研服务，为企业决策提供依据。

行业自律。以《中国连锁经营协会章程》、《连锁超市行业道德规范》、《商业特许经营管理条例》为准则，规范企业经营行为，促进行业健康发展。

协会本着**“引导行业、服务会员、回报社会、提升自我”**的理念，参与政策制定与协调，维护行业和会员利益，为会员提供系列化专业培训和行业发展信息与数据，搭建业内交流与合作平台，致力于推进连锁经营事业与发展。

网络平台

中国连锁经营协会网站 www. ccfa. org. cn

中国连锁经营行业专业的资讯平台，主要内容包括政策法规、行业调研报告、国际零售前沿、零售创新与技术、特许学院、加盟商辅导站、加盟项目推介、书刊资料、连锁及加盟展览、金牌店长、KPI数据库、连锁百强，以及食品安全、电子简讯、品类管理培训系统、零供公平合作平台、会员查询等。

中国连锁经营协会 英文网站 www. chinaretail. org

超市食品安全网 www. food - safety. cn

超市食品安全网是目前国内惟一一个针对超市中的食品安全工作开办的非赢利性网站，网站内容以零售企业中高层管理人员关注的内容为主，消费者关注的内容为辅，及时提供行业内的动态和政策信息，为业内人士进行交流提供一个良好的平台。

中国特许展网址 www. chinafranchiseexpo. com

中国特许展相关信息的展示平台。

中国连锁店展览会网址 www. chinaretailexpo. com

中国连锁店展览会相关信息的展示平台。

电子刊物

每周行业动态（周讯）

CCFA English Brief（半月刊）

CIO 通讯（周刊）

食品安全简讯（半月刊）

标准化通讯（不定期）

会展动态 EDM（不定期）

固定刊物

《连锁》月刊，是中国连锁经营协会的会刊，自 1998 年创刊以来，陪伴和记录了中国连锁业成长全过程。《连锁》旨在报道业内动态，传递和解读国家相关政策，剖析业内热点，发布权威分析报告，刊登富有实用性的管理前沿知识，讲述连锁精英的财富故事，介绍优秀企业的成功之道，及时传递海外讯息……《连锁》已成为业界人士和企业的管理人员了解行业动态，获取相关知识的首选刊物。

《中国连锁经营年鉴》始出版于 2000 年，是由中国连锁经营协会编撰，记录中国连锁业年度发展脉络和轨迹，汇集相关数据和案例的重要载体。它涵盖了国内超级市场、便利店、专业店、专卖店、百货店、购物中心、家居中心、特许经营等各种零售业态和营销方式的发展状况以及国际连锁业发展概况，既有国内以及各地区连锁业发展总体水平的纵向比较资料，也有与国际同行业发展的横向比较信息，还包括了相关的政策法规，是反映中国连锁业发展全貌的编年体手册型工具书。

《特许经营》双月刊，是中国连锁经营协会为帮助企业及时了解特许经营相关政策，掌握国内外特许经营最新发展动态，分享特许经营先进经验和典型案例精编而成，自2011年2月（偶数月）发行，发送对象为商务部、地方商务主管部门、会员企业、特许经营备案企业、院校、媒体、其他相关部门和机构。

会员服务

信息及宣传服务

1. 获赠《连锁》月刊；
2. 获赠《特许经营》双月刊（特许会员）；
3. 获取《每周行业简讯》，第一时间了解业内动态；
4. 获取网站 www. ccfa. org. cn 登陆密码，浏览会员专属信息；
4. 每年获赠数份专题调研报告。

交流研讨

1. 协助组织会员间交流，为会员提供异业合作的机会；
2. 获得多项专业研讨活动免费参加名额（以活动通知为准）；
3. 获得特许加盟大会主会场免费参加名额；
4. 特许企业可为加盟商指导并免费获得加盟商网上培训。

政府关系与政策协调服务

地区连锁协会名录

序号	协会名称	电话	传真	地址	邮编
1	北京市连锁经营协会	010－62218069	010－62262236	北京市海淀区北三环西路明光北里2号	100088
2	天津市连锁商业协会	022－23023836	022－23023804	天津市和平区重庆道25号	300050
3	河北供销合作总社	0311－86045575	0311－86034977	河北省石家庄市裕华东路55号省供销合作总社流通网络处	050011
4	山西省连锁经营协会	0351－3085385	0351－3085385	山西省太原市南内环61号太原市政协	250002
5	黑龙江省连锁经营协会	0451－55533610	0451－55533610	黑龙江省哈尔滨市南岗区汉广街41号	150080
6	哈尔滨连锁经营协会	0451－86776401	0451－86776402	黑龙江省哈尔滨市松北区世纪大道1号东配楼229房间	150021
7	沈阳市连锁经营协会	024－22722104	024－22731872	辽宁省沈阳市市府大路260号137室	110013
8	大连市连锁企业协会	0411－84600529	0411－84600509	辽宁省大连市沙河口区联合路联合巷21号301－302室	116021
9	上海连锁商业协会	021－62717620	021－62717623	上海市静安区新闸路945号3楼309A（近泰兴路）	200041
10	浙江省连锁经营协会	0571－8521055	0571－85211055	浙江省杭州市马塍路3号5楼	310007
11	绍兴市连锁经营协会	0575－88617766	0575－5250308	浙江省绍兴市延安东路173号	312000
12	安徽省连锁经营协会	0551－2621143	0551－2620755	安徽省合肥市庐江路70号	230001
13	安徽商业联合会零售商业委员会	0551－2658284	0551－2658284	安徽省合肥市长江中路136号青云楼6楼	230001
14	合肥市零售协会	0551－2687015	0551－2687015	安徽省合肥市宿州路96合肥鼓楼商厦7楼总经办	230001
15	福建省连锁经营协会	0591－87821823	0591－87851537	福建省福州市中山路23号建发大厦1楼	350003
16	厦门市商业联合会连锁经营同业公会	0592－2220084	0592－2220084	福建省厦门市思明区豆仔尾路296号供销社大楼2楼	361003

续表

序号	协会名称	电话	传真	地址	邮编
17	泉州超市协会	0595－22276152/22282699	0595－2272768	福建省泉州市南俊巷新府口48号	362000
18	济南市连锁经营协会	0531－80985736		山东省济南市升平街8号贸易服务局	250000
19	青岛市经济贸易委员会	0532－85911148	0532－85911532	山东省青岛市香港中路11号经贸委前楼309房间	266071
20	武汉连锁经营协会	027－85778278	027－82853739	湖北省武汉市江汉区前三眼桥46号（武汉商业服务学院内）	430015
21	湖南省连锁经营协会	0731－4131132	0731－4131132	湖南省长沙市车站南路699号金贸大厦710室	410007
22	长沙市连锁经营协会	0731－2681961	0731－2681960	湖南省长沙市芙蓉区蔡锷南路48号天心华庭A栋2005室	410005
23	河南省商业行业协会	0371－63817447	0371－63817447	河南省郑州市文化路任寨北街2号	450003
24	重庆市连锁经营协会	023－63632356	023－63631119	重庆市中山四路83号－2号七楼	400015
25	兰州市商业贸易委员会	0931－8772701	0931－8857723	甘肃省兰州市南滨河东路637号（市政府900A室）	730030
26	西安连锁经营协会	029－86786533	029－86786531	西安市凤城八路109号西安市政府1号楼643室	710007
27	广东省连锁经营协会	020－38483952－803	020－38483953	广州市天河区龙口东路363号保供大厦15楼	510630
28	广州连锁经营协会	020－86473926	020－86474182	广州市环市西路68号广州市社会组织培育基地901室	510160
29	深圳市零售商业行业协会	0755－82948490	0755－82945078	广东省深圳市福田区彩田南路路灯大厦4楼	518026
30	东莞市零售行业协会	0769－22477290	0769－22477265	广东省东莞市东城中路美新商业中心六楼F603	523129
31	柳州连锁经营协会	0772－2865225	0772－2836800	广西柳州解放北路26号一楼	545001
32	昆明市连锁经营协会	0871－5716620	0871－5716625	云南省昆明市北京路1039号	650224
33	新余市连锁经营（专卖）协会	0790－6443158	0790－6443158	江西省新余市现代服务业管理指导中心	338000
34	永嘉县超市经济促进会	0577－67929009	0577－67929009	浙江省温州市永嘉县瓯北科技大楼附属楼二楼	325102